인문한국불교총서 3

테마Thema 한국불교 3

* 이 저서는 2011년 정부(교육과학기술부)의 재원으로 한국연구재단의 지원을 받아 수행된 연구임(NRF-2011-361-A00008)

인문한국불교총서 ❸

테마 Thema
한국불교3

동국대학교 불교문화연구원
HK연구단 엮음

동국대학교출판부

머리말

　불교가 인도에서 발생해 중국을 거쳐 한반도에 들어온 이래 어느덧 1,700년의 성상이 흘렀다. 인도에서 불교는 생사윤회의 반복 속에서 지난한 수행의 과정을 통해 세상의 이치(Dharma)에 대한 깨달음을 얻어 붓다가 되는 것을 추구했다. 이런 인도불교의 지향점을 중국인들은 자신들의 관념에 맞게 변형해 수용했다. 인도인과는 달리 붓다와 그 시대에서 시간·공간적으로 멀리 떨어져 있었던 중국인들이 스스로 붓다가 되기 위해서는, 시공간적 괴리에도 불구하고 누구나 붓다가 될 수 있는 성품을 본래부터 가지고 태어난다고 믿는 것이 가장 효과적이었다. 그래서 중국불교에서는 깨달음(覺)이 '본래 깨달아 있음(本覺)'으로, 붓다(佛)가 '붓다의 성품(佛性)'으로 변형되었고, 세상의 이치인 다르마도 '조건들의 일어남(緣起)'에서 '본성의 일어남(性起)'으로 이해되었다. 이런 중국불교 특유의 본성론적 변형을 거쳐, 이론 분야에서는 천태종과 화엄종이, 실천 분야에서는 정토종과 선종이 독자적으로 발생하였다.

　이렇게 본성론에 입각해 성립된 중국불교의 교리와 사상은 같은 한자문화권인 한국과 일본에 수용되었다. 그런데 한국의 경우 그 수용의 방식에 하나의 독특한 패턴이 있었다. 그것은 여러 종파의 이론과 각자의 대립적인 주장들을 최대한 종합하여 조화를 이루려는 통섭적인 경향을 말한다. 한국적 이론 불교의 태두인 원효가 주창한 여러 종파의 화쟁, 한국 선불교의 비조인 지눌의 선교일치, 조선 후기 불교 강학 전통에서 나타나는 화엄과 선의 결합 시도 등은 한국불교 특유의 통섭적 경향을 잘 보여주는 사례들이다. 종합의 기본 단위인 각 종파들을 본성론에 기반해 성립시킨 것은 중국불교의 업적이지만, 통섭을 통한 창조적 종합의 시도 자체는 중국보다는 이 땅에서 일관되게 강조되어 나타난 한국불교의 특징이라고 할 수 있다.

본서를 편찬한 동국대학교 인문한국(HK)연구단은 이러한 한국불교의 특징과 로컬의 고유성을 글로벌한 수준에서 통섭적으로 조명하기 위해, 2011년 9월부터 2021년 8월까지 총 10년간 '글로컬리티의 한국성: 불교학의 문화 확장 담론'이라는 아젠다로 HK사업을 수행하고 있다. 이 중 1단계에서는 한국불교의 고유성을 다각적, 심층적으로 조망하기 위해 매년 9개씩, 3년간 모두 27개의 주제를 다루었고, 그 주제별 연구 성과를 대중적으로 확산하기 위해 본 '테마 한국불교' 시리즈를 발간해 왔다. 본서는 '한국불교 고유성의 발현'이라는 연차 목표하에 수행된 3년차 지정 주제 9개를 개설적으로 정리한 세 번째 연구 성과물이다.

본 연구단은 연구 성과의 계통적 분류를 위해 〈사유와 가치〉, 〈종교와 국가〉, 〈문화와 교류〉의 세 영역으로 유형화하였다. 먼저 〈사유와 가치〉 영역에서는 1년차에 유식·충의·하늘, 2년차에 화엄·신의·조상, 3년차에 선·세간·무격에 대해 고찰하였다. 다음 〈종교와 국가〉 영역에서는 1년차에 제정일치·원력·사전, 2년차에 왕즉불·위령·사노, 3년차에 불국토·계율·사장에 대해 검토해 보았다. 그리고 〈문화와 교류〉 영역에서는 1년차 자장·변체한문·팔관 연등회, 2년차 의상·향찰·수륙재, 3년차 태고 나옹·구결·결사 문제에 대해 조명하였다.

본서는 이 가운데 3년차에 해당하는 선, 세간, 무격, 불국토, 계율, 사장, 태고 나옹, 구결, 결사에 관한 성과들을 개설용으로 재구성하여 수록하였다. 각 주제별로 한국불교가 가진 원형의 고유성에 대해 천착해 보았는데, 시기적으로는 고대부터 가급적 고려시대와 조선시대에 이르기까지 장기 지속과 변동의 양상을 동시에 조명하였다. 또한 인도와 동아시아를 시야에 넣어 한국불교의 고유한 특색과 불교의 보편적 특성을 병렬적으로 고려하였다. 1단계의 이러한 성과를 바탕으로 2단계에서는 동아시아 세계에서 한국불교가 가진 '소통의 횡단성'〈글로벌〉을 추구하고, 3단계에서는 로컬과 글로벌이 세계사적으로 융합된 한국불교의 '변용의 확장성'〈글로컬〉을 탐색하고자 한다.

본서에는 여러 상이한 주제가 망라되어 있어 통일된 담론이나 일관된 형식을 갖추지 못한 점은 있지만, 한편으로는 한국불교를 바라보는 다양한 문제의식과 접근방식을 한눈에 조망할 수 있다는 장점도 있다. 총 10년간의 HK사업 아젠다 연구 실적이 이 개설용 총서 시리즈로 모두 발간된다면 보다 다채로운 스펙트럼을 통해 한국불교의 전체상을 폭넓게 그려보고 글로벌한 수준의 보편 담론을 제시할 수 있을 것으로 기대해 본다.

2015년 6월
동국대 불교문화연구원장 · HK연구단장
김종욱

차 례

머리말_ 김종욱
총   설_ 김용태

제1부 사유와 가치

禪禪   _ 김호귀 ● 43

   Ⅰ. 선의 원류와 형성 44

      선의 발생 44/ 조사선의 형성 46/ 선종오가의 전승 48

   Ⅱ. 나말여초 선의 전래와 수용 50

      동산법문의 수용 50/ 남종선의 전래 52/ 구산선문의 형성 54

   Ⅲ. 고려시대 선의 정착과 발전 56

      전기의 선종 상황 56/ 고려 간화선의 형성 60/ 임제선법의 전승 및 계승 62

   Ⅳ. 조선시대 선법의 계승과 전개 65

      전법사승의 강조 65/ 선교 융합의 전통 68/ 조선 말의 선리논쟁 73

   ■ 선교 차별에서 선교 융합으로 77

세간世間 _ 고승학 ● 83

I. 세간을 바라보는 불교의 관점들 84

'세간'이라는 말 84/ 초기불교의 출세간 지향 87/ 대승불교의 출출세간 지향 90

II. 신라 불교도들의 세간관 : 원효의 사상을 중심으로 94

세간을 밝히는 계율 94/ 세간에 작용하는 열반 100/ 정토의 현실화 107

III. 고려와 조선 전기 불교계의 부침과 세간관의 동요 110

고려인들의 적극적 초월 추구 110/ 조선의 개국과 불교적 가치의 쇠퇴 112

IV. 조선 중후기의 불교적 세간관 부활 114

의승병의 활약과 불교의 세간 참여 114/ 세간적 가치의 제한적 수용 116

■ 출출세간 지향으로부터 세간 참여로 118

무격巫覡 _ 김영진 ● 121

I. 무격과 신라인의 자연 숭배 122

무격의 의미 122/ 무격의 종류 125/ 신라의 무교와 무격 128

II. 신라 불교의 자연신격 수용과 주술화 133

신라인의 세계관 133/ 불교의 자연신격 수용 136/ 무격과 승려의 주술 경쟁 141

Ⅲ. 신성공간의 재구성과 영토화 147

    무교와 불교의 쟁투 147/ 칠처가람지와 영토화 150/ 기억의 점유 152

■ 불교의 자연 숭배와 주술화 156

제2부 종교와 국가

불국토佛國土 　　　　　　　　　　　　　　　　_ 박광연 ● 161

  Ⅰ. 불국토의 기원과 전개 162

    불교의 세계관 162/ 불신佛身과 불토佛土 163/ 황제의 불국토 167

  Ⅱ. 삼국시대 불국토 인식의 수용 170

    화랑, 미륵보살의 화신 170/ 자장慈藏과 황룡사 173/ 불연국토설의 성립 175

  Ⅲ. 통일신라시대 불국토 인식의 확산 177

    정불국토의 구현과 불국사 177/ 오대산신앙과 천관보살신앙 180

  Ⅳ. 고려·조선시대 불국토 인식의 내재화 184

    금강산 담무갈보살신앙과 보개산 지장보살신앙 184/ 세조의 『관음현상기』와 그 후 187

  ■ 불·보살이 머무는 나라 190

계율戒律 _ 이자랑 ● 197

Ⅰ. 계율의 성립과 동아시아적 전개 198

바라제목차의 성립 198/ 오계와 팔재계 200/ 십선계와 삼취정계 202/ 범망보살계의 등장 204

Ⅱ. 삼국시대 계율 수용과 교단 정비 207

고구려와 백제의 계율 수용 207/ 원광의 세속오계 210/ 자장과 수계의식의 정비 213

Ⅲ. 통일신라시대 보살계의 발전 215

원효의 범망계 설시 215/ 의상의 지계의식 217/ 유식학승과 계율 연구 219/ 진표와 점찰계 221

Ⅳ. 고려 및 조선시대 계율의 현실적 변용 223

관단수계의 제도화와 국왕의 보살계 수계 223/ 청규의 설행 226/ 승군과 계율 229/ 율맥의 회생 231

■ 호국과 계율의 갈림길 234

사장寺匠 _ 강호선 ● 239

Ⅰ. 고대 관영官營수공업으로서의 사원수공업과 승장 240

장인匠人과 '사장寺匠' 240/ 고대 사원수공업의 시작과 전개 243/ 사원성전寺院成典과 승장僧匠 247

Ⅱ. 고려시대 사원수공업의 다양화 251

고려시대 수공업 전개와 사원수공업 251/ 승장과 공역승供役僧,

그리고 수원승도隨院僧徒 256/ 사경승寫經僧과 화사畫師의 활동 260

Ⅲ. 조선시대 불교정책과 사원수공업 263

국가적 건설사업과 공역승 263/ 공납과 진상의 폐해 268/ 전문적 승장 집단 및 유파의 등장 274

■ 사장, 한국불교문화유산의 생산자 280

제3부 문화와 교류

태고太古 · 나옹懶翁　　　　　　　　　　_ 정영식 ● 287

Ⅰ. 원간섭기의 고려 선종 288

13~14세기 원대불교 288/ 고려에 미친 원대불교의 영향 289/ 고려선승의 입원구법入元求法 291

Ⅱ. 태고 보우의 간화선법 293

생애 293/ 임제선법의 전래 294/ 간화선 중심주의 295/ 교단 개혁 298

Ⅲ. 나옹 혜근의 임제선풍 300

생애 300/ 지공의 영향 301/ 임제정종의 고취 303/ 공부십절목 功夫十節目 305

Ⅳ. 태고 · 나옹과 여말선초 불교 308

간화선의 수용과 정착 308/ 나옹계의 활약 310/ 태고·나옹과 법통 문제 312

- 한국 간화선을 확립한 두 고승 315

구결口訣　　　　　　　　　　　　　　_ 김기종 ● 319

Ⅰ. 구결이란 무엇인가? 320

　이두, 향찰, 구결 320/ 구결의 유형 321

Ⅱ. 신라시대 구결의 기원과 전개 324

　의상과 설총의 구결 324/ 일본 훈점訓點과의 관계 327/ 신라 구결의 잔영 329

Ⅲ. 고려시대 석독구결과 불전佛典의 번역 331

　자토字吐 구결과 점토點吐 구결 331/ 12세기의 구결문 335/ 13세기의 구결문 337

Ⅳ. 조선시대 음독구결과 한문독법 340

　구결문과 언해문 340/ 유가儒家와 불가佛家의 구결 342/ 조선 후기의 구결 인식 345

- 한문의 학습과 지식의 체득體得 348

결사結社　　　　　　　　　　　　　　_ 박서연 ● 353

Ⅰ. 결사란 무엇인가? 354

　결사, 향도, 계 354/ 결사의 기원 357/ 여산 혜원의 백련사白蓮社 359

Ⅱ. 신라시대 결사의 성립 361

　김유신의 용화향도龍華香徒 361/ 경덕왕대의 만일계萬日契 363/ 오대산 결사와 화엄·추모 결사 366

Ⅲ. 고려시대 결사의 성행 370

　만일결사와 지리산 수정사水精社 370/ 지눌의 정혜定慧결사 373/ 요세의 백련결사 376

Ⅳ. 조선시대 결사의 계승 381

　사찰계寺刹契와 결사 381/ 백파의 수선修禪결사 384/ 경허의 수선결사 386

■ 신앙과 수행을 향한 승속僧俗의 염원 389

찾아보기 _ 394

저자 소개 _ 410

총 설

한국불교 고유성의 발현: 로컬리티의 형성

김용태 (HK교수)

1. 한국불교 고유성의 확장과 전개

　동국대학교 인문한국(HK) 연구단은 1단계 3년간의 연구를 마치고 현재 2단계 1년차 사업을 수행 중이다. 1단계 1~2년차의 주제별 연구 성과를 모은 『테마한국불교』 1·2를 2013년 6월과 2014년 5월에 간행한 바 있고, 본서 『테마한국불교』 3은 1단계 3년차의 연구 결과를 집성한 책이다. 본 연구단의 아젠다인 '글로컬리티의 한국성: 불교학의 문화 확장 담론'은 글로벌과 로컬을 합성한 글로컬리티glocality 개념에 주목하여 지역적 특수성과 세계주의적 보편성을 아우르는 한국불교의 복합적 특성을 도출하려는 것이다. 이를 위해 1단계 '원형의 고유성' [로컬], 2단계 '소통의 횡단성' [글로벌], 3단계 '변용의 확장성' [글로컬]을 단계별 목표로 삼아 주변과 중심의 이중성을 극복하는 '탈영역적 지역성'의 관점에서 불교를 매개로 한 '한국성'을 모색해 보고자 한다.
　1단계에서는 '원형의 고유성'이라는 관점에서 한국불교의 고유성이 어떻게 발현되고 어떠한 로컬리티가 형성되었는지를 살펴보았다. 3년간 총 27개의 테마 연구를 일관된 목표와 구조 속에서 수행하기 위해 〈사유와 가치〉, 〈종교와 국가〉, 〈문화와 교류〉의 세 영역을 설정하였다. 영역별로는 3개의 특화된 주제어를 상정하였는데, 〈사유와 가치〉는 사상, 윤리, 내세, 〈종교와 국가〉는 권력, 전쟁, 재화, 〈문화와 교류〉는 사람, 문자, 의례의 주제어로 구성하였다. 본서에 수록된 1단계 3년차의 영역별 주제어와 연구 목표, 그에 해당하는 9개의 테마는 다음과 같다.

영역	사유와 가치			종교와 국가			문화와 교류		
주제어	사상	윤리	내세	권력	전쟁	재화	사람	문자	의례
연구 목표	전수	공동체	계세	왕권	기원	생산	수용	표기	재회
테마	선	세간	무격	불국토	계율	사장寺匠	태고·나옹	구결	결사

1단계 '원형의 고유성' 연구에서는 한국에 전래된 불교가 토착적 원형성과 만나면서 어떠한 변용과 접목의 과정을 겪었는지를 고유성의 전개와 발현이라는 측면에서 접근하였다. 먼저 앞서 나온 『테마한국불교』 2에 실린 1단계 2년차 지정 주제의 연구 결과를 소개하고, 이어 3년차 연구 성과를 테마별로 요약, 제시한다.

1단계 2년차의 〈사유와 가치〉 영역에서는 불교 사상과 중국화된 사유가 수용되고 기존의 토착적 관념과 만나면서 보편성과 특수성이 조합된 새로운 사유와 가치가 생성되었음을 화엄, 신의, 조상의 세 테마를 중심으로 살펴보았다.

'화엄'에서는 서로 상충되는 대립 개념과 이론들이 한국의 사상지형에서 회통되고 그에 더하여 실천성이 강조되었음을 확인하였다. 한국화엄은 의상과 균여의 사상, 의천과 지눌의 지향, 조선 후기 불교의 경향성 등을 생각해 볼 때 교학과 실천의 조화를 그 특징으로 내세울 수 있다. 이러한 한국화엄의 고유성을 '회향과 원력'이라는 개념으로 정의하였으며, 특히 의상과 원효의 사상과 그 영향에서 한국적 로컬리티의 동아시아적 확장 가능성을 검토해 보았다.

'신의'는 공동체적 사회 윤리와 개인의식의 두 차원을 통해 일상의 장에서 전개되었다. 불교가 한국인의 신의 관념에 미친 영향은 인과응보에 대한 확신이었고 이를 통해 불교 수용 후 신의 관념은 다양한 층위로 넓혀졌다. 부자, 군신, 친구, 타인 등 다각적 상호관계에서 신의 관념의 자리에서 이타로의 확장이 이루어졌고 개인적 차원의 신의는 사회적 통념과 공동체적 질서로 확대되었다.

'조상'은 숭배와 신격화라는 고대의 조선 관념을 한 차원 뛰어넘어 불교적 조상추선의 인식으로 나아갔다. 즉 신성한 혈통을 통해 지배층의 권위와 정당성을 확인하는 단계에서 벗어나 윤회를 통한 삶과 죽음의 연속적 내세관으로 이행된 것이다. 불교의 윤회 관념에 기반을 둔 다생부모의 관념도 널리 퍼졌는데, '조상과 자손'이 아닌 '현·전생의 부모와 윤회하는 나'의 구도가 제기되었고 숭배가 아닌 추선의 방식이 도입되었다. 결국 조상과 나는 공덕을 나누는 상호 수혜자가 되었고 윤회와 인과법을 전제로 한 효의 실천이 강조되었다.

〈종교와 국가〉 영역에서는 중국을 비롯한 동아시아 불교의 국가 우위의 특징이 한국에서도 그대로 나타났음을 살펴보았고 동시에 한국적 토양에서 발현된 특수 사례도 확인하였다. 왕즉불, 위령, 사노의 세 가지 테마를 통해 국가권력에 종속된 불교의 위상, 국가에 의한 불교의 활용 양상, 한국적 현실에 맞는 변용의 사례 등을 검토하였다.

'왕즉불'에서는 불교(종교)에 대한 왕권(국가)의 우위가 전 시기에 걸쳐 관철되었음을 볼 수 있었다. 고대에는 토착적 제의, 후대에는 유교가 왕권의 주요 이데올로기로서 기능하였으며 몇 가지 예외적 사례는 있지만 불교가 통치 이념이 아닌 사회통합 및 신앙 차원에서 주로 활용되었다. 고려시대에는 왕사와 같은 한국적 특성을 가진 상징적 장치가 만들어졌지만 불교교단은 기본적으로 국가체제 안에 편제되어 있었다. 유교국가인 조선시대는 불교에 대한 억제와 방임, 국역 체계 안의 편입을 그 특징으로 한다.

'위령'에서는 불교 도입 후 자연재해와 전쟁 등에서 불교식 위령의례가 큰 역할을 담당했음을 고찰해 보았다. 한식 때의 무연고 시신 수습, 매골승 제도, 국행수륙제 등 불교의 위령의례에 국가가 깊이 개입했던 점이 특징적이다. 조선시대에도 전란이 발생하거나 전염병이 돌 때 무주고혼 등을 대상으로 한 불교식 천도재가 설행되었다. 한국에서 불교의 위령은 자비 관념을 기조로 하여 민중까지 대상을 확대하여 포섭하였고 고대로부터 연속적으로 이어져 왔다.

'사노'는 불교의 평등관과 상치되지만 사원을 관리, 운영하기 위한 현실적 필요성 때문에 성립되었다. 인도와 중국에서는 명분과 현실 사이의 간극을 좁히고 모순을 합리화하기 위한 관념과 제도가 만들어졌다. 한국에서도 초기에는 사신捨身 관념이 수용되었지만 중국과는 달리 범죄자의 교화나 공노비의 시납 형태로서의 사노의 존재는 확인되지 않는다. 또 사원경제의 주요 토대로서 사노가 활용되었고 불교의 가치와 상반된다는 인식이나 거부감은 나타나지 않았다. 한편 조선 초기의 사노 속공은 경제 기반 확충을 위한 국가권력의 현실적 필요성에 의해 단행되었다.

〈문화와 교류〉 영역에서 한국불교의 고유성은 동아시아 불교의 공통성과 한국적 특수성이 교차하는 형태로 나타났다. 의상, 향찰, 수륙재의 세 가지 테마에서 각각 실천성, 서정성, 공공성이라는 키워드를 한국적 고유성의 특징으로 도출할 수 있었다.

'의상'은 중국화엄을 수용하면서도 독자적 사상을 제시하고 실천성을 강조하여 한국화엄의 새로운 길을 개척하였다. 불교의 무소유와 평등 이념의 실천, 대중적 신앙의 강조, 창의적 개념과 이론의 제시, 자리와 이타의 실천행 추구 등은 한국적 사유의 독특한 전개 및 발현 양상을 잘 보여준다.

'향찰'에서는 신라와 고려의 향가를 대상으로 하여 불교의 내세관과 정토왕생 관념이 얼마나 널리 퍼져 있었는지, 그리고 현세보다 나은 내세에 대한 바람이 얼마나 강렬하였는지를 살펴보았다. 향가에는 마음가짐, 그리고 불보살에 대한 믿음을 통해 현실적 어려움을 해결할 수 있다는 강한 확신이 투영되어 있다. 향찰로 표기된 불교적 내용의 향가에서 한국인의 사유 범위와 서정의 영역이 불교를 통해 심화 확대되었음을 살펴볼 수 있었다.

'수륙재'는 고려 전기에 중국에서 전래되었지만 조선 초기 국행수륙재의 설행과 기양의례로서의 특성, 기신재의 포섭, 3단 설단 형태의 확립 등 몇 가지 측면에서 중국과는 다른 한국적 특성을 보이면서 발전하였다. 조선 후기에도 수륙재는 대중적 불교의례로서 성행하였는데, 수륙재는 중국이나 일본과는 다른 방식으로 전개되어 한국적 고유성의 전개와 확장을 설명할 수 있는 좋은 사례가 된다.

이처럼 한국불교의 고유성은 인도 및 중국으로부터의 수용과 접변, 토착적 기반에 뿌리를 둔 연속적 측면, 그리고 양자의 확장성을 매개로 전개, 발현되었다. 그 과정에서 타자성과 주체성, 특수성과 보편성의 마찰이나 대립을 수반하였지만 몇 차례의 계기적 전환을 거치면서 또 다른 차원의 한국적 고유성을 창출하였다. 분명한 것은 사유와 관념의 확대와 심화, 종교의 기능과 포섭 대상, 문화의 다양성과 수준 등에서 불교의 수용 이전과 이후 사이에는 확연한 차이점이 존재한다는 점이다. 이는 불교가 전래된 후 한국적 고유성이 새롭게 생성되었고 연속적 토착성에 토대를 두면서도 시대적 확장의 전개 과정을 거치며 다층의 고유한 스펙트럼을 형성하였음을 뜻한다.

2. '사유와 가치'에서의 로컬리티

선

선은 한국불교의 주류적 전통이며 현재에도 한국불교는 간화선 수행을 대표적 아이콘으로 삼고 있다. 여기서는 선의 발생과 중국에서 형성된 조사선과 선종오가의 흐름을 소개하고 선이 처음 도입된 통일신라 말부터 조선시대까지의 역사적 전개 과정을 살펴보았다. 초기 동산법문의 수용과 남종선의 본격적인 전래, 그 귀결인 구산선문의 형성을 개관하고 고려시대 선종의 상황과 간화선의 유입, 임제선법의 계승 문제를 중점적으로 다루었다. 또한 조선시대의 법통으로 상징되는 선법 전승과 선교융합 전통의 지속, 19세기 선리논쟁도 중요한 특징으로 들 수 있다.

한국에서 선은 8세기 중반 법랑이 중국 동산법문을 전래한 것이 처음이고 9세기 초반 도의에 의해 남종선이 도입되면서 그 수용이 본격화되었다. 당시 신라 불교계는 교학적 토대가 매우 깊었고 그 때문인지 선이 뿌리내리기 위해 선법의 고유성과 교학에 대한 우위를 강조하는 선교 차별의 방식이 제기되었다. 즉 앞서 교학을 공부하였지만 문제가 해결되지 않아 선법을 새로 추구한다거나, 선이 교법보다 우월하며 선 안에서도 조사선이 여래선보다 뛰어나다는 점 등이 강조되었다.

중국에서 성립된 선종오가도 고려에 수용되어 많은 영향을 미쳤는데 조동종 선법이 비교적 이른 시기에 들어왔고 위앙종은 순지를 통해 전래되었으며 고려 초에는 운문종, 임제종, 법안종 등 나머지 선풍도 모두 전해졌다. 고려 중기에는 공안선 등 거사선법이 유행하였고 수양법이 지식사회에서 일종의 교양으로 정착되었다. 한편 무신정권 이후에는 선법이 크게 발전하였고 고려 말에는 원으로부터 수입된 임제선의 영향으로 인가와 법맥 전승이 특히 중시되었다. 이는 조선시대에 법통의 계승이라는 긍정적 기능도 초래되었지만 생기발랄한 선법의 본래 정신이 위축되는 결과로도 나타났다. 조선 후기에는 태고 보우가 전해 온 임제선의 법통이 공인되면서 청허 휴정과 부휴 선수의 계파 중심으로 법맥이 계승되었다.

한국선의 전통 속에서 선과 교는 때로는 차별적이고 때로는 융합적인 모습으로 전개되었다. 선이 전래된 후 고려 중기까지는 교종과의 대비 속에서 선교 차별 의식이 두드러졌고, 조선시대에는 임제종 정통주의를 배경으로 한 선리논쟁이 일어나 교학 전통에 대한 선법의 우월의식이 표출되기도 했다. 반면 선주교종에 입각한 선교 융합론도 제기되었고 선과 교의 일치 내지 합일이 중요한 전통의 유산으로 계승되었다. 한국선의 전통은 선교 차별로부터 시작되어 선교 융합으로 전개, 발전되었다는 점에서 나름의 고유성을 찾을 수 있다.

세간

불교는 출세간의 종교이다. 하지만 한국을 비롯한 동아시아 불교에서는 인도와는 달리 초월적이고 독립적인 출세간의 영역이 별도로 존재하지 않았으며 세간과의 밀접한 관련 속에서 양자가 공존하는 형태로 전개되었다. 세간에 대한 불교적 정의와 초기불교의 출세간적 지향, 대승불교의 출출세간적 지향에 대해 살펴보고 한국사에서 나타난 불교적 세간관의 변천 양상을 검토하였다. 신라의 세간관은 원효의 사상을 주요 대상으로 하였고 고려와 조선 전기의 세간관의 동요, 조선 중후기 불교적 세간관의 부활에 대해서도 언급하였다.

인도불교에서 중국불교로의 이행은 출세간 지향으로부터 세간에의 회귀, 즉 출출세간의 지향으로 나타났다. 이는 깨달음, 해탈, 열반이라는 종교적 이상을 '지금 이 자리에서' 구하고자 하는 구도의 절실한 심정, 그리고 현실을 있는 그대로 긍정하려는 동아시아인의 종교적 심성에서 비롯된 것이다. 화엄사상가들은 이와 같은 긍정의 마인드가 나타난 경전과 논서를 교판의 최상위에 배치하였고, 그렇지 않은 경론은 근기가 낮은 이들을 대상으로 한 것으로 간주하였다. 그들은 '일체 세간의 일을 버리지 않는 것'은 '일체의 중생을 향한 자비심을 버리지 않는 것'을 뜻한다고 보았다. 이는 현실에 대한 무조건적 긍정을 넘어 보다 깊은 차원의 종교적 지향에서 배태된 것이었다. 즉 출세간의 지혜에 머물지 않고 출출세간의 자비를 수행인의 궁극적 사명으로 여기는 전통이 확립되었다.

원효 또한 수행인의 사명을 매우 중시하였는데, '지혜의 자비적 전개'

라는 경향은 그가 중시한 『기신론』을 비롯한 여래장사상 계통 경론의 모토이기도 했다. 즉 깨달음을 얻을 때 세간은 더 이상 도피의 대상이 아니었고 부처의 지혜와 자비가 충만함을 느끼는 한편 자신과 타인의 가려져 있는 불성을 드러내는 공간이었다. 유명한 원효의 무애행은 이러한 출출세간 정신의 정점이라고 할 수 있다.

불교를 중시한 고려시대에는 출세간에 대한 열망이 세간의 지식인들에게도 확산되었는데, 주류적 경향은 세간적 가치와 출세간적 가치의 조화에 있었고 이는 조선시대에도 이어졌다. 비록 여말선초 시기의 유불교체를 겪으면서 불교는 오로지 출세간 지향의 종교로 간주되었지만, 임진왜란을 계기로 불교계는 세간의 고통을 외면하지 않고 적극적으로 사회 참여에 나섰고, 조선 후기 선, 교, 염불 삼문의 수행은 바로 이러한 세간 참여의 흐름과 연동된 것이었다. 결국 한국불교는 출출세간의 지향에서 시작하여 세간과 출세간의 조화를 거쳐 세간 참여로 나아가는 일련의 과정을 거치며 전개되었다.

무격

불교가 한국에 들어온 이래 한국인의 삶 속에서 중요한 종교적 역할을 수행해 온 것처럼 토착적 신앙인 무격도 불교, 유교의 성행 속에서도 습합과 융섭을 통해 단절 없이 이어져 왔다. 여기서는 고대의 자연 숭배적 무격의 특성, 불교와 무격의 결합과 변용 양상, 신성 공간의 재구성과 영역 쟁탈 등에 대해 살펴보았다. 이어 무격의 의미와 종류, 신라의 무격과 신라인의 세계관, 불교의 자연신격 수용 및 무격과 승려의 주술 경쟁, 신성 공간을 둘러싼 무교와 불교의 쟁투와 영토화, 그 이후 기억의 점유 문제 등을 심도 있게 다루었다.

불교 전래 후 신라에서는 기존의 무교 전통과 경쟁하는 가운데 불교의 토착화가 착착 진행되었다. 그 과정에서 불교는 전통적 자연신격을 수용함으로써 이를 불교 안의 신앙 대상으로 전환하였고 주술, 제천의식 등 무교의 역할을 불교가 대체하기도 하였다. 특히 전통 무교의 성소를 점유하면서 극심한 마찰을 빚기도 했지만 무교를 완전히 소멸시키거나 주변으로 밀어내기보다는 오히려 불교 내부에서 무교 전통을 수용하고 결합하는 형태로 전개되었다.

신라에서 불교는 무교의 신성공간을 점유해 새로운 종교적 기억을 부여하는 한편 무교의 종교적 역할을 점차 대체하였다. 이러한 무교 공간의 불교화는 역으로 오랜 기간에 걸쳐 불교의 무교화를 수반하였다. 승려가 무격의 역할까지 담당하고 종교의 영역 내에서 불교와 무교가 중첩되는 상황이 발생하면서 불교인들은 토착적 무교 전통에 대해 온건한 태도를 취할 수밖에 없었다. 고려와 조선에서도 이러한 특징은 지속되어 억불정책으로 불교의 역할이 전보다 축소된 조선시대에는 무격과 같은 민간종교를 불교가 더욱 포용하는 방향으로 나타났다. 이는 길흉을 점치고 환란을 예방하는 의례나 의식을 일부 승려들이 행한 것에서도 알 수 있다.

고대 한국에서는 불교가 무교의 자연 숭배와 결합되면서 다양한 방식의 주술화가 진행되었다. 이는 불교의 기본 가치 및 지향과는 맞지 않는 측면이 분명히 있다. 하지만 당시 일반 대중들이 환호하고 빠져들었던 불교는 바로 이러한 복합적이고 중층적인 신앙 형태였던 것이며 불교와 무격의 융합과 공존은 이후 하나의 전형으로 확립되었다.

3. '종교와 국가'에서의 로컬리티

불국토

부처의 나라, 불국토는 한국에 불교가 전래된 이래 많은 이들이 꿈꾸었던 현실의 유토피아였다. 먼저 불교의 세계관, 부처의 몸과 국토, 황제의 불국토를 매개로 하여 불국토의 기원과 중국적 전개 과정을 살펴보고, 삼국에서 조선시대까지 이루어진 불국토 인식의 수용과 확산, 그 내재화 문제를 다루었다. 삼국시대는 미륵보살의 화신인 화랑, 자장과 황룡사, 불연국토설 등에 대해 소개하였고 통일신라시대는 정불국토 구현과 불국사, 오대산신앙과 천관보살신앙에 대해 서술하였다. 고려와 조선시대는 금강산 담무갈보살신앙과 보개산 지장보살신앙, 세조의 『관음현상기』 등을 통해 불국토 인식의 내재화에 대해 검토하였다.

불(국)토는 붓다가 계신 땅이라는 개념으로 사용되기 시작했고 대승불교 단계에서 다양한 불국토 관념이 등장하였다. 이 중 보신이 머무는 정불국토 인식을 주목해 볼 수 있는데, 이는 보살의 주요 서원 가운데 하나로서 국토를 청정하게 함을 의미한다. 또한 불국토 개념이 확장되면서 범부가 머무는 현실세계의 예토 또한 불토라는 인식이 생겨났고 유심정토설은 동아시아 불교의 불국토설에서 중요한 비중을 차지하였다. 중국에서는 내세 정토왕생의 기원이 하늘에 태어난다는 생천사상과 결합되었고 보살주처신앙, 불·보살의 화현 관념도 나타났다.

한국의 경우 신라에서 불국토 인식이 특히 강조되었는데, 진흥왕은 전륜성왕임을 자부하였고 진평왕 때는 신라 왕족이 바로 석가족임을 표방하였다. 또 화랑이 하생한 미륵보살이라는 독특한 스토리가 만들어졌는데, 이처럼 신라 중고기에는 자장이 주도한 황룡사 탑 및 장육상 조성에서도 볼 수 있듯이 불교교단이 왕실의 권위 강화에 도움이 되는 불국토의 논리와 상징들을 제공하였다. 『삼국유사』에는 많은 불·보살의 출현 사실과 과거불과 신라의 오랜 연고를 강조하는 기록들이 수록되어 있다. 신라의 교학에서도 수행에 의해 청정해진 불국토인 정불국토 관념과 같이 현세에서의 정토 구현이 역설된 바 있다. 8세기 중엽에 조성된 불국사와 석불사는 신라인의 불국토 인식의 결정체라고 할 수 있다.

신라 하대에는 오대산 문수보살 상주 신앙이 성립되고 지제산 천관보살신앙도 나타났다. 보살주처신앙은 고려 후기에 더욱 확산되어 금강산 담무갈보살신앙, 보개산 지장보살신앙이 유행하였고, 조선 세종 때의 『석보상절』에는 금강산과 천관산에 아육왕탑이 있다는 설화가 수록되었다. 세조는 불국토 관념을 정치에 적극 활용하여 『관음현상기』를 찬하게 하였고 석가불, 관음보살, 문수보살, 담무갈보살의 현신 사실이나 영이한 이적 등이 기록되었다. 조선 후기에도 명산의 불교식 지명이 일부 유교식으로 바뀌기는 했지만 불국토 인식은 없어지지 않고 이어졌다. 말법의식이 강조된 중국과는 달리 한국에서는 불국토 관념이 국가권력의 옹호와 지지 속에 정착되었고 불연국토설, 명산을 중심으로 한 보살주처신앙이 형성되어 자연스럽게 내면화되는 과정을 겪었다.

계율

계율은 불교교단의 형성과 유지를 위한 기본 전제이며 한국과 동아시아 불교에서도 계율의 수지는 필수불가결한 요소였다. 여기서는 계율의 성립과 동아시아의 전개 문제를 바라제목차, 오계와 팔재계, 십선계와 삼취정계, 범망보살계로 나누어 살펴보았고 다음으로 삼국시대 계율 수용과 원광의 세속오계, 자장의 수계의식 정비 등을 검토하였다. 그리고 원효의 범망계, 의상의 지계 의식, 유식학승의 계율 연구, 진표와 점찰계에 주목하여 통일신라시대 보살계의 발전 과정을 서술하였다. 끝으로 고려와 조선시대는 계율의 현실적 변용이라는 관점에서 관단수계의 제도화, 국왕의 보살계 수계, 청규의 설행, 승군과 계율, 율맥 회생에 대해 고찰해 보았다.

계율은 불교도의 생활 규범으로서 비구와 비구니의 구족계, 예비승려인 사미와 사미니, 그리고 재가신도인 우바새와 우바이를 위한 규율 등을 아우른다. 대승불교에서는 이타행을 완성하기 위한 대승보살계가 만들어졌지만 붓다가 제정한 원래의 초기 계율도 고수되었다. 불교가 동아시아로 전래된 후 계율에도 상당한 변화가 수반되는데, 5세기에 4대 광율이 갖추어지고 소승률과 보살계가 동시에 성행하였으며 출가자와 재가자를 포괄하는 『범망경』이라는 중국 찬술 경전까지 등장하였다.

한국에도 소승계율과 함께 대승보살계가 전해졌는데, 특히 백제는 『사분율』 등의 율장에 입각한 구족계 의식을 갖추었고, 신라 역시 자장에 의해 수계제도와 함께 교단 운영의 기틀이 마련되었다. 고려시대에도 소승률에 따른 수계식과 보살계 수지가 모두 행해졌을 것으로 추정되며 조선시대까지 수계식이나 포살 등의 전통이 이어졌다. 하지만 한국에서 불교는 국가권력과 밀접한 관련을 가지면서 전개되었기에 인도에서와 같은 초세간적 입장을 고수할 수 없었다. 무엇보다 전쟁 등의 국가적 위기 상황에서는 적극적인 현실 참여와 계율 수지 사이에서 갈등과 파행보다는 시대성에 입각한 한국적 특수성이 강조되었다. 신라 원광의 걸사표와 세속오계는 현실적 요청에 부응한 대표적 사례일 것이다.

계율은 승가의 정체성과 직결된 문제이지만 한국에서는 '중생 구제'나 '호국'이라는 보다 현실적 차원의 목표를 위해, 계율이 재해석되고 특수 상황에 맞게 적용되기도 했다. 신라의 원효, 의적, 태현 등에 의한 대승보살계 해석의 경우 행위의 의지와 마음을 우선시하면서 시간과 장소, 상황에 따른 보다 융통성 있는 적용의 여지를 남겼다. 고려시대에도 승려나 승군이 국가 수호를 위해 전쟁에 직접 참여한 사례가 있고, 조선시대의 승군 활동은 계율이 아닌 호국을 선택한 가장 대표적인 예로서 한국불교의 독특한 양상을 보여준다.

사장

사장은 사원의 수공업과 생산 활동을 담당하는 승려 장인을 말하며 승장, 공장승이라고도 한다. 고대 사원수공업의 전개와 그 주체인 사장의 유형에 대해 개관하기 위해, 관영수공업으로 행해진 사원수공업의 시작과 전개, 사원 성전과 승장에 대해 살펴보았다. 이어 고려시대에 보다 다양하게 펼쳐진 사원수공업의 양상을 공역승, 수원승도, 사경승과 화사 등의 활동에 주목하여 검토하였다. 끝으로 조선시대는 불교정책의 연장선에서 국가 건설 사업에 참여한 공역승, 공납과 진상, 전문 승장 집단 및 유파 등에 대해 정리하였다.

사장의 수공업 생산 활동은 복전, 공덕사상, 보살행의 차원에서 이루어졌고 선종 수용 이후에는 청규의 실천과 수행이라는 측면이 추가되었다. 삼국시대에 불교가 전래되면서 사원 및 탑 건립과 관련된 건축 기술, 불보살상 조성에 필요한 조각과 회화, 경전 조성을 위한 종이와 먹 등의 제작을 담당하는 기술자 집단 혹은 기술이 함께 들어왔다. 즉 불교는 한국의 고대국가에 발전된 선진 문물을 전달하는 역할을 담당하였고, 고급 기술을 가진 전문 장인들을 박사, 장으로 불렀다. 통일신라시대에는 사원의 조영과 중창을 담당하는 관부로 사원성전(성전사원)이 있었고 승려 장인과 속인 장인이 공동으로 작업하였다. 9세기 이후에는 자체 승장을 확보한 사찰이 증가하고 큰 사찰의 경우 삼강전 등 독자적인 승직 체계를 운영하였다. 또 승장 내부에서 직능과 기술의 분화와 조직화, 기술의 전수와 습득이 이루어졌다.

고려시대에는 사원수공업이 급속히 성장하고 다변화하여 사원의 수공업 생산과 공역 외에 민간 수요까지도 사원에서 감당하는 경우가 많았으며 이는 사원경제 비대화의 한 원인이 되었다. 상업적 이익 추구와 함께 전문적 기술의 성장과 계승이 이루어졌고 승장과 별도로 노역 및 잡역에 동원되는 공역승이 존재하였다. 그 결과 금은 사경이나 고려 불화, 대장경 등의 화려한 불교문화재가 오늘날까지 전하고 있다.

조선시대에는 사원수공업이 국가의 불교정책과 긴밀히 연동되어 전개되었다. 국초에 한양도성을 건설하는 과정에서 공역승이 동원되었고, 양난을 거치면서 산성의 축조와 보수, 전후 복구를 위해 많은 승려들이 동원되어 승역을 졌다. 이 과정에서 오랜 기간 축적되어 온 사장의 기술력이 적극 활용되었다. 조선 후기의 사원에는 공납과 잡역이 부과되었는데 국용에 필요한 물품을 제작해 바치는 공납은 사원수공업과 직결된 것이었다. 조선 후기에 사찰 중창이 활발히 이루어진 것도 사원수공업의 발전과 불교문화 전통의 내재적 연속과 관련이 있으며 대목장, 조각승, 화사 등 승장들의 활동은 지역적, 계파별로 활성화되었다.

4. '문화와 교류'에서의 로컬리티

태고 · 나옹

태고 보우와 나옹 혜근은 고려 말 중국의 임제선법을 전해 온 선승들로 이후 한국선종 법맥의 근간을 이루었다. 13~14세기 원대불교와 그것이 고려에 미친 영향, 고려선승의 입원 구법 등을 통해 원간섭기 고려 선종의 모습을 재구성해 보고 태고와 나옹의 간화선법 및 임제선풍을 고찰해 보았다. 이들의 생애와 활동, 사승관계와 법맥, 선풍과 그 사상적 특징을 개괄하고 이들에 의해 간화선이 정착된 점과 조선시대 법통의 문제 등을 살펴보았다.

태고와 나옹이 살던 시대에는 원의 세계제국 체제하에서 고려가 각 방면에서 원의 간섭과 영향을 크게 받고 있었다. 당시 동아시아에서는 원을 중심으로 한 인적, 문화적 교류가 매우 활발히 이루어졌고, 태고와 나옹도 원에 유학하여 임제선법을 전수하였다. 태고는 고려에서 깨달음을 얻은 후 46세에 유학하여 2년간만 머물렀고, 나옹은 28세에 원에 가서 10년이나 체류하였다. 이러한 약간의 차이 때문인지 태고는 무자공안을 강조하고 간화선 중심주의에 철저하였으며, 나옹은 간화선을 강조하면서도 임제종의 원래 모습으로 돌아가야 한다고 주장하였다.

태고와 나옹은 한국선종의 법맥 계승에서 중요한 위상을 차지하며 조선시대 법통상의 조사를 둘러싼 논란에서 양자를 둘러싼 경합이 벌어지기도 했다. 결국 태고법통설이 공론이 되었지만 임제법맥의 전래와 간화선의 선양은 태고와 나옹 두 사람 모두의 공이었음에 분명하다. 한편 이들은 당시 중국의 선승과는 다른 면모도 보인다. 중국에서는 선과 정토를 함께 수행하는 선정쌍수의 경향이 강하였고 선승이 서방정토왕생을 주장하는 경우가 많았다. 이에 비해 태고와 나옹은 서방정토왕생을 설하지 않고 대신 유심정토를 강하게 주장하였다. 태고는 염불을 권했지만 이는 칭명염불이 아닌 관상염불에 가까우며 서방정토왕생은 강조하지 않았다. 나옹도 대령설법을 많이 했지만 서방정토보다는 유심정토를 내세웠고 스스로의 본분사를 찾는 것이 중요하다고 역설하였다. 즉 이들은 선의 본연의 모습에 충실하고자 했던 것이다.

구결

구결은 한문을 우리말로 쉽게 풀어 읽게 해주는 표기법이다. 먼저 이두, 향찰과 대비시켜 구결이 무엇이며 어떤 유형이 있는지를 정리하였다. 이어 신라시대 의상과 설총의 구결, 일본 훈점과의 관계, 구결의 잔영 등을 다루었고 고려시대는 석독구결과 불전 번역에 주목하여 자토구결과 점토구결, 12~13세기 구결문에 대해 살펴보았다. 또한 조선시대 음독구결과 한문독법 문제를 구결문과 언해문, 유가와 불가의 구결, 조선 후기의 구결 인식으로 나누어 검토해 보았다.

대각국사 의천에 의하면 구결은 신라의 삼국통일 이전부터 사용되었다고 하며, 설총이 활동하던 7세기 후반에는 현재 우리가 알고 있는 석독구결과 거의 유사한 표기 체계가 보급되었을 것으로 추정된다. 석독구결은 한문으로 된 원문에 토를 달아 한국어로 풀어 읽게 해 주는 표기법으로 현재 12~13세기 자토구결 5종과 10~12세기 점토구결 14종의 자료가 확인된다. 이들은 『화엄경』, 『법화경』 등의 경전과 『화엄경소』, 『유가사지론』과 같은 주석서로서 현존하는 석독구결은 모두 불교 경론 안에 기입되어 있다. 이를 통해 당시 한국어의 어휘 및 문법 현상을 일부나마 알 수 있게 되었고 우리말 단어와 문장 구조를 이용해 한문 학습과 경문 교육을 하였음을 볼 수 있다.

석독구결은 한자·한문의 원전을 변형하지 않고 토와 부호를 통해 자국어로 풀이한다는 점에서 '언해'와는 다른 유형의 번역 양식에 속한다. 15세기 언해불전과 고려시대 석독구결은 한문의 어순을 한국어 어순으로 바꾸고 일부의 한자를 고유어로 새겨 읽는다는 점에서는 근본적으로 다르지 않다. 다만 석독구결문의 종결형 어미는 '-다[-ㅣ]'로 되어 있어 주로 '-라'로 끝나는 언해문과는 차이를 보인다. 이는 석독구결문이 화자의 태도나 관점이 개입되지 않는, 원문의 객관적 사실 진술과 해석에 중점을 두었음을 의미한다. 어휘 면에서 석독구결 자료는 중국어의 성조 표기가 없는 것이 특징이며 이는 신라와 고려에서 불교 경전을 한국식 한자음으로 암송하였음을 보여준다.

석독구결 자료에는 고유어뿐 아니라 우리말이 된 수많은 한자어들도 포함되어 있다. 한국어는 고대로부터 불교의 영향을 받았고 많은 불교 용어가 한국어 어휘 속으로 들어왔다. 그런데 보통 불교 용어라고 생각하지 않는 어휘들도 석독구결을 매개로 한 불교 경전의 학습 과정에서 한국어로 유입되었을 가능성이 크다. 과거, 미래, 명칭, 세간, 성숙 등 2음절 한자어를 예로 들 수 있다. 결국 신라시대 불교금석문에 나타난 이두문이 자국어로 개인의 심성을 표현하였고, 불교 관련 향찰 작품이 사유의 범위와 서정의 영역을 확대하였다면, 불전에 기입된 석독구결은 한문의 자국어 학습과 불교 지식의 체득 및 한국어 형성에 크게 기여하였다.

결사

결사는 신앙 및 수행 공동체 조직으로서, 먼저 결사의 개념과 기원을 살펴보고 중국 최초의 불교결사인 여산 혜원의 백련사를 소개하였다. 신라시대 결사의 대표 사례로는 김유신의 용화향도, 경덕왕대 만일계, 신라 하대의 오대산 결사와 화엄·추모 결사를 들 수 있다. 또한 고려시대는 만일결사와 지리산 수정사, 지눌의 정혜결사, 요세의 백련결사에 대해 정리하였고 조선시대는 사찰계, 백파와 경허의 수선결사에 대해 검토해 보았다.

한국에서 결사와 관련된 최초의 기록은 김유신의 용화향도에 관한 것으로 이는 미륵신앙에 바탕을 둔 국가불교적인 신앙공동체였다. 또한 미타신앙에 의거한 염불결사는 신라 중대부터 성행하였는데 경덕왕대의 만일계를 예로 들 수 있다. 만일계는 내세의 왕생을 희구하는 것으로 염불하는 과정 그 자체가 수행자적 삶의 현세적 실천을 뜻한다. 한국에서 1만 일이라는 시간을 정해 놓고 염불수행을 하는 형태는 중국이나 일본에서 염불의 횟수를 중시한 것과는 대비된다.

고려시대 만일염불결사 가운데 1123년 지리산 수정사 결사에는 선·교종의 승려와 다양한 계층의 3천여 명의 인원이 참가하였는데 염불, 송경, 좌선 등 각자에 맞는 수행법을 통해 실천하였다. 또한 나무 간자에 이름을 새기고 『점찰업보경』에 의해 간자를 던져 선악의 보응을 점치는 수행 방법도 행해졌다. 고려 후기 지눌의 정혜결사와 요세의 백련결사는 지방에서 일어난, 불교계의 개혁을 지향한 실천 운동이었다. 지눌은 불교 본래의 모습, 즉 붓다의 정신으로 돌아가고자 했고, 요세는 참법수행과 염불신앙 실천을 위주로 하였다.

한국의 결사는 구성원이나 수행 방법, 목적 등에서 중국과는 다른 특징을 가진다. 중국의 백련사는 승속 123명의 소수정예가 모여 정토왕생을 위한 염불삼매수행을 행하였다. 이에 비해 요세의 백련결사는 삼매수행 외에 참법 등의 수행법을 사용하였고, 남녀노소와 각계각층의 다수

인원이 참여한 대중결사도 행해졌다. 지눌의 정혜결사는 상근기와 수행자가 주요 대상이고 선을 중심으로 한 수행 결사였지만, 중생의 구원이라는 큰 목표하에서 선의 대중화를 추구했다는 점에서 독자성을 가진다. 한국에서 신앙과 수행을 위한 결사공동체는 오랜 역사 속에서 하나의 전통으로 자리 잡았고, 특히 국가가 위기에 처하거나 혼란스러울 때 불교 본연의 수행 정신을 회복해 현실의 난관을 타개하는 유력한 종교적 방안이 되었다.

5. 한국불교 '고유성'의 발현

1단계 3년차의 테마 연구에서는 한국불교의 고유성 발현을 로컬리티의 형성이라는 측면에서 정리해 보았다. 〈사유와 가치〉 영역에서는 불교가 한국의 토착적 관념이나 가치와 만나면서 상당한 변용과 접목의 과정을 거쳐 고유의 로컬리티를 창출했음을 살펴보았다. 아래의 선, 세간, 무격 세 가지 테마에서 한국적 고유성이 어떻게 나타났는지를 검토해 보았다.

'선'에서는 중국의 선종이 전해진 후 한국불교의 주류 전통인 선종이 고유한 특성을 온축하면서 성립, 발전되는 과정을 시대 순으로 정리하였다. 선의 전래 초기에는 강고한 교학 전통이 존재하였고 그것을 극복하기 위해 선법의 고유성을 내세우거나 교학에 대한 선의 우위를 강조하는 선교 차별의 방식이 요구되었다. 고려시대에는 중국 선종오가 각각의 선풍이 영향을 미쳤고 지식사회에 수행법이 확산되었으며 후기에는 선이 교를 압도하면서 임제 선법, 간화선풍이 풍미하였다. 조선시대에는 임제

법통이 주류를 이루었고 선교 융합이 추구되었다. 한국선의 전통은 선교 차별에서 선교 융합으로 전개되었다는 점에서 고유의 로컬리티를 찾을 수 있다.

'세간'은 출세간의 종교인 불교가 동아시아의 지형 속에 적응하면서 세간과의 공존을 모색하였음에 주목하였다. 인도불교에서 중국이나 한국불교로의 이행은 출세간에서 세간으로의 회귀, 즉 출출세간의 지향으로 귀결되었다. 깨달음이나 해탈과 같은 종교적 이상을 '지금 이 자리에서' 구하려는 태도와 있는 그대로의 현실을 긍정하려는 자세는 동아시아인의 심성에서 비롯된 것이다. 특히 원효의 사상에서는 강한 종교적 열망 속에서 출출세간의 자비를 추구한 모습을 볼 수 있다. 고려와 조선시대에도 세간과 출세간적 가치의 조화는 중요한 덕목이었고 적극적인 사회 참여가 요구되었다.

'무격'은 한국의 토착신앙이었기에, 불교는 무격과의 갈등과 상생의 길을 걸을 수밖에 없었다. 신라에서 불교는 기존의 무교 전통과 경쟁하면서 전통적 자연신격을 불교의 신앙 대상으로 수용하였고 주술, 제천의식 등의 역할을 불교가 대체하는 등 토착화의 과정이 수반되었다. 처음에는 무교의 신성공간을 불교가 점유하기도 했지만 무교를 소멸시키거나 주변으로 밀어내기보다는 오히려 불교 내부에 무교 전통을 수용하고 결합하는 방식으로 불교의 무교화가 진행되었다. 승려가 무격의 주술적 역할까지 담당하고 불교와 무교가 중첩되는 상황이 발생하였으며 이는 고려와 조선까지 지속되어 양자가 공존하는 복합적, 중층적인 신앙 형태를 형성하였다.

〈종교와 국가〉 영역에서는 동아시아 불교의 공통 특성이 한국적 특수

조건에 맞게 변형되었음을 살펴보았다. 불국토, 계율, 사장의 세 가지 테마를 통해 불·보살의 상주에 대한 강한 염원, 포용적 계율관의 적용, 전문 수공업 장인의 한국적 문화유산 창출에 대해 서술하였고 그 안에서 한국적 고유성을 찾을 수 있었다.

'불국토' 인식은 신라에서 특히 강하여 전륜성왕, 석가족과의 동일시, 하생한 미륵보살로서의 화랑, 황룡사 탑, 불국사와 석굴암의 조성 등으로 나타났다. 『삼국유사』에는 많은 불·보살이 출현하고 과거불과 신라의 오랜 연고가 강조되었으며, 신라의 교학 연구에서도 수행에 의해 청정해진 정불국토 관념 등 현세에서의 정토 구현이 권장되었다. 신라 하대에는 오대산 문수신앙과 같은 보살주처신앙이 생겨나 이후 크게 유행하였고 조선 초 세조대에는 석가불, 관음보살의 현신 등 불국토 관념의 정치적 활용이 이루어졌다. 말법의식이 강조된 중국과는 달리 한국에서는 불국토 관념이 국가권력의 지지를 받으며 정착되었고 불연국토설, 명산을 중심으로 한 보살주처신앙이 확산되어 후대까지 내면화되어 지속되었다.

'계율'은 불교교단의 형성과 유지에 필수적인 것으로서 동아시아와 한국에는 소승률과 대승보살계가 함께 전해졌다. 백제는 일찍이 율장에 따른 구족계 의식을 갖추었고 신라도 자장에 의해 수계제도와 교단 운영의 틀이 마련되어 이후 영향을 미쳤다. 한국불교는 국가권력과의 밀접한 관계 속에서 인도와 같은 초세간적 입장을 고수할 수 없었고, 전쟁이나 국가 위기 상황에서 계율 수지보다는 세속의 현실적 요청을 따를 수밖에 없었다. '중생 구제'나 '호국'이라는 현실적 목표의 실현을 위해 계율이 재해석되고 특수 상황에 따라 적극적으로 변용된 사례가 많은 것도 그 때문이다.

'사장'은 사원수공업에 종사하는 승려 장인을 가리키며 고대부터 조선까지 다양한 유형의 사장에 의해 생산 활동이 이루어졌다. 불교가 전래되면서 사원과 탑, 불보살 등의 조성을 위해 건축, 조각, 회화 등의 전문기술이 함께 전수되었다. 통일신라시대에는 사원의 영건을 담당하는 사원성전이 있었고 승장 내부에서 직능과 기술의 분화 및 조직화가 이루어졌다. 고려시대에는 사원수공업의 발전과 상업적 이익 추구가 사원경제 비대화에 일조하였고 직능 승장과 일반 공역승이 함께 존재하였다. 고려불화, 대장경 등은 당시의 화려하고 수준 높은 불교문화를 잘 보여준다. 조선시대에는 승역 활용 등 국가의 불교정책과 긴밀하게 연동되어 사원수공업이 전개되었고 조직화된 전문적 승장들의 계보가 확인된다.

〈문화와 교류〉 영역에서는 불교가 한국의 토착 지형과 만나면서 일어난 문화접변 현상, 그리고 새로운 복합문화의 창출에 대해 살펴보고자 하였다. 동아시아 불교의 공통 특성을 잃지 않으면서도 한국적 고유성이 발현되는 모습을 태고·나옹, 구결, 결사의 세 가지 테마를 통해 고찰해 보았다.

'태고·나옹'에서는 고려 말 중국에서 임제선 법맥을 전래하고 간화선 수행을 정착시킨 태고 보우와 나옹 혜근에 대해 다루었다. 이들은 원에 유학하여 간화선풍을 체득하였고 한국의 선종 법맥의 근간을 이루면서 조선시대 법통의 조사로 비정되었다. 당시 중국에서 선과 정토를 함께 수행하는 선정쌍수의 경향이 강했음에 비해 이들은 서방정토왕생보다 유심정토를 주장하여 선의 본연의 입장에 충실하였다.

'구결'은 한문에 토를 달아 우리말로 쉽게 풀어서 읽게 해주는 표기법이다. 삼국시대부터 쓰였고 7세기에는 현재 알려진 석독구결과 유사한 표기 체계가 보급되었을 것으로 보인다. 고려시대 자토구결 5종과 점토

구결 14종의 자료가 확인되는데 모두 불교 경전과 주석서에 구결을 단 것이다. 석독구결은 언해와는 다른 유형의 번역 양식이지만 한문 어순을 한국어 어순으로 바꾸고 일부 한자를 고유어로 새겨 읽는다는 점에서는 같다. 다만 화자의 태도나 관점보다 원문의 객관적 사실을 진술하는 성격이 강하다. 석독구결 자료에는 우리말이 된 많은 불교식 한자어들이 포함되어 있는 등 한문의 자국어 학습과 불교 지식의 체득 및 한국어 형성에 크게 기여하였다.

'결사'는 신앙 및 수행 공동체 조직으로서 최초의 사례인 김유신의 용화향도는 미륵신앙에 바탕을 둔 국가불교적 신앙공동체였다. 신라 중대에는 미타신앙에 의거한 만일계 등의 염불결사가 성행하였는데, 내세의 왕생을 희구하는 것이면서 현세의 수행자적 삶의 실천이었다. 고려시대에도 만일염불결사의 전통이 이어졌고 수정사 결사는 승속의 다양한 구성원 3천 명이 참여하여 염불, 송경, 좌선, 간자 등 다양한 수행법을 실천하였다. 고려 후기에는 지눌의 정혜결사와 요세의 백련결사가 지방에 결성되어 불교 개혁운동으로 발전하였다. 한국의 결사는 신앙과 수행을 아우르는 다양한 수행 방식과 대중결사로서의 특성을 가진다.

본 HK연구단의 1단계 연구목표는 한국불교의 '원형의 고유성'을 찾는 것이다. 한국에 불교가 전래, 수용되면서 토착적 전통과의 마찰과 대립을 겪는 한편 양자의 포용과 융합, 장기 지속의 내재화 과정을 동반하였다. 한국불교는 인도는 물론이고 중국불교와도 결이 다른 독특한 고유성을 형성하였는데 이는 불교의 보편주의와 확장성이 한국적 토양에 맞추어 뿌리를 내렸음을 의미한다. 즉 질적 차이를 전제한 우열 관계에서 머물지 않고 주체와 타자 사이의 간극을 메우면서 특수와 보편이 혼재되어 융합된 제3의 한국적 로컬리티를 구축해 온 것이다. 한국사의 흐름에서 불교가 전래된 이후 사유의 심화와 세계관의 확대가 이루어지고 삶과 죽음의 연속과 단절에 대한 고유의 관념이 형성되었으며 글로벌 수준의 문화 역량을 지속적으로 발전시켜 온 것은 분명한 사실이다. 불교는 한국적 고유성을 새로운 차원에서 발양시켰고 연속과 확장의 과정을 통해 로컬과 글로벌이 복합된 다층의 로컬리티를 생성할 수 있었다.

제1부

사유와 가치

선

세간

무격

선禪

김호귀

I. 선의 원류와 형성

　　선의 발생/ 조사선의 형성/ 선종오가의 전승

II. 나말여초 선의 전래와 수용

　　동산법문의 수용/ 남종선의 전래/ 구산선문의 형성

III. 고려시대 선의 정착과 발전

　　전기의 선종 상황/ 고려 간화선의 형성/ 임제선법의 전승

　　및 계승

IV. 조선시대 선법의 계승과 전개

　　전법사승의 강조/ 선교 융합의 전통/ 조선 말의 선리논쟁

■ 선교 차별에서 선교 융합으로

I. 선의 원류와 형성

선의 발생

선의 원류遠流는 불교가 발생하기 이전 고대 인도로 거슬러 올라간다. 고대 인도에서 실행되고 있던 요가수행의 형태 및 방법은 불교가 발생한 이후에 형성된 선수행의 원형이기 때문이다. 그러나 선의 직접적인 원류源流는 붓다로부터 시작되었다. 곧 붓다가 깨침의 방법으로서 활용한 것이 선이었고 선으로 제자들한테 수행하는 가르침을 베풀어 주었기 때문이다.

선이 붓다에게서 시작되었다는 이유는 붓다가 선의 수행을 통하여 깨침을 터득한 이후로 불교의 역사에서는 가장 보편적인 수행법으로 전승되어 왔기 때문이다. 그런데 선수행의 방식이라는 점에서 보면 요가 내지 명상과 크게 다르지는 않다. 굳이 그 차이를 말하자면 궁극적인 목표를 무엇으로 간주하느냐 하는 데에 있다. 선과 요가는 모두 몸의 자세를 바르게 하고 호흡을 가다듬으며 정신을 다스린다는 점은 동일하다. 여기에서 요가의 목표는 후대에는 해탈이라는 목표도 가미되었지만, 본래의 궁극적인 목표는 몸과 마음의 조화였다. 이와 더불어 명상의 목표는 마음의 안정을 우선시한다.

이에 비하여 선의 궁극적인 목표는 깨침이다. 그 깨침을 위해서 몸을 추스르고 호흡을 가다듬으며 마음을 제어하고 집중하며 통일한다. 이로써 선에는 당연히 명상적인 요소 및 요가적인 요소가 포함되어 있다. 이

것이 선이 여타의 수행과 다른 점이다. 나아가서 그 깨침의 결과로 올바른 지혜가 터득된다. 올바른 지혜에서는 필연적으로 보편적인 자비가 도출된다. 그 자비야말로 자신과 더불어 타인에 대한 지극한 사랑의 행위이다. 이로써 불교에서 추구하는 지혜와 자비는 모두 선으로부터 유래하였고, 선으로부터 전승되었으며, 선으로부터 전개되었다.

붓다도 출가하여 처음에 시작한 수행은 요가수행이었다. 그만큼 요가는 당시에도 보편적인 수행으로 중시되었다. 그러나 요가수행으로는 붓다 자신이 목표로 삼았던 지혜를 발생하지 못하고, 깨침으로 이끌어 주지 못하며, 적정의 열반으로 나아가지 못한다고 판단한 후에 붓다는 요가 수행자들을 떠나서 혼자 수행하는 고행苦行에 들어갔다. 고행의 경우는 그것을 지도해 주는 직접적인 스승은 없을지라도 전통적으로 축적된 훌륭한 방법이 있었다. 고행은 당시에 요가수행과 더불어 가장 보편적인 수행이었다.

고행은 고대 인도의 사상이 그대로 응축된 수행으로서 그들의 과거세와 현재세와 미래세에 대한 연속적인 관념에 토대를 둔다. 때문에 자신에게 부여된 고통은 어쩔 수 없이 자신이 받아야 한다는 것에서 자신이 감당해야 하는 고통을 미리 당겨서 받기도 하고 내세로 미루기도 한다. 고통을 경험함으로써 몸에 축적된 에너지를 바탕으로 하여 궁극적으로 해탈을 터득하는 것이고, 정신이 육신에 얽매여 있는 까닭에 자유롭지 못하고 해탈하지 못하기 때문에 육신을 괴롭혀서 정신이 육신으로부터 벗어나야 비로소 자유를 터득한다는 관념을 지니고 있었다. 정신과 육체의 이원적인 분별의식에 바탕을 둔 것이다. 이리하여 붓다는 당시에 내로라하는 고행주의자들이 모여서 수행하는 네란자라 강변의 우루벨라 숲으로 가서 6년 동안 끊임없이 고행정진을 계속하였다.

결국은 정신과 육체의 극한적인 상황을 체험하고 그것이 밀접한 관계에 있다는 것을 알고서 육신을 괴롭히는 수행을 통해서는 깨침에 도달할 수 없다는 결론에 도달하였다. 마침내 붓다는 고행을 그만두는 행위로서 목욕을 하고 음식을 섭취하여 육신을 추스르고 마음을 가다듬어 보리수 밑에서 고요한 좌선명상을 시작하였다.

    붓다는 이와 같은 좌선명상을 선택하여 수행하였고 깨침을 터득하였으며, 나아가서 선의 방법을 더욱더 보편적으로 개발하고 전승하여 교화의 방법으로 승화시켰다. 또한 제자들에게도 선을 통한 수행과 정진으로 매진하도록 하였다. 그 결과 선수행에 관한 구체적인 방법을 설한 경전이 출현하였다. 그러한 선경禪經에서는 특히 호흡과 관련된 내용이 중요하게 간주되었다. 이로써 붓다의 수행 과정은 일반적으로 출가를 통하여 요가수행~고행~선정~성도의 과정을 거쳐 완성된 것으로 정리된다.

조사선의 형성

    중국선은 보리 달마菩提達磨의 서래西來로부터 그 시작을 삼는다. 그것은 오늘날까지 전승되어 온 선법이 모두 보리 달마의 법손들에 의하여 형성되고 발전되며 전승되어 왔기 때문이다. 중국의 불교사에서 불교가 전래되면서부터 가장 먼저 나타난 현상은 전래된 경전의 번역이었다. 전래된 경전 가운데 『안반수의경』, 『좌선삼매경』, 『선법요해경』 등 수많은 선경이 한역됨으로써 그에 근거하여 실제로 선수행을 실천하는 사람들이 나타났다. 이후에 보리 달마의 법손들은 그 일군의 무리들을 소위 습선자習禪者라 불렀다. 이것은 오늘날까지 전승되어 온 선법을 정통으로 간주하는 입장에서 바라본 결과로서 본격적인 선법의 부류에서 제외시킨 결과였다. 아무튼 이들 습선자들은 보리 달마가 중국에 도래한 6세기 초반 무렵까지 활약했던 사람들로서 한때는 상당한 발전을 보였다.

그러나 달마의 도래 이후에 선의 종파는 7세기부터 8세기에 걸쳐 소위 본격적으로 선종이 형성되면서 그 속에서 각각 자파의 정통성을 주장하는 방식으로 등장하였다. 이런 점에서 달마조사로부터 비롯된 선풍을 조사선祖師禪이라 하는데, 소위 본래성불本來成佛의 사상을 바탕으로 하여 본래의 인간성에 대한 긍정을 일상의 생활에서 실천하는 선풍을 강조하였다. 이로써 조사祖師라는 용어는 오늘날에 이르기까지 동아시아 선종의 특징을 가장 잘 보여주는 개념으로 정착되었다.[1]

이 가운데 제4조 도신道信 무렵에는 이전의 유행생활 중심과는 달리 대규모의 집단이 한곳에 머물러 수행하는 정착생활이 시작되어 명실상부하게 선종의 교단이 형성되었다. 이로써 소위 동산법문東山法門의 기틀이 마련되었다. 이후 제5조 홍인弘忍대사에 이르러 동산법문이 본격적으로 발전되면서 중국의 전역에 선종의 세력을 확보하여 황실과 민중에게까지 파고들게 되었다. 동산법문에서 배출된 수많은 선자들은 수행의 방식과 깨달음에 대한 수증관의 성격에 따라서 소위 남종南宗과 북종北宗을 비롯한 다수의 문파를 형성하여 나름대로 고유한 선풍을 진작하였다.

이로부터 6세기 초반에 보리 달마의 도래로부터 시작된 중국선종은 200여 년이 지난 8세기 초반부터는 소위 남종 및 북종이라는 법맥과 선풍에 대한 정통과 방계의 경쟁이 일어난다. 그 결과 혜능의 선풍을 위시한 남종 계통이 정통 법맥을 자부하게 됨으로써 자파에 대한 긍지를 바

---

1 조사선이 형성되던 무렵에는 그 정통성을 강조하려고 노력한 결과 중국의 전등법맥뿐만 아니라 인도불교, 나아가서 과거칠불에까지 소급되는 계보가 형성되었는데, 그것이 곧 전등사서의 출현이다. 이후 『보림전』에 이르러서는 마하가섭으로부터 서천의 28대 조사를 거쳐 동토의 6대 조사인 혜능에 이르기까지 33조의 계보가 확립되었다.

탕으로 하여 새로운 선풍의 도래를 출현시켰다. 그것이 곧 본격적인 조사선의 가풍이다.

특히 마조 도일馬祖道一과 석두 희천石頭希遷을 쌍벽으로 하여 각각 강서지방과 호남지방을 근거지로 잡화포雜貨鋪와 진금포眞金鋪의 선풍이 전개되었다. 이로써 주로 오랫동안 한곳에 주석하고 있던 지방을 중심으로 하여 다양한 가풍이 출현됨으로써 9세기 중반부터는 종파로 전개되었다. 그것이 소위 선종오가禪宗五家로서 임제 의현臨濟義玄의 임제종臨濟宗, 위산 영우潙山靈祐와 앙산 혜적仰山慧寂의 위앙종潙仰宗, 동산 양개洞山良价와 조산 본적曹山本寂의 조동종曹洞宗, 운문 문언雲門文偃의 운문종雲門宗, 법안 문익法眼文益의 법안종法眼宗으로서 중국의 선종이 가장 번성했던 시기에 출현한 다섯 종파를 가리킨다.

이와 같이 선종오가의 사상은 일반적으로 즉심시불卽心是佛을 바탕으로 하여 선자의 경험과 전승과 성격 등에 의하여 실수의 가풍이나 접화수단의 차이로 나타났다. 요컨대 임제종지는 선기가 엄격하여 살殺·활活의 작용을 자유자재하게 드러내며, 위앙종지는 근엄한 문답을 통하여 스승과 제자가 은근히 계합하고, 조동종지는 수행과 이해가 상응하여 행업이 주도면밀하며, 운문종지는 기발하고 단출한 언구를 가지고 취사분별의 온갖 번뇌를 그치고, 법안종지는 교학의 다양한 교의를 활용하여 납자의 번뇌를 제거하였다.

선종오가의 전승

당말 오대 초기에 형성된 선종오가는 이후 시대에 지속적으로 전개되었다. 송대는 법안 문익이 입적(958)하고 2년이 지나 북송이 일어났지만 그 무렵부터 남송이 멸망할 때까지 무려 320여 년 동안 송대의 선풍은 이전 당나라 시대의 생생하고 독창성이 넘치는 선풍을 상실해 버리고 점차 고착화되어 갔는데, 그것은 고칙공안古則公案을 중시하는 문자선文字禪의 병폐로 나타났다. 이로 말미암아 당나라 시대의 순수한 조사선을 회복하기 위한 방법으로서 새로운 선수행법을 고안하였는데, 그것이 곧 대혜종고大慧宗杲에 의하여 확립된 간화선看話禪과 굉지 정각宏智正覺 및 진헐 청료眞歇淸了에 의하여 확립된 묵조선默照禪 수행의 출현이었다.

원대에는 모든 종교에 대하여 자유로운 포교를 허용하였다. 특히 라마교喇嘛敎를 보호했기 때문에 종래의 불교는 일변되지 않을 수 없었다. 그러나 선종은 황실과 밀접한 관계를 지니고 있어서 여전히 세력을 지켜 나갔다. 그것은 확실히 원나라 초기에 크게 활동했던 해운 인간海雲印簡(1202~1257)과 깊은 관계가 있는 유병충劉秉忠(1216~1274)이 야율 초재耶律楚材(1190~1244)와 함께 세조의 왕업을 도와 불교의 융성에도 힘을 기울였기 때문이다. 그러나 불교 가운데 가장 치성한 것은 선종이었고, 천태·화엄·정토의 각 종파도 흥성하였다.

명대의 불교는 송·원 이후의 풍조인 제교융합의 경향이 뚜렷하여 순수한 한 종파의 독립만 앙양된 적은 거의 없었다. 태종 이후 염불을 공안으로 삼는 경향이 나타나 그것이 일대의 풍조를 형성하기에 이르렀다.

청대는 세조(순치제), 성조(강희제), 세종(옹정제), 고조(건륭제)의 4대에 걸쳐 국운의 융창과 병행하여 불교도 세력을 유지하였다. 세종은 라마를 존숭하여 종래의 풍습을 고치고 선에 마음을 기울였으며, 성조는 문화 방면에 진력하면서도 불교를 보호하여 각 지역의 사찰을 수축하였다.

세종은 젊어서 불교 연구에 뜻을 두고 대각의 가릉성음迦陵性音에게 참문하였으며, 나아가서 라마승 장가章嘉에게 법을 구하여 깨치고 스스로 원명거사圓明居士라 하였다. 옹정 11년(1733)에는 궁궐에서 왕 및 대신 8명에게 인가를 주었으며, 또한 선장禪匠들은 조를 이루어 논의를 벌였다. 『어선어록御選語錄』19권은 황제의 사상과 신앙을 엿볼 수 있는 좋은 자료이다. 옹정제는 운서 주굉雲棲珠宏을 중용하여 선정일치禪淨一致의 입장을 채용하고, 나아가서 선종오가의 통일을 설하였으며, 유교·불교·도교의 조화를 도모하였다.

고종은 대장경의 출판에 있어서 문화사적인 공훈을 후세에 남겼지만 불교를 보호하려는 열의는 결여되어 도리어 불교를 멀리하는 방침을 취하였다. 그 당시부터 불교는 대체적으로 출가자의 손에서 재가거사의 손으로 옮겨 가는 경향이 나타났다. 배불적인 유학자의 주청과 더불어 1850년 이래 홍수전洪秀全을 중심으로 한 태평천국의 난 시대에는 극단적인 파불 사건으로 크게 타격을 입었다. 그러나 청말의 양인산楊仁山 거사로 불렸던 양문회楊文會(1837~1911)는 이와 같은 파불 사건 이후에 열렬한 호법가로서 중국불교 부흥을 향한 계기를 열었다.

II. 나말여초 선의 전래와 수용

동산법문의 수용

한국불교의 역사에서 선법의 전래는 비교적 늦은 시기에 해당한다.[2]

---

[2] 한국에 불교가 전래된 것은 붓다의 시대로부터 800여 년 이후였고, 선법의 전래는 700년대 중반 법랑을 그 시작으로 본다면 붓다의 시대로부터 1,300여 년 이후에 해당한다.

그 최초의 기록에 의하면 해동의 선법은 중국선종의 제4조 대의 도신大 醫道信(580~651)의 제자였던 법랑法朗으로부터 시작해 신행~준범~혜은 ~도헌으로 계승되었다.³ 법랑은 신라 선덕왕대에 중국에 유학하여 도신의 심요心要를 얻었다고 한다. 그러나 그에 대한 법랑의 어록 내지 행장이 전해지지 않고 또 귀국한 연대도 불분명하다. 때문에 도신의 선법을 통하여 법랑이 계승한 선법의 성격과 특징을 살펴 법랑이 전래했을 선법에 대하여 추정이 가능하다.

이처럼 한국선법의 최초의 전래는 중국선종의 제4조 대의 도신의 법을 받고 귀국한 법랑 및 지리산 단속사斷俗寺를 중심으로 선법을 전개하였던 신행(704~779)이 입당하여 소위 북종선 계통의 지공志空의 법을 받고 귀국하여 펼친 것에서 찾아볼 수 있다. 이 점은 법랑과 신행의 시대에 선법이 당시의 사회에 본격적으로 수용되지 못했다는 점에서는 몇 가지 문제점을 안고 있다.

먼저 보편적으로 전개되지 못한 선법을 한국선법 전래의 시작으로 간주할 수 있는 것인가 하는 것이다. 또한 오늘날 조계종의 종조로 추앙되는 도의 이전의 선법이라는 점에서 그 법맥의 전승과 관련된 문제이다. 그러나 최초의 선법 전래라는 점을 중시한다면 한국선법의 시작으로 간주된다. 때문에 현재 법랑에 대한 전기 및 자료가 거의 전무한 상태에서 그가 전래한 선법의 특징과 사상은 법랑의 스승이었던 도신 이외에 당시의 일반적인 선풍을 통하여 추정해 볼 수가 있다.⁴ 신행은 동산법문을 계

---

3 崔致遠 撰,『大唐新羅國故鳳岩山寺教謚智證大師寂照之塔碑銘幷序』,『朝鮮金石總覽』卷上, 서울: 아세아문화사, 1976, p.91
4 중국선종의 역사는 보리 달마의 후손들에 의하여 기록되어 온 까닭에 달마를 중국선종의 초조로 자리매김하였다. 이런 점에서 제4조 대의 도신의 법맥을 계승한 법랑의 선법이 정통이라는 점은 당연하다. 이로써 신라에 전승된 법랑의 선법은 그 정통성

승하였고, 또한 당시에 최고의 권위와 법맥을 계승한 것이었다.

남종선의 전래

한편 이보다 약간 후대에 혜능의 남종선법을 한국에 전승한 최초의 인물은 설악 도의雪岳道義였다. 처음 도의대사가 서당 지장西堂智藏 및 백장 회해百丈懷海에게 심인을 받고 귀국하여 선리를 설하였다. 그러나 당시 사람들은 경교經敎를 숭상하고 마음의 온전한 보전을 향한 관법을 주로 하고 있었기 때문에 도의가 설하는 무위임운無爲任運의 종지를 알아듣지 못하고 허설虛說로 간주하여 소중히 숭상하지 않았다. 이에 도의는 시절인연이 도래하지 않았음을 알고 산림에 은거하여 염거廉居선사에게 법을 부촉하였다. 염거는 설악산 억성사億聖寺에서 조사의 마음을 전하고 스승의 가르침을 열었는데, 이후에 체징體澄선사가 그 법을 이었다.[5]

도의가 전승한 조사선법의 몰종적沒蹤跡한 종지는 초기선법의 전래부터 신라선의 특징이 되었다. 이것은 이전 법랑과 신행의 선법과는 다른 것이었다. 이들로부터 시작된 신라의 선이 한국선의 원류임에는 분명하지만, 거기에는 한국선의 원류에 대하여 몇 가지 유형이 보인다. 하나는 최초의 전래라는 시대적인 입장이고, 둘은 본격적인 선법의 수용과 전래라는 교의적인 입장이며, 셋은 비록 신라에까지는 전승되지 못했지만 당시 분명히 신라인에 의한 선법의 전개라는 인물에 의거한 입장이다.

에 조금의 하자도 없다.
5 金穎,「長興寶林寺普照禪師彰聖塔碑」,『朝鮮金石總覽』卷上, 서울: 아세아문화사, 1976, p.62

법랑의 선은 본유本有의 각성과 무념무수의 선법[6]이 신라의 교학불교인 오교 이외에 따로 조사의 심인법으로 전승된 것이었기 때문에 조사의 바른 도리를 알기 어려운 사람들을 위해서 방편의 몸을 시현하기에 이르렀다. 이에 부득불 방편과 언설을 말미암지 않을 수 없었는데, 그것은 이미 그 100여 년 이전에 활동했던 동산법문의 전승과는 거리가 있었다. 이처럼 한국선법의 시작은 도신의 정통 법을 계승한 법랑의 선법과 신행의 선법이 바탕이 되었음은 분명하다. 이것은 교학을 바탕으로 하여 본래심을 추구했던 중국 조사선의 전통 선법의 정통적인 계승이었다.[7]

　이와 같이 교학적인 이해에 바탕을 둔 선법이야말로 이후 신라 사회에 선법이 뿌리를 내릴 수 있었던 기반이었다. 때문에 이를 바탕으로 후대에 도의 및 홍척의 몰종적한 선법이 구축될 수가 있었다. 이로써 최초기 한국선법의 전래 및 그 성격은 혈맥으로는 보리 달마 법맥의 정통인 대의 도신의 법맥이었고, 사상 및 실천으로는 도신의 교학적인 이해가 바탕이 되었던 자교오종藉敎悟宗[8]의 전통이 전승되었다.

6　無念無修는 분별념이 없고 조작이 없는 妙修이다. 이와 같은 本來成佛의 전통은 보리 달마의 深信咸生同一眞性, 『열반경』과 『능가경』에 근거한 혜가의 심법의 覺性, 승찬의 信과 心, 도신의 守一不移, 홍인의 修心, 혜능의 但用此心, 남악의 但莫染汚, 마조의 道不用修, 백장의 體露眞常, 황벽의 大機大用, 임제의 隨處作主 立處皆眞으로 계승되는 조사선의 일반적인 전개였다.
7　도신이 제시한 5종의 가르침도 역시 대승경전의 가르침에 근거한 것이었다. 『楞伽師資記』(『大正藏』85, 1288b)
8　藉敎悟宗은 경전의 가르침에 의거하여 선의 종지를 깨친다는 선종의 성격을 말한 것으로 보리 달마로부터 연유한다.

구산선문의 형성

구산선문九山禪門의 성립과 전개에 관해서는 신라 말기 성립설, 고려 초기 성립설, 의천 이후 성립설 등이 있지만 나말여초에 성립된 것으로 볼 수가 있다. 구산선문과 조계종에 관하여 최초로 언급한 사람은 이능화인데, 이후에 김영수가 최초로 구산선문에 대한 구체적인 산명과 조사를 밝히고 계승자를 정리하였다.

이에 의하면 첫째는 홍척국사洪陟國師와 실상산문實相山門이다. 도의보다 5년 뒤에 귀국했던 홍척은 흥덕왕대에 남종의 선법을 전하였는데, 그 선법이 제자 수철을 거쳐 남원의 실상사를 중심으로 실상산문의 일파를 형성하였다.

둘째는 도의국사道義國師의 가지산문迦智山門이다. 도의의 선법은 억성사의 염거~보림사의 체징을 거치면서 장흥의 보림사를 중심으로 가지산문의 일파를 형성하였다.

셋째는 범일국사梵日國師의 사굴산문闍崛山門이다. 범일은 진귀조사眞歸祖師의 사상을 위시하여 선과 교의 관계를 설정하였고, 문파에 상관없이 모든 제자를 받아들여 보편적인 조사선법을 형성하였는데, 강릉의 굴산사를 중심으로 사굴산문을 형성하였다.

넷째는 혜철국사慧徹國師의 동리산문桐裏山門이다. 진감국사 혜소보다 다소 늦게 귀국하였지만, 곡성의 태안사를 중심으로 많은 제자를 배출하여 동리산문을 형성하였다.

다섯째는 무염국사無染國師의 성주산문聖住山門이다. 홍주종 계통인 마곡 보철의 법을 계승하였고 중국에서 보살행을 실천하였다. 귀국해서는 국정의 자문 역할을 하였고, 선과 교의 차별을 논한 무설토론無舌土論의 글을 남겼으며, 보령을 중심으로 수천 명의 제자를 거느리면서 성주산문을 형성하였다.

여섯째는 지증국사智證國師의 희양산문曦陽山門이다. 스승 혜은慧隱에게서 법랑의 선법을 계승하였고, 그 제자 양부楊孚를 거치면서 문경의 봉암사를 중심으로 희양산문을 형성하였다.

일곱째는 현욱국사玄昱國師의 봉림산문鳳林山門이다. 혜목산화상으로 불렸던 현욱은 홍주종洪州宗의 장경 혜휘章敬慧暉의 선법을 계승하고, 귀국해서는 혜목산을 중심으로 선법을 펼쳤는데, 그 제자 심희審希를 거치면서 창원 봉림사를 중심으로 봉림산문을 형성하였다.

여덟째는 도윤국사道允國師의 사자산문師子山門이다. 남전 보원南泉普願의 선법을 계승하였고, 회창법난會昌法難을 피하여 귀국해서는 영월 흥녕사를 중심으로 사자산문을 형성하였다.

아홉째는 이엄존자利嚴尊者의 수미산문須彌山門이다. 이엄은 선종오가 가운데 조동종의 법맥을 수용하였고, 귀국해서는 태조 왕건을 비롯하여 수많은 대관고위大官高位의 귀의를 받았다. 해주의 수양산을 중심으로 수미산문을 형성하였다.

구산선문 이외에도 당시에 세력을 유지했던 선문으로는 쌍계사를 중심으로 활동했던 진감국사眞鑑國師 혜소慧昭가 있다. 혜소는 마조의 문인 창주 신감滄州神鑑의 심인을 얻고 귀국하여 왕공대신들의 귀의를 받았다. 선종오가의 위앙종풍을 수용한 요오 순지了悟順之는 형상을 표현하여 법을 나타내어 교화를 펼쳤다. 여기에는 네 상대와 여덟 모습(四雙八對), 두 상대와 네 모습(兩對四相), 네 쌍의 상대와 다섯 가지 모습(四對五相)이 있었고, 증리성불證理成佛, 행만성불行滿成佛, 시현성불示顯成佛의 삼편성불론三遍成佛論을 제시하여 화엄의 도리를 통하여 선법을 전개하였다.

III. 고려시대 선의 정착과 발전

전기의 선종 상황

선종은 신라 말기에 유학승들의 수입에서부터 그 발단을 찾아볼 수 있다. 그 선법 수용기의 몇 가지 선문의 양상을 보면 아무래도 중국에서 선종오가가 형성되면서 전래된 것과 궤적을 같이하고 있다. 그 가운데 가장 최초기의 선문인 구산선문의 형성은 수미산문을 제외하면 모두 선종오가의 형성 이전기의 선법을 수용한 까닭에 선종오가와 직접적인 관련성을 찾아볼 수가 없다.[9]

그러나 고려 초기에 조동선법의 전래는 한국선에서 최초로 종파선의 수용이라는 의의를 지니고 있다. 그 일군으로는 중국 조동종의 제2세인 운거 도응에게서 법을 전수한 이들로서 소위 해동사무외대사海東四無畏大士라 불리웠던 이엄·형미·여엄·경유 등이 있었다. 특히 수미산문을 개창하였던 진철대사 이엄의 제자인 처광處光·도인道忍·정능貞能·경숭慶崇 등 많은 제자가 있어[10] 조동선풍이 크게 선양되었다.

조동종 다음으로 중국 종파선의 전래는 법안종이었다. 법안종을 전

---

9 소위 구산선문이라 불리는 나말여초의 선문에서 마지막에 형성된 수미산문만이 선종오가 가운데 조동종의 선법을 계승한 점을 제외하고는 모두 선종오가의 형성 이전에 수용되었다. 그 시초는 朗空行寂으로서 石霜慶諸의 법을 잇고 신라 헌강왕대에 귀국하였다. 한편 石霜慶諸의 제자인 九峰道虔의 문하에도 신라의 國淸이 있고, 雲盖志元의 문하에 신라의 臥龍이 있으며, 谷山藏의 문하에 신라의 瑞巖·栢岩·大嶺이 있다. 그러나 이들의 행업은 알 수가 없다. 이들이 직접적으로 조동선법을 계승한 것은 아니지만 조동종맥의 원류인 靑原行思의 법맥으로부터 법을 수용했다는 점에서 조동종계의 계통으로 분류할 수 있다.
10 『朝鮮金石總覽』卷上, 서울: 아세아문화사, 1976, pp.125~130

래한 선승으로서 원공 지종圓空智宗·진관 석초眞觀釋超·적연 영준寂然英俊·도봉 혜거道峰慧炬를 위시하여 광종의 후원으로 유학하였던 36인은 영명 연수의 가르침을 받아 고려로 돌아와 홍포하였다.[11] 법안종의 특징은 선종이면서도 중국의 천태사상과 유식과 정토와 화엄사상까지 망라하여 가장 교학적인 성격이 강한 종파였다. 특히 당 말기 이후 오대五代에 천태 덕소天台德韶와 영명 연수永明延壽로 이어지는 법안종의 융성은 당시의 정치에 편승하여 일시적으로 가장 융성한 발전을 보이기도 하였다. 때문에 고려의 광종은 중국의 선진 문물을 수입하고 국론통일의 이념으로 불교를 지원하기 위하여 의도적으로 불교의 승려를 국비로 유학시켰다.

한편 설봉 의존雪峯義存의 문하에 해당하는 운문종 계통의 선사상을 수입한 인물로는 항주 용화사의 진각 영조眞覺靈照와 천주泉州 복청원福淸院의 현눌玄訥이 있었다. 이들은 설봉 의존의 선법과 아울러 그 문하인 운문 문언의 운문종의 선법을 계승하여 전래하였다.

또한 송나라에서 전래된 수많은 선어록을 바탕으로 하여 선에 대한 이해가 높아지자 식자층의 재가인을 중심으로 좌선수행에 관심을 기울였던 소위 거사선居士禪의 부류가 출현하였다. 청평거사淸平居士로 불렸던 이자현李資玄은 『능엄경』을 읽고 능엄선풍을 진작하였고, 『금강경』을 애독하여 금강거사金剛居士로 불렸던 이오李䫨, 그리고 설당거사雪堂居士로 불렸던 김부식金富軾과 그의 동생 김부철金富轍 등은 그 선구적인 사람들이었다.

또한 신라 말기에 개경의 근처에 있는 오관산의 서운사에서 주석하였

---

11 『朝鮮金石總覽』卷上, 서울: 아세아문화사, 1976, pp.253~258

던 순지화상은 위앙종의 종지를 계승하였는데,[12] 그것은 남양 혜충南陽慧忠~탐원 응진耽源應眞으로 이어지는 표상현법表相現法을 계승하여 나름대로 발전시킨 것으로서 이후에 지겸志謙을 통하여『종문원상집』으로 전개되면서 위앙종의 종지가 지속적으로 전개되었다.

이처럼 고려 초기에 중국 선종오가인 조동종·법안종·운문종·위앙종·임제종 등 선종오가의 선풍이 다양하게 수입되었다. 그러나 이러한 많은 선의 종파가 전승되었음에도 불구하고 고려에서는 아직까지 뚜렷한 교단을 형성하지 못하고, 다만 조계선법 내지 조계종이라는 명칭으로 불렸다.

그러다가 무신 집권기의 절정기인 최씨정권 시대에는 극소수의 천태종天台宗과 화엄종華嚴宗과 유가종瑜伽宗의 고승이 국사로 추증된 이외에 대부분 선종에서 독점하였는데, 그 가운데서도 수선사修禪社를 중심으로 한 고승이 두드러졌다.[13] 특히 선종의 종파로 보면 사굴산문과 가지산문의 계열에서 두드러졌다. 이러한 가운데 지눌知訥의 시대에는 당시까지 축적되어 온 선사상과 많은 선승의 배출로 인하여 새로운 사상의 패러다임이 필요하였다. 그것이 지눌의 3종문 체계로 정립되는 데 있어 하나의 기틀이 되었다.[14] 이것은 결국 새로운 수행 방식의 수입으로 나타나는데 그것이 12세기 말엽 보조 지눌을 중심으로 선종의 내부에서부터 자각되

---

12 『祖堂集』卷20(『高麗大藏經』45, 356a 이하)
13 허흥식,『고려불교사연구』, 서울: 일조각, 1990, pp.240~241
14 惺寂等持門을 통해서는 정혜쌍수의 실천을 제시하였는데 이것은 定慧結社文에서 가장 잘 구현되었다. 보다 구체적으로는 본래심 속에서 無亂無癡를 추구하는 自性門定慧와 산란은 定으로 다스리고 혼침은 慧로 다스리는 隨相門定慧로 나타났다. 이어서 圓頓信解門과 看話徑截門을 통해서는 각각 화엄의 가르침과 간화선의 수용 방식이 제시되었다.

기 시작한 결사운동이었다. 그러나 보조 지눌의 수선사의 결사정신도 선종의 내부적인 동향으로 축소되어 고려 후기까지 지속적으로 발전되지 못하고 수그러들고 말았다.

혜조국사慧照國師 담진曇眞은 1076년에 중국에 유학하여 송나라의 정인 도진淨因道臻(1014~1093)의 문하에서 공부하여 임제종의 법맥을 계승하여 1080년 귀국하였다. 이자현李資玄이 1089년 무렵에 춘천 인근 화악사에 있던 담진을 찾아와서 선의 도리에 대해 묻기도 하였다. 담진은 쌍봉사를 다시 지었는데, 쌍봉사는 일찍이 사자산문을 열었던 철감 도윤徹鑑道允이 세운 절이다. 담진이 쌍봉사를 다시 세운 뒤에 담진의 제자 지인之印이 쌍봉사에 대장경을 기증하였다. 담진은 예종의 두터운 신임을 받았고, 1107년(예종 2)에는 왕사가 되었으며, 1114년(예종 9)에 국사가 되었다. 또한 예종은 1110년에 자신의 아들 지인을 담진에게 출가시켰다. 그리고 예종의 명으로 요나라의 대장경 3부를 구입하기도 하였다. 이 대장경은 이후 고종 때 재조대장경再造大藏經을 만드는 데 중요한 자료가 되었다.

대감국사大鑑國師 탄연坦然(1070~1159)은 혜조국사 담진에게 공부하여 심요를 전수받았으며, 이후 왕사가 되었다가 단속사에 머물렀다. 광지대선사廣智大禪師 지인之印(1102~1158)은 선종에도 밝았지만 교관에도 식견이 있었으며, 또 문장에 능하였다. 원응국사圓應國師 학일學一(1052~1144)은 선사이지만 선뿐만 아니라 경·율·논의 삼장도 깊이 연구하였는데, 그 가운데서도 『대반야경』에 특별히 깊은 이해가 있었다.

고려 간화선의 형성

대혜의 간화선 수행법은 지눌에게 수용되어 지눌의 지도 방식 가운데 중요한 위상을 차지하였다. 지눌은 대혜의 간화선을 수용하고 있지만, 지눌 나름의 몇 가지 특색을 찾아볼 수 있다. 우선 간화선을 수용하고 있지만 이전의 다른 수행 방법을 완전히 포기하거나 무시하지는 않았다. 간화참구를 제시하고, 돈오점수에 관하여 돈오와 점수는 모두 언구에 얽매여 가르침을 추구하고 있는 사람들을 위해서 다만 그 근기에 맞추어 설명하였지만 궁극적으로 간화의 경절방편을 제시하고 있다. 즉 지눌은 동일한 화두라 하더라도 주각注脚이 제시되어 있는가 혹은 없는가 하는 점을 중시하고 있다. 그는 『간화결의론』에서 삼현문三玄門에 대하여 설명하고 있다.[15]

지눌의 교화 방법의 특색은 근기에 따른 다양한 교화 형식이라는 점에서 다각적인 접화 방법을 구사하였는데 이를 통칭한 것이 삼종문이다. 삼종문에서 성적등지문惺寂等持門이란 곧 정혜쌍수定慧雙修로서 선교일치의 가르침에 주안점이 있고, 원돈신해문圓頓信解門은 초심자의 입도방편入道方便이며, 일단 입도한 연후에는 입도방편이었던 지해를 떨구어내기 위해서 보다 고차원적인 수행 방안이 요구되었는데 그것이 간화경절문看話徑截門이다. 지눌은 이상과 같은 삼종의 방편문으로써 학인들을 제접하고 있는데, 지눌선에서는 각 사람의 근기에 맞추어 수행 방편을 달리하였던 점이 돋보인다. 그럼에도 불구하고 간화수행은 경절문으로서 최상

---

15 『普照全書』, 서울: 불일출판사, 1989, p.95. 체중현은 사사무애와 유심 및 유식의 도리였고, 구중현은 경절문과 정전백수자 및 마삼근 등의 화두였으며, 현중현은 양구와 방과 할이 이에 해당한다.

근기를 위한 가르침으로 나타난다.

그런데 혜심慧諶은 간화일문看話一門에서 상대방의 승속의 여부 내지 근기의 여부에 상관없이 오로지 화두참구를 권장하고 있다. 또한 혜심은 우선 경전의 말을 인용한 뒤에 무심無心과 무사無事를 획득해야 함을 말하여 일체를 모두 놓아 버리고 화두를 들라고 말한다.[16] 혜심은 간화참구를 주장하기에 앞서 이와 유사한 형식의 표현을 하고 있다. 나아가 혜심의 간화일문에서는 화두를 단적으로 제시하는 일이 없이 참구에 보다 접근하기 쉽도록 주각을 제시하여 자세히 설명해 주고 있으며, 원돈신해와 성적등지의 의미조차도 보다 단순화하여 다만 간화참구에 보다 용이하게 제시하고 있다.

혜심은 지눌의 돈오점수를 언급함이 없이 처음부터 곧바로 간화일문의 가르침 속으로 사람들을 끌어들이고 있다. 혜심은 지눌이 입적한 이후 지눌의 연작인 『원돈성불론』 및 『간화결의론』과 함께 자신의 『구자무불성화간병론』을 저술하여 합간하였다. 여기에서 혜심은 화두참구할 때의 열 가지 병통에 대하여 설명하고 있다.[17]

이상으로써 혜심은 크게 세 가지 측면에서 간화일문을 대중화시킬 수 있는 방편을 구사하고 있는 것을 발견할 수 있다.[18] 이와 같은 혜심의 간화선의 특징은 몇 가지로 요약할 수가 있다. 첫째는 간화일문에서는 믿

---

16 『曹溪眞覺國師語錄』(『韓佛全』6, 24a)
17 『狗子無佛性話看病論』(『韓佛全』6, 70b)
18 이것을 지눌의 삼종문 체계와 관련시켜 보면 다음과 같다.
   지눌의 삼종문   혜심의 간화일문
   성적등지문(정혜쌍수) - 간화의 상태, 혹은 간화를 통해 얻어지는 상태
   원돈신해문(초심자)   - 간화의 방편으로의 신
   간화경절문(상근기)   - 주각을 제시하여 접근이 쉬운 간화일문

음을 강조하였다. 둘째는 화두를 강조하면서 성적등지의 상태를 중시하였다. 셋째는 지눌의 삼종문에 있어서 최상근기를 위한 간화경절문의 입장을 떠나 대중화된 간화일문을 일구어내고 있다는 점이다. 넷째는 철저하게 지해知解를 타파하고 있으며, 대오지심待悟之心이 없이 자신이 곧 부처임을 확신하고 드는 간화, 즉 더 이상 깨침에조차도 얽매이지 않는 간화일문만을 주창하였다.

임제선법의 전승 및 계승

지눌이 선교의 융합 및 간화선을 통하여 선풍을 크게 드날리자 천태종의 승려인 원묘 요세圓妙了世도 지눌에게 참문하였다. 혜심은 지눌의 선을 가장 잘 계승하였으며, 『선문염송』 등의 저술을 통하여 공안집의 시대를 열었고, 고려 간화선풍의 토대를 구축하였고, 승형承逈은 능엄선楞嚴禪으로 현풍을 떨쳤다. 한편 천책天頙은 『선문보장록禪門寶藏錄』을 저술하여 해동선의 특수성을 정립하려고 하기도 하였다.[19]

『선문보장록』에서는 그 체제를 상·중·하의 3권으로 구성하였다. 이에 권상에서는 선교대변문禪敎對辨門이라는 제목으로 25칙을 수록하였다. 이 대목은 선과 교학을 상대적인 입장으로 간주하여 그 차이 및 우월에 대한 내용을 선별하여 선문의 권위 및 우위를 강조하였다. 나아가서 이들 총 86칙에 대하여 각각의 전거를 밝힘으로써 전거가 지니고 있는 선문의 우위성을 암암리에 보여주고 있다. 따라서 이들 모든 내용은 선주교종禪主敎從의 입장에서 선과 교학의 일체와 합일 나아가서 선문의 우월

---

19 천책은 『선문보장록』을 통하여 해동선법의 특징과 관련하여 선교 차별의 입장을 논하고 있다.

성을 보여주려는 것이었다.

일연은 『삼국유사』를 저술하여 고유 사상과 민족의 전통을 충실하게 계승하였으며, 특히 『중편조동오위重編曹洞五位』를 저술하여 조동의 종지에 대한 당시의 오류를 시정하였다. 충숙왕 때에는 인도의 지공指空이 도래하여 당시 중국에서 유행하던 방棒과 할喝을 병행하면서 선기를 보여주었는가 하면, 또 돈입무생대해탈법문지요頓入無生大解脫法門指要로서 계戒·정定·혜慧 무루삼학과 그에 의하여 해설하는 길을 보였다.

고려 말기가 되면서 공민왕 때에는 불교계의 폐단이 크게 노출되던 시대에 임제선을 수용한 태고 보우太古普愚는 우선 그의 삶 속에서 조사선의 정신을 철저하게 이해하고 해석하며 실천하였다. 그의 선관은 화두를 궁극까지 참구함으로써 깨침을 추구하고 경험하였다. 그러나 이것으로 끝은 아니었다. 그는 깨침의 경험을 바탕으로 하여 다시 눈 밝은 선사에게 참문하여 구경의 인가를 받지 않으면 가치가 없는 것으로 간주하였다.

이리하여 태고 보우는 국내에서 두 차례에 걸쳐 깨침을 경험한 이후에 원나라에 건너가 석옥 청공石屋淸空에게 참문하여 인가를 구하였다. 태고 보우는 중국의 임제종맥을 계승하면서도 단순한 임제선법의 계승에 그치지 않고 고려선법의 주류를 형성하고 있던 조계선법으로 받아들였는가 하면 수행과 깨침과 인가의 형식을 강조하였다.

그러나 간화선을 강조하면서도 그에 머무르지 않고 온갖 근기를 상대로 갖가지 수행법을 제시하였다. 특히 염불과 정토에 대하여 강조하였는데, 그가 제시한 염불의 중심은 아미타불이었다.

한편 나옹 혜근懶翁慧勤은 간화선을 주창하여 종풍이 한때 성행하였고, 염불공안을 내세우기도 하였다. 혜근은 자심自心에 삼보가 다 갖추어져 있다고 보았으며, 삼구三句와 삼전어三轉語와 공부십절목工夫十節目 등을 통하여 수행을 지도하였는데, 유생으로서 이제현李齊賢과 같은 이는 참선 공부에 열성을 기울여 거사로서 자못 귀감이 되기도 하였다. 한편 태고 보우의 문하에 환암 혼수幻庵混修(1320~1392)가 배출되었고, 혼수 문하에 구곡 각운龜谷覺雲이 배출되어 고려 말기에 공민왕의 인정을 받았다.

백운 경한白雲景閑(1299~1375)은 조사선의 가풍을 색과 소리와 언어에 즉하여 불리색不離色·불리성不離聲·불리언어不離言語의 선기를 추구하였다. 또한 교에 대하여 선의 우위를 강조하였다. 특히 『백운화상초록불조직지심체요절白雲和尙抄錄佛祖直指心體要節』 및 『백운화상어록白雲和尙語錄』을 통하여 선의 전등법계와 그의 무심선無心禪을 엿볼 수가 있다. 이처럼 백운은 임제정종을 계승하는 방식을 긍정하였다. 백운은 아울러 간화선의 수용에 있어서도 근본적인 조사선의 입장으로 회귀시켰다.

근본적인 조사선은 당대에 오가 종파가 형성되기 이전의 순수한 선심의 발양을 말하는 것으로 일체가 그대로 수행이요 깨침이며 진리라는 즉심에 근거한 불심을 말한다. 이것이 때로는 평상심平常心으로 등장하기도 하고, 무사선無事禪으로 나타나기도 하며, 공안公案으로 등장하는가 하면, 기관機關으로 나타나기도 하였다. 백운은 바로 이 점을 수용하고 그것을 바탕으로 하여 통합적인 조계선의 기틀을 마련한 것이다. 한편 선자이면서도 교학에 뛰어났던 함허 기화涵虛己和는 『현정론顯正論』을 통하여 유교에 상대한 불교의 입장을 옹호하기도 하였다.

Ⅳ. 조선시대 선법의 계승과 전개

전법사승의 강조

신라 말기 지리산 화상智異山和尚 및 고려 전기 혜조국사 담진을 비롯한 일군의 선자들은 임제선법의 수용자들이었고, 고려 말기 태고 보우와 나옹 혜근의 임제선법을 계승한 환암 혼수(1320~1392)는 고려 말기의 임제정종의 법맥과 그 사상을 전승한 인물이었다. 혼수의 제자였던 구곡 각운은 처음에 졸암 연온拙庵衍昷에게 출가하였지만 공민왕의 예우를 받아 대선사의 칭호를 받았으며, 널리『전등록』을 강의하기도 하였다. 그러나 이전의 산문의 개념보다는 문중의 개념이 점차 자리잡아 가면서 조선시대에 들어서는 산문의 개념이 거의 사라져 버리고 말았다. 따라서 법계의 문제 및 사승의 관계도 애매모호해지자 당시의 실세를 따라 법맥을 잇는 풍조가 거세졌다.

이것은 조선시대를 지나면서 더욱더 심해졌다. 이러한 상황은 16세기에 들어오면서 불교계가 더욱더 위기에 처하게 되자 자파의 법계 문제를 자각하면서부터 보다 확실한 기록을 필요로 하였다. 이에 법통의 정통 내지 사승의 관계를 목적으로 내세우는 분위기가 만연하였다. 이러한 결과 혼수의 법계상의 위상도 1625년 서산의 문도였던 편양 언기의『봉래산운수암종봉영당기蓬萊山雲水庵鍾峰影堂記』에서 뚜렷해지게 되었다. 그 기록에 의하면 태고 화상이 중국에 들어가 석옥 청공으로부터 법을 받아왔는데 그것이 혼수에게 전해졌으며 다시 구곡 각운~벽계 정심碧溪淨心~벽송 지엄碧松智嚴~부용 영관芙蓉靈觀~청허 휴정淸虛休靜으로 이어졌다는 것이다.

이 법계는 이후에 서산의 증손에 해당하는 월저 도안月渚道安의 『불조종파지도佛祖宗派之圖』와 도안의 5세 후손에 해당하는 사암 채영獅巖采永의 『해동불조원류海東佛祖源流』를 거치면서 조선 중후기를 통관하는 큰 흐름으로 자리매김하였다.[20]

그것이 곧 법맥을 중심으로 하여 자파의 정통성을 주장하려는 문중 개념에 의한 선법의 출현으로 나타났다. 문중 개념에 의한 선법의 출현은 일종의 선종이라는 종파의 개념에 대한 과감한 도전이기도 하다. 그것은 그 어떤 사상적인 도그마나 교판에도 속해 있지 않던 선종이 시대가 흘러감에 따라 점차 인습화되어 가는 현상에 대한 반박의 발로이기도 하다. 특히 정치적으로 그리고 사회적으로 격변을 맞이한 여말선초의 상황은 선종계에도 그만큼 새로운 무언가를 요구하는 시대가 되었다.

이로써 각각의 법계를 바탕으로 한 각각의 법통설은 자파가 적손嫡孫이라는 의식과 더불어 그에 상응한 문중의 개념으로 굳어져 갔다. 이것이 바로 각각의 법계에 해당하는 문중을 중심으로 하는 선문의 출현이었다. 조선시대에 이와 같은 문중의식은 시대를 거치면서 자파의 정통성을 주장하는 데 그치지 않고 나아가서 불교가 쇠퇴하기 이전의 순수한 임제정통의 정맥을 부흥시키려는 것으로 나타났는데, 이와 더불어 이후에는 임진왜란의 발발과 함께 구국을 위한 현실 참여적인 선풍의 진작으로 나타나기도 하였다.

---

20 이것은 이전에 이미 고려시대를 거쳐 전승해 내려온 구산선문의 제파 가운데 사굴산문파와 가지산문파의 선법과 원나라를 통해 전승된 임제선법의 두 가지의 경우가 조선 초기 선법의 특징과 성격을 구분짓는 중요한 요소가 되었다. 그것은 사굴산문파와 가지산문파의 선법의 성격은 조선시대 선법의 특징과 성격에서 내용적인 측면에 해당하고, 임제선법의 성격은 종조상의 문제에 대하여 현재의 한국선에 이르기까지의 법맥에 관여되어 있기 때문이다.

벽계 정심은 조선 초기 불교가 본격적으로 박해를 받기 시작하던 태종 시대에 활동했던 인물로 조선시대 불교의 박해를 온몸으로 경험하였다. 그런 와중에도 구곡 각운으로부터 계승한 정법안장正法眼藏을 훼멸치 않고 선법과 교학을 각각 벽송 지엄碧松智嚴과 정련 법준淨蓮法俊에게 전승하여 불조혜명을 계승한 구도자였다. 그는 배불의 시대를 살아가면서도 정법안장의 법맥을 지엄에게 전수하고, 교학의 법맥을 법준에게 전수하였다. 그것은 불조혜명의 계승이라는 시대정신에 대한 벽계 정심의 각성이었다.

벽송 지엄(1464~1534)은『선원제전집도서禪源諸詮集都序』와『법집별행록절요法集別行錄節要』등을 통해 교학을 다졌으며『서장書狀』과『선요禪要』등을 통하여 선법을 터득하였다. 이 밖에도 11세기 말엽 송대에 공진이 찬술한『조원통록祖源通錄』24권의 요약본인『통록촬요通錄撮要』를 백운산白雲山 만수사萬壽寺에서 간행하면서 그 발문을 붙였다.

부용 영관 및 경성 일선慶聖 一禪은 벽송 지엄의 선법을 충실하게 계승한 선자였다. 그리고 부휴 선수(1543~1615)는 청허 휴정과 더불어 영관의 선법을 계승하였다. 청허가 사형으로서 도덕이 뛰어나고 재기가 으뜸이며 문장과 필법이 세상을 두루 비추었다면, 부휴는 사제로서 법견法見이 고준高峻하고 숙세부터 갖추고 태어난 납자의 면모가 있어 그 휘하에는 항상 700명의 대중이 따랐으므로 일대의 종사로 불렸다. 또한 선법과 정토염불의 바탕에 근거한 부휴의 가르침은 이후 벽암 각성碧巖覺性(1575~1660)~취미 수초翠微守初(1590~1668)~백암 성총栢庵性聰(1631~1700) 등으로 계승되었다.

선교 융합의 전통

한국의 선종사에서 기존의 선교 차별의 전통에 대하여 청허의 경우에는 두 가지 측면으로 나타난다. 우선은 적어도 표면적으로는 선교 차별을 주장하지는 않았던 입장인데, 청허의 나이 40대 중반에 저술된 『선가귀감禪家龜鑑』에는 그와 같은 청허의 입장이 잘 드러나 있다. 청허는 기존의 선교 차별에 대한 내용들을 바탕으로 하면서 결국 선과 교에 대하여 선 우위의 입장으로 회통하려고 하였다. 청허의 이와 같은 선교 융합의 태도는 그의 만년에 저술된 『선교석禪敎釋』과 『선교결禪敎訣』에서는 사뭇 달라졌다. 표면적으로는 선주교종禪主敎從의 융합적인 입장을 고수했던 이전 시기와는 달리 만년에는 선교 차별의 입장을 옹호하였다.

청허 휴정의 저술에 나타난 선사상의 특징 가운데 하나는 당시의 모든 불교에 대하여 교학과 선의 입장을 통합적으로 제시하려는 태도였는데 그 하나가 선과 교에 대한 관점으로 나타났다. 선과 교는 우열의 차이가 없다는 것에서 "선은 부처님의 마음이고 교는 부처님의 말씀이다."[21]는 말을 인용하여 그 일치에 동조하면서도 어디까지나 선 중심적인 입장에서 교학을 평가하였다.

곧 선과 교의 깊고 얕음을 피력하여 교문에서는 오직 일심법一心法을 전하고 선문에서는 오직 견성법見性法을 전한다는 것이다. 그래서 제불의 설법인 경전의 경우는 먼저 제법을 분별하고 나중에 필경공을 설하였지만, 조사가 내보인 삼구의 경우는 의지에서 자취를 제거하고 심원에서 도리를 드러냈다는 것이다. 그 자취는 조사가 내보인 언설의 가르침이

---

21 清虛休靜, 『禪家龜鑑』(『韓佛全』7, 634b), "禪是佛心 敎是佛語"

고, 의지는 선수행자가 지니고 있는 깨치려는 마음이다.

청허 휴정은 상근기를 지닌 지혜로운 자는 이 말에 한정되지 않지만 중하근기를 지닌 자는 꼭 이와 같은 과정을 거쳐야 한다고 말한다. 교리의 경우는 불변과 수연과 돈오와 점수로서 선·후가 있다. 그러나 선법의 경우는 찰나에 불변과 수연과 성·상과 체·용이 들어 있어서 원래 동시이기 때문에 명안종사明眼宗師는 법에 의거하고 언설을 초월하여 직지일념으로 견성성불할 뿐이다. 교의를 초월해야 한다는 것은 바로 이 때문이었다. 결국 청허 휴정은 선과 교는 부처님으로부터 비롯된 점에서는 동일할지라도 선문과 교문을 통해 공부하는 사람의 수준과 그 행위 및 자취에는 분명히 차별을 인정하고 있었다.

이처럼 청허 휴정은 선 우위의 선교 차별의 입장이면서도 선교일치라는 테마를 바탕으로 하여 교학과 선법의 상호간에 융통을 도모하였다. 그러나 그것마저도 궁극적으로는 선교 차별을 위한 제스처였을 뿐으로 선주교종의 또 다른 포석이었다. 이와 같은 전통은 해동에 선법이 전래된 이후로 선법을 주장하는 사람들의 보편적인 입장이기도 하였다. 일찍이 『선문보장록』에서도 그랬듯이, 청허의 경우도 선과 교학의 차이점 내지 선의 우월성을 강조하고 있다.

곧 선문에서 내세우는 심인心印의 입장은 수행을 시작한다는 것과 깨침을 터득한다는 것조차도 초월해 있다는 점을 강조한 것이다. 『선교석』에서는 선과 교의 차별에 대하여 대조시키면서 분별하여 설명한다. 청허는 옛날의 글에서 인용하여 선과 교의 차별을 17가지 주제에 의거하여 설명하면서 간혹 주제에 대한 문답 형식을 취하여 구체적인 해설을 가하여 선교 차별의 전승을 수용하고 있다. 거기에는 「진귀조사설」, 성주화상이 『능가경』을 읽다가 유학했다는 내용, 도윤화상이 『화엄경』을 읽다가 유학했다는 내용, 무염국사와 문성대왕의 문답한 내용 등이 수용되어 있다.

한편 『선교결』의 경우에는 마찬가지로 청허의 나이 70대 후반에 저술된 것으로서 선과 교의 차별을 비교하여 설명하는 점에서는 『선교석』의 경우와 같은 입장이지만 선과 교의 각각에 대하여 올바른 이해를 전제로 하고 있다는 점에서 다르다. 따라서 선지禪旨를 잘못 이해하여 돈점문을 정맥正脈이라 간주하고 원돈문을 종승宗乘으로 간주하는 자세를 질책하면서 교외별전의 바른 도리를 터득해야 한다고 설명한다. 이에 선과 교의 각각의 특징에 대하여 선은 부처님의 마음이고 교는 부처님의 말씀으로서, 말 없음으로부터 말 없음에 이르는 것은 선이고 말 있음으로부터 말 없음에 이르는 것은 교라는 말로 대변하고 있다.[22]

결국 선문에서 귀중하게 간주하는 것은 경절문의 활구를 통하여 남을 가르쳐서 깨우치고 자신도 스스로 깨우쳐서 본분종사의 안목을 구비하는 것이라고 말한다. 이러한 점은 이전에 청허 휴정이 『선가귀감』을 통해서 주장했던 선교일치도 결국은 명목상으로는 선주교종의 융합을 주장한 것이었지만 실지로는 선교 차별의 다른 표현이었음을 보여주고 있다.

부휴 선수(1543~1615)는 무자화두를 통한 선지를 강조하였다. 그러면서도 부휴는 수행과 사상의 이면에 늘 교학을 바탕으로 한 좌선의 수행으로 일관하였다. 곧 그의 일생에서 볼 수 있듯이 교학적인 바탕에 근거한 선사상의 추구였다. 이것은 부휴가 곧 널리 대장경을 열람하고 난 이후에 선법에 매진한 보편적인 수행자의 공부 방식을 보여주고 있는 것으로 교학의 바탕에 근거한 선법의 수행이었다.[23]

---

22 淸虛休靜, 『禪敎訣』(『韓佛全』7, 657b~658a)
23 김호귀, 『인물 한국선종사』 경기도: 한국학술정보, 2010, p.316

부휴는 스승이었던 영관의 학문 방법에 대하여 선지를 깊이 이해하고 선지식의 가르침을 높이 받들어 선법의 가풍을 드날리는 방식으로 흠모하였다. 이것은 먼저 바른 안목을 터득하지 않고서는 올바른 결과에 다다르지 못한다는 자세를 나타낸 것으로, 격외선의 도리를 터득하기 위해서는 먼저 교법에 대한 이해가 필수적이라는 것을 의미한다.

그래서 교와 선에 대한 구분은 무엇이 우위라는 것을 강조하는 차별을 위한 구분이 아니라 명확한 안목을 구비하는 입장을 각각 교와 선의 측면으로 분류한 것이었다. 그것은 불법수행의 길잡이인 교학을 통하지 않고서 선법에 들어가는 것은 마치 눈이 없이 길을 가는 것처럼 헛수고만 할 뿐이고 더욱이 위험천만한 것으로 잘못 사교邪敎에 치우칠 염려가 있고, 또한 견성성불하는 선법을 체험하지 않고 교학에만 머물러 있으면 불법佛法의 진수를 터득하지 못하여 끝내 열반의 길에 나아가지 못한다고 경계하였다. 이것은 선법과 교학에 대한 부휴의 정통적인 입장을 드러내 준 것이기도 하다.

한편 환성 지안喚惺志安(1644~1729)은 선종오가에 대한 일종의 강요서로서 『선문오종강요禪門五宗綱要』를 편찬하였는데, 이것은 일찍이 송대에 회암 지소晦巖智昭의 『인천안목人天眼目』을 바탕으로 하고, 나아가서 천책天頙의 『선문강요집禪門綱要集』의 내용을 보충한 것이기도 하다. 그렇지만 환성의 의도가 어디에 있었는가 하는 점에 대해서는 북해 함월北海涵月의 서문序文[24]에 잘 드러나 있다.

한편 무경 자수無竟子秀(1664~1737)는 『선교대변禪敎對辨』에서 기존의 『선가금설록禪家金屑錄』을 근거로 하여 선과 교에 대해 논하였고,[25] 또 『진

---

24 喚醒志安, 『禪門五宗綱要』(『韓佛全』9, 459b).
25 無竟子秀, 『禪敎代辨』(『韓佛全』9, 441a), "禪敎言句所說 雖相似 其旨趣 則大地迥

각대사망정록眞覺大師忘情錄』을 근거로 하여 대승원교·대승돈교·대승시
교의 삼교에서 말한 바도 역시 선에는 미치지 못한다는 것을 알 수가 있
다고 말하였다.[26] 기타『불조진심선격초佛祖眞心禪格抄』와『순정록順正錄』
의 말을 통하여 교가의 걸림 없는 법은 바야흐로 일미로 돌아가지만 그
일미의 흔적마저 불식시켜 주는 것이 곧 선가에서 일심을 관찰토록 하는
것이라고 말한다.[27]

이후에 백파 긍선白坡亘璇(1767~1852)은 환성의 임제종지의 선리를 자
유롭게 활용하여 간화선법의 주창을 강조했던 언변의 마술사였다. 곧 임
제삼구臨濟三句[28] 가운데 제일구에서 그 도리를 깨치고 수용한다면 삼세
제불과 일대조사의 스승이 될 만한 대장부가 된다고 하였다. 제이구는
제일구를 드러내고 그것을 파악하고 실천토록 하는 방편과 본분의 기능
을 함께 활용하는 것이다. 때문에 백파에게서는 방편과 진실이 두루 드
러나고 실행되어 여러 가지 교의가 등장한다.

隔 又按竪 禪錄 圓頓海印 與禪心印 相似而不相似也 何也 海印者 始說有因果
之處 終歸忘因果之地 心印則不然 非但無因無果 亦無無因果之痕點」

26 無竟子秀,『禪敎代辨』(『韓佛全』9, 441b) 참조.
27 無竟子秀,『禪敎代辨』(『韓佛全』9, 441b~c) 참조.
28 臨濟三句는 임제 의현이 그 어록에서 제시한 삼구법문을 말한다. 임제가 상당을
하자 승이 물었다. "제일구란 무엇입니까?" 임제가 말했다. "삼요三要의 도장을 찍
으니 빨간색의 문양이 선명하게 나타나는데, 뭐라고 판단하기 이전에 주인과 객이
분명하게 나뉜다." 승이 물었다. "제이구란 무엇입니까?" 임제가 말했다. "문수가
어찌 무착의 질문을 용납하겠는가. 그러나 방편으로 일체 번뇌를 단절하는 것까지
저버리는 것은 아니다." 승이 물었다. "제삼구란 무엇입니까?" 임제가 말했다. "무
대에서 펼쳐지는 인형극을 잘 살펴보라. 모두가 다 무대 뒤에서 실로 조종하는 사
람에 달려 있다.(臨濟上堂 僧問 如何是第一句 師云 三要印開朱点側 未容擬議主
賓分 問 如何是第二句 師云 妙解豈容無着問 漚和爭負截流機 問 如何是第三句
師云 看取棚頭弄傀儡 抽牽都來裡有人)"

임제의 삼구에 대하여 백파 긍선은 제일구의 성격을 조사선祖師禪에 비유하고, 제이구는 여래선如來禪에 비유하며, 제삼구는 의리선義理禪에 비유하였다. 백파는 본분本分과 신훈新熏[29]을 두루 보편적으로 제시하여 신훈만 있고 본분이 없는 경우를 의리선으로 보았고, 본분만을 여실하게 드러내면 조사선이라 보았으며, 본분에 신훈을 아울러 제시하는 것을 여래선으로 보았다. 그래서 본분진여를 개시하고 직시하도록 하기 위해서 갖가지 방편을 세웠다는 것이다.

조선 말의 선리논쟁

조선 말의 백파 긍선은 임제선법을 계승한 조사로서 임제의 삼구에 대하여 나름대로 해석을 가하고 그것을 도표로 드러내 선론에 대한 하나의 기준을 형성시켰다. 백파는 임제의 가르침을 따라서 수행을 하되 그 결과는 사람마다 다른 것으로 간주하였다. 곧 수행의 능력은 개인에 따라 차이가 있을 수밖에 없다고 생각하고, 근기에 따른 수행 과정의 결과를 분류하여 개인이 지니고 있는 선수행의 특성을 인식하고 그 한계를 극복하려고 하였다. 그것을 『선문수경禪文手鏡』이라는 책을 통하여 전개한 것이 백파의 임제종지에 대한 선론이었다.

백파의 임제종지에 대한 선론은 이후 선리논쟁으로 전개되었다. 백파가 『선문수경』을 통하여 삼종선의 이론을 구축하자, 이에 대응하여 초의 의순草衣意恂은 또 다른 이종선의 이론으로 백파의 견해에 반박한 것을 가리킨다. 먼저 백파의 주장은 다음과 같다.

---

[29] 本分은 본래부터 타고난 大機이고, 新熏은 후천적으로 형성된 大用이다.

백파는 선종오가 가운데 임제선법만이 정통임을 강조하고 그 우월성을 내세우기 위하여 임제삼구를 활용하였다. 곧 임제삼구 가운데 제일구는 조사선에 해당하고, 제이구는 여래선에 해당하며, 제삼구는 의리선에 해당한다고 정의하였다. 그에 대한 이론적인 설명은 도식을 통하여 『선문수경』에서 제시하였다. 결론적으로 보자면 선종오가 가운데 임제종의 종지만이 정통으로서 조사선에 해당하고, 운문종의 종지를 비롯하여 조동종과 위앙종과 법안종의 경우는 여래선으로서 제이구에 해당한다고 보았으며, 제삼구에 해당하는 것은 의리선으로 간주하였는데 선종오가 가운데는 이에 해당하는 것이 없다고 보았다. 이것이 바로 조선 말의 선리논쟁의 단초가 되었다.

이와 같은 도식적인 설명에 대하여 가장 먼저 반박을 제시한 사람은 초의 의순이었다. 초의 의순은 『선문사변만어禪門四辨漫語』를 통하여 백파의 견해를 반박한다.

첫째, 삼종선에 대한 반박이다.

백파는 임제삼구에 근거하여 각각 제일구는 상근기에 해당하는 조사선이고 제이구는 중근기에 해당하는 여래선이며, 제삼구는 하근기에 해당하는 의리선이라는 삼종선으로 분류하였다. 이 가운데 조사선과 여래선은 격외선의 범주에 속한다. 백파는 이 삼종선을 선종의 오가에 배대하여 조사선에는 임제종과 운문종, 여래선에는 법안종과 위앙종, 조동종을 배치하며, 의리선에는 해당하는 것이 없다고 하였다. 그러나 초의는 선종오가의 경우는 모두 조사선에 해당하는 것으로 간주한다. 그 조사선에서 이심전심以心傳心의 심법을 통하여 전승되는 선은 격외선에 해당하고, 언설 등의 방편을 통하여 전승되는 것은 여래선으로서 곧 의리선에 해당한다고 보아 이종선을 주장하였다.

둘째, 삼처전심三處傳心³⁰의 살殺과 활활活에 대한 반박이다.

백파는 다음과 같이 주장한다. 삼처전심 가운데 분반좌分半座는 살인도殺人刀이고 제이구로서 본분향상本分向上이며 진공이다. 곧 이것은 깨침뿐이고 교화를 하지 못한다는 것으로서 여래선이다. 염화미소拈花微笑는 활인검活人劍이고 제일구로서 대기대용大機大用이며 묘용이다. 곧 이것은 살활殺活을 통하여 깨침과 교화를 자유롭게 구사한다는 것으로서 조사선이다.

이에 대하여 초의는 다음과 같이 주장한다. 대기大機와 대용大用은 별개의 관계가 아니라 상즉相卽의 관계로서 대기가 있는 곳에 대용이 있고 대용이 있는 곳에 대기가 있다. 때문에 분반좌의 경우에 살인도만 있는 것이 아니라 활인검이 함께 있고, 활인검이 있는 곳에 살인도가 함께 있다. 마치 몸은 대기이고 손발은 대용과 같아서 서로 분리될 수 없다는 것이다. 이런 점에서 백파의 설명은 오류라고 주장한다.

셋째, 진공眞空과 묘유妙有에 대한 반박이다.

백파는 『대승기신론』의 불변不變과 수연隨緣을 진공과 묘유로 간주하고, 각각 일구一句와 삼구三句³¹에 배대한다. 그러나 초의는 상즉의 개념에 근거하여 진공은 유에 즉한 공空이고, 묘유는 공에 즉한 유有이므로 따로 분리하여 설명한 백파의 견해는 오류라는 것이다.

이와 같은 백파와 초의의 선론은 이후에도 지속되었다. 백파의 제자 한성 침명翰醒枕溟은 스승의 뜻을 잘 이어 갔다. 그러나 한성 침명의 제자

---

30 三處傳心은 세존과 마하가섭 사이에 정법안장의 전승 방식으로 채택된 세 가지 일화로서, 靈山會上拈花微笑, 多子塔前分半座, 沙羅雙樹 槨示雙趺를 가리킨다.
31 一句는 무분별을 상징하고, 三句는 분별을 상징한다. 따라서 일구는 蘊總一句이고 삼구는 格別三句에 해당한다.

인 우담 홍기優曇洪基는 『소쇄선정록掃灑先庭錄』 곧 『선문증정록禪門證正錄』을 저술하여 초의와는 다른 입장에서 자기의 조부에 해당하는 백파의 견해를 반박하였다.

이러한 상황 속에서 다시 백파의 견해를 재옹호하는 입장이 등장하였다. 설두 유형雪竇有炯은 『선원소류禪源遡流』를 통해서 특히 『사변만어』와 『선문증정록』에 대항하여 백파가 주장한 향상일규向上一竅를 찾아 그 본원을 파악해야 한다고 주장하였다. 또한 설두 유형에게서 공부했던 축원 진하竺源震河는 이전의 선리논쟁은 본질적인 선리를 벗어났다고 보고 『선문재정록禪門再正錄』을 저술하여 여래선과 조사선에 대한 논의를 펼쳤다.

선교 차별에서 선교 융합으로

한국선은 중국 조사선법의 동산법문이 8세기 중반에 법랑法朗에 의하여 전래된 것으로부터 간주하자면 1,250여 년에 걸친 역사를 지니고 있다. 그러나 본격적으로 선법이 수용되고 이해되기까지는 약 80여 년이 지난 시대에 가능하였다.

선법의 초전 시대에는 신라에 이미 활발한 교학적인 토대가 구축되어 있었다. 따라서 선법이 그와 같은 상황에서 신라에 뿌리를 내리기 위해서는 선법이 지니고 있는 특유한 사상 및 방식을 강조하지 않을 수 없었다. 그것이 곧 선교 차별의 출현으로서 선법의 우위를 강조한 내용들이었다.

이와 같은 모습은 다양하게 나타났다. 이미 교학을 공부한 이후에 보다 새로운 선법을 추구했다는 내용으로 나타나기도 하고, 교법보다는 선법이 뛰어나다는 내용을 전개하기도 하였으며, 나아가서 선법에서도 조사선이 여래선보다 뛰어나다는 것을 강조하였다.

이러한 초기 선법의 전래는 당에서 소위 선종오가가 형성되기 직전인 9세기 초반부터 본격적으로 시작되었다. 이후 지속적으로 전래되어 선종오가의 형성 직후에 해당하는 10세기 후반에는 오가의 다양한 선법이 고려에 전래되었다. 특히 오가 가운데는 조동종의 선법이 비교적 이른 시기부터 많은 사람들에 의하여 전래되었고, 위앙종의 선법은 순지를 통하여 고스란히 전래되었다. 이로써 고려 초기에는 운문종과 임제종과 법안종 등 오가의 선풍이 모두 고려에 전승되었다.

고려 중기에는 소위 거사선으로 대표되는 선법의 등장과 더불어 교양으로서 수양법으로 수용되어 선법 내부에서의 종파의식은 미미하였다. 그러나 무신정권 이후부터 선법이 크게 발전하면서 이후에는 교학불교와 대립 및 상생의 관계 속에서 전개되어 갔다. 고려 말기에는 기존부터 전승되어 오던 선종오가의 바탕에다 다시 원元으로부터 새롭게 수입된 임제선법의 출현으로 말미암아 법맥에 대한 자각이 크게 강조되었다. 때문에 해동의 선법이 고려 말기부터는 사상적인 전개보다는 오히려 법맥의 전승에 따라 좌우되는 모습으로 전개되어 갔다.

이 점은 조선시대의 배불정책의 상황에서 한편으로는 법통의 계승이라는 긍정적인 역할로도 작용했지만, 다른 한편으로는 그만 초종월격超宗越格의 종지를 강조하는 개별적인 선법의 특수성을 발휘하지 못하고 그대로 기존의 전통에 매몰되어 오히려 생기발랄했던 선법의 본래 정신이 심히 위축되는 결과로 나타났다.

특히 태고 보우와 나옹 혜근의 법맥으로부터 전개된 조선시대의 선법은 부휴 선수와 청허 휴정을 거치면서 더욱더 임제선법의 틀에 갇혀서 이전의 선종오가 내지 오가를 뛰어넘는 선법을 전개하지 못하였다. 이와 같은 결과는 환성 지안의 『선문오종강요』에서 볼 수 있듯이, 오가에 대하여 그 중심이 도그마적인 사상의 인식으로 흘러갔다. 가령 조선시대 후기에 백파 긍선으로부터 촉발된 임제선법의 교의에 근거하여 나타난 선리논쟁의 전개는 그 일례였다.

한편 중국의 선종에서는 송·원 시대부터 출현한 선과 정토 기타 밀교의 수행법에 이르기까지 갖가지 수행이 혼용되었는데, 이후 명·청 시대에 이르러서는 그것이 더욱더 가속화되어 선정일치禪淨一致, 선정융합禪淨融合, 선정토禪淨土, 정토선淨土禪, 염불선念佛禪, 선염불禪念佛 등의 용어가 보편화되었다.

이와 같이 선종에 깊이 삼투되었던 기타 수행법의 모습은 중국선의 영향을 무시할 수 없었던 한국선에도 흔히 찾아볼 수 있는 모습이었지만, 중국과 한국의 선종사를 통하여 한국선의 전통에는 몇 가지 특징이 잘 드러나 있다. 곧 선과 교학의 관계가 때로는 차별적이고 때로는 융합적인 모습으로 전개되어 선교 차별 내지 선교 융합의 모습으로 출현하였고, 선법의 차별은 다시 임제종 법맥의 정통의식 및 임제삼구의 해석으로부터 촉발된 선리논쟁으로 전개되었다.

　이와 같은 선과 교의 관계에서 선교 차별의 경우는 기존 교학의 전통에 대한 선법의 우월의식이었다. 선법이 전래되던 9~10세기부터 본격적으로 정착되던 고려 중기까지는 의도적인 선교 차별의 의식이 강조되었다. 진귀조사설과 무설토론 등을 수록하여 선과 교학의 관계를 철저하게 선 우월주의의 입장에서 기술했던 『선문보장록』은 바로 그 결과였다.

　이와 같은 전통이 선 법맥의 강조와 더불어 오랫동안 전개되어 가면서 확고하게 정착되었던 조선시대 초기부터는 이제 선과 교학의 융합 내지 선교일치에 대한 입장에서 선주교종禪主敎從이라는 불완전한 선교일치 내지 선교합일의 모습으로 드러났다. 조선 중기부터는 특히 임제선법의 정통성 강조에 근거하여 전개되었던 청허 휴정의 『선가귀감』·『선교결』·『선교석』 등은 그와 같은 전통의 산물이었다.

　이후로 조선 말에는 무엇보다도 임제선의 법맥의식이 강하게 작용하였는데, 그 가운데서도 임제선법의 정통에 근거하여 다양한 선의 교의를 강조하면서 선리에 대한 논쟁이 전개되었다. 백파 긍선은 『선문수경』을 통하여 임제삼구에 근거하여 삼종선의 분류와 그 특징을 강조함으로써 선법을 도그마적인 이론으로 전개하였다. 그러나 백파의 그와 같은 일방적인 분류 방식과 선리의 강조에 상대하여 선법의 유동성과 다양성에 근거를 두고 전개되었던 것이 조선 말 『선문사변만어』를 통한 초의의 반박과 이후 여러 선자들이 벌였던 선리논쟁의 역사였다. 이런 점에서 한국 선의 경우에 선과 교학의 관계는 선교 차별로부터 시작되어 선교 융합으로 전승되고 전개되어 왔음을 하나의 고유성으로 간주할 수 있겠다. 선

| 참고문헌 |

고영섭,『한국불교사연구』, 서울: 한국학술정보, 2012.
김광식,『조계종사연구논집』, 서울: 중도, 2013.
김호귀,『인물한국선종사』, 경기도: 한국학술정보, 2010.
대한불교조계종교육원,『조계종사-고·중세편-』, 서울: 조계종출판사, 2004.
대한불교조계종교육원,『조계종사-근·현대편-』, 서울: 조계종출판사, 2004.
『태고종사』, 서울: 한국불교출판부, 2006.
『한국불교선문의형성사연구』, 서울: 민족사, 1992.
한기두,『한국선사상연구』, 서울: 일지사, 1993.
현해·신규탁·김상영 편집,『조계종사연구논집』, 서울: 중도, 2013.

세간 世間

고승학

I. 세간을 바라보는 불교의 관점들

'세간'이라는 말/ 초기불교의 출세간 지향/ 대승불교의 출출세간 지향

II. 신라 불교도들의 세간관: 원효의 사상을 중심으로

세간을 밝히는 계율/ 세간에 작용하는 열반/ 정토의 현실화

III. 고려와 조선 전기 불교계의 부침과 세간관의 동요

고려인들의 적극적 초월 추구/ 조선의 개국과 불교적 가치의 쇠퇴

IV. 조선 중후기의 불교적 세간관 부활

의승병의 활약과 불교의 세간 참여/ 세간적 가치의 제한적 수용

■ 출출세간 지향으로부터 세간 참여로

I. 세간을 바라보는 불교의 관점들

'세간'이라는 말

불교 경전과 논서에 등장하는 '세간世間'이라는 말은 산스크리트어 'sarga', 'sṛṣṭi', 'loka', 'laukika', 'loka-dhātu' 등을 옮긴 것인데, 동아시아의 주석가들은 종종 '세'와 '간'을 나누어 '세'는 쉬지 않고 옮겨 가거나 흘러감(遷流)을, '간'은 그 허망함 속에 떨어짐(墮虛僞中)을 의미한다고 풀이한다.[1] 실제로 'sarga'와 'sṛṣṭi'에 '흘러감'의 뜻이 있기 때문에 이들의 주석이 전혀 근거가 없는 것은 아니다. 그러나 불전에서 '세간'은 중생을 둘러싼 자연 환경, 곧 '세계世界'와 거의 비슷한 의미로 쓰이는 경우가 많으며, 이 경우 세간은 중생衆生(有情)세간·기器세간·지정각智正覺(佛)세간이라는 3종 세간 중 기세간을 주로 가리킨다고 할 수 있다.[2] 다른 한편으로 '세간'은 그

---

1 『大般若波羅蜜多經般若理趣分述讚』 권2(『大正藏』 33, 48c8~9), "現遷流名世 墮虛僞中名之爲間 與此相違名出世間"; 『起信論疏筆削記』 권7(『大正藏』 44, 333a8~10), "爲畢竟平等故離世間者 世謂遷流 間謂墮在其中以差別變異破壞 是世間法 今皆反此故云離也"

2 위에서 말한 3종 세간은 『十地經論』, 『大方廣佛華嚴經』(이하『화엄경』) 등에서 언급된 개념이다. 그 밖에 『大智度論』 등에 제시된 3종 세간 개념도 중국불교의 교학 전통에서 중시되었다. 후자의 3종 세간은 ①假名으로서의 중생들을 가리키는 중생세간, ② 그들의 물질적 환경 조건인 國土(住處)세간, ③그들의 心身의 구성 요소인 五衆(五陰)세간으로 이루어져 있다. 『大智度論』 권70 「佛母品」(『大正藏』 25, 546b29~c2), "世間有三種 一者五衆世間 二者衆生世間 三者國土世間"; 『法華玄論』 권10(『大正藏』 34, 448c5~10), "世有三種 一者衆生世間 二者五陰世間 三者國土世間 衆生世間者 謂之五陰十二入十八界 衆法中生故云衆生 五陰世間 謂能成衆生之法 卽是色之

세계 속에 살고 있는 모든 생명체를 가리킬 때도 있는데, 이 경우에는 '중생세간'과 동일한 의미로 쓰였다고 할 수 있다.³ 이처럼 '세간'은 그 맥락에 따라 다양한 의미로 쓰이고 있으나, 무루無漏(nirāsrava, anāsrava)와 해탈解脫(vimokṣa)을 특징으로 하는 '출세간出世間(lokottara)'에 대한 반의어로 쓰이는 것이 가장 일반적이다. 그리고 이때의 세간은 흔히 '속俗'이라는 말을 덧붙여 '속세간'이라 불리는 경우가 많으며, 유루有漏(āsrava) 및 윤회輪廻(saṃsāra)를 그 특징으로 한다고 할 수 있다. 불교 수행의 목표를 모든 번뇌로부터의 해탈, 곧 열반을 추구하는 것으로 본다면, 이러한 세간은 극복의 대상이라고 해야 할 것이다. 또한 이렇게 '세간'을 '출세간'과 대비되는 좁은 의미로 사용할 경우 부처의 영역인 지정각세간은 엄밀한 의미에서 '세간'으로 부를 수 없게 될 것이다.

그러나 우리는 초기불교 이래 여러 경전에서 여래 10호 중 하나로서 '세간해世間解(loka-vid)'가 제시되었다는 점을 상기할 필요가 있다. 『아함경』, 『반야바라밀다경』, 『묘법연화경』(이하 『법화경』) 등은 여래 10호를 나열하면서 별 다른 설명을 가하고 있지 않은데, 『대반열반경大般涅槃經』은 이 열 가지 호칭 하나하나에 대하여 자세한 설명을 제시하고 있고, 특히 '세간해'에 관해서 다음과 같이 여러 관점에서 분석하고 있다.

> 선남자여! '세간해'란 무엇인가? '세간'이란 오온을 말하며, '해'란 '안다'는 뜻이다. 모든 불세존은 오온을 잘 알기에 '세간해'라 부르는 것이다. 또한 '세간'이란 '오욕'을 말하며 '해'란 집착하지 않는다는 뜻이므로 '세간해'라 한다. 또한 '세간해'란 동쪽의 무량한 셀 수 없는 세계에 대하여 일

與心 三國土世間 即是色法爲體 謂國土風俗"
3 中村元 편, 『廣說佛敎語大辭典』, 東京: 東京書籍, 2001, p.1004a~c

체의 성문과 연각은 알지도, 보지도, 이해하지도 못하지만, 모든 부처들은 다 알고, 보고, 이해하며, 남쪽, 서쪽, 북쪽, 사유四維와 상하의 모든 세계에 대해서도 또한 그러하므로 부처를 '세간해'라 부르는 것이다. 또한 '세간'이란 일체의 범부를 말하며, '해'란 모든 범부의 선악의 인과를 아는 것을 말하니, 이는 성문, 연각이 알 수 있는 바가 아니며 오직 부처만이 알 수 있는 것이므로 부처를 '세간해'라 한다. 또한 '세간'이란 연꽃을 말하며, '해'란 물들지 않음을 말한다. 선남자여! 이것이 '세간'의 뜻이다. 연꽃은 곧 여래이며, 물들지 않음은 여래가 세간의 여덟 가지 법(利·衰·毁·譽·稱·譏·苦·樂)에 물들지 않기에 부처를 '세간해'라 하는 것이다. 또한 모든 불보살을 '세간해'라 하는데, 왜 그런가? 모든 불보살은 세간을 보기 때문에 '세간해'라 한다. 선남자여! 음식을 통해 목숨을 얻는 것을 일러 '음식이 목숨이다'라고 하는 것처럼 모든 불보살도 마찬가지로 세간을 보기 때문에 '세간해'라 부르는 것이다.[4]

여기에서 여래를 더러운 못에 피는 연꽃에 비유한 것은 그가 세간 속의 여러 존재들을 관찰하되 거기에 집착하지 않고 물들지 않는 것과 관련된다. 나아가 세간 그 자체를 연꽃에 비유하고, 그것을 여래와 동일시하고 있는 것은 여래와 세간이 어떤 관계에 있는지를 보여준다는 점에서 중요하다. 이 경전이 모든 중생에게 불성이 있음(一切衆生悉有佛性)을 천명하는 여래장 사상을 대표하며, 특히 초기 여래장 계통 경전인『불설부증불감경佛說不增不減經』에서 중생계와 열반계(부처의 영역)를 불가분의 하나로 보는 일법계一法界 개념을 제시하였다는 점을 고려할 때,[5] 여기에서

---

4 『大般涅槃經』권18「梵行品」(『大正藏』12, 468c26~469a12)
5 『佛說不增不減經』(『大正藏』16, 466b8~10), "舍利弗 一切愚癡凡夫 不如實知一法

도 출세간과 세간을 엄격히 구분하여 후자를 극복 내지 부정의 대상으로 보지는 않았으리라는 점은 충분히 짐작할 수 있다. 이 점은 성문과 연각, 곧 소승적 수행자들보다 수승殊勝한 자로서 보살과 부처, 곧 대승 내지 일불승一佛乘의 수행자들을 상정하고 있는 위의 경문으로부터도 엿볼 수 있는데, 이에 대해서는 이하에서 좀 더 자세히 논의하기로 한다. 그리고 그전에 그러한 대승적 지향이 어떻게 나오게 되었는지를 이해하기 위해서 초기불교의 교단사를 간단히 살펴볼 필요가 있는데, 그것은 위에 언급한 좁은 의미의 세간과 출세간을 각각 재가자와 출가자, 곧 교단을 구성하는 두 요소에 대응시킬 수 있기 때문이다.

초기불교의 출세간 지향

기원전 5세기경 성립한 것으로 알려진 불교교단, 곧 승가僧伽(saṃgha)는 크게 출가 수행자들과 재가 신자들로 구성되어 있다. 이 중 출가 수행자들은 법시法施를 통해 신자들에게 부처의 가르침(dharma)을 전수하는 역할을, 재가 신자들은 재시財施를 통해 출가자들이 안정된 생활을 유지할 수 있도록 뒷받침하는 역할을 각각 담당하였다고 한다. 이와 같이 출가 수행자들은 재가 신자들로부터 경제적 지원을 받는 입장에 놓여 있었지만, 부처의 삶에 나타난 무소유無所有를 이상理想으로 삼았으므로 재가자들의 보시를 자신들의 부를 축적하는 수단으로 삼지 않고 『숫타니파타(Sutta nipāta)』의 표현과 같이 "무소의 뿔처럼" 홀로 유행遊行하는 생활을 해왔을 것으로 보인다. 물론 출가 수행자들이 실제로 어떠한 삶을 살았는

界故 不如實見一法界故 起邪見心 謂衆生界增 衆生界減"

지에 대해서는 밝혀야 할 문제들이 많이 남아 있다. 일부 학자들은 비교적 이른 시기부터 그들이 대규모의 도심 사원에서 정착 생활을 했다는 점에 주목하여 "재가 : 출가=소유 : 무소유=정착 : 유행"과 같은 도식적 역할 구분에 대하여 회의적인 시각을 보이기도 한다.[6] 그렇지만 우리는 여러 자료들을 통해 초기 교단에서 출가자들이 재가자들의 영역인 세간으로부터의 초월을 종교적 목표로 설정하였음을, 다시 말해 그들이 출세간을 지향하였음을 알 수 있다. 예컨대『잡아함경』권28에 수록된「광설팔성도경廣說八聖道經」(*Majjhima Nikāya* 117, *Mahācattārīsaka-sutta*에 상응)에는 팔정도의 각 항목을 세간과 출세간으로 나눈 뒤 전자를 번뇌와 집착이 있으면서 좋은 곳으로 향하게 하는 것(有漏有取向於善趣)으로, 후자를 번뇌와 집착이 없으면서 고통의 완전한 소멸로 나아가게 하는 것(無漏不取正盡苦 轉向苦邊)으로 평가하고 있는데,[7] 이로부터 초기불교는 세간적 윤리 도덕으로부터 한걸음 더 나아간 곳에 번뇌의 완전한 소멸이라는 출세간적 가치를 두고 있음을 볼 수 있다.

이것은 불교 사상이 넓은 의미에서 인도의 '정통파' 또는 '유파有派 철학(āstika-vāda)'인 브라만교를 비판하면서 출발한 출가자, 곧 사문沙門 (śramaṇa) 중심의 종교 운동이었기 때문이다. 통치 계급과 사제 계급이 신

---

[6] 출가자들의 삶을 무소유에 기반한 것으로 볼 경우 그들의 정착 생활이란 것은 일종의 '타락'으로 비칠 수도 있다. 그러나 자이나교의 교단과 불교교단이 가지는 구조적 유사성에 주목해 볼 때 붓다 당시에 이미 교단의 제도화가 시작되고 있었다고 보는 것이 타당하다. 특히 그레고리 쇼펜(Gregory Schopen)은 고고학적·실증적 연구를 통하여 집을 떠나 숲에서 명상하고 열반을 추구하는 이들이 교단에서 절대 다수가 아니었음을 잘 보여준 바 있다. Rupert Gethin, *The Foundations of Buddhism*, Oxford : Oxford University Press, 1998, pp.95～97 참조.

[7]『雜阿含經』권28(785) (『大正藏』2, 203a19～204a15)

적인 존재로부터 기원한다고 보고 세간의 계급 질서를 있는 그대로 인정하는 정통파와 달리 '비정통파' 또는 '무파無派 철학(nāstika-vāda)'의 사상가들은 세간의 모순을 인정하지 않고 그로부터의 해탈을 추구했는데, 그들의 출가는 그러한 기존 질서에 대한 일종의 항거의 표현으로 읽을 수 있다. 물론 비정통파의 사상가들 중에는 현재 주어진 불행을 개인의 노력으로는 어찌할 수 없는 숙명으로 받아들일 것을 주장하는 이들도 있었으나, 그들 역시 그러한 운명을 신적인 질서가 구현된 것으로 보지는 않았다는 점에서 정통파와는 달랐다고 할 수 있다. 정통파와 비정통파의 정치관이 정교일치政敎一致 대 정교분리政敎分離 또는 왕권신수설 대 국왕계약설의 대립 구도로 나타나게 된 것도 이러한 맥락에서 읽을 수 있다. 다른 한편으로 통치 계급의 출현을 사회적 요구에 따른 것으로 보는 불교의 견해는 세간의 왕권으로부터 출세간의 교권의 독립을 지키려는 노력의 일환으로 볼 수도 있다.[8] 물론 초기의 불교교단이 세속의 정치권력으로부터 일정한 거리를 유지하면서도 그들을 제자로 받아들여 가르침을 폈다는 점은 부인할 수 없다. 그러나 붓다가 출가 비구들에게 세간의 왕, 도둑, 의복, 재물, 음식 등에 대한 논의를 못하게 하고, 걸식할 국가의 왕들을 비판하지 못하게 한 일 등은 교단이 세간과 출세간 사이의 긴장적 균형 관계를 유지하기 위해 취한 조치라고 할 수 있다.[9]

---

8 조준호, 「초기불교에 있어 국가권력(왕권)과 교권: 세간과 출세간에서의 정교분리를 중심으로」, 『인도연구』 14-2, 한국인도학회, 2009, pp.212~214
9 조준호, 앞의 논문, 2009, pp.221~222

대승불교의 출출세간 지향

불교가 중앙아시아를 거쳐 중국에 유입된 기원 전후 무렵 중국인들에게 이 종교는 여러 가지 이미지로 다가왔다. 한편으로는 후한 명제의 꿈에 나타난 것과 같은 금빛 찬란한 육신을 지닌 신인神人의 가르침으로, 다른 한편으로는 충효忠孝로 대표되는 유교적 사회 질서를 해칠 우려가 있는 위험한 외래 종교로 인식되었던 것이다. 이러한 양가적兩價的 태도는 이후 중국, 나아가 동아시아에서 불교가 걸어왔던 굴곡의 역사에 고스란히 반영되어 있으며, 그것은 초기불교의 출세간 지향적인 태도를 변화시키는 데에도 영향을 주었다. 또한 그 과정에서 중국인들은 초기불교로부터 아비달마로, 그리고 대승불교로 전개되는 인도불교의 사상적 추이를 발전적 전개 과정으로 이해하는 경향이 강했으며, 이는 출세간을 지향하는 초기의 가르침보다는 출출세간出出世間을 추구하는 후기의 가르침을 궁극적인 것으로 간주하는 태도에 잘 나타나 있다.

예컨대 보살의 수행 계위인 십지十地의 개념을 대승적으로 구현한 『십지경론十地經論』은 다음과 같이 말한다.

반야바라밀(로써 다스려야 할 것)에 세 가지 더러움(번뇌)이 있다. 첫 번째 뛰어난 방편이 없는 것이니, (그럴 경우) 세간에 열반이 항상 나타나지 않기 때문이다. 두 번째로 출세간을 넘어서는 도를 닦아 모으지 않는 것이다. 세 번째로 뛰어난 깨달음의 법에 대하여 바라는 마음이 엷어지는 것이다. 이러한 더러움을 이와 같이 차례로 다스려야 하는 것이다. 경전에 말한 "일체의 세간의 일을 버리지 않고 출세간의 도를 성취하기 위해서"이며, "깨달음을 이루는 요소들을 모으는 데 있어 싫증내지 않기 때문"이며, "으뜸가는 뛰어난 도를 항상 구하기 때문"이다. 이와 같은 회향이 성취된 것을 근행勤行의 갖추어짐이 성취되었다고 말한다.[10]

위의 인용문은 십지 중 제1 환희지歡喜地를 성취하게 이끈 회향의 마음이 무엇인지를 설명하는 경문의 일부로서 여기에서 저자 세친世親(Vasubandhu)은 출세간에만 머무르려는 태도를, 반야바라밀로써 다스려야 할 일종의 번뇌로 간주하고 있다. "세간의 일을 버리지 않고 출세간의 도를 성취하기 위해서"라는 표현 역시 출출세간, 곧 세간에의 회향이라는 것이 반야의 정신임을 잘 보여준다.

또 다른 인도 대승불교 논서인 『섭대승론석攝大乘論釋』의 문장과 그 내용에 기반하여 불과佛果를 목표로 하는 것이 일승의 수행임을 강조하고 일승을 대승보다 우위에 둔, 중국 화엄종의 교리 강요서인 『화엄일승교의분제장華嚴一乘敎義分齊章』(이하 『오교장五敎章』)의 다음 문장 역시 수행자가 단지 세간을 벗어나는 것만을 지향해서는 안 됨을 명확하게 제시하고 있다.

『섭대승론』의 "출출세의 선법의 공능에 의해 생긴"이라는 말과 관련하여 2승의 선을 '출세'라고 이름한다. 8지 이상 불지佛地까지를 '출출세'라 한다. 출세의 법은 세간의 법을 다스리며, 출출세의 법은 출세의 법을 다스린다. '공능'은 (직접적인 원인[因緣], 바로 직전의 조건[次第緣=等無間緣], 인식의 대상[所緣緣], 주변적 요소[增上緣]의) 네 가지 조건(四緣)을 그 양태로 취하는데, 출출세의 선법의 공능으로부터 이 정토를 생겨나게 하

---

10 『十地經論』 권2 (『大正藏』 26, 138a8~14)

기 때문이다. 이는 (세간의 고통의) 일어남에 대한 진리를 그 원인으로 하는 것이 아니다. 이 구절은 원인이 완전히 청정함을 밝히고 있다. 무엇이 출출세의 선법인가? 무분별지(如理智)와 무분별지 다음에 얻는 지혜(如量智, 後得智)에 의해 생긴 선근을 출출세의 선법이라 한다.[11]

　(일승과 삼승의 다른 점 중) 다섯 번째 지위에 따른 차이점.『보살영락본업경』,『인왕반야바라밀경』및『십지경론』,『섭대승론』(진제 역) 등에서는 모두 1~3지를 세간에, 4~7지를 출세간에, 8지 이상을 출출세간에 배대한다. 출세간 중 4지와 5지는 성문법에, 6지는 연각법에, 7지는 보살법에 (대응시키고, 그것을 능가하는 출출세간인) 8지 이상은 일승법에 대응시킨다. 만약 대승이 일승과 동일하다면 7지는 곧 출출세간이라고 해야 할 것이며, 일승은 8지에 있다고 해서는 안 될 것이다. 따라서 마땅히 알아야 한다.『법화경』에 나온 삼승의 사람들은 세 종류의 수레를 구하여 문밖으로 나온 자들로서 삼승이 모두 세간을 벗어나 그 스스로의 지위가 궁극에 이른 것이며, 이들은 4~7지에 해당한다. 사거리(큰길)에서 별도로 큰 흰 소 수레를 준 것은 출세간보다 위에 있는 출출세간의 일승법이니, 여기에서 말한 8지 이상의 일승법에 해당한다.

　질문: 만약 그렇다면 왜『섭대승론』에서는 2승의 선을 '출세'라고 하고 8지부터 불지까지를 '출출세'라고 했는가? 이미 삼승이 출세라고 말하지 않았는데 왜 그런 이론을 제시하는가?

　답변: 이미 4지와 5지는 성문이고, 6지는 연각이며, 8지 이후가 출출세간이라면 저 제7지는 어떤 사람이겠는가? 따라서 그 책에서 2승의 선

---

11 『攝大乘論釋』권15 「釋智差別勝相品」(『大正藏』31, 263b7~13)

을 '출세'라고 한 것은 (성문승과 연각승이 아니라) 대승과 소승의 2승임을 알 수 있다. 성문과 연각은 모두 소승이라고 하므로 '이승'의 이름은 양쪽에 통하는 것이다.[12]

『오교장』에서의 상기 인용문은 『법화경』「방편품」의 불타는 집의 비유(火宅喩)에 근거하여 성문승, 연각승, 보살승보다 뛰어난 경지로서 일불승이 있고 그것이 『화엄경』의 경지와 대등함을 말한 것이다. 그런데 그전에 제시된 『섭대승론석』으로부터의 인용문은 단지 '2승'과 '8지 이상'을 각각 세간과 출세간에 대응시키기만 할 뿐, 2승이 소승 및 그와 대비되는 대승까지 포함하는 것인지 아니면 성문승과 연각승만을 가리키는 것인지에 대해서는 애매한 부분이 있었다. 이에 법장法藏(643~712)은 화엄종의 수승殊勝함을 강조하기 위해 여기에서의 '2승'은 소승과 대승(보살승)을 포함한 것임을 밝혀 부처의 깨달음의 경지를 그대로 체현한 일승으로서의 화엄은 보살승보다 더 우위에 있음을 분명히 하고 있다. 이는 그의 종파적 의식이 작용한 결과이긴 하지만, 여기에서도 그가 분명히 출출세간을 가장 진보된 불교의 이상으로서 강조하고 있음을 확인할 수 있다.

그런데 인도 대승 경론에 대하여 법장의 이상과 같은 해석이 나온 것은 단지 중국의 불교도들이 인도 대승불교 철학과 거기에 함축된 출출세간적 이상을 불도 수행의 가장 궁극적인 형태로 받아들였기 때문만은 아니다. 그것은 『대학』, 『춘추』, 『사기』 등에 나타난 것과 같이 현실의 구체적인 사태(事)에 입각해서 지식과 실천을 추구하고, 그렇지 않은 것을 공허하다고 본 중국인들의 뿌리 깊은 현실주의적 태도와 무관하지 않다.[13]

---

12 『華嚴一乘敎義分齊章』권1 (『大正藏』45, 477c16~478a10)
13 『史記』권130「太史公自序」에는 "옛날에 공자가 어찌하여 『춘추』를 지었는가?"라는

II. 신라 불교도들의 세간관: 원효의 사상을 중심으로

세간을 밝히는 계율

불교 도입 이전에 우리 조상들이 어떠한 세계관을 가졌는지에 관해서는 자료의 부족으로 인해 충분히 알기 어렵다. 다만 다른 고대 문명과 마찬가지로 부족국가 단계에서는 자연물에 영혼이 깃들어 있다고 믿는 정령신앙(animism), 특정 동식물을 자신들의 선조와 동일시하는 토테미즘(totemism)이 확산되어 있었으리라 짐작된다. 이어 하늘로부터 강림한 천신이 인간 세계를 지배한다는 믿음이 성행하고 이로부터 하늘에 대한 제사가 중시되어 이를 관장할 제사장의 권위가 중시되는 샤머니즘(shamanism)이 지배적 세계관으로 등장했을 것으로 보인다.[14] 이들의 원시적 종교 행위는 전쟁에서의 승리, 기근의 극복, 자손의 번영 등 세속적 이익을 얻는 것을 목적으로 했을 것이며, 중앙집권적 고대국가가 형성되면서 도입된 불교의 의례에 의해 그것이 상당 부분 대치되었음에도 불구하고 그 지향하는 바는 크게 달라지지 않았으리라 생각된다.

그러나 중국을 통해 들어온 대승불교가 출세간적 가치와 세간적 가치의 조화를 추구했다는 점을 상기할 때 불교 도입 이후 한국인들이 세간

물음에 대하여 태사공이 "그것들(옛일)을 단지 헛된 말로 기록하는 것은 실제로 행해지는 사태에 입각해서 보는 것의 깊고 밝음만 못하다.(我欲載之空言 不如見之於行事之深切著明也)"라는 공자의 말을 인용하여 답하고 있는데, 나카니시 도시히데(中西俊英)는 이러한 가치관이 중국에서는 『사기』 이후 역사서 편찬의 기본 정신이 되었다고 주장한다. 中西俊英, 「唐代仏教における『事』的思惟の變遷―華嚴文獻を中心として―」, 『インド哲學佛教學研究』 17, インド哲學佛教學會, 2010, p.58

14 고익진, 『한국고대불교사상사』, 서울: 동국대학교 출판부, 1989, pp.7~25 참조.

을 바라보는 시각에는 적지 않은 변화가 생기게 되었다고 해야 할 것이다.『삼국유사』의 여러 이야기들을 통해 우리는 불교 도입 후 고대인들이 제사장을 통해 공동체의 이익을 천신天神에 기구祈求하는 형태에 머물지 않고 스스로의 기도와 수행을 통해 현실의 고통을 벗어나고 나아가 궁극적인 해탈을 추구하려는 움직임이 생겨났음을 볼 수 있다. 예컨대 '광덕 엄장'조는 일반 평민층의 부부가 오히려 출가 승려들보다 청정한 지계持戒를 실천하였음을 전하며, '남백월이성 노힐부득 달달박박'조 역시 불교의 수행과 그 증과證果가 단지 출가자들에게 국한된 것이 아니었음을 보여준다.[15] 특히 성덕왕 8년(709)의 일로 언급된 후자의 이야기는 독자로 하여금 단순한 지계보다는 성속의 경계를 뛰어넘는 자비심을 발현할 것을 역설하고 있는데, 이것은 7~8세기경 신라인들이 대승불교의 궁극적 지향을 출출세간으로 인식하고 있었음을 암시하는 것이다.

불교교단에서도 이러한 출출세간적 이상을 잘 구현한 화엄종이 8세기 이후 주류가 되었는데, 그전에는 『대승기신론大乘起信論』(이하『기신론』)과 유식 경론들의 교리 체계를 이해하는 것이 주된 과제였다.[16] 여기에서 신라의 불교도들이 불교의 여러 이론들을 수용하는 데 그치지 않고, 그 실천적 측면에도 큰 관심을 기울였으며, 그것이 세간과 출세간의 경계를 넘나드는 한국불교의 흐름에 큰 영향을 미쳤다는 점에 주의할 필요가 있다. 이와 관련하여 신라불교를 대표하는 원효元曉(617~686)의 계율에 관한 입장이 주목된다. 특히 그의『보살계본지범요기菩薩戒本持犯要記』에서

---

15 이민용,「불교와 성」,『종교문화연구』6, 한신대학교 종교와문화연구소, 2009, pp.46, 51~52

16 최연식,「8세기 중엽 일본의 신라 화엄학 수용과『화엄(경)문의요결문답』」,『구결연구』23, 구결학회, 2009, pp.115~120

보여준 계율에 대한 통찰력 있는 설명은 출가자들의 윤리가 반드시 출세간만을 지향하는 것이 아님을 잘 보여주고 있다.

『보살계본지범요기』의 '보살계본'은 『유가사지론瑜伽師地論』 계통인 『보살지지경菩薩地持經』(達磨戒本)을 가리키는 것으로 보이며, 여기에서 원효는 특히 4종의 바라이죄波羅夷罪(他勝處法) 중 하나인 자찬훼타自讚毀他에 대하여 상세한 설명을 가하고 있다. 그 주요한 내용은 자신의 이양利養과 공경을 위해 남을 헐뜯고 자신을 칭찬하는 것을 가장 큰 죄악으로 간주하는 것이다. 그는 이를 계戒·정定·혜慧의 삼학三學으로 나누어 설명하면서 비록 바른 계를 지키며 선정을 열심히 닦고 여러 경론을 익히더라도 사적인 이익을 추구하는 사이비 수행(似佛道之魔事)을 할 경우 그러한 수행자는 결국 "사자의 몸에 살고 있는 벌레(師子身內之虫)"와 같아서 불법을 소멸시켜 버릴 것이라고 질타하고 있다.[17]

이러한 수행자의 위중한 잘못과 관련하여 원효는 먼저 탐욕으로 말미암은 삿된 선정을 비판한다. 그에 따르면, 만약 어떤 수행자가 고요한 곳 또는 깊은 산에 한가히 머물러 모든 산란을 떠나 마음을 선정에 거두어들여 무엇인가 본 바가 있는 것처럼 보일지라도 들은 바가 적기 때문에 정사正邪를 분별하지 못하거나 명예와 이익, 공경을 구하고자 성인과 비슷한 행적을 드날림으로써 다른 승려들의 귀의를 가로막는다면, 그는 "모든 승려들의 큰 도적(諸僧之大賊)"으로 불리게 된다.[18] 원효는 이어 계율과 관련해서 제아무리 바른 계를 지키더라도 그것이 죄가 되는 경우와

---

17 이봉춘, 「원효의 승가관」, 『한국불교학』 9, 한국불교학회, 1984, pp.45~49; 『菩薩戒本持犯要記』(『大正藏』 45, 918c8~13 및 918c20~22). 이하의 번역은 모두 해주 역주, 『정선 원효』, 서울: 대한불교조계종 한국전통사상서 간행위원회, 2009를 참조하여 약간 수정한 것이다.

18 『菩薩戒本持犯要記』(『大正藏』 45, 918c23~29)

그렇지 않은 경우가 있음을 다음과 같이 보인다.

> 바른 계를 지키는 것이란 다음과 같다. 만약 한 무리가 성품이 천박하여 세상의 큰 흐름이 많이 느슨해진 때에 홀로 그 몸을 바로 하고 그 위의에 결함이 없게 하고는 곧 스스로를 높이고 남을 업신여기는 마음을 일으켜, 급히 나아가려 하면서도 계는 느슨하게 하는 대중을 업신여기고 헐뜯는다면, 이런 사람들은 그 작은 선을 온전히 해서 큰 계를 무너뜨렸으니 복이 바뀌어 화가 되는 것이 이보다 심한 것이 없다. (중략) 만약 홀로 깨끗함으로 말미암아 모든 세상 사람들로 하여금 (다른) 승려들을 복전이 아니라고 말하게 하고 이양과 존중을 자신에게만 돌아오게 한다면, 비록 성문의 스스로 제도하는 마음의 계는 따르지만 보살의 광대한 마음의 계는 거스르는 것이다. (중략) 만약 홀로 깨끗함으로 말미암아 물든 세간에 머물면서 이로써 물든 중생을 억누르지 않게 되기를 바라고, 또한 다른 이들로 하여금 고르게 공경하는 마음을 내게 하고자 한다면, 마치 머리에 해와 달을 이고 다니며 그 어두움을 없애지 않으려고 하는 것과 같다.[19]

위의 인용문을 통해 원효는 계율을 지키는 외적인 행위보다는 그것에 수반하는 내적인 마음가짐과 승가공동체 내에서의 화합을 중시하고 있음을 알 수 있다. 특히 마지막 문장에서 그는 계율로 인해 청정해지더라도 "물든 세간에 머물면서 이로써 물든 중생을 억누르지" 않는 마음을 가진 수행자를 세상을 밝히는 이로 찬탄하고 있는데, 이를 통해 그가 수행

---

19 『菩薩戒本持犯要記』(『大正藏』 45, 919a11~27)

자들에게 세간을 어떠한 시선으로 바라볼 것을 요구하였는지 짐작할 수 있다.

원효는 마지막으로 삼학 중의 혜와 관련하여 공空을 허무로 이해하는, 다시 말해 세간의 부정이야말로 공성의 체득이라고 보는 악취공惡取空을 비판하고 나서 자신만의 견해만을 진리라고 집착하는 어리석은 이를 "밤낮으로 다른 사람의 보배를 세는" 거지 아이와 "음욕과 도를 분별하는" 사람에 비유한다.[20] 여기에서 원효는 수행자들에게 진리가 세간을 초월해 있다는 좁은 견해로부터 벗어날 것을 주문하고 있는 것이다.

『보살계본지범요기』는 이처럼 음욕과 어리석음으로 물든 세간 속에서 엄격한 계율과 밝은 지혜를 갖추고, 시끄러운 세간을 떠나 고요한 숲에서 선정을 닦고 있다는 외면적인 청정함에 근거하여 자신이 다른 이보다 뛰어나다고 스스로를 찬탄하고 남을 비방하는 자들을 비판하고 있다. 그러나 우리는 자찬훼타하는 행위 그 자체가 곧바로 죄가 된다고 생각해서는 안 된다. 이와 관련하여 원효는 1) 자기를 칭찬하고 남을 헐뜯는 것이 죄가 되고 그 반대는 복이 되는 경우, 2) 자기를 헐뜯고 남을 칭찬하는 것(自毀讚他)이 복이 되고 그 반대는 죄가 되는 경우, 3) 자기를 헐뜯고 남을 칭찬하건 그 반대로 행동하건 모두 죄가 되거나 모두 복이 되는 경우, 4) 자신에 대해서건 남에 대해서건 헐뜯거나 칭찬하지 않음으로써 죄가 되거나 복이 되는 경우로 나누어 보다 심층적으로 해당 행위의 잘잘못을 분석한다. 이 중 2)와 관련하여 그는 다음과 같이 말한다.

두 번째 구절은 당시 세간의 풍속이 익숙한 바가 자기를 칭찬하고 남

---

20 『菩薩戒本持犯要記』(『大正藏』 45, 919c14~25)

을 헐뜯는 사람을 매우 미워하고 자기를 겸손히 하고 남을 찬양하는 사람을 늘 공경한다는 것을 잘 아는 경우에 해당한다. 또 (그런 사람은) 남을 헐뜯으면 남도 반드시 나를 욕하고 내가 남을 칭찬하면 남도 도로 나를 찬미할 것임을 안다. 이것을 알기 때문에 자기가 높아지기를 교묘히 구하여 자기를 헐뜯고 남을 칭찬한다면 이것은 무거운 죄가 된다. 만약 다른 사람이 집착하는 것이 이치가 아니어서 버려야 하고 자기가 이해한 바가 도리여서 마땅히 닦아야 함을 알고, 바로 불법을 세워서 중생들을 이익 되게 하고자 하여 자기를 칭찬하고 남을 헐뜯는다면 이것은 복이 된다.[21]

곧 세상 사람들이 겸양을 높이 산다는 점에 영합하여 그로부터 자신의 영예를 구하고자 교묘하게 '자훼찬타'를 행한다면 죄가 되며, 반대로 소신껏 남의 잘못을 지적하고 자신이 옳은 길을 가고 있음을 찬탄하여 '자찬훼타'를 범한다면 복이 된다는 것이다. 이 문장은 세간의 습속을 부정적인 것으로 그리고 있는 것 같지만, 출가자들이 세간의 재가자들을 기만하지 말 것을 강조하는 것으로 읽는 것이 보다 타당할 것이다. 그것은 3)에서 "세간의 사람들을 속이고 미혹하게 하려고(爲欲誑惑世間諸人)" 자훼찬타 또는 자찬훼타를 하는 경우를 비판하고 있는 점으로부터 확인할 수 있다.[22] 요컨대 원효는 어떤 행위 자체보다는 행위자의 의도와 동기를 중시하고 있으며, 어떤 행위의 선악은 그것이 세간을 이롭게 하려는 의도를 가졌는지의 여부에 따라 결정된다고 보는 것이다. 이는 한편으로 출세간을 지향하는 출가자가 끊임없이 세간과 상호작용하면서 자

---

21 『菩薩戒本持犯要記』(『大正藏』 45, 920c12~18)
22 『菩薩戒本持犯要記』(『大正藏』 45, 920c18~21)

신의 행위를 점검할 것을 요구하는 것이기도 하다.

세간에 작용하는 열반

원효의 계율 관련 저술들이 대승보살이 가져야 할 올바른 마음가짐을 권고하고 있다면, 그의 다른 저술들은 상충하는 교리들을 대하는 올바른 해석학적 지향을 제시하고 있다. 그는 『기신론』의 '일심一心'의 개념을 통해 여러 이론들을 조화롭게 이해하고 모순을 해소하고 있는데, 고려시대의 의천義天(1055~1101) 이래 원효의 사상의 특징을 '화쟁和諍'에서 찾게 된 것도 이와 관련되어 있다. 이처럼 그의 저술들이 대부분 그러한 화쟁을 지향하고 있지만, '화쟁'과 관련된 용어가 명시적으로 사용된 것은 『열반종요涅槃宗要』[23]이다. 원효는 이 책에서 자신이 해설하고자 하는 텍스트인 『열반경』의 요지를 "부처의 뜻이 지극히 공정함을 열어 보여 수많은 다른 주장을 화회(開佛意之至公和百家之異諍)"하는 것으로 보고 있다.[24]

『열반종요』는 전체적으로 1) 『대반열반경』의 대의를 서술하는 부분(大意門), 2) 경의 여러 부문을 나누어 설명하는 부분(廣開分別門)으로 나뉘며, 2)는 다시 ① 경이 설해진 계기를 설하고(說因緣), ② 경의 종취宗趣를 밝

---

[23] 이 책의 저술 시기를 확정할 수는 없지만 "於中通難會相違文 具如二障義中廣說"(『大正藏』 38, 251b3~4)이라는 표현을 통해 『二障義』보다는 나중의 작품임을 알 수 있다. 원효 저작의 선후 관계에 관해서는 해주 역주, 앞의 책, 2009, pp.28~29 참조. 이하의 『열반종요』 번역은 이영무 국역, 『교정국역 열반경종요』(서울: 문성문화사, 1984)를 참조하여 약간의 수정을 가한 것이다.

[24] 김영태, 「『열반경종요』에 나타난 화회의 세계」, 고영섭 편저, 『한국의 사상가 10인-원효』, 서울: 예문서원, 2002, pp.283~285; 『涅槃宗要』(『大正藏』 38, 239a22~27) 참조.

히며(明教宗), ③ 경의 본체를 나타내며(出經體), ④ 가르침의 자취를 분별하는(辨教迹) 부분으로 세분된다. 원효는 이 책에서 열반과 불성 등의 개념을 여러 각도에서 분석하고 다양한 견해들을 회통하고 있는데,[25] 경의 종취를 논하는 부분에서는 먼저 열반이 깨달음(bodhi)과 같은가 다른가를 논한 다음 그것이 허망한 생사生死와 대립되는 개념인 만큼 공空하지 않다고 보아야 한다는 주장을 제시한다. 그러나 그는 열반을 공과 불공不空 중 어느 한쪽으로 고집해서 말할 수 없다고 보고, 다음과 같이 열반을 공으로 보더라도 그 역시 방편일 뿐임을 잊지 말아야 한다고 강조한다.

만약 여러 경에서 설한 "열반은 모두 공하다."라는 말이 허망한 마음으로 취한 모습을 보내버리기 위한 것이라면 여러 경에서 설한 "생사의 법이 공하다."라는 말은 잘못된 억측으로 집착한(偏計所執) 생사를 보내버리기 위한 것이라고 할 수 있다. 만약 (생과 사에 대한) 이 말이 잘못되었다면, (열반에 대한) 저 말도 잘못되었다고 해야 할 것이다.[26]

열반을 공으로 보는 것은 일체의 모든 존재와 개념에는 항구적 실체가 없다는 반야의 지혜로부터 자연히 도출되지만, 그러한 명제 역시 집착을 타파하기 위한 방편이라는 것이다. 이와 관련하여 원효는 다시 존재의 본성이 본래 '일미평등一味平等'하며 공하다는 측면을 가리키는 성정열반性淨涅槃 또는 동상열반同相涅槃과 지혜, 자비 등의 방편을 통해 치우친 견해를 타파하여 그 본성을 나타나게 하는 방편괴열반方便壞涅槃 또는 부동상열반不同相涅槃이라는 두 가지 열반 개념을 제시한다. 이 두 가

---

25 김영태, 앞의 논문, 2002, pp.276~280
26 『涅槃宗要』(『大正藏』38, 242b29~c2)

지의 구분은 "(번뇌를) 완전히 소멸한 부처의 행은 언설로써 표현할 수 없다. 십지의 실천 또한 그러하여 말하기도 듣기도 어렵다.(定滅佛所行 言說不能及 地行亦如是 難說復難聞)"라는 금강장보살의 게송[27]의 '정定'과 '멸滅' 자에 대한 『십지경론』의 주석 부분[28]에 등장한다. 수행 방편을 통해 열반을 이룬다는 측면에서는 범부와 성인이 다르지만, 그들의 본성에 변화는 없다는 측면에서는 모두가 평등하게 열반에 들었다고도 할 수 있다는 이러한 개념적 구분 역시 방편이라고 해야 할 것이다. 그러나 그 표현, 특히 성정열반의 '일미평등'이라는 말에 집착할 경우 우리는 굳이 수행을 통해 열반을 얻을 필요가 없는 것 아닌가 하는 의혹에 사로잡히게 되는데, 이와 관련하여 그는 다음과 같이 답변한다.

'성정열반'이라는 이름을 얻는 데에 두 가지 이유가 있다. 1) 나누어 설명하자면 (성인의 지위에서 열반을 증득한다면 이는 오직 방편괴열반일 뿐이라는) 나중의 질문의 경우 (당신은) 성인의 지위에서 (열반을) 증득

---

27 『十地經論』 권2 (『大正藏』 26, 132b14~15). 여기에서 '定'이라는 글자는 보리류지 역에만 나오며, 불타발타라와 실차난타 역의 『화엄경』 「십지품」의 해당 게송(『大正藏』 9, 544b12~14; 『大正藏』 10, 180 c23~24)은 각각 "諸佛所行處 淸淨深寂滅 言說所難及 地行亦如是 說之猶尙難 何況以示人"와 "寂滅佛所行 言說莫能及 地行亦如是 難說難可受"로 되어 있다.
P. L. Vaidya, ed. *Daśabhūmikasūtramśāntaṃ*, Darbhanga: The Mithila Institute, 1967, p.7의 산스크리트 원문은 "praśāntaṃ sugatapraveditaṃ sarvairudāhārapadaiḥ sudurvacam/ bhūmiśca caryāpi ca tasya tādṛśī vaktuṃ suduḥkhaḥ kuta eva śrotum"로 되어 있는데, 보리류지가 인용한 게송의 '定滅'에 대응되는 단어는 "praśānta(고요한, 소멸한)"이다.
28 『十地經論』 권2 (『大正藏』 26, 133b15~18), "此偈云何 彼智已顯方便壞涅槃 復示性淨涅槃 偈言定滅故 定者成同相涅槃 自性寂滅故 滅者成不同相方便壞涅槃 示現智緣滅故"

하는 것을 마음에 두고 있다. 증득되는 성질에는 두 가지가 있는데, 분별성(변계소집성)과 비교해 보자면 (열반은) 본래의 청정함을 증득한 것이요, 의타성과 비교해 보자면 (중생의 존재 기반인 소의所依를) 전환하여 청정해짐을 증득한 것이다. 이런 도리로 인해 얻은 (청정함은) 똑같지만, 두 가지의 다른 뜻이 뒤섞이지 않는다. 2) 총체적으로 설명하자면 (범부의 지위에서 열반을 얻는다면 이는 수행 없이 얻어지는 것이므로 오직 성정열반일 뿐이라는) 첫 번째 질문의 경우 (당신은) 범부의 지위에서 (열반을) 증득하는 것을 마음에 두고 있다. 이러한 뜻에 의거한다면 "범부는 이미 열반에 들었다."고도 말할 수 있고, "성인은 열반에 들지 않았다."고도 말할 수 있다. (중략) 마땅히 알라. 모든 부처의 법문은 하나가 아니어서 그 설한 바에 따르면서도 장애가 없고 뒤섞이는 일도 없다. 왜 그런가? 보살이 (열반에) 들지 않더라도 범부가 이미 (열반에) 들어간 것보다 뛰어난데, 그들은 (모든 존재가) 원래 열반(의 상태)임을 알기 때문이다. (또한) 범부가 (열반에) 이미 들었어도 그것은 성인이 아직 (열반에) 들지 않은 것만 못한데, 그들은 스스로가 열반에 들어 있음을 알지 못하기 때문이다. 이러한 도리로 인해 뒤섞임이 없는 것이다.[29]

여기에서 원효가 범부와 성인의 차이를 수행의 유무보다는 열반을 바라보는 관점의 차이에서 구하고 있다는 점에 주목할 필요가 있다. 곧 그는 성인의 뛰어남을 수행에 의해 일어난 심신의 변화가 아닌, 범부와 성인 양자가 모두 본질적으로는 절대 평등한 열반의 상태에 있음을 꿰뚫어 보는 안목에서 찾고 있는 것이다. 한편, 이어지는 구절에서 그는 보살이

---

29 『涅槃宗要』(『大正藏』 38, 243b6~20)

열반에 들어가지 않는 것(菩薩不入)이 범부가 이미 열반에 들어간 것(凡夫已入)과 같다면서 이러한 성속불이聖俗不二의 관계를 잘 아는 것을 지혜로운 자가 지혜(明)와 어리석음(無明)이 둘 아님을 아는 것(了達其性無二)에 견주고 있다.[30] 이 부분 역시 범부와 성인, 세간과 출세간 사이의 본질적 차이를 부정하는 것으로 읽을 수도 있지만, 그것은 무여열반無餘涅槃과 유여열반有餘涅槃과 관련된 후속 논의를 이끌고 있는 것으로 보아야 할 것이다.

원효는 이 두 가지 열반 개념과 관련하여 먼저 설일체유부,『성실론』, 경량부 등에서 어떠한 정의를 제시하는지를 살펴본 다음, 무여열반을 완전한 열반(般涅槃, pari-nirvāṇa)과 동일시하거나 육체를 가지고서 활동하는 유여열반을 완전하지 못한 것으로 보는 견해는 편견임을 암시한다.[31] 그에 따르면 설일체유부의 경우 아라한의 신체 기관과 지각 작용이 소멸한 것(身諸根覺性滅)을 무여열반이라 주장하는 것처럼 보이지만, 이는 일체의 번뇌의 소멸이라는 것을 세간의 언어를 빌려서 설명한 것일 뿐이다.『성실론』의 경우에는 정신이 소멸하고 신체 또한 앞으로 발생하지 않는 것(心空及身 未來不起)을 무여열반으로 보고, 신체와 지각이 현재 소멸한 것(身智現滅)은 열반이 아니라는 입장을 취한다. 그런데 이러한 무여열반 정의는 열반을 대상화하는 공한 마음[32]이 멸진정과 무여열반에서 비로소 소멸한다는 경문에 근거한 것[33]이므로 이러한 무여열반은 '열반을 위한 열반'이 아니라고 할 수 있다. 한편, 원효가 이러한 아비달마 논서들에서

---

30 『涅槃宗要』(『大正藏』38, 243b20~24)
31 『涅槃宗要』(『大正藏』38, 243b27~c23)
32 『成實論』권12「滅盡品」(『大正藏』32, 333c19), "若緣泥洹是名空心"
33 『成實論』권12「滅盡品」(『大正藏』32, 333c21~23), "問曰 此空心於何處滅 答曰 二處滅 一入無心定中滅 二入無餘泥洹斷相續時滅"

다루어진 열반 개념이 지혜에 의한 소멸(擇滅=數滅)인지 아닌지를 논구한 것은 그가 지혜의 작용이 없는, 단순한 심신의 소멸에 대하여 부정적인 입장을 취했음을 보여준다.

이러한 고찰을 발전시켜 그는 번뇌가 소멸하고 이어 신체와 지각이 소멸한(灰身滅智), 다시 말해 죽음을 맞이한 아라한에 대해서만 무여열반이란 말을 쓸 수 있는 것이 아니고, 오히려 무여열반에 '머물' 경우 그것은 열등한 지위에 떨어지게 됨을 다음과 같이 지적한다.

> 또 한 가지 주장이 있으니 티끌 없는 진여가 바로 열반이라는 것으로, 다만 (응신과 화신의) 두 가지 몸과 대비하여 이 진여를 유여라고 하는데, 별도의 남은 것이 있기 때문이다. 만약 법신과 비교한다면 이 진여는 무여라고 하는데, 별개의 다른 것이 없기 때문이다. 따라서 『섭대승론』에서는 "연각은 중생을 이롭게 하는 일을 보지 않은 채 무여열반에 머물고, 보살은 그렇지 않아서 반야바라밀에 머물러 중생을 이롭게 하는 일을 버리지 않는다. 반열반 또한 남음이 있기도 없기도 한다. 법신에 있어서는 남음이 없지만, 응신에 있어서는 남음이 있다. 따라서 '무여열반에 머무는 것을 벗어난다. 그곳에만 응할 수 없기 때문이다'라고 한다."고 하였다.[34]

요컨대 응신과 화신과 같이 세간에서 작용하지 않는 법신의 진여는 열반의 속성을 온전히 구현하고 있으므로 그것을 '무여'라고 부르더라도 문제가 될 것이 없지만, 수행자가 무여열반에 머무르는 데 만족한다

---

[34] 『涅槃宗要』(『大正藏』 38, 244a27~b4)

면, 그것을 통해 얻은 몸의 소멸은 소승적인 것이며 큰 가치가 없다는 것이다.

원효가 열반을 얻은 자가 세간에서 작용할 것을 강조하는 것은 법신의 4덕(속성, guṇa), 곧 상常·낙樂·아我·정淨 중 특히 상덕常德에 대하여 "여래는 무이無二의 본성에 통달하여 유위有爲의 생사를 버리지 않으니 생사와 열반을 다르다고 보지 않기 때문이다. 또한 무위의 열반을 취하지 않으니 열반이 생사와 다르다고 보지 않기 때문이다."[35]라는 문장에 단적으로 드러나 있다.

그러나 법신에 대하여 '상주'라는 고정 관념을 가져서도 안 됨을 지적하는데, 다음 문장에서 그는 법신을 응연부작凝然不作의 이법理法으로 보는 일반적 견해를 비판하고 있다.

> 풀이하기를 일체의 유위법은 모두 미혹의 업으로부터 생긴다. 법신은 미혹의 업으로부터 생기지 않으므로 유위가 아니다. 법신은 자재함을 얻으므로 종종 유위의 모습, 말하자면 응신과 화신의 두 가지 몸을 나타낼 수 있다. 따라서 무위가 아니다. 이는 법신이 비록 미혹의 업으로부터 생긴 유위는 아니지만 가만히 있는 아무런 움직임이 없는 사물도 아님을 밝힌 것이다.[36]

『열반종요』는 『십문화쟁론』에서 그 절정을 보여준 원효의 화쟁 논법이 잘 녹아 있는 저술로 평가된다. 그런데 우리는 그가 그러한 화쟁을 통해서 대립되는 주장들을 조화시키면서도 열반이라 불리는 불교의 이상을

---

35 『涅槃宗要』(『大正藏』38, 245c8~10)
36 『涅槃宗要』(『大正藏』38, 248c16~20)

무위 또는 공, 상주불변과 동일시하는 견해에 대해서는 비교적 단호하게 반대하고 있음을 살펴보았다. 이는 그가 추구했던 열반이 무여열반이라기보다는 무주처열반無住處涅槃이고, 그가 추구했던 법신이 이지불이理智不二의 활동성을 가진 것이었기 때문이다. 그러한 사상적 바탕으로부터 그의 무애행無礙行이 나올 수 있었다고 생각된다.

정토의 현실화

이상에서 살펴본 원효의 계율관과 열반관은 '가항街巷 불교'라는 말로 요약되는 그의 실천행으로 표출되었다. 그가 왕실이나 국가보다는 민중과 가까웠음은 주지의 사실인데,[37] 그러한 민중들은 주로 칭념稱念을 통해 아미타불을 만나는 것을 목표로 하는 정토왕생 신앙을 실천하고 있었다. 원효는 이에 『무량수경종요無量壽經宗要』와 같은 주석서를 남김으로써 이러한 정토신앙에 대해서도 이론적 뒷받침을 제공하였다.

일반적으로 원효와 같은 교학 사상가들의 눈에는 진리를 있는 그대로 체현한 『화엄경』이나 『열반경』, 『기신론』 등의 '진실'에 비해 정토신앙과 같은 것은 '방편'적인 것으로 보였을 것으로 예상된다. 그러나 그가 『법화종요法華宗要』에서 『법화경』의 대의를 풀이하면서 진실이 방편을 내포하고 있음(實而帶權)을 보이고 방편이라는 것이 진실과 별개의 것이 아님(無二無別)을 암시하였다는 점에 주목할 필요가 있다.[38] 그는 『무량수경종요』에서 정토신앙의 맥락에서 보다 명시적으로 "깨달은 눈으로 보면 예토와

---

[37] 최유진, 「신라에 있어서 불교와 국가-원효를 중심으로」, 『한국불교학』 55, 한국불교학회, 2009, pp.55~56
[38] 『法華宗要』(『大正藏』 34, 870c11~16)

정토가 본래 한 마음이요, 생사와 열반이 끝내 둘이 아님"³⁹을 보임으로써 방편으로서의 정토와 진실로서의 일심과 열반 내지 깨달음이 결국 하나임을 강조하고 있다.⁴⁰ 이는 세간의 민중들이 추구하는 정토왕생이 결국 출세간의 수행자들이 추구하는 깨달음에 대한 또 다른 표현에 지나지 않음을 함축한다고 할 수 있다. 이러한 관점은 이 책에서 출가자와 재가자의 분별을 초월하고 세간의 모든 존재들을 포섭하여 정토로 왕생하게 하는 서술 방식으로 표현된다.

『무량수경종요』에서 원효가 특히 주목한 것은 정토에 왕생할 수 있는 중생들에 대한 분류인데,『무량수경』에서 이른바 상·중·하 삼배인 三輩人은 각각 출가 사문이 되어 보리심을 낸 사람, 출가하지는 않았지만 보리심을 가지고 공덕을 짓는 사람, 그러한 공덕을 짓지도 못했지만 십념으로 무량수불을 생각하는 사람을 가리킨다.⁴¹ 원효는 상배인과 중배인을 출가 여부에 따라 구분하고, 하배인에 대해서는 다시 그들이 깊은 믿음을 가졌는지의 여부에 따라 보살종성菩薩種性과 부정성인不定性人으로 구분한다.⁴² 원효의 이러한 구분은 경문에 근거한 것이긴 하지만, 그가 중생들을 그들이 가진 견해에 따라 삼취三聚로 나누는 과정에서 특히 성문승, 연각승의 2승을 부정취不定聚 또는 정정취正定聚에 배대하는 경우⁴³에는 극락에 2승이 왕생할 수 없음을 암시하는『무량수경』경

---

39 『兩卷無量壽經宗要』(『大正藏』37, 125c7~8)
40 정태혁,「원효의 정토왕생신앙의 교학적 근거와 특색」,『정토학연구』1, 한국정토학회, 1998, p.93
41 『佛說無量壽經』권1 (『大正藏』12, 272b15~c10)
42 『兩卷無量壽經宗要』(『大正藏』37, 128b20~c1); 김경집,「원효의 정토사상에 나타난 왕생의 원리」,『한국불교학』23, 한국불교학회, 1997, pp.161~162
43 『兩卷無量壽經宗要』(『大正藏』37, 129c3~4; c6~8; c8~9)

문44과 상위를 보이기도 한다. 여기에서 그가 성문, 연각의 2승을 정정취, 곧 유有와 무無의 집착을 모두 떠나 바른 깨달음을 추구하는 이들로 간주한 것은 2승 중 습종성習種性을 가진 이들에 주목했기 때문이다.45 곧 그는 그 본성이 2승으로 정해진 이들, 곧 성종성性種性의 2승만 아니라면 왕생의 문은 누구에게나 열려 있다고 본 것이다.

그의 이러한 포용성은 보살의 발심에 관한 설명 중 정토왕생의 정인正因, 곧 발보리심을 현상적 대상에 기초하여 발심하는 것(隨事發心)과 제법諸法의 이치에 따라 발심하는 것(順理發心)으로 나누어 특히 전자가 갖추어질 경우 부정성인도 왕생할 수 있다고 한 데에서 두드러진다.46 여기에서 원효는 세간의 번뇌와 선법善法, 고통 받는 중생들을 자신의 발심을 촉발하는 대상으로 볼 것을 주문하면서 『열반경』의 문장을 인용하면서 초발심을 강조하고 있다. 여기에서 부정성인의 왕생 가능성을 언급한 것은 보살의 성품을 확고하게 가지지 않은, 현실 세간의 모든 유동적인 존재들을 포섭하여 그들을 발심하게 하려는 것이다. 원효의 이러한 설명 방식은 정토왕생을 위한 '수레'에 세간을 구성하는 존재 모두가 탈 수 있도록 하려는 대승적 정신의 발로라 할 수 있으며, 그가 세속에서 거칠 것 없는 방편으로 민중들을 교화한 것은 이러한 정신이 뒷받침되었기에 가능한 것이었다.

---

44 『佛說無量壽經』 권1 (『大正藏』 12, 268a17~19)
45 김경집, 앞의 논문, 1997, pp.165~166
46 『兩卷無量壽經宗要』(『大正藏』 37, 128c6~18; c26~27); 김경집, 앞의 논문, 1997, pp.172~174

III. 고려와 조선 전기 불교계의 부침과 세간관의 동요

고려인들의 적극적 초월 추구

통일신라시대의 불교가 세간에 머무는 재가자들의 정토왕생 추구와 출세간 수행자들의 대승적 회향이라는 두 축에 의해 전개되었다면, 고려시대의 불교는 건국 초기부터 범국가적 아젠다에 의해 전개되었고 그러한 경향은 고려가 멸망할 때까지 계속되었다고 할 수 있다. 그러나 이는 고려의 민중들이 국가 주도의 불교 의례와 행사에 피동적으로 참여했음을 의미하지는 않는다. 오히려 고려인들에게 있어서 불교는 국가의 전 영역에 침투하여 불교적 삶이 그들의 일상이 되었다고 해야 할 것이다. 따라서 종교적 초월을 추구하는 구도자들이 통일신라시대에 비해 보다 많이 등장하게 된다. 이들 가운데에는 어린 나이에 출가하여 평생을 초세간적 가치를 추구하는 데 바치는 이들도 있었고, 반대로 출가만 하지 않았을 뿐 승려와 거의 유사한 삶의 방식을 따른 이들도 있었다.

예컨대 광자대사廣慈大師 윤다允多(864~945)는 어머니의 청정한 삶의 영향을 받아 가족들의 반대를 무릅쓰고 8세에 출가하였으며, 태고 보우 太古 普愚(1301~1382) 역시 13세에 출가하였다. 일부 승려들 가운데에는 출가 후에도 가족들과의 긴밀한 관계를 유지한 경우도 있었다. 특히 목은牧隱 이색李穡(1328~1396)의 문집에 실린, 천태 숭산사의 장로長老(?~?)는 홍건적이 침입하자 부모를 모시고 피난하였고 부모가 세상을 떠난 후에는 3년간 여묘廬墓살이를 하기까지 했다고 한다.[47] 이와 대비되는 사례로는

---

47 이인호, 「고려시대 성속의 경계와 개인적 넘나듦」, 『한국사학보』 22, 고려사학회, 2006, pp.64~67

유학자로서 부모 사후 여묘살이를 하면서 염불과 사경寫經을 실천했던 박윤문朴允文(?~?)의 경우, 그리고 세속에서 재상의 지위에까지 올랐음에도 오랫동안 '세상 밖(物外)'에 관한 생각을 가지고 있다가 마침내 자식 몰래 출가한 권단權㫜(1228~1311)의 경우를 들 수 있다.[48]

고려시대에는 이처럼 "속세에 살지만 그 세속적 가치를 추구하지 않는" 거사居士들이 많았는데, 그들 대부분은 불교적 삶을 선택하였다. 이들 가운데 갑자기 관직을 버린 채 문수원을 만들고 세속과 단절해 버린 청평거사淸平居士 이자현李資賢(1061~1125)이나 지나친 신앙 행위로 인해 지식인들의 비난을 받았던 금강거사金剛居士 윤언이尹彦頤(1090~1149) 등이 대표적이다. 물론 이자현이 나중에 국왕을 다시 만나게 되고 많은 재산을 축적했음에도 인색하여 사람들의 원성을 샀다는 기록을 살펴볼 때 그는 불교적 가치관을 철저하게 따르지는 않았던 것으로 보인다. 그런데 이러한 '이중적 태도'는 고려 사회가 "특정한 한 가지 가치나 윤리가 기준이 되지 않는" 다원화된 사회였기 때문에 나온 것이라고 할 수 있을 것이다.[49] 이런 점에서 '달인達人'의 삶을 추구하되, 그것을 "능히 물物과 함께 어울리되 사물에 물들지 아니하고, 능히 세상과 함께 살아가되 세상에 집착하지 아니하는" 것으로 정의한 이규보李奎報(1168~1241)가 출가 승려들의 은둔적인 삶을 비판한 점이 주목된다. 그러나 그가 「소성거사찬小性居士贊」에서 보여준, 원효대사에 대한 존경심은 그를 비롯한 당대의 고려인들이 공통적으로 "성계와 속계의 경계를 넘나드는" 삶을 지향했음을 드러내고 있다.[50]

---

48 이인호, 앞의 논문, 2006, pp.67~69
49 이인호, 앞의 논문, 2006, pp.72, 75~76
50 이인호, 앞의 논문, 2006, pp.78, 82

조선의 개국과 불교적 가치의 쇠퇴

위에서 살펴본 것처럼 고려인들은 승속을 막론하고 자신들의 삶 속에서 불교적 가치를 추구하였다. 이것은 재가자들에게는 세간 속에서의 초월이라는 가능성을 열어 주고 현실적 삶의 무게를 종교적 심성을 통해 견뎌내게 해 주었다는 점에서 긍정적 요소라고 할 수 있을 것이다. 그러나 그 안에는 특히 출가자들이 지나치게 세속과 긴밀한 관계를 가짐으로써 세간과 출세간의 긴장이라는 초기불교의 정신은 물론, 출출세간 지향 내지 회향의 실천이라는 대승불교의 이념을 해칠 우려도 상존하고 있었다. 이러한 우려는 고려 말 성리학이 본격적으로 수입되고 불교에 대한 이념적 공격이 전개되면서 표면으로 드러나게 되었다.

대표적인 배불排佛 사상가인 정도전鄭道傳(1342~1398)은 『불씨잡변佛氏雜辨』에서 사찰에 집중된 권력과 재화를 비판하였는데, 이는 "고려 불교의 현실 참여적 행보에 대한 성리학 측의 과장된 해석 내지 왜곡된 비난"으로 볼 수도 있다. 그것은 여말선초의 대표적 개국공신인 권근權近(1352~1409)이 그의 『양촌집陽村集』에서 정도전과는 달리 화엄종단의 활발한 사회사업을 칭찬하고 있는 대목으로부터 확인할 수 있다.[51]

그러나 조선의 개국과 함께 불교교단은 사회 전반에 걸쳐 유지하고 있던 기득권을 잃게 된다. 예컨대 고려시대 권문세족의 외호外護 역할을 하거나 국가에 의해 정규군으로 편성되었던 승군은 승려의 신분 자체가 군역의 대상이 되지 않음으로써 사실상 소멸되기에 이른다.[52] 또한 불교

---

51 민순의, 「정도전과 권근의 불교 이해와 그 의의」, 『보조사상』 30, 보조사상연구원, 2008, pp.125~126
52 박재현, 「조선 전기 불교의 이념적 변화 과정 연구-의승병을 중심으로」, 『불교학연

는 이념적인 측면에서 성리학의 '현실 중심주의'에 대비되는 "초월적이고 탈세간적 사상"이라는 이미지를 부여받게 된다. 예컨대『심기리편心氣理篇』에서 정도전과 권근은 불교를 청정과 적멸을 숭상하고 세간적 가치를 무조건적으로 부정하는 것으로 그리면서 불교는 생사로부터의 해탈만을 구하는 종교라고 설명한다.

이들 유학자들은 아마도 "새로운 문명에 대한 비전"은 불교의 "세속적 기능에 대한 부정"을 통해서만 도출될 수 있다고 생각했을 수도 있다.[53] 그리고 그들은 상징 조작을 통해 불교가 더 이상 공적公的인 영역에 간여하지 못하도록 하는 데 성공하지만, 역설적이게도 이 종교가 담당해 왔던 개인의 세계관으로서의 기능은 사적私的인 영역에 고스란히 남게 되어 "초월적 의미 추구의 기제가 개개인의 삶 속에 보다 깊숙이 침투하게 되는 계기"를 마련하게 되었다는 점에 주의해야 한다.[54]

물론, 불교계 내부에서도 새로운 시대를 맞아 '개국의 정당성'을 부여하는 데 힘을 보태고 왕실에서 추진되던 경전의 언해 작업에 적극 협력하는 등 그 부정적 이미지를 탈각하기 위한 노력을 보였다는 점도 무시해서는 안 된다.[55] 특히 태고 보우의「일정론一正論」은 신유학의 천인합일론을 그 배경으로 취하고 있으며, 그러한 제교諸敎 융합적 태도는 청허 휴정淸虛休靜(1520~1604)의『삼가귀감三家龜鑑』에 계승되었다.[56] 이러한 조선 초기 불교계의 이념적 대응은 조선 중후기 불교가 세속에서 개인의

구』26, 불교학연구회, 2010, pp.335~336
[53] 최연식,「성과 속의 대립: 조선 초기의 유불논쟁」,『정치사상연구』11-1, 한국정치사상학회, 2005, p.45
[54] 민순의, 앞의 논문, 2008, pp.127~133
[55] 박재현, 앞의 논문, 2010, pp.333~334
[56] 박재현, 앞의 논문, 2010, pp.348~350

삶 속에 깊이 침투하는 계기를 마련했을 뿐만 아니라, 임진왜란 당시 의승병을 모아 국가 위기 상황을 타개하는 데 도움을 준 공로를 인정받아 제도적으로도 전기에 비해 안정된 기반에 서는 데에도 기여했다. 당장은 불교가 세간에서 그 영향력을 잃은 것처럼 보일지라도 세간 참여와 세간을 이끄는 원리로서 계속 그 명맥을 유지할 수 있었던 것은 바로 이러한 불교 자체의 적용과 변용에서 비롯된 것이다.

IV. 조선 중후기의 불교적 세간관 부활

의승병의 활약과 불교의 세간 참여

청허 휴정으로 대표되는 조선시대 의승병들의 세간 참여는 태고 보우의 『일정론』에서 이미 그 맹아가 보인다. 그에게서 "성리학적 이념을 받아들이는 단계를 넘어 자기 것으로 만들어 내는" 불교계의 모습을 볼 수 있다면, 임진왜란 당시 승려들을 국가 운영에 동참시켜 줄 것을 적극 요청한 사명 유정四溟惟政(1544~1610)의 글에서는 승려로서의 직분에 대한 고려보다는 임금의 신하로서 가지는 충忠의 정신을 확인할 수 있다.[57]

여기에서 우리는 이러한 의승병들의 활동은 승려의 가장 기본적인 계율인 불살생계에 저촉될 수 있는 것 아닌가라는 문제를 제기할 수 있을 것이다. 이와 관련하여 우리는 휴정이 『선가귀감禪家龜鑑』에서 참선을 강조하면서 그것이 기본적으로 청정한 계행에 의해 뒷받침되어야 함을 언

---

57 박재현, 앞의 논문, 2010, pp.350~352

급했다는 점을 상기할 필요가 있다.58 계율을 존중하기를 부처와 같이(重 戒如佛) 하라고 경계했음에도 불구하고 그가 왜병을 물리치기 위해 분연히 일어날 수밖에 없었던 이유는 무엇인가?

이 문제에 대한 힌트를 우리는 그의 『심법요초心法要抄』에서 찾을 수 있는데, "일체의 모든 경계에 막힘이 없고 선악과 시비를 다만 운용하지 않으며, 일체의 법을 수용하지 않고 또한 일체의 법을 버리지도 않으면, 이를 '대승인의 수행'이라 이름한다.(一切聲色 無有滯礙 善惡是非 但不運用 不受一切法 亦不捨一切法 名爲大乘人)"라거나 "근본법에는 계율을 지킨다거나 범한다는 것이 없다. 계율을 지킨다는 것은 소승의 견해요, 계율을 지키지 않는다는 것은 중생의 견해이며, 곧바로 마음을 일으키지 않고 분별이 생겨나지 않으면 이는 대승의 견해이다.(本法無持犯 持戒者 小乘見 不持戒者 衆生見 直下無心 分別不生 是爲大乘見)"라는 문장은 그의 대승 계율관을 잘 보여주고 있다. 곧 휴정은 "중생세간에 몸담고" 중생과 더불어 행하며 "처해진 현실에 무관심하지 말 것"을 강조하고 있는 것이다.59

물론 의병승들의 세간 참여, 특히 살생을 수반하는 세간적 행위가 이러한 추상적 계율관으로부터 곧바로 정당화될 수 있는 것은 아니다. 그러나 계율의 묵수墨守보다는 그 근본정신의 실현을 강조한 한국불교의 전통은 원광圓光(542~640)의 세속오계 이래 원효를 거쳐 조선에 이르기까지 면면히 이어져 오고 있음을 여기에서 볼 수 있다. 특히 휴정이 '출가자의 본분사'로서 "삼계를 벗어나 중생을 제도하기 위함(爲出三界度衆生)"을 들고, 단월檀越의 고마움을 늘 되새겼다는 점을 고려해 볼 때 그 바탕에

---

58 조일문, 「휴정의 대승적 실천행 고찰」, 『한국불교학』 32, 한국불교학회, 2002, pp.331~332
59 조일문, 앞의 논문, 2002, pp.323~325

는 세속에 대한 회향이 흐르고 있음을 지적할 수 있을 것이다.[60]

세간적 가치의 제한적 수용

앞에서 고려시대 다수의 재가 '거사'들이 "성속을 넘나드는" 삶을 지향했으며 그 바탕에는 불교적 세계관이 자리잡고 있었음을 살펴보았다. 국가 이데올로기로서 유교가 공식화된 조선조의 경우 이러한 경향이 다소 달라졌는데, 불교적 세계관은 민중들의 삶의 저변으로 녹아들고 승려들의 문장에는 유교적 내지 세속적 정감이 채색되는 모습이 발견된다. 이와 관련하여 조선 후기 화악 지탁華嶽知濯(1750~1839)의 서간들은 당시 승려들이 문장과 세간에 대하여 가지고 있던 견해를 엿볼 수 있게 해 주는 자료로 유용하다.

그는 "속세를 받드는 뜻은 독서가 아니면 어찌 깨칠 수 있겠는가.(奉塵刹之意 非讀書 安能悟也)"라고 하여 세속과의 소통을 강조했으며,[61] "이른바 도를 논하고 마음을 논하는 이들은 다만 묵계를 숭상한다.(所謂論道論心者 但崇默契)"라고 하여 깨달음의 세계를 언어로 표현하지 않는 것에 대해서 비판적 태도를 보여주었다. 그의 서간문들은 다른 한편으로 세속적 감정인 슬픔과 기쁨을 문장 속에서 표출하면서도 "마음이 부합하기(心契)"에 직접 만나거나 헤어지는 것을 논할 필요가 없다고 말하면서 세간과의 적절한 균형을 유지하고 있다.[62]

---

60 조일문, 앞의 논문, 2002, pp.325~328
61 이대형, 「華嶽 知濯의 간찰에 드러난 성속의 조화와 문장관」, 『국제어문』 51, 국제어문학회, 2011, pp.117~118
62 이대형, 앞의 논문, 2011, pp.122~126

다른 한편으로 그는 "사랑은 도에서 멀지 아니하고 도는 사랑을 여의지 않을 것이다.(愛不遠於道 道不離乎愛也)"라고 하여 인간의 정감을 긍정하고 나아가 충효와 같은 유교적 감정까지도 포용하고 있다. 그러나 이러한 감정이 불가의 정신적인 스승을 향해서만 발산되고 있으므로 그의 글에서 세속적 가치는 제한적으로 수용되고 있음을 알 수 있다.[63] 또한 그가 말 있음으로써 말 없는 경지에 이르고자 했으며(以有言至於無言), 문장의 찬술에 있어서 화려한 꾸밈보다는 곧바로 천기를 유출하는 것(直用天機流出)을 높이 산 점으로부터 그가 승려들의 무미건조한 문장을 타파하면서도 세속의 글쓰기 경향에 흐르지 않으려 했음을 확인할 수 있다.[64]

조선 후기의 승려들은 대개 이처럼 세간의 문장을 수용하면서 자연 속에서 시작詩作에 몰두하거나 서간을 통해 제자와의 정감을 나누는 모습을 보여주었다. 반면 그들이 세간에 직접적으로 참여하는 것은 국가적 위기 상황과 같은 경우에 제한되어 있었다. 그러나 조선 후기 일부 지방 사찰을 중심으로 활발한 간경刊經과 강경講經 활동을 전개하고, 교학의 부흥을 일으켰던 점으로부터 불교의 세간 참여적 전통이 면면히 이루어져 왔음을 볼 수 있다.

---

63 이대형, 앞의 논문, 2011, pp.126~131
64 이대형, 앞의 논문, 2011, pp.119~120

출출세간 지향으로부터 세간 참여로

우리는 앞에서 인도불교로부터 중국불교로의 전개 과정이 출세간 지향으로부터 세간에의 회귀, 다시 말해 출출세간 지향으로 귀결되었음을 살펴보았다. 여기에는 몇 가지 요인이 작용한 것으로 보이는데, 깨달음, 해탈, 열반이라는 종교적 이상을 '지금 이 자리에서(here and now)' 구하고자 하는 절실한 구도심과 중생이 처한 환경과 현실을 있는 그대로 긍정하려는 동아시아적인 종교 심성을 우선 들 수 있을 것이다. 특히 화엄사상가들은 그러한 긍정의 마인드가 나타난 경전과 논서들을 최상위에 배치하는 교판敎判을 제시하면서, 그렇지 않은 텍스트들은 근기가 낮은 중생들을 대상으로 한 것으로 간주하는 경향이 강했다. 그러나 앞에서 예시한 문장들에 잘 나타나 있듯이 "일체 세간의 일을 버리지 않는" 것은 "일체의 중생을 향한 자비심을 버리지 않는" 것을 의미하므로 여기에서 우리는 단순한 현실 긍정이 아닌, 보다 깊은 종교적 지향을 엿볼 수 있다. 곧 출세간의 지혜에 머물지 않고 출출세간의 자비를 전개하는 것이 수행인의 사명임을 그들은 일깨우고 있었던 것이다.

원효의 텍스트의 기저에도 마찬가지로 이러한 수행인의 사명에 대한 안목이 흐르고 있음을 놓쳐서는 안 될 것이다. "지혜의 자비적 전개"라는 이러한 흐름은 그가 중시했던 『기신론』을 비롯한 여래장사상 계통 경론의 모토이기도 하다. 그러한 깨달음을 얻을 때 세간은 도피의 대상이 아니라 부처의 지혜와 자비가 충만함을 느끼고 자신과 타인의 가려져 있는 불성을 드러내는 공간으로 전환하게 된다. 원효의 무애행은 이러한 출출세간 정신의 정점에 있다고 할 수 있을 것이다.

고려시대에 이르러 불교가 지배적 문화 현상이 되면서 출세간에 대한 열망은 세간의 지식인들에게도 널리 퍼졌는데, 그 주류는 세간적 가치와 출세간적 가치를 조화시키는 방향으로 흘렀으며 그러한 경향은 조선시대에까지 이어졌다. 다만 여말선초의 급격한 이데올로기 교체를 거치면서 불교는 오로지 출세간 지향적인 종교로 간주되고 그 영향력은 공적인 영역으로부터 배제되어 개개인의 심성으로 파고들기에 이르렀다. 이후 임진왜란을 계기로 불교계는 세간의 고통을 외면하지 않고 적극 참여하였고, 조선 말 부흥한 삼문三門(선, 염불, 간경) 수행의 전통을 통해 그 세간 참여적 흐름을 이어갔다. 그러나 이러한 후대의 흐름은 원효의 저술에 나타난 것과 같은 이론적 뒷받침에 의거하여 전개된 적극적인 출출세간 지향은 아니었고, 불교 그 자체가 가지고 있는 이념인, 세간에 머무르면서 출세간을 지향하는 정도였다고 할 수 있다.

| 참고문헌 |

元曉 찬, 『菩薩戒本持犯要記』 1권 (『大正藏』 45).
元曉 찬, 『涅槃宗要』 1권 (『大正藏』 38).
元曉 찬, 『兩卷無量壽經宗要』 1권 (『大正藏』 37).
法藏 찬, 『華嚴一乘敎義分齊章』 4권 (『大正藏』 45).
世親 저, 菩提流支 역, 『十地經論』 12권 (『大正藏』 26).

Rupert Gethin, *The Foundations of Buddhism*, Oxford: Oxford University Press, 1998.
고영섭 편저, 『한국의 사상가 10인-원효』, 서울: 예문서원, 2002.
고익진, 『한국고대불교사상사』, 서울: 동국대학교 출판부, 1989.
이영무 국역, 『교정국역 열반경종요』, 서울: 문성문화사, 1984.
해주 역주, 『정선 원효』, 서울: 대한불교조계종 한국전통사상서 간행위원회, 2009.

무격 巫覡

김영진

I. 무격과 신라인의 자연 숭배

　　무격의 의미/ 무격의 종류/ 신라의 무교와 무격

II. 신라 불교의 자연신격 수용과 주술화

　　신라인의 세계관/ 불교의 자연신격 수용/ 무격과 승려의 주술 경쟁

III. 신성공간의 재구성과 영토화

　　무교와 불교의 쟁투/ 칠처가람지와 영토화/ 기억의 점유

- 불교의 자연 숭배와 주술화

I. 무격과 신라인의 자연 숭배

무격의 의미

어떤 종교도 순수하게 자신의 원형질로만 존재할 수 없다. 시간이 흐르고 그것의 활동 무대가 조금씩 바뀌면서 그 종교는 다른 사람과 다른 풍토를 만나게 된다. 달리 말하면 전혀 다른 시공에 그것이 놓이게 된다. 대개의 종교는 자신의 원형질을 곧이곧대로 지키고자 결사항전을 하지는 않는다. 자신의 근본적 가치를 유지하는 수준에서 다양한 변화를 시도하고, 그 변신으로 해당 지역에서 토착화하거나 세력을 확대한다. 그래서 조금씩 다른 종교가 되고 지역공동체 내부로 깊숙이 진입한다. 우리 역사에서 이런 모습을 가장 분명하게 보인 종교는 불교일 것이다.

고대 한국에 불교가 전래된 이후, 불교는 기존 종교 전통과 조우하면서 그들의 종교 전통을 상당 부분 수용하기도 했다. 이 결과 불교 내부에 다양한 종교 층위가 출현했다. 이는 '중층신앙(multiple faiths)'의 경향이라고 할 수 있다. 다시 말하면 중층신앙은 외형적으로는 하나의 종교이지만 그 내부에는 다양한 신앙 행태와 세계관이 중첩된 현상을 가리킨다. 중국불교나 한국불교 등 동아시아 불교사라는 비교적 거시적 조망에서 보면 불교의 중층신앙은 도교나 유교의 성격과 관련된다. 하지만 유교나 도교가 정형화하기 이전 혹은 그것이 온전하게 전래되지 않은 지역에서는 재래 종교와 훨씬 강렬하게 결합했다.

고대 한국불교를 보자면 무교巫敎로 포괄되는 종교 층위를 확인할 수 있다. 사실 무교라는 표현으로 불교 이전 재래 종교를 온전히 지칭할 수는 없다. 학계에선 불교가 신라에 전래되기 이전 존재한 종교 현상을 다양한 방식으로 표현한다. 고유신앙, 재래신앙, 토착신앙, 무교, 신교 등이다. 어떤 학자는 이런 용어가 풍기는 뉘앙스에 문제가 있다고 판단하여 '원시종교'라는 표현을 사용했지만, 이 표현은 마치 고등종교가 따로 존재하며, 낮은 발전 단계의 종교를 가리키는 듯한 뉘앙스를 풍기기도 한다.[1] 하지만 이 글에서는 재래 종교를 포괄적인 의미에서 '무교'라는 표현을 사용한다.

무교는 정확히 언제 출현하여 어떤 식으로 확대되고 정형화했는지 확정할 수 없다. 그것을 밝힐만 한 충분한 자료가 남아 있지 않기 때문이다. 하지만 외래 종교로서 불교가 고대 한국에 등장하기 훨씬 전부터 무교는 분명하게 존재했다. 무교는 당시 종교적으로 또한 정치적으로 상당히 중요한 역할을 담당했다. 그렇기에 무교는 고대 한국에 불교가 전래되자 불교를 견제하고, 얼마 후 불교가 세력이 점차 확대하자 불교와 경쟁했다. 무교는 불교를 배척하는 역할을 했는가 하면 불교 속으로 침투하기도 했다. 거꾸로 불교 측에서도 기존 무교의 지위를 탈취하고자 하면서도 그들의 역할을 대행하기도 했다.

무교의 종교적 역할을 담당한 신분이 무격巫覡인데, 일부 승려는 무격의 기능을 행하기도 했다. 무격이라는 한자 술어에 대해서는 중국 고대 문헌을 통해서 의미를 추적할 수 있다.『설문說文』에서는 무당을 의미하는 무巫에 대해 "무巫는 축祝이다. '보이지 않는 존재(無形)'를 섬기며 춤

---

[1] 서영대,「한국원시종교연구사 소고」,『한국학보』 30, 서울: 일지사, 1983, p.155 각주 1번 참조.

으로써 그 귀신을 강림하게 할 수 있는 여자다."라고 해설한다.[2] 이 때문에 무축巫祝이라는 말을 쓰기도 한다. 또한 이 설명을 따르면 무격은 여자 무당을 가리키는 것처럼 보인다. 『설문』에서 다시 "축祝은 제사를 주관하면서 귀신을 찬송하거나 귀신에게 기도하는 글귀(歌辭)를 짓는 자"라고 설명한다. 이렇게 보면 무축은 귀신을 섬길 뿐만 아니라 가무歌舞로써 그를 불러내는 자이다. 이 때문에 무격에게 '노래와 춤'이라는 기능은 대단히 중요하다. 지금으로 보면 무격은 예술인이자 종교인이다.

무격巫覡이란 표현에 대해 『설문』에서는 "격覡은 몸을 깨끗이 하여 신명神明을 섬길 수 있는 자이다. 남자일 경우 격覡이라고 하고 여자일 경우 무巫라고 한다."고 말한다. 이렇게 보면 무격은 다름 아니라 남녀 무당을 가리키는 말이다. 하지만 무(巫)라는 말로 남녀 무당이 통칭되기도 하기 때문에 꼭 무는 여자고 격은 남자라고 말할 수는 없다.[3] 여기서 알 수 있는 것은 무교는 기본적으로 무격이 무형의 존재인 귀신을 특별한 행위를 통해 불러내어 그가 개인 혹은 공동체를 위해 어떤 역할을 하게끔 하고, 사람들은 제물을 바쳐 귀신을 숭배하는 종교 행위다.

무격은 신령을 섬기거나 불러내는 역할만 한 게 아니다. 중국 고대 문헌인 『주례·춘관』에서는 "대축이 육축의 제사를 관장하여 귀신을 섬기고 복과 길상을 기도하고 늘 안정되길 기원했다."고 말한다.[4] 여기서 무축의 기능은 『설문』에서 말한 무축의 기능에 점복의 기능이 더해진 것이다. 무격에게는 가무를 통해서 귀신을 불러내는 기능뿐만 아니라 점복占卜을

---

2 『說文』, "巫 祝也 女能事無形以舞降神也"
3 중국 상대 무격의 성별에 대해서는 다음을 참조할 수 있다. 林賢東, 「商代巫覡研究」 제2장 3절 '商代巫覡的性別', 鄭州: 鄭州大學 碩士論文, 2006, pp.29~30
4 涂白奎, 「釋巫」, 『華夏考古』 1997년 제1기, 鄭州: 河南省文物考古研究所, 1997, p.89 참조.

통해 길흉을 예측하고 재앙을 제거하며 복을 기도하는 능력이 부가된 셈이다. 점복은 귀신을 직접 불러내는 행위가 아니라 어떤 특정한 징표를 해석함으로써 초월자의 의도나 자연의 이치를 해독하거나 예측하는 행위다. 이런 행위는 고대뿐만 아니라 문명화된 현대에도 다양한 방식으로 행해진다. 예전처럼 절대적 권위를 갖지는 않지만 그 행위 자체가 소멸하지는 않았다.

이렇게 점복을 통해 길흉을 점치는 것은 세계와 자연을 이해하려는 노력이기도 했다. 자연력에 절대적으로 의지하면서 생활한 고대인에게서 자연에 대한 이해는 생명과 직결되는 것이었다. 하지만 자연에 대한 정량화된 지식을 갖지 못한 상황에서 그들은 특별한 영적 능력을 지닌 자인 무격으로 하여금 자연의 변화를 예측하게 했다. 무격은 점을 쳐서 기후의 변화나 전쟁의 승패 또는 인간사의 길흉이나 농작물의 작황 등을 예측했다. 적어도 당시의 눈으로 보면 무격은 종교인이자 과학자였다.

무격의 종류

현재 한국사회에서 무교나 무당은 주류 종교가 아니라 미신 혹은 민간신앙으로 치부된다. 그것은 현실의 종교로 인정받지 못한다. 그들의 행위도 양지가 아니라 음지에서 행해지는 주변적인 것으로 취급된다. 어떤 경우, 그것을 종교의 일부가 아니라 '문화'의 일부로 간주하여 그것이 본래 갖는 종교성이나 신성성을 탈취하기도 한다. 하지만 고대사회에서 무교는 주류의 종교였고, 무교의 집행관으로서 무격은 대단한 권위를 가진 지도자였다. 고대사회에서 군주제가 정착하기 이전 무격은 종교 지도자일 뿐만 아니라 정치 지도자이기도 했다.

왜냐하면 부족이나 부락 단위로 삶이 영위된 고대세계에서 무격은 신과 인간을 중재할 뿐만 아니라 신탁神託에 의한 정치적 결정을 내릴 수도 있었기 때문이다. 인간은 인간의 한계를 늘 인식한다. 그런데 인간의 한계를 넘어선 신적 존재가 있고, 그와 교통하는 인간은 특별한 인간이 된다. 고대 중국에서 신석기 시대에 해당하는 "용산龍山 말기에 출현한 정치 지도자와 종교 지도자의 합일적 체제는 하대夏代에 들어 더욱 공고해졌다. 진정한 의미에서 무교와 정치의 합일체제가 형성됐다."[5] 이후 상주商周 시대에도 무격은 높은 사회적·정치적 지위를 갖고 있었다. 여기서 합일적 체제는 왕과 제사장의 일치라고 할 수도 있다.

춘추전국시대에 접어들어 군주제가 강화되고 왕권이 신권을 장악하는 과정에서 무격은 점점 군주의 부속품이 되었다.[6] 군주가 무당에게 천신이나 지신의 뜻을 질문하는 방식이 아니라 직접 제주祭主가 되어 천신과 지신에게 제사를 지내는 방식이 출현한다. 이때 무관巫官은 제사 집행관이자 보조자로 전락하게 된다. 이후 중국 역대 왕조의 제사는 대부분 이런 형식 아래서 진행됐다. 유교가 국교의 지위를 획득한 이후 이런 경향은 굳어졌다. 명대 북경에 설치된 천단天壇과 지단地壇에서 행한 국가제사에서도 제주는 황제였다. 조선도 종묘와 사직에서 행한 제사에서 국왕이 제주 역할을 했다. 무격이 정치 지도자와 합일적 지위를 잃었다고 해서 그 지위를 완전히 상실했다고 말할 수는 없다.

중국 상대商代에 활동한 무격은 맡은 기능으로 구분하면 정貞, 종宗, 축祝, 복卜, 사史, 의醫 등이 있고, 계급에 따라서는 관무官巫와 속무俗巫

---

5 林賢東, 앞의 논문, p.17
6 馬新, 「論兩漢民間的巫與巫術」, 『文史哲』, 2001년 제3기, 濟南: 山東大學, 2001, p.119

로 나뉜다.[7] 이는 고대사회에서 무격이 종교, 정치, 역사, 의학, 음악, 천문, 점복 등 다양한 영역에서 중요한 역할을 담당했음을 알려준다. 현재도 원시적 생활을 유지하는 일부 지역에서 부족장이 주술사의 역할을 담당하기도 하고, 주술사나 무당이 하나의 직책으로 유지되기도 한다. 중국 한대漢代 무격의 경우도 궁중무관宮中巫官, 전업무격專業巫覡, 겸업무격兼業巫覡, 정치무격政治巫覡으로 분류할 수 있다.[8] 중국 후한後漢의 저명한 경학가 정현鄭玄은 『모시보毛詩譜』에서 "고대 무당은 궁에서 가무를 담당하는 직책이었다."고 언급한다. 정현의 해석을 따르면 무격은 예술가 집단이기도 했다. 지금도 국내에서 무당을 일종의 예인藝人으로 취급하는 경우가 있다.

중국 당대唐代 저명한 경학가 공영달孔穎達은 『역易』을 주석하면서 무巫에 대해 "무는 무격인데 귀신을 '응접하고 섬기는(接事)' 사람이다."라고 풀었다. 그는 무격의 주요한 기능으로 접신接神을 언급했다. 이는 샤먼의 중요한 속성으로 거론하는 탈혼(ecstasy)과 빙의(possession) 같은 트랜스(trance)를 지적했다고 할 수 있다. 무격이 이때 행한 변신이 실은 인간을 초월하는 과정이라고 할 수 있다. 인간이 인간이 아니라 신을 만날 수 있는 매개자로 탈바꿈한다. 고익진은 "샤먼은 트랜스 상태에서 초자연적인 존재와 직접적인 접촉 교섭을 하며, 그런 관계 속에서 점복, 예언, 치병, 주술, 제의 등을 행하는 자"로 규정한다.[9] 공영달이 정의한 무격은 현대 학계에서 통용되는 샤먼의 의미와 다르지 않다.

---

7 林賢東, 앞의 논문, p.22
8 文鏞盛, 「漢代巫覡的社會存在形態」, 제1절 '漢代巫覡的分類', 『北京師範大學學報』, 1999년 제4기, 북경: 北京師範大學, 1999, pp.20~24
9 고익진, 『한국고대불교사상사』, 서울: 동국대출판부, 1989, p.15

공영달처럼 무격을 일종의 샤먼으로 해석한 경우도 있지만 샤먼과 무격을 단순히 동일시할 수는 없다.[10] 그래서 "무교를 탈혼과 빙의를 중심으로 샤머니즘 성격의 무교와 제사祭辭를 사용하여 제의를 행하거나 주술이나 점술을 행하는 무교로 구분할 수도 있다."[11] 이 가운데 두 번째는 가무와 제례 집행을 기본 업무로 하기 때문에 오늘날 그것을 전통 문화나 예술 정도로 취급하여 의미를 축소시키려 한다. 하지만 샤먼적인 행위는 분명 특별한 종교 현상으로 보아야 한다. 현재 국내에 존재하는 다양한 무교 행태에서도 이런 구분을 발견할 수 있다. 실제 접신을 통해 조상의 말을 대신 전달하는 경우도 있고, 산 자와 죽은 자의 소통을 이끌기도 한다. 이에 반해 접신의 능력은 전혀 없이 점복을 통해 길흉을 예측하는 행위를 주로 하는 경우도 있다.

신라의 무교와 무격

고대 무교는 자연물에 정령이 있음을 믿는 정령신앙과 관계된다. 물론 조상신으로 대표되는 귀신을 섬기는 역할을 하기도 했지만 인간과 인간의 관계가 아니라 인간과 자연의 관계가 훨씬 중요하고 다양했기 때문이다. 고대인에게 강하게 영향을 미친 자연물은 하늘, 땅, 바다로 크게 분류할 수 있다. 일월성신이나 비바람, 번개, 천둥은 하늘의 것이고, 산림이나 수목, 동물, 지진 등은 땅의 것이다. 용왕이나 풍랑, 해일 같은 경우는 바

---

10 한국 고유의 토착신앙에 대한 명칭이나 무교와 샤머니즘 간의 관계에 대한 국내 학계의 다양한 견해에 대해서는 다음을 참조할 수 있다. 김재경, 『신라토착신앙과 불교의 융합사상사연구』, 서울: 민족사, 2007, pp.25~39
11 宋兆麟, 『巫覡: 人與鬼神之間』, 北京: 學苑出版社, 2001, pp.2~3

다의 것이라고 할 수 있다. 고대인은 이런 자연물이 특별한 힘을 갖고 있다고 생각하여 그것을 신격화하였다. 오늘날 큰일을 시작할 때, 아무렇지도 않게 돼지머리를 제물로 올리고 무사無事를 기원하는 행위도 실은 여기에 닿아 있다. 고대에는 심지어 곡령穀靈을 말하기도 했다.[12] 곡물에도 신령이 있다는 사고는 가장 소중한 것에 대한 신격화라고 할 수 있다. 이는 모든 자연물이 신령을 가졌다는 만유재신론(panentheism)이라고 할 수도 있다.

무격은 기본적으로 자연신이나 조상신 등 유력한 신격神格을 숭배하고 그들의 힘을 빌려서 초인적 능력을 보인다. 그들은 이를 통해서 일반인보다 우월한 권위나 지위를 확보하기도 했다. 근대 시기 대표적인 고대 종교 연구가였던 이능화는 "조선 민족은 상고시대에 신시神市가 있어 자신들의 종교로 삼았다."는 말로 『조선무속고』(1927)를 시작한다. 또한 "환웅이나 단군은 하늘에서 내려온 신 혹은 신과 같은 인간"이라고 말한다. 아울러 무격이 신을 섬기고 신을 이 땅에 내리게 하는 역할을 담당했다고 말한다. 이는 『설문』 등에서 보이는 고대 중국의 무격 개념과 고대 한국의 무격 개념의 유사성을 지적한 것이라고 할 수 있다.

이능화는 신과 무격을 중심으로 구성되는 고대 종교를 신교神敎로 명명했다. 그는 "마한의 천군天君, 예의 무천儛天, 가락의 계욕禊浴, 백제의 소도蘇塗, 부여의 영고迎鼓, 고구려의 동맹東盟에 이르기까지 단군 신교神敎의 유풍과 잔족 민속이 아닌 것이 없으며, 이것이 이른바 무축의 신사

---

12 일본의 한국사 연구가 미시나 쇼헤이는 穀靈, 穀祖, 穀母, 穀童, 穀物儀禮 등의 개념을 동원하여 고대 한국에 곡령신앙이 존재했음을 주장하고 시조신앙과 의례에서 그 내용을 밝히고자 했다. 三品彰英, 『古代祭政と穀靈信仰』, 東京: 平凡社, 1973

神事이다."라고 말한다.¹³ 여기서 이능화가 이상 대표적인 제천의례를 신교나 무교의 주요한 내용으로 파악했음을 알 수 있다. 또한 단군 신교라는 하나의 기원을 상정하기도 한다. 이는 물론 한민족의 기원으로서 단군을 말하는 방식과 관련 있겠지만, 이런 식의 고대 종교는 충분히 자연 발생할 수 있을 것으로 보인다. 굳이 기원이 있어서 전래되어야 할 것으로 보이지는 않는다.

근대 시기 또 다른 고대 종교 연구자인 최남선은 「살만교차기薩滿教箚記」(1927)에서 근대적인 샤먼(薩滿) 연구의 전형을 보였다.¹⁴ 이 글은 대단히 학문적이고 정교한 논리를 펼친다. 이능화가 『조선무속고』에서 중국 등 고대 동아시아의 무격 개념을 충실히 반영했다면, 최남선은 「살만교차기」에서 오히려 근대 서구와 일본에서 진행된 샤머니즘 연구를 충실히 반영했다. 더구나 두 글이 같은 해 같은 잡지에 실렸다는 사실은 무속이나 샤머니즘 연구가 그 시기 특별한 의미를 갖고 있었음을 가리킨다. 샤먼에 대한 최남선의 관심은 민속학이나 지역학 등 근대 학문의 세례로 보이기도 한다. 그는 샤먼의 세 가지 직능으로 사제司祭, 의무醫巫, 예언자預言者를 들었다.¹⁵ 현대의 연구자 임동권은 최남선의 이런 구분을 따라 삼국시대 무격을 의무醫巫, 점복무占卜巫, 사정무司政巫로 나누었다.¹⁶

---

13 이능화, 서영대 옮김, 『조선무속고』, 파주: 창비, 2008, pp.71~72
14 이능화와 최남선 외에 근대 시기 한국 무속에 대한 주목할 만한 연구는 조선총독부의 촉탁으로 한국의 무격을 조사한 무라야마 지준(村山智順)의 『朝鮮の巫覡』(1972[1932])이다. 그는 기록상 등장하는 무격의 다양한 호칭을 추출했는데, 巫, 師巫, 神巫, 次次雄·慈充, 女巫, 巫女, 神堂巫, 巫匠, 巫覡, 國巫, 卜師, 主巫, 都巫女·隨從巫女, 師, 巫夫, 要巫, 絃首, 花郞, 遊巫, 太子, 才人, 郎中, 兩中 등이다. 『朝鮮の巫覡』, 豊島區: 國書刊行會, 1972[1932], pp.41~48
15 崔南善, 「薩滿教箚記」, 『啓明』 19, 啓明俱樂部, 1927, p.8
16 임동권, 「三國時代의 巫·占俗」, 『백산학보』 3, 백산학회, 1967, p.158

위 세 가지 분류 가운데 사정무司政巫는 정치를 관장하는 무격을 가리 킨다.

『삼국사기』 권1 「신라본기」에서는 신라의 제2대 임금 남해 차차웅次次 雄의 즉위를 말하면서 "차차웅은 자충慈充이라고도 한다. 김대문은 이는 방언으로 무巫를 말한다고 했다. 사람들은 무격이 귀신을 섬기고 제사를 관장하기 때문에 그를 외경하여 존장이라고 칭하고 자충이라고 했다." 라고 하였다. 김부식은 김대문의 말을 빌려 차차웅은 부족공동체의 정치 지도자이자 제사를 관장하는 무격임을 지적한 것이다.

『삼국유사』 '남해왕'조에는 "신라에서는 왕을 거서간이라고 불렀고, 차 차웅이나 자충이라고도 불렀다."고 말한다. 사람들이 귀신을 섬기고 제 사를 관장하는 무격을 외경하여 차차웅이나 자충 혹은 니사금이라고 호 칭한다고 지적한다. 차차웅이 임금을 의미하고 또한 무당을 의미한다는 것은 당시 종교와 정치가 합일되었음을 알려준다. 이능화는 『조선무속 고』에서 이에 대해 "웅을 가리켜 무당이라 함은 반드시 신시의 환웅에서 시작되었을 것이다. 대개 환웅의 신시神市란 곧 고대 무축의 일이기 때문 이다. 또 제단을 설치하고 하늘에 제사하는 까닭에 단군이라 했으니, 단 군은 곧 신권천자神權天子이다."[17]라고 분석한다.

무격과 정치가 결합한 사례는 『삼국유사』 「가락국기」에도 등장한다. 이 에 따르면 아홉 추장이 목욕재계하고 하늘에 제사지내는 계욕일禊浴日 에 구지봉에 가서 노래를 부르고 춤을 춤으로써 하늘로부터 황금알 여섯 을 얻었다. 전형적인 천강왕 신화인데 이때 아홉 추장은 부족의 족장일 뿐만 아니라 무격의 역할까지 행했음을 알 수 있다. 「고구려본기」 '차대

---

17 이능화, 앞의 책, p.93

왕'조에는 왕이 사냥터에서 만난 여우에 대해 무격이 '왕의 수양과 반성을 요구하는 징조'라고 풀이하자 분노하여 그를 살해한 사건이 등장한다. 『삼국사기』 등의 기사에 보이는 무격 사례 대부분은 점복이나 주술을 행하는 역할이다. 점복무와 의무의 기능이 주로 등장하는 셈이다.

『삼국사기』 권13 「고구려본기」에 따르면 유리왕이 제사의 희생물로 쓸 돼지가 도망하자 탁리託利와 사비斯卑를 시켜서 잡게 하는데, 그들이 돼지에 상처를 내자 그들을 묻어 죽인다. 그러자 "왕이 병들었다. 무당이 탁리와 사비 때문이라고 했다. 왕이 그들에게 사과하도록 하니 곧 나았다." 이때 무당은 병의 원인을 찾아낸 격이다. 또한 원문 '왕사사지즉유王使謝之卽愈'란 구절에서 알 수 있듯 왕이 그들에게 직접 사죄한 것이 아니라 아마도 무당을 시켜(使) 그들의 혼령에게 사과하여 그들을 진정시킨 것으로 보인다. 무당이 어떤 형식으로 혼령을 불렀는지 알 수는 없지만 왕이 영계靈界의 혼령을 직접 만날 수는 없었을 것이다.

『삼국유사』 '탈해왕'조에서는 아진포에 사는 아진의선阿珍義先이라는 할멈(老嫗)이 용성국에서 온 배를 발견했는데, 거기에는 나중에 탈해왕이 되는 사내아이가 있었다. 용성국은 용왕이 사는 나라인데, 천상이 아니라 해양의 신성한 공간을 의미한다. 그런데 배를 발견한 아진의선을 무격으로 보는 견해와 제관祭官으로 보는 경우가 있다.[18] 실제 기사 내용에는 아진의선이 배에서 발견한 궤짝을 열기 전에 하늘에 고하는 장면이 있다. 이 때문에 최광식은 할멈(老嫗)을 점복을 행하는 무격으로 파악한다.[19] 그가 용성국에서 온 배를 알아 봤다는 것과 나중에 왕이 될 아이를

---

18 김두진, 「신라 탈해신화의 형성기반」, 『한국고대의 건국신화와 제의』, 서울: 일조각, 1999, pp.302~303
19 최광식, 「『삼국사기』 소재 노구의 성격」, 『사총』 25, 역사연구회, 1981, pp.8~9

발견했다는 것은 특별한 능력을 갖고 있음을 의미한다.

II. 신라 불교의 자연신격 수용과 주술화

신라인의 세계관

신라의 무교는 하늘이나 일월성신 또는 수목이나 용왕 그리고 각종 동물 등이 신령한 능력을 갖고 있음을 믿고, 거기서 인간을 초월하는 능력을 위임받으려 했다. 이는 기본적으로 인간 삶에서 발생하는 여러 문제를 해결하는 힘을 획득하거나 아니면 빌리기 위한 노력이다. 또한 기본적으로 그 힘의 원천은 외부 자연물이다. 그 자연물은 일월성신 같은 하늘일 수도 있고, 동물이나 식물일 수도 있다. 한국 고대사 연구자 신종원은 일반적으로 곰 토템과 결부시키는 단군신화를 수목신앙의 관점에서 파악하기도 했다. 특히 그는 『삼국유사』 '고조선조'뿐만 아니라 이승휴의 『제왕운기』를 함께 분석하여 단군신화에서 '곰'이라는 토템의 등장이 필수적인 요소가 아님을 주장한다. 오히려 천신이 신단수에 내려온 것은 신단수가 있기 때문이며, 이는 수목신앙의 일종임을 강조한다.[20] 단군신화는 동물 토템이 아니라 식물 토템이 주요한 주제였음을 주장한 것이다.

최길성은 신라인의 세계관을 다루면서 먼저 '하늘/산/바다'라는 공간

---

20 신종원, 「단군신화에 보이는 수목신앙」, 『한국사학사학보』 8, 한국사학사학회, 2003, pp.6~22

을 분할하고, 그것과 신라인의 종교의식을 관련시켜 설명한다.[21] 물론 이런 구분은 특별할 것까지는 없다. 이 공간 분할은 '천상/지상/해양'이라고 바꿔 말할 수도 있는데, 『삼국유사』 같은 고대 문헌을 보게 되면 쉽게 떠올릴 수 있는 사고다. 고대 한국뿐만 아니라 동서양을 막론하고 고대 문명에서 공통적으로 보이는 사고라고 할 수도 있다. 최길성은 고대 문헌에 자주 등장하는 용신에 주목하여 신라인에게 바다는 생활공간에 깊이 들어와 있었음을 지적한다. 농업 위주의 조선사회를 거치면서 이런 신앙 행태가 상당 부분 망각된 게 아닌가 추측하기도 한다. 용은 공간적으로 바다, 지상, 천상을 모두 오가는 존재이기에 주목하기도 한다.[22]

실제 경주를 중심으로 하는 고대 신라의 지리적 특성을 고려한다면 최길성의 지적은 충분한 근거를 가진다. 왜냐하면 경주에서 동해까지는 대단히 가깝고 형산강을 이용하면 쉽게 동해에 도달할 수 있다. 용신은 꼭 바다와 관련되지는 않는다. 연못이나 강도 용신과 관련된다. 현재 경주에서도 흔적을 확인할 수 있지만 원래 경주 지역은 연못이나 습지가 많아서 '물'이라는 매개가 필요한 용신이 쉽게 등장할 수 있는 지리적 특성을 갖고 있었다. 그렇다면 고대 신라인의 세계관에서 바다 혹은 해양 아니면 강하江河는 주요한 공간이었음을 짐작할 수 있다.

신라인의 세계관을 위의 세 가지로 공간 분할할 수 있지만 공간 자체로는 구체적 실감은 쉽지 않다. 그러하기에 그 공간에 배당되는 사물이나 동물이 출현한다. 천상과 인간을 연결하거나 혹은 천상을 상징하는 동물이나 사물이 등장한다. 또한 호랑이나 곰 혹은 산신같이 산림 속

---

21 최길성, 「신라인의 세계관」, 『新羅文化祭學術發表會論文集: 신라사회의 신연구』 8, 신라문화선양회·동국대신라문화연구소, 1987, pp.242~251
22 최길성, 앞의 논문, p.253

에 있거나 있다고 간주되는 존재가 거론되기도 한다. 그리고 바다나 하천 또는 연못에 살 것이라고 상상된 용도 그런 예다. 고대인은 이런 동물이나 사물에 정령이 존재한다고 생각했다. 자연신격에 대한 신앙은 어느 지역을 막론하고 고대사회에 공통적으로 보인다. 고대 인도도 마찬가지로 각종 신령 숭배가 존재했고, 자연신격에 대한 믿음은 분명했다.

하지만 초기불교는 상대적으로 이런 자연신격에 대한 신앙이 약한 편이었다.[23] 초기불교 내부에서 자연신격이 완벽하게 제거된 것은 아니지만 불교 내부에서는 기존 종교처럼 각종 제례를 통해서 지속된 인간과 자연신격 간의 소통이나 유대를 시도하지는 않았다. 하지만 분명 신화적인 요소는 존재했고, 대승불교에서는 좀 더 다양한 방식으로 자연신격을 흡수한다. 고대 동아시아불교에서 자연신격은 초기불교에 비해 훨씬 관대하고 폭넓게 수용됐다. 중국에서는 불전을 번역하는 과정에서 재래의 자연신격 관념을 개입시키기도 했다. 이렇게 일종의 가공을 거친 불전을 받아들인 신라불교의 경우, 훨씬 쉽게 자연신격을 수용할 수 있었다.

『화엄경』에도 온갖 자연신격이 등장하는데, 구역『화엄경』의 경우 비로자나불의 숙세 선우善友 33중衆의 일부로 도량신, 용신, 지신, 수신, 약초신, 곡신, 하신, 해신, 화신, 풍신, 허공신, 귀신왕, 월신천자, 일천자 등등 온갖 자연신격을 거론한다. 기무라 키요타가(木村淸孝)는 여기서 대지, 수목, 약초, 곡물, 강, 바다 여섯을 자연신 형태로 파악했는데,[24] 사실『화엄경』에서 자연신격은 일월성신을 말하는 월신천자나 일천자 등 여섯 종류에 한정되지 않고 훨씬 폭넓게 수용됐다고 해야 한다. 신역『화엄경』에서

---

23 片山一郎,「パーリ文獻に於ける精靈の扱い-bhūtaの場合」,『宗教研究』46卷 3輯 (214號), 東京: 日本宗教學會, 1973, pp.100~101
24 木村淸孝, 정병삼 옮김,『중국화엄사상사』, 서울: 민족사, 2005, p.29

는 주산신主山神, 주림신主林神, 주수신主水神이 부가됐는데 고대세계에서 광범하게 펼쳐진 자연 숭배의 영향이라고 할 수도 있다.

자연신격과 불교의 결합은 불교가 출현하고 불전이 형성되는 시기에 벌써 시도됐다고 할 수 있다. 이도 지역신앙이나 재래신앙이 불교와 결합한 것이라고 할 수 있다. 또한 그것이 번역되는 과정에서 다시 한번 해당 지역의 자연신격이 불전과 불교 사유에 침투했다. 이는 중국불교에서 쉽게 확인할 수 있다. 자연 숭배의 사고를 가진 고대 신라인은 자연신격이 허락된 불전을 거부감 없이 수용했다. 그들은 『화엄경』이나 『무량수경』 등에서 곧잘 자연신을 만날 수 있었고, 그래서 자연신격과 불격佛格이 완벽하게 분리된 것이라고 생각하지 않았다. 그 때문에 신라 불교인도 자연신격을 굳이 거부할 필요가 없었다.

불교의 자연신격 수용

근대 시기 서구 종교학의 도래로 유신교나 무신교 같은 개념에 기대어 불교를 평가하기도 했다. 더구나 기독교와 대항하려는 차원에서 불교 해석가들은 유신론이나 일신교 관념과 교리적으로 멀어지려고 노력했다. 그 때문에 "불교는 무신론"이라는 주장을 쉽게 했다. 지금도 그 영향으로 불전에 등장하는 신적 존재는 모두 부차적인 것으로 취급하기도 한다. 하지만 이런 사고는 근대 종교학의 덫이라고 할 수 있다. 실제 불전에는 숱하게 신적 실재가 등장하지 않는가. 그것을 마치 없어도 되는 엑스트라 정도로 취급하는 것은 일종의 도그마를 갖고 불전을 독해하는 것이라고 할 수 있다.

불전에는 분명 신적 실재가 빈번하게 등장하고, 그들은 꽤나 중요한 역할을 담당한다. 그래서 불교인들이 다양한 신격을 받아들이는 것은 무척 자연스럽게 보인다. 문헌에 따르면 신라 불교인은 광범위하게 기존의 자연신격을 수용했다. 불교에 대한 전문적인 지식과 불교적 수행과 삶을 지향한 승려의 경우도 마찬가지였다. 『삼국유사』「감통편」의 '선도성모수희불사'조에는 진평왕대(579~632) 안흥사安興寺에 주석하고 있던 비구니 지혜智慧가 선도산仙桃山 성모聖母의 도움으로 불사를 행한 사실이 등장한다. 성모는 지혜의 꿈에 나타나 다음과 같이 말했다고 한다.

> 나는 선도산 신모神母인데, 네가 불전을 수리하려는 것이 기뻐 금 열 근을 주어 그 일을 돕고자 한다. 내 자리 밑에서 금을 꺼내어 주불 세 구를 장식하고, 벽 위에 오십삼불과 육류六類 성중聖衆 및 여러 천신天神과 오악五嶽 신군神君을 그리고 해마다 봄과 가을 두 계절 열흘 동안 남녀 신도를 많이 모아 널리 모든 중생을 위해 점찰법회를 베푸는 것으로써 일정한 규정을 삼아라.[25]

고대 중국에서 성모는 여신女神과 여무女巫를 가리키는데, 위 인용문에서 성모나 신모는 일종의 산신이라고 할 수 있다. 이 고사에서는 일상적으로 불보살이 등장해야 할 지점에서 성모가 등장한다. 그리고 그가 지혜 비구니의 불사를 돕는다. 이는 기존 무교 전통의 신격이 불교와 결합되는 과정을 보여준다고 할 수 있다. 특히 불교의 신앙 대상이자 구제 대상인 불보살과 육류성중을 언급함과 동시에 천신과 오악신군을 신앙 대상으로 언급했다는 점은 불교와 자연신격의 전면적인 결합으로까지

---

[25] 『三國遺事』 권5, 「感通」 7, 仙桃聖母隨喜佛事

보인다. 여기서는 직접적으로 오악신군이라는 산신 숭배를 드러낸다. 일연은 오악을 동·남·서·북·중으로 분류해 각각 토함산吐含山, 지리산智異山, 계룡산鷄龍山, 태백산太白山, 부악父岳(公山)이라고 주석했지만, 고대사 연구자 이기백은 이를 통일 이전에 경주평야를 중심으로 형성되어 있던 오악 관념이라고 주장한다.[26]

더구나 이 고사에 따르면 지혜 비구니는 성모를 모시는 신사神祠로 가서 성모상 자리 밑에서 황금 160냥을 파낸다. 이는 무교의 경제적 역량을 이용해서 불사를 완수한다고 해석할 수도 있다. 그 돈은 성모의 것임에 틀림없다. 그렇다면 성모가 불사에 동참한 격이다. 불교 내부에서 이런 것이 아무런 문제가 되지 않았다고 이해할 수도 있다. 산신 신앙과 성모 신앙이 자연스레 불교와 결합했음을 여기서 알 수 있다.

또 한 가지 주목해야 할 것은 불교와 기존 무교가 결합한 결과로서 제시된 것이 점찰占察법회라는 점이다. 점찰법회는 중국 당대唐代 출현한 위경인 『점찰선악업보경』을 기반으로 발생한 민간신앙에서 시작했다. '점찰'은 목륜木輪을 던져 점(占)을 쳐서 선악의 업보를 살피는(察) 행위다. 이는 무격의 역할 가운데 하나인 "점복占卜을 통해서 길흉을 예측하는 행위"와 동일하다. 성모는 점찰법회라는 불교와 무교의 소통 공간을 제시했다. 일연은 『삼국유사』 '원광서학'조에서 고본 『수이전』을 인용하여 원광법사가 삼기산三岐山에서 수행하다 겪은 일을 소개한다.

(원광법사가) 삼기산에 거주하기 시작한 4년 후 한 승려가 와서 멀지 않은 곳에 따로 절을 짓고 2년을 살았다. 그는 사람 됨됨이가 사납고 주

---

26 이기백, 『신라정치사회사연구』, 서울: 일조각, 1974, p.206; 최광식, 「무속신앙이 한국불교에 끼친 영향」, 『백산학보』 26, 백산학회, 1981, p.59 참조.

술 배우기를 좋아했다. 법사가 밤에 홀로 앉아 불경을 외우니 문득 신이 그 이름을 부르고는 말했다. (중략) "지금 이웃에 있는 중을 보니 주술을 곧잘 닦지만 소득은 없을 것이오. 요란한 소리는 남의 정념을 괴롭혀 그 거주한 곳은 내가 다니는 길에 방해가 되므로, 언제나 왕래할 때마다 미운 생각이 들 지경입니다." (중략) 신은 말했다. "비록 이 몸이 있다 하더라도 무상의 해는 면하지 못합니다. 그러므로 나는 얼마 안 가서 그 고개에다 이 몸을 버릴 것입니다. 법사는 오셔서 영원히 떠나는 내 혼을 전송해주시오." 법사가 약속한 날을 기약해서 그곳에 가 보니 늙은 여우 한 마리가 있는데, 검기가 칠흑 같았다. 여우는 다만 헐떡거리기만 하고 숨은 쉬지 못하더니 곧 죽어버렸다.[27]

여기서 여우는 원광과 접촉한 삼기산의 산신으로 파악해도 가능할 것이다. 산신은 주술을 사용하는 한 승려를 거부하고 오히려 불경을 외는 원광을 수용한다. 그리고 자신의 말을 거역한 이웃 승려를 심판한다. 이웃 승려는 불교 승려라기보다는 오히려 전형적인 무격으로 보인다. 요란한 소리를 내면서 주술을 사용하는 것은 현재도 경험할 수 있는 무당의 모습과 흡사하다. 하지만 이런 의례나 주술은 기본적으로 신을 만나기 위한 행위다. 그런데 기존 무교의 신앙 대상인 산신이 주술을 행하는 무격이 아니라 불경을 외는 원광을 선호한다는 것은 불교와 무교의 습합일 수도 있고, 불교와 무교 간의 새로운 위계 정립으로 보이기도 한다. 승려가 새로운 무격으로 등장했다고 할 수도 있다. 원광은 여기서 특별한 주술이 아니라 승려로서 일반적인 행위인 독경을 계기로 산신과 소통한다.

---

27 『三國遺事』 권4, 「義解」 5, 圓光西學

산신은 원광에게 중국 유학을 권유하면서 "법사가 이곳(삼기산)에 있으면 자신을 이롭게 하는 일은 있어도 남을 이롭게 하는 일은 없을 것"이라고 말한다. 이는 세 가지로 해석할 수 있다. 첫째, 산신이 이타행으로서 불교(혹은 대승불교)를 말하고 그것을 구현하길 원광에게 요청했다. 불교의 지향이 산신 자신도 행하지 못한 월등한 가치임을 인정한 격이다. 둘째, 산신의 권유는 원광에게는 중국 유학이라는 새로운 불연을 맺을 수 있는 계기였다. 더 나아가 원광에게는 산신이 결국 불연이었음을 의미하기도 한다. 셋째, 원광의 삼기산 수행과 중국 유학이 산신과 관계있다는 점은 오히려 승려 원광에게 권위를 부여했다. 이는 기존 무교의 권위를 긍정적으로 수용한 것으로 볼 수 있다.

천신이나 산신 못지않게 신라불교가 강하게 수용한 자연신격은 용신이다. 물론 용신 신앙은 신라불교만의 특징은 아니다. 용에 대한 신앙은 이미 인도나 서역, 중국 등 다양한 지역에서 행해졌다. 중국에선 일반적으로 "용은 삼서三栖 동물이라고 하는데 이것은 용이 하늘과 땅과 물을 오가며 사는 동물이라는 뜻이다."[28] 『삼국유사』 '처용랑망해사'조에 따르면 헌강왕이 동해안에 유람할 때, 갑자기 구름과 안개가 드리우자 일관日官은 "동해 용의 조화이니 마땅히 좋은 일을 해서 풀어야 한다."고 조언한다. 헌강왕이 용왕을 위해 사원 건립을 명하자 구름과 안개가 사라졌다. 여기서 최초 상황을 해석한 이는 전통적인 무격이었지만 실제 국왕과 용왕의 유대를 진작시킨 행위는 사원 건립이라는 지극히 불교적인 것이었다.

인도불교에서도 용에 대한 언급이 있고, 대승경전에서 유사한 사례를

28　홍윤희, 『용과 중국인 그리고 실크로드』, 서울: 소명출판, 2013, p.16

찾아 볼 수 있다. 그렇다고 해서 신라에서 일어난 불교의 용신 신앙 수용을 지역성과 무관한 인도불교의 재현이라고 말할 수는 없다. 만약 그것의 단순한 재현이라고 한다면 불교 전래 이전 용신 신앙이 전혀 존재하지 않았다는 전제가 필요하고, 수용한 용신 신앙의 행태적 유사성을 확인시켜야 한다. 하지만 불교 전래 이전 고대 신라에 용과 관련한 종교 관념은 존재했고, 용신 신앙의 지역성을 차단할 정도의 인도불교 내부의 용신 관념과 동일성을 확인할 수도 없다. 이런 이유로 우리는 신라불교의 용신 신앙 수용을 불교의 자기 전개로만 파악할 수 없을 것이다.

무격과 승려의 주술 경쟁

신라불교는 기존 무교의 신앙 대상인 자연신격을 수용하면서도 무격과 종교적 능력을 경쟁하기도 했다. 실제 종교적 능력은 주술 능력이 주요했다. 그래서 그들의 경쟁은 실은 주술 경쟁이었다. 이는 무격이 행한 역할을 대리하고자 하는 의도와 함께 불교의 대중화를 위한 노력이기도 했다. 주술 경쟁은 주로 치병과 멸재滅災 행위에 집중됐다. 오늘날 무교의 역할도 사실은 치병과 멸재이다. 어느 병자가 백약이 무효라고 하면 굿을 해서 악귀를 쫓아야 한다고 말하는 사람도 있다. 아니면 묏자리를 옮겨 조상님의 원혼을 달래야 한다고 말하는 이도 있다. 치병과 멸재는 주술의 가장 주요한 목적이었다.

신라의 불교 전래와 관련 깊은 아도 관련 설화도 주술 경쟁의 사례에 속한다.『삼국유사』'아도기라'조에서는 "미추왕 3년이 되던 해에 성국 공주가 병들었는데 무당과 의원이 치료해도 효험이 없었으므로 사람을 사방으로 보내어 의원을 구하게 했다. 아도 법사가 급히 대궐로 들어가서 치료하니 그 병이 드디어 나았다."²⁹고 말한다. 이 기사는 아도가 기존 무격에 비해 주술 능력이 월등했음을 지적한 것이다. 실제 아도가 주술 능력이 그러했는지 확정할 수는 없지만 종교적 능력으로 주술을 불교인 아도에게 투사했다는 점에서 주술이라는 역할 요청이 있었음을 짐작할 수 있다.

『삼국유사』에 따르면 경덕왕 때 활동한 고승 표훈은 천신과 인간을 소통하는 무격의 역할을 담당하기도 했다. 표훈은 경덕왕 때 창건된 불국사의 초대 주지를 맡을 정도로 신라불교의 대표적인 고승이었다. 하지만 그에게 기탁된 한 이미지는 국가무國家巫였다. 경덕왕은 표훈에게 상제와 자신의 매개자가 되길 요청하고, "내가 복이 없어 아들을 두지 못했으니 원컨대 대덕은 상제께 청하여 아들을 두게 하여 주시오."라고 말한다.³⁰

표훈은 천제를 만난 이후 상제가 경덕왕에게 아들을 허락하지 않았음을 알려준다. 물론 표훈이 탈혼이나 빙의와 같은 무격의 역할을 보인 것은 아니지만 천제天帝나 상제上帝 같은 무교의 신앙 대상자와 직접적인 만남을 시도했다는 점에서 무격의 일부 역할을 담당했음을 보여준다. 그는 분명 자연신격으로서 천신을 인정했음을 알 수 있다.

일종의 무격으로 가장 강력한 능력을 보인 고승은 밀본이다. '밀본최사密本摧邪'조에 따르면 그는 선덕여왕이 병이 들자 『약사경』을 독송하고 여왕의 침실에서 늙은 여우 한 마리를 육환장으로 찔러 죽인다. 악귀(늙은 여우)가 붙어 병을 앓는다는 사고는 전형적인 무교의 사유이고, 그 악귀를 무찔러 병을 낫게 하는 것 또한 전형적인 무격의 모습이다. 단지 불경 독

---

29 『三國遺事』권3, 「興法」3, 阿道基羅
30 『三國遺事』권1, 「紀異」2, 景德王忠談師表訓大德

송이라는 형식이 부가돼 있을 뿐이다. 마찬가지로 밀본은 승상 김양도가 어렸을 적 앓던 병도 악귀를 물리치는 방식으로 치료한다. 이 과정에서 기존 무격과 주술 경쟁을 행할 뿐만 아니라 불교 승려 내에서도 주술 경쟁이 행해짐을 발견할 수 있다.

'밀본최사'조에 따르면 밀본에 앞서 전통적인 무격이 김양도의 치병을 시도했는데 도리어 악귀가 더 많이 모이고, 법류사의 한 승려가 치병을 시도하다 귀신에게 맞아 죽는다. 또한 밀본이 김양도의 치병을 위해 당도할 무렵의 상황을 다음과 같이 묘사했다. "조금 후 사방에서 쇠 갑옷과 긴 창으로 무장한 대력신이 와서 귀신들을 잡아 묶어 가고 그 다음에는 한없이 많은 천신이 둘러서서 기다렸다." 여기서 대력신이나 천신은 천룡팔부 등 부처를 호위하는 신장과 같은 분위기로 등장한다. 하지만 실제 그들의 역할은 밀본을 대신해서 치병이나 멸재滅災 혹은 최사摧邪이다. 밀본의 모습은 승려라기보다는 무격에 가까웠다.

신문왕(681~691) 때 혜통은 주문을 외워 임금의 등창을 치료하기도 했다. 이는 전형적으로 의무醫巫가 담당한 일로서 승려가 그 역할을 대체하고 있음을 보여준다. 특히 혜통은 밀교승 선무외 삼장에게 직접 배운 인물로 유명하다. 『삼국유사』의 기록에 따르면 혜통은 당나라에 있으면서 황제의 딸을 신주神呪로 치료했다. 이때 공주의 몸속에서 독룡이 나와 달아났다고 한다. 이는 무격이 행하는 치병과 멸재를 직접 행한 것이라고 할 수 있다. 단지 이 사실로만 보면 혜통은 승려지만 의무의 역할을 했다고 할 수 있다. 불력으로 독룡을 쫓아내는 장면은 『삼국유사』 탑상편 '어산불영'조에도 등장한다. 일연은 『고기』의 기록을 인용하여 다음과 같이 말한다.

옛날 하늘에서 알이 바닷가로 내려와 사람이 되어 나라를 다스렸는데, 곧 수로왕이다. 그 영토 안에 옥지玉池가 있었는데 그 못 안에 독룡이 살고 있었다. 만어산에 다섯 나찰녀가 있어 그 독룡과 서로 오가며 사귀었다. 그러므로 때때로 뇌우를 내려 4년 동안 오곡이 결실을 맺지 못했다. 왕은 주술로써 이 일을 금하려 해도 할 수 없었다. 머리를 숙이고 부처를 청하여 설법했더니 그제야 나찰녀가 오계를 받았는데 그 후로는 재해가 없었다.[31]

혜림은 『일체경음의』 권25에서 "나찰은 중국어로는 악귀이다. 사람의 살과 피를 먹고 하늘을 날기도 하고, 땅으로 다니기도 한다. 무서울 정도로 잘 싸우고 대단히 빠르다."고 풀었다. 또한 『일체경음의』 권7에서는 나찰사羅刹娑를 풀면서 마찬가지로 극도로 폭력적인 악귀의 명칭이라고 했고, 특히 주목할 만한 지적은 "남자 악귀는 극히 추한 모습이고, 여자 악귀는 대단히 예쁘다."는 풀이이다. 그렇다면 위 인용문에서 독룡과 나찰녀의 사귐은 악류 중생의 결합이라고 할 수 있다. 바로 이 때문에 뇌우가 내려 백성들은 4년 동안 농사를 망치게 됐다.

불교 전래 이전 이런 재난은 마을이나 부족공동체가 정한 무격이 의례를 집행하거나 주술을 행함으로써 해결했을 것이다. 인용문에서 임금도 여전히 이런 방식으로 이를 해결하려 했으나 실패하고 부처의 힘을 빌고자 한다. 위 고사에는 직접 주술사로서 승려가 출현한 것은 아니다. 곧 부처가 나찰녀를 제도하여 불교로 귀의하게 함으로써 나찰녀가 더 이상 괴력을 부리지 않고 불교적으로 순화되는 구도이다. '오계'를 받는다는 의미도 가장 낮은 단계의 불교도가 된다는 의미이다. 또한 그 나찰녀

---

31 『三國遺事』 권3, 「塔像」 4, 魚山佛影

는 부처의 교화 대상일 뿐이다. 이 이야기도 부처라는 불교적 신격이 무격이 숭배하는 자연신격보다 훨씬 상위의 존재임을 확인시키려 한다. 주술이나 위력의 경쟁에서 우위에 있음을 강조한다.

붓다 당시에도 불교는 이런 주술과 경쟁을 행했다. 초기불전에도 이와 유사한 사례가 등장한다. 『불본행집경佛本行集經』에는 붓다가 화광삼매로 가섭 형제가 키우던 독룡을 제압한 고사가 나온다. '배화교'도로서 불을 숭상하고 불을 뿜는 독룡을 섬기는 가섭 3형제를 제도하는 장면에서 이 이야기는 등장한다. 이것도 신라불교가 무교를 수렴 혹은 포용하는 과정과 유사하다고 할 수 있다. 원광의 예에서도 알 수 있듯 승려가 무격의 역할을 행하는 사례는 쉽게 찾을 수 있다. 특히 밀교 계통으로 분류되는 몇몇 승려의 활동은 무격과 역할이 많이 겹친다.

> 밀본법사 후에 고승 명랑이 있었는데 용궁에 들어가서 신인神印(범어로는 문두루文豆婁라 하고 한문(중국어)으로는 신인神印이라고 한다)을 얻어 처음으로 신유림神遊林을 조성하고 여러 번 이웃 나라가 쳐들어 온 것을 기도로써 물리쳤다. 화상은 선무외 삼장의 핵심적 가르침을 전하며 속세를 두루 다니며 사람을 구제하고 만물을 감화시켰다. 아울러 숙명통을 발휘하여 절을 세워 사람들의 숙세 원한을 풀어주니 밀교의 교풍이 이때부터 크게 일어났다.[32]

동진 백시리밀다라帛尸梨蜜多羅가 번역한 『불설관정복마봉인대신주경佛說灌頂伏魔封印大神呪經』 권7에 이 문두루법을 비교적 자세하게 소개한

---

[32] 『三國遺事』 권5, 「神呪」 6, 惠通降龍

다. "범어(胡語) 문두루는 진나라 말(晉言)로 신인神印이다."라고 말하는데, "이는 귀신왕이 인간을 위해서 보호자가 되어 온갖 사악한 일들이 망령되이 일어나지 않도록 하는 것이다." 실제 문두루법은 다섯 방향의 신왕神王의 이름(神)과 그 권속을 연목에 도장처럼(印) 써 두는 것이다. 신인神印이란 말은 여기서 나왔다. 『대신주경』에서는 이 문두루법은 치병이나 멸재의 효력을 발휘한다고 강조한다. 마치 부적처럼 나무에 그 이름이 새겨져 있기만 해도 효력을 발휘한다는 것은 지금 생각에 황당무계荒唐無稽한 일이지만 당시 이는 효과적으로 대중의 관심을 끌었을 것이다.

특히 명랑은 신인을 용궁에서 획득했다. 비록 문두루법이 밀교 경전에 등장하지만 신인을 획득한 곳은 용궁이라는 점에서 무교와 불교의 유대를 추측할 수도 있다. 물론 용궁이라는 공간 자체를 순전히 불교 외부의 것으로 간주할 수는 없다. 하지만 승려로서 신인神印이라는 성물聖物을 불보살 혹은 불교적 공간이 아니라 용궁이라는 고대적 신앙 대상에서 획득했다는 점은 주목할 필요가 있다. 더구나 명랑이 이를 통해서 신유림을 조성하고 외적의 침략을 격퇴했다는 점은 그가 전통적인 무격의 역할을 함께 행했음을 가리킨다.

실제 신유림은 불교가 아니라 무교의 신성공간으로 추정할 수 있다. 신인에 적힌 오방의 신왕은 이곳에서 생활할 수 있었다. 그런데 이를 밀교라는 체계로 모두 포괄하고자 한다. 『삼국유사』 '명랑신인'조에서 일연은 「금광사본기」를 인용하면서, 명랑은 용왕이 보시한 황금을 가지고 탑과 불상을 조성했다고 기록했다. 명랑은 용왕과 소통하는 자로서 전형적인 무격의 역할을 행한다. 하지만 여기서도 용왕은 부처라는 좀 더 높은 신격을 숭배하는 자로 등장한다. 그는 결코 최고의 신격이 아니다.

III. 신성공간의 재구성과 영토화

무교와 불교의 쟁투

　무교가 숭배하는 자연신격은 천신과 같이 무형의 것도 있지만 산신이나 수목신 등 대단히 구체적인 사물과 관련되는 경우가 많다. 천신이나 용신같이 실제 모습을 볼 수 없는 경우도 천신이 강림하는 공간이나 용왕이 출몰하는 공간을 하나의 성소聖所로 간주하여 신성화했다. 이를 통해서 자연신격은 특정 공간으로 구체화하고 사람들은 그곳에서 제천의례와 같은 제례를 행할 수 있었다. 물론 무교 신앙이 아니더라도 특정한 신성공간을 유지하는 공동체는 많이 있다. 신라에서 불교 세력이 확대되는 과정에서 불교가 기존 무교의 신성공간을 점유하는 사례가 출현했다.

　성소 점유는 단지 불교 측의 역량으로만 해낼 수 있는 일은 아니었을 것이다. 신라 사회가 왕권을 중심으로 한 고대국가 체제를 지향하는 과정에서 왕실은 불교 수용을 통해서 기존 씨족공동체의 세력 기반을 해체하고자 했다.[33] 정치와 종교가 결합되어 있던 씨족공동체에게서 성소는 종교적 공간이자 정치적 공간이었다. 또한 공동체를 결합시키는 특별한 역할을 했다. 왕실과 연계한 불교 측의 무교 성소 점유는 이와 관련 있을 것으로 보인다.

　　미추왕 3년 성국 공주에게 병이 생겼는데 의무醫巫가 치료를 해도 아무런 효험이 없었다. 임금은 백방으로 의원을 구하게 했다. 아도 법사가

33　서영대, 「갈반지소고—소도의 불교적 변용」, 『종교학연구』 2, 서울: 서울대종교문제연구소, 1979, p.34

급히 왕궁으로 들어가 그 병을 치료했다. 왕이 매우 기뻐하여 아도 법사에게 소원을 물었다. 법사는 대답했다. "빈도는 어떤 소원도 없습니다. 다만 천경림天鏡林에 절을 세워 불교를 크게 일으키고 나라의 복을 빌고 싶을 뿐입니다."[34]

아도는 마치 무격처럼 공주의 병을 치료했는데, 그가 미추왕에게 대가로 요구한 것은 '천경림'에 절을 짓는 일이었다. 어떻게 보면 대단히 단순한 일이지만 천경림의 성격을 생각하면 꽤나 충격적인 요구이다. 왜냐하면 천경림은 기존 무교의 성소였기 때문이다. 한국 고대사 연구자 이기백은 "천경림, 신유림 등의 이름으로 미루어 이들을 고대신앙에서 신성지역, 삼한시대 소도로 불린 지역"으로 추정한다. 또한 왕실과 귀족 권력이 불교를 통해서 기존 무교의 지위를 대체하려고 했고, 이차돈의 순교도 이런 무교와 불교의 충돌 과정에서 발생한 비극이라고 파악한다.[35] 최광식도 천경림을 천天과 경鏡이란 글자를 통해 천신에 제사지내는 곳으로 파악한다.[36] 고대사회에서 '청동거울'은 제천 의례에 사용되었고, 나아가 국왕의 권위를 상징하는 징표로 사용되기도 했다.

진흥왕 5년(544) 대표적인 무교의 성소 천경림에 신라 최초의 사찰 흥륜사가 건립된다. 당시 불교와 무교 세력 간에 어느 정도 격렬하게 싸웠는지 구체적 상황은 알 수 없지만 '이차돈' 같은 유력한 인물을 죽음으로

---

34 『三國遺事』권3, 「興法」3, 阿道基羅
35 이기백, 「삼국시대 불교전래와 그 사회적 성격」, 『역사학보』 6, 역사학회, 1954, p.172
36 최광식, 「신라 상대 왕경의 제장」, 『신라문화제학술발표회논문집: 신라왕경연구』 16, 경주: 신라문화선양회, 1995, p.71; 김복순, 「흥륜사와 칠처 가람」, 『신라문화』 20, 경주: 동국대 신라문화연구소, 2002, p.51 재인용

몰고 갔다는 점에서 사건의 심각성을 추측할 수 있다. 그런데 천경림에 흥륜사가 건립되었다고 해서, 불교가 무교 전통과 무교 세력을 일소했다고 볼 수는 없다. 오히려 불교 쪽에서 무교를 더 적극적으로 수용하는 계기가 된 것으로 보인다. 김복순은 흥륜사의 역사적 의의를 기술하면서 무교가 불교와 결합된다는 점과 법척法惕이나 밀본密本같이 주술적 능력을 가진 승려가 다수 흥륜사에 주석했음을 들어서 흥륜사라는 공간은 치병과 멸재와 같은 기존 무교의 전통적인 역할을 그대로 계승했을 것으로 본다.[37]

불교와 무교가 결합한 흥륜사의 이런 유풍은 신라 말까지 꽤 오래 지속됐다. 『삼국유사』 '흥륜사벽화보현'조에 따르면 흥륜사가 창건된 후 거의 400년이 지난 경명왕대에 천제天帝가 내려와 온갖 신이神異를 보였는데, 연못의 어룡이 환희작약歡喜雀躍했다. 천제는 이 신이로 사찰 수리를 위한 모연을 도왔다. 수리 책임을 맡은 승려가 천제의 모습을 그려 봉안하여 천은天恩을 갚으려 하자 천제는 자신보다는 보현보살의 상을 그려 공양하는 게 좋다고 권유한다. 이 설화는 신라 말까지 불교와 무교의 결합이 지속됐음을 의미한다. 무교의 신격을 통해서 불교의 권위를 끊임없이 확인하고 있다. 이는 두 세력 간 위상을 다시 한번 확인시킨다는 점에서 오히려 두 세력 간의 긴장이 여전히 존재했음을 추측할 수 있다. 아울러 무교 전통이나 무교 세력이 여전히 공존했음을 말하기도 한다.

신성공간에 대한 쟁탈은 신라뿐만 아니었다. 『삼국유사』 '무왕'조에 따르면 백제 무왕은 용화산 아래 큰 못에서 미륵삼존이 출현하자 부인의 청을 받아 못을 메우고 미륵사를 지었다. '용화산'이란 지명에서도 알 수

---

37 김복순, 앞의 논문, pp.42~43

있듯 산 아래 못은 용의 출현과 관련 있는 곳으로 추측할 수 있다. 그곳에서 용이 아니라 미륵삼존이 출현한 것은 용왕이나 용신과 같은 무교의 자연신격이 불교의 신격으로 대체된다는 의미로 파악할 수 있다. 혹은 미륵삼존으로 수렴되는 것이라고 할 수 있다. 특히 무왕조에서 무왕은 과부 어머니와 용이 관계하여 낳은 아이로 묘사된다는 점에 주의해야 한다. 이렇게 보면 무왕의 부계는 용이라는 무교의 자연신격인 셈이다. 결과적으로 불교와 무교의 결합이라고 할 수 있다.

물론 삼국의 여러 천강신화와 유사하게 특별한 권위를 위해서 형성된 이야기일 수 있는데, 그것을 감안하더라도 무왕은 용신 숭배와 관련된 세력이나 분위기 속에서 출현했다고 할 수 있다. 그런 그가 못을 메우고 미륵사를 창건했다는 사실은 그 자신이나 그를 둘러싼 세력 속에서 모종의 전환이 발생했음을 의미한다. 하지만 간단하게 "무교에서 불교로 대체됐다."고 할 수는 없다. 왜냐하면 신라의 용화향도를 떠올리게 하는 미륵삼존과 용화산의 결합은 미륵사라는 불교 우위의 구도를 인정하지만 궁극적으로 불교와 무교의 종교적 결합 내지 연대를 묘사하고 있는 게 아닌가 생각된다.

칠처가람지와 영토화

불교가 신라에 전래되고 발전하는 과정은 기존 종교 전통과 경쟁하는 과정이라고 해도 가능할 것이다. 물론 이런 경쟁 속에서 서로 영향을 미치기도 했을 것이다. 이런 종교 복합을 통해 불교는 무교의 전통을 불교적으로 재해석하거나 불교적으로 흡수 동화시켰다. 일종의 영토화(territorialization)가 진행됐다. 그렇다고 불교가 기존 질서와 기존 신앙체계를 일방적으로 부인하고 나서 수용된 것은 아니다.

이기백은 논문 「신라초기불교와 귀족세력」에서 귀족세력이 격렬하게 반대한 불교가 법흥왕대에 갑자기 공인된 사실을 상대등 설치와 관련해서 설명했다. 그는 상대등을 왕권과 귀족세력 간의 정치적 타협의 산물로 간주한다. 이런 배경 속에서 불교가 공인된 것이 아닐까 추측한다.[38] 이 가설을 여기서 확정할 수는 없지만 왕실세력에 의해서 불교가 옹호되고, 귀족세력이 기존 종교를 지지한 것은 사실로 보인다. 불교 공인 이후 종래의 신앙체계는 불교적 형태로 점차 탈바꿈하는 현상이 일어나게 되며, 반대로 불교도 토착화해 나가는 과정에서 전통적인 신앙체계를 어느 정도 흡수하게 된다.[39]

이런 불교와 무교 간 상호 영향이 분명 존재했지만 거대 사원의 건축으로도 알 수 있듯, 외형적인 면에서 불교가 무교를 대체하는 듯한 사건은 여러 차례 등장한다. 전통적 천신신앙이 천제석(제석천)을 비롯한 불교적 천신신앙으로, 산신이 호법의 기능을 가진 신격으로, 소도와 같은 신성지역이 불교 사찰로 전환되거나 재해석되었다.[40] 앞서도 보았듯 기존 자연신격인 산신이나 용신이 불교적 재해석 혹은 각색을 통해 불교 신장의 역할을 부여받기도 했다. 서영대는 불교 수용 이후 모든 소도가 불사로 전환한 것은 아니라는 점을 강조한다. 소도의 일부는 분명 불사로 전환됐지만 일부는 본래 모습을 유지하면서 존속했다고 본다.[41]

흥륜사 창건에서 볼 수 있듯, 불교 측에서 무교의 신성공간을 접수함

---

38 이기백, 「신라초기불교와 귀족세력」, 『진단학보』 40, 진단학회, 1975, pp.27~28
39 서영대, 앞의 논문, 1979, p.34
40 서영대, 「『삼국사기』와 원시종교」, 『역사학보』 105, 역사학회, 1985, p.9
41 서영대, 앞의 논문, 1979, p.42

으로써 상대방의 세력을 약화시키고 자신의 세력을 확대하는 사건도 발생했다. 불교계의 공간 점유는 단지 공간을 장악한다는 차원에서 그치지 않았다. 그것은 그곳에 불교적 의미를 부여하려는 노력이기도 했다. 이는 무교적 공간에 대한 영토화라고 할 수도 있고, 새로운 종교 공간의 출현이라고 할 수도 있다. 이와 관련해서 주목할 만한 사실은 '전불시대칠처가람지前佛時代七處伽藍地' 관념이다. 흥륜사 창건과 관련한 고사가 등장하는 『삼국유사』 '아도기라'조에서는 신라에 전불시대의 칠처가람지가 있음을 언급한다. 일연이 '아도기라'조에서 언급한 칠처가람지는 사실 의미심장하다.

칠처가람지와 이후 그곳에 건립된 사찰을 열거하면 다음과 같다. ①천경림天鏡林(흥륜사), ②삼천기三川岐(영흥사), ③황궁남龍宮南(황룡사), ④용궁북龍宮北(분황사), ⑤사천미沙川尾(영묘사), ⑥신유림神遊林(사천왕사), ⑦서청전婿請田(담엄사). 칠처가람지의 지명을 보면 그곳이 본래 종교적 성소였음을 쉽게 알 수 있다. 기본적으로 자연신격과 관계되는 '하늘, 바다(강), 땅'이라는 공간이다. 천경림과 신유림은 천신을 숭배하는 공간이고, 삼천기와 사천미는 강의 신을 의미하는 공간이고, 용궁남과 용궁북은 용신과 관련된 공간이고, 서청전은 토지신 혹은 곡신과 관련된 공간이라고 할 수 있다. 이 일곱 곳은 무교의 신성공간이었는데, 아도는 이곳을 전불시대 칠처가람지로 지목함으로써 불교적 기억을 투사한다.

기억의 점유

칠처가람지 관념은 종교 공간에 대한 신라인의 기억을 재조정하는 역할을 했다. 달리 말하면 성소聖所 점유는 결국 기억의 점유로 연결된다.

이때 종교적 의미가 생성된다. 무교의 공간에 불교 설화를 통해 불교의 기억을 덧입히는 방식이다. 예를 들자면 무교의 성소를 두고 그 지역 산세가 부처님 모습이나 보살의 모습과 유사하다는 방식으로 지속적으로 불교적 의미를 부여하는 것이다. 이는 '이야기의 조작'일 수도 있지만 새로운 기억의 생산이라고 할 수도 있다.

앞서 보았듯, 『삼국유사』에서는 '칠처가람지허七處伽藍之墟'라는 표현을 사용한 데 반해 『해동고승전』에서는 '불법이 머무는 일곱 곳(七法住之處)'이라고 했다. 또한 불법의 불멸을 강조했는데, 그러기에 단순히 절터가 아니라 법신의 주처住處처럼 이해한다. 이는 대단히 중요한데, 옛날에 이곳에 누군가 거처했다고 이곳의 소유권을 주장할 수는 없다. 본래 그 지역에 살던 주인이 이사 가 버리면 새로운 주인이 등장하게 마련이다. 그런데 법신 개념을 동원하면 결코 그곳에서 주인은 떠나지 않았음을 주장할 수 있다. 이는 가람이라는 외물만 사라졌지 주인으로서 법신은 여전히 머물고 있음을 강조하는 것이다. 바로 법신상주法身常主 관념이다. 『해동고승전』은 '법주' 개념을 통해, 그곳은 무교 성소가 되기 훨씬 이전부터 불교 성소임을 주장한다.

이기백과 마찬가지로 김복순도 이 칠처를 무교의 성소로 추정하고 "흥륜사가 불교 공인의 상징적 사찰로서 최초로 창건된 이래, 칠처 가람의 지속적인 창건을 통해 무교의 제장祭場이 불교 사찰로 변하여 갔다."고 파악한다.[42] 그레이슨(Grayson)은 신라 불교가 무교와 경쟁하고 포섭하는 현상을 상위 혼합(high syncretism)이라고 표현했다. 이런 상위 혼합의 명징한 사례가 바로 성소 탈취와 불교 승려의 무격화라고 할 수 있을 것이다.

---

42 김복순, 앞의 논문, p.50

『삼국유사』'가섭불연좌석'조에서는 "신라의 월성 동쪽 용궁의 남쪽에는 가섭불의 연좌석(迦葉宴坐石)이 있는데, 그곳은 곧 전불시대의 절터다. 그리고 지금 황룡사의 지역은 곧 일곱 가람의 하나다."라고 묘사했다. 물론 '전불시대'는 우리가 일반적으로 알고 있는 석가모니불 이전의 부처가 활동한 시대를 가리킨다. 역사적으로 그 시대를 특정할 수는 없다. 현대인의 시선으로 보자면 그것은 종교적으로 상상되거나 고안된 시대이다. 여기서 말한 용궁의 의미나 위치에 대해 현재까지 다양한 해석이 존재한다. 실제 왕실의 궁이었다거나 아니면 용에 제사를 지내는 공간이었다거나 아니면 용이 깃들고 있는 연못이라는 해석 등이 존재한다.

　그런데 발굴 조사를 통해서 황룡사 일대가 원래 습지였음이 밝혀졌다.[43] 이 때문에 이곳은 원래 '용' 혹은 '용신'이라는 자연신격과 연관될 수 있음을 추정할 수 있다. 용궁남이라는 표현도 단순한 의미 부여가 아니라 그곳이 실제 '용'과 관련된 공간이었음을 추측할 수 있다. 『삼국유사』 '황룡사장육'조에 따르면 진흥왕이 이 지역에 궁궐을 지으려 했을 때, 황룡이 출현했는데 이 때문에 생각을 바꿔 황룡사를 지었다. 황룡이 출현했는데 왜 절을 지었을까? 황룡이 나왔다는 사실로 불교 측에 공간 점유권을 인정한 것일까? 황룡과 불교 사이에 어떤 상관성이 있는 것일까?

　황룡의 출현은 불교의 공간이 아니라 오히려 무교의 공간임을 증명한다고 할 수 있다. 무교의 공간임이 재차 확인된 상황에서 불교적 입장에서 그것을 공간적으로 영토화하기 위해 왕궁 건축이라는 본래 계획을 포

---

[43] 김정기, 「황룡사지 발굴과 삼국유사의 기록」, 『신라문화제학술논문집』 1, 국립문화재연구소, 1980; 문화재연구소 편, 『황룡사유적발굴조사보고서』, 문화재연구소, 1984; 신동하, 「신라불국토 사상과 황룡사」, 『新羅文化祭學術發表會論文集』 22, 동국대 신라문화연구소, 2001

기하고 사찰을 건립한 것으로 보인다. 하지만 굳이 '황룡'이라는 명칭을 부여하여 무교의 신격을 유지했다. '황룡사구층탑'조에 따르면 자장이 당唐에서 한 신인神人을 만나는데 그가 자장에게 "황룡사 호법룡은 나의 맏아들이오."라는 말을 한다. 이는 황룡사 창건설화와 관련한 황룡이 여전히 존재함을 강조한 것이다. 더구나 이때 황룡은 호법룡으로 성격이 규정된 존재다. 공간뿐만 아니라 자연신격도 불교적으로 영토화했다고 할 수 있다.

불교의 자연 숭배와 주술화

불교는 신라에 전래된 이후 기존 무교 전통과 경쟁하면서 점진적으로 토착화했다. 그 과정에서 불교는 전통적인 자연신격을 수용함으로써 그것을 불교 내의 신앙 대상으로 전환했다. 또한 신라 불교는 주술이나 제천의식 등 무교의 역할을 대체하기도 하고, 전통적인 무교의 성소를 점유하기도 했다. 이 때문에 무교 세력과 격렬한 마찰을 빚기도 했다. 하지만 불교가 무교를 완전히 소멸시키거나 주변으로 밀어내지는 못했다. 오히려 불교 내부로 무교의 전통을 수용하고 결합하는 양상이 발생했다. 일부 승려는 무격과 유사한 활동을 하였고, 사찰의 역할도 무교의 성소와 같은 경향을 띠기도 했다. 또한 불교의 신앙 행태도 일부 무교와 겹치는 점이 존재했다.

신라불교는 기존 무교의 신성공간을 점유하여 새로운 종교 기억을 그곳에 부여하기도 했지만 기존 무교의 종교 역할을 자신에게 부여하기도 했다. 무교 공간의 불교화가 진행되면서도 불교의 무교화도 함께 진행됐다고 할 수 있다. 물론 이런 상황은 신라불교 전체에 걸쳐 동일한 정도나 방법으로 진행된 것은 아닐 것이다. 하지만 흥륜사의 역할에서도 보이듯 꽤 긴 기간 이런 유풍이 지속됐다고 할 수 있다. 이 때문에 승려들은 이중의 역할을 담당했고, 불교도는 자연스럽게 중층의 신앙 행태를 보이기도 했다.

승려가 무격의 역할까지 담당하기 시작하고 어느 부분에서는 무교와 중첩되는 상황에서 불교인들은 무교 전통에 대해 온건한 태도를 취하기도 했다. 그것은 토착화라는 종교적 이유 때문이기도 했지만 종교적 역할 확대라는 실리적인 이유도 있었을 것이다. 신라 이후 고려와 조선을 거치면서 이런 행태는 지속됐다. 조선불교의 경우, 왕조 차원의 억불정책 때문에 불교 본연의 역할이 축소되자 오히려 민간의 종교를 더욱 강하게 포용하는 형국이었다. 무교 전통도 마찬가지로 큰 거부감 없이 불교 내부에 존재하게 됐다. 비록 탈혼이나 접신과 같은 무격의 능력은 전승되지 않았지만 길흉을 점치고 환란을 예방하는 의례나 의식을 행했다.

근대 종교학이 성립한 이후, 주술이라고 하면 미신이나 저열한 종교의 행위로 곧잘 묘사된다. 하지만 불교도 그렇고 기독교도 그렇고 역사 속에서 주술화 경향을 발견할 수 있다. 그것은 고대 한국에서 불교는 내부의 자연 숭배 경향과 무교의 자연 숭배를 결합시켰고 그 과정에서 다양한 방식의 주술화가 진행됐다. 물론 그것이 현재까지 고스란히 남아 있는 것은 아니다. 또한 그것이 불교의 기본 가치나 지향에 얼마나 부합하는지 따진다면 복잡한 문제를 남긴다. 하지만 실제 고대 불교 대중이 형상화하고 열광한 불교는 다양한 층위가 결합한 것이었다. 그래서 결과적으로 그들은 중층신앙을 행했다고 할 수 있다. ■

| 참고문헌 |

고익진, 『한국고대불교사상사』, 서울: 동국대출판부, 1989.
김복순, 「흥륜사와 칠처 가람」, 『신라문화』 20, 경주: 동국대신라문화연구소, 2002.
김영태, 『신라불교사상연구』, 서울: 신흥출판사, 1979.
김재경, 『신라토착신앙과 불교의 융합사상사연구』, 서울: 민족사, 2007.
서영대, 「갈반지소고 – 소도의 불교적 변용」, 『종교학연구』 2, 서울: 서울대종교문제연구소, 1979.
신종원, 「고대 일관의 성격」, 『한국민속학』 12, 한국민속학회, 1980.
유동식, 『한국무교의 역사와 구조』, 서울: 연세대출판부, 1975.
이기백, 「삼국시대 불교전래와 그 사회적 성격」, 『역사학보』 6, 역사학회, 1954.
이능화, 서영대 옮김, 『조선무속고』, 파주: 창비, 2008.
임동권, 「三國時代의 巫·占俗」, 『백산학보』 3, 백산학회, 1967.
최광식, 「『삼국사기』 소재 노구의 성격」, 『사총』 25, 역사연구회, 1981.
최남선, 「薩滿敎箚記」, 『啓明』 19, 啓明俱樂部, 1927.

제2부

종교와 국가

불국토

계율

사장

불국토 佛國土

박광연

I. 불국토의 기원과 전개

　불교의 세계관/ 불신佛身과 불토佛土/ 황제의 불국토

II. 삼국시대 불국토 인식의 수용

　화랑, 미륵보살의 화신/ 자장慈藏과 황룡사/ 불연국토설의 성립

III. 통일신라시대 불국토 인식의 확산

　정불국토의 구현과 불국사/ 오대산신앙과 천관보살신앙

IV. 고려·조선시대 불국토 인식의 내재화

　금강산 담무갈보살신앙과 보개산 지장보살신앙/ 세조의 『관음현상기』와 그 후

■ 불·보살이 머무는 나라

I. 불국토의 기원과 전개

불교의 세계관

우주의 형성과 운행에 대한 이야기는 부파불교 시대의 『구사론俱舍論』에 자세하다. 아무런 존재도 없는 광대하고 텅 빈 공간에 유정有情(sattva)의 공업共業(karma)의 힘이 작용하여 미풍微風이 붊으로써 우주가 형성되기 시작하였다. 대기, 물, 황금, 대지, 산·강 등의 자연계가 차례로 형성된 뒤 유정이 발생한다. 먼저 천상세계의 신들(천인天人, 천녀天女), 그 다음 지상세계의 인간과 동물, 마지막으로 지하세계 즉 지옥이 생겨난다. 미풍이 불기 시작한 때부터 자연계가 완성되기까지 1중겁中劫, 자연계가 이루어진 다음부터 19중겁이 걸려 세계가 전부 형성되는 데 20중겁이 소요된다. 20중겁에 걸쳐 형성된 세계가 20중겁 동안 지속된 뒤 다시 20중겁 동안 소멸되어 텅 빈 공간만 남는 기간이 20중겁 동안 이어지는데, 이와 같은 80중겁 주기의 형성, 지속, 파멸, 텅 빔의 네 과정이 계속 순환하는 것이다.

지표 세계를 들여다보면, 대지 중앙에 수미須彌(Sumeru)산이 솟아 있고, 그 주위를 외륜산外輪山이 일곱 겹으로 에워싸고 있다. 수미산과 외륜산 사이는 물이 가득 차 있고, 바깥에 네 개의 대륙이 있다. 네 대륙은 동쪽 승신주勝身洲(Pūrvavidehaḥ), 서쪽 우화주牛貨洲(Godānīya), 남쪽 섬부주贍部洲(Jambūdvipa, 염부제閻浮提), 북쪽 구로주俱盧洲(Uttarakuru)이다. 해와 달도 공중에 걸려 있다. 수미산과 외륜산의 허리와 산꼭대기는 천계天界의 일부로, 허리 부분에는 사천왕으로 불리는 하급의 신들이, 산꼭대기에는 삼십삼천三十三天(도리천忉利天)이라고 불리는 신들이 거주한다. 인간이 사는 곳은 4대륙 가운데 섬부주이고, 섬부주 아래에 지하세계가 있다. 『구사론』에서 묘사하는 섬부주는 고대 인도인들이 상상한 유토피아로,[1] 인도의 신화에 등장할 뿐만 아니라 실재했던 관념이기도 하였다.[2]

인간이 사는 세계世界를 한역 경론經論에서는 세간世間(loka)이라고도 표현한다. 『구사론』에서는 일체 유정의 세계를 유정세간有情世間(중생세간衆生世間), 유정이 거주하는 국토를 기세간器世間(『대지도론』에서는 국토세간國土世間)이라 하였다.

불신佛身과 불토佛土

유정이 거주하는 국토세간과는 별도로 불토佛土가 있다. 『아함경』에서 불토는 석가모니 붓다가 계신 땅,[3] 또는 과거불이 계신 땅[4]이라는 의미로 사용되었다. 부파불교 논서에서는 불토라는 표현을 찾아보기 힘든 반면, 대승불교 문헌에서는 자주 등장한다. 이는 대승불교에서 불신佛身 개념이 확장되면서 불토도 다양해졌기 때문이다.

부파불교에서 불신은 사대四大에 의해 가립된 생신生身과 오분五分(계신戒身, 정신定身, 혜신慧身, 해탈신解脫身, 해탈지견신解脫知見身)을 갖춘 진실한 법신法身으로 구분되었다. 그런데 대승의 경론에서는 불신이 이신二身,

---

[1] 櫻部建 외, 정호영 옮김, 『아비달마의 철학』, 서울: 민족사, 1989, pp.24~33
[2] 河村孝照, 「阿毘達磨を通してみた佛敎の國土觀」, 『佛敎における國土觀』, 京都: 平樂寺書店, 1993, p.46
[3] 『增壹阿含經』 卷18, 「四意斷品」(『大正藏』 2, 640a4~17)
[4] 『增壹阿含經』 卷29, 「六重品」(『大正藏』 2, 709c28~710a2)

삼신三身, 사신四身, 십신十身 등으로 늘어났다. 삼신관三身觀이 일반적인데, 법신法身, 보신報身, 응신應身 또는 법신, 응신, 화신化身 등으로 경론마다 이름이 다르다. 『십지경론十地經論』에서는 실상實相 진여眞如의 이체理體를 나타내는 법신, 수행 공덕에 대한 보상으로 상호相好의 장엄함을 나타내는 보신, 교화받는 중생의 근기에 순응하여 나타내는 응신으로 구분하였다. 이 가운데 보신이 머무는 불토가 정토淨土, 정불국토淨佛國土로서 강조되었다.

보신報身은 보살菩薩의 수행과 관련 있다. 초기불교에서의 보살은 깨달음을 이루기 이전의 석가모니를 가리키는 말이었는데, 대승에서는 석가모니에 한정하지 않고 재가在家·출가出家, 남녀男女, 귀천貴賤을 불문하고 부처의 깨달음을 구하여 수행하는 자를 모두 부르게 되었다. 보살이 서원을 세우고 오랜 세월 수행을 완성하여 그 과보로서 받은 불신이 바로 보신이다.

보살이 세운 서원誓願 가운데 하나가 '정불국토(불국토를 청정하게 함)'였다. 특히 대품계大品系 경전에서 보살의 할 일로서 정불국토가 강조되었다.[5] 구마라집鳩摩羅什이 번역한 『마하반야바라밀경摩訶般若波羅蜜經』에서는 "보살법위菩薩法位에 들어가 불국토를 청정하게 하여 중생을 성취하게 하고 일체종지를 획득할 것이다."[6]라고 하여 '성취중생成就衆生'과 '정불국토'를 보살이 가장 기본적으로 해야 할 일로 규정하고 있다.[7] 삼업三業을 충실하게 하고, 의식주를 만족하게 하는 보시행 또는 육바라밀을 행하는

---

5 水谷幸正,「淨佛國土思想について」,『日本佛敎學會年報』37, 日本佛敎學會, 1971, p.39
6 『摩訶般若波羅蜜經』卷12,「歎淨品」(『大正藏』8, 307c12~13)
7 『菩薩從兜術天降神母胎說廣普經』卷5,「善權品」(『大正藏』12, 1042a27)

것도 정불국토를 행하는 것이라고 하였다.[8]

정토계淨土系 경전에서는 보살이 서원을 세우고 오랜 세월 수행을 완성하여 건립한 청정한 세계를 정토라고 하였다. 법장보살의 원願과 행行에 의해 성취된 광명무량, 수명무량의 아미타불(보신불)이 향수하는 극락極樂이 바로 이러한 불국토(정토)이다. 보살의 서원이 성취되어 건립된 타방 불국토에는 아미타불의 극락 외에도, 아촉불阿閦佛의 묘희세계妙喜世界, 약사불藥師佛의 유리광정토琉璃光淨土, 미륵보살彌勒菩薩의 도솔천 등이 있다.[9]

무착無着(Asaṅga)은 『섭대승론攝大乘論』에서 청정불토淸淨佛土를 18원만圓滿으로 설명하였고,[10] 세친世親(Vasubandhu)은 『무량수경우파제사원생게無量壽經優婆提捨願生偈』(줄여서 『정토론淨土論』)에서 3엄嚴 29종種 장엄莊嚴으로 설명하였다.[11] 무착과 세친은 유식학자이다. 유식학은 자기 마음을 관찰하여 자기 존재의 허망성을 자각하고, 그 자각에 의해 전식득지轉識得智하여 성불하는 것을 목표로 하기 때문에 정토교淨土敎와는 성격이 다르다. 그렇지만 정토교의 유행을 외면할 수 없었던 무착無着, 세친世親은 정토에 대한 그들의 입장을 정리하였던 것이다. 『섭대승론』에 대한 무성無性이나 세친의 주석에 의하면, 정토의 상相은 정식淨識(vijñapiti)의 변현이고, 정토는 청정한 식전변識轉變의 세계로서 무분별지無分別智·후득지後得智에 의해 생겨난다고 한다.[12] 『유가사지론瑜伽師地論』에서는 본래무

---

8 水谷幸正, 앞의 논문, 1971, pp.40~41 ; 『摩訶般若波羅蜜經』 卷26, 「淨土品」(『大正藏』 8, 408c9~17).
9 平川彰 外編, 『講座 大乘佛敎 5-淨土思想』, 東京 : 春秋社, 1985, pp.131~150
10 『攝大乘論本』 卷3 (『大正藏』 31, 151a25~29)
11 『無量壽經優波提舍』 卷1 (『大正藏』 26, 231b8~232a19)
12 武內紹晃, 「唯識學と淨土敎」, 『山岐敎授定年記念-唯識思想の硏究』, 龍谷大學

루법이本來無漏法爾의 종자를 삼무수겁三無數劫에 걸쳐 닦아서 증광시키는 것이 정토 변현의 생인生因이라고 하였다.[13] 이처럼 유식학에서는 여러 부처의 법륜을 다문훈습多聞薰習함으로써 식識을 더러운 것(穢)에서 깨끗한 것(淨)으로 전변하여 이 땅에 있는 채로 정토에 있다고 말하게 되었다.[14]

이처럼 다양한 불토가 있음에도, 동아시아에서는 아미타불의 극락에 관한 사상을 정토사상이라 규정하게 된 데에는 세친의 『정토론』의 영향이 크다. 세친은 대승에서의 불도佛道의 본의가 원생정토願生淨土이고, 정토란 바로 아미타불의 국토라고 정의하였다.[15] 다만 동아시아에 유행한 아미타신앙은 세친이 말한 자력 수행이나 공덕에 의한 것보다는 아미타불의 본원력을 믿음으로써 구제받는다는 타력 구제의 성격이 강하였다.[16]

불토 개념이 확장되면서 부처가 머무는 깨끗한 땅(정토)뿐만 아니라 범부가 머무는 현실세계(예토穢土=사바娑婆세계)도 불토라는 인식이 생겼다. 범부가 살아가는 이 땅이 부처가 교화하는 세계이므로 불토라는 것이다. 또 현실에서 수행을 통해 불토의 구현이 가능하다고 믿게 되었다. 이는 부처처럼 마음이 깨끗해지기 위해 수행하는 보살이 이 땅에 있음을 상정

教學會編, 1987, pp.239~243
13 藤能成,「정토의 成辨因과 莊嚴」,『원효의 정토사상 연구』, 서울: 민족사, 2001, p.253;『兩卷無量壽經宗要』卷1 (『大正藏』37, 128a25~27)
14 上田晃圓,「唯識の觀法にみる此土淨土」,『宗教研究』55-3, 日本宗教學會, 1982, p.206
15 向井亮,「世親造『淨土論』の背景」,『日本佛教學會年報』42, 日本佛教學會, 1977, pp.161~163
16 爪生津隆眞,「淨佛國土と菩薩道」,『日本佛教學會年報』58, 日本佛教學會, 1993, pp.5~7

한 것으로, 여기에는 수행을 강조하고자 하는 의도도 들어 있다. 아울러 『화엄경華嚴經』「보살주처품菩薩住處品」처럼, 현실세계의 사방에 불·보살이 머물며 중생을 구제한다는 불국토도 설정되었다.

『유마경維摩經』에서는 수행에 대한 언급 없이 깨끗한 마음이 바로 정토라고 말하고 있다. "마음의 청정함을 따르면 불토가 깨끗해진다.(隨其心淨卽佛土淨)"[17]라고 하여, 중생은 마음이 깨끗하지 않아 국토를 예토穢土로 만들지만 부처는 마음이 깨끗하기 때문에 국토를 정토로 만들고 무량한 장엄공덕이 있다고 하였다. 이를 (유)심정토설(唯)心淨土說이라 하는데, 이는 동아시아 불교의 불토설에서 중요한 역할을 담당하였다. 유심정토설에서는 심心, 중생, 국토가 동체同體라고 인식함으로써 불국토가 포괄하는 범위가 확대되었다.[18]

황제의 불국토

중국에서는 일찍부터 타방 정토에 대한 희구가 생천生天사상과 결합되어 유행하였고, 정토교학이 발달하였다. 불토에 대한 논의도 활발하여, 학자들마다 대승불교의 확대된 불토 개념을 나름의 용어로 정의하였다. 대표적인 예만 살펴보면 다음과 같다. 정영사淨影寺 혜원慧遠(523~592)은 범부가 있는 사정토事淨土, 이승 및 초지初地 이전의 보살이 있는 상정토相淨土, 초지 이상의 보살과 제불諸佛이 있는 진정토眞淨土의 3토土로 구

---

17 『維摩詰所說經』卷1, 「佛國品」(『大正藏』14, 538b26~c5)
18 釋惠敏, 「「心淨則佛土淨」之考察」, 『中華佛學學報』 10, 中華佛學研究所, 1997, pp.25~44; 眞田康道, 「「心淨きに隨いて佛土淨し」について」, 『印度學佛教學研究』 39-1, 日本印度學佛教學會, 1990, pp.452~454

분하였다. 천태 지의天台智顗(538~597)는 응불應佛이 머무는 범성동거토凡聖同居土와 방편유여토方便有餘土, 보불報佛 즉 무명無明을 끊은 보살이 머무는 실보무장애토實報無障碍土, 법신 즉 제불여래諸佛如來가 머무는 상적광토常寂光土의 4토土로 구분하였다.[19]

유식학을 수용한 논사들은 『불지경론佛地經論』 등의 사신사토설四身四土說을 따랐다. 불신을 자성신自性身, 자수용신自受用身, 타수용신他受用身, 변화신變化身의 사신설四身說로 설명하고, 자성신은 법성토法性土, 자수용신은 자수용토自受用土, 타수용신은 타수용토他受用土, 변화신은 변화토變化土에 산다고 하였다. 현존하는 신라 승려의 정토 관련 논서들은 모두 유식학적 정토관에 입각하고 있다.[20] 한편 선종禪宗 승려들은 대부분 유심정토설唯心淨土說을 강조하였는데, 북송北宋 때 법안종法眼宗 승려인 영명 연수永明延壽(904~975)가 유심정토설을 확립하였다고도 한다.[21]

중국 역사에서 유심정토설을 제외하고 지금 살아가는 이 땅이 불국토라는 인식이 구체적으로 드러나는 사례는 많지 않다. 통치자의 정치적 구호 속에서 그 흔적을 볼 수 있는데, 불교 경론에서 말하는 불토와는 약간 거리가 있지만, 6세기 중엽부터 아육왕탑阿育王塔 및 아육왕상을 세운 곳이 성스러운 곳이라는 인식이 생겼다. 아육왕탑은 석가모니의 진신사리를 모신 탑이라고 생각하였기 때문이다. 양梁 무제武帝(재위 502~549)는

---

19 藤吉慈海, 「本願思想과 佛國土思想」, 平川彰 外編, 『講座大乘佛敎 5-淨土思想』, 東京: 春秋社, 1995, pp.131~150
20 梯信曉, 「元曉の佛土論について」, 『印度學佛敎學研究』 40-1, 日本印度學佛敎學會, 1991, pp.126~129; 박광연, 「新羅 憬興의 法華經觀과 淨土觀」, 『회당학보』 15, 회당학회, 2010, pp.532~543
21 柴田 泰, 「中国浄土教における唯心浄土説」, 『宗教研究』 259, 日本宗教學會, 1984, pp.204~205

장간사長干寺와 영파寧波의 아육왕사에 아육왕탑을 세우고, 이곳에서 대대적인 사리공양회를 열어 성지聖地로서의 면모를 높였다.[22]

위진남북조의 역대 통치자들은 종종 '보살황제菩薩皇帝' '월광동자보살月光童子菩薩' '미륵불彌勒佛'로 자칭하였는데, 가장 영향력이 있었던 것은 북위北魏 이래의 '황제즉여래皇帝卽如來' 관념이었다. 운강석굴雲岡石窟 등에 황제의 모습을 불상으로 조각하고, 제왕帝王의 제사를 위해 불상과 유사한 제왕의 상을 만들었다. 북주北周의 무제武帝(재위 560~578)는 임도림任道林이 올린 표문에 회답하면서, 제왕이 곧 여래이므로 불상은 군더더기이며 제왕의 치세가 불국토이고 방내方內와 방외方外가 같으니 승려가 군주를 예경해야 할 뿐만 아니라 출세간의 불교가 독립적으로 존재할 필요가 없다고 하였다. 이러한 논리하에 폐불廢佛을 단행하였던 것이다.[23] 부처가 머물고 있는 불국토라는 불교의 이상을 가지고 불교를 배척하였다는 사실이 참으로 아이러니하다.

중국에서 불교를 본토화本土化하는 과정에서 다양한 성격의 불국토 인식이 나타났다. 당대唐代부터 오대산에 문수보살이 머물고 있다는 보살주처신앙菩薩住處信仰이 유행하였다. 당말唐末 송초宋初에는 포대화상을 미륵보살의 화신으로, 승가화상을 관음보살의 화신으로 생각하는 등, 역사상에 실존했던 특정 인물을 불·보살의 화현이라고 믿는 인식이 생겼다. 이러한 중국인의 사고를 송대에 확산된 '본지수적本地垂迹' 사상의 범주에서 이해하기도 한다.[24]

---

22 주경미, 「中國의 阿育王塔 전승 연구」, 『동양고전연구』 28, 동양고전학회, 2007, pp.377~381

23 張雪松, 「군주가 곧 현재의 여래(國主卽是當今如來)'의 숨은 뜻 해명」, 『남북조시대의 불교사상』, 서울: 민족사, 2014, pp.68~72

24 정천구, 「본지수적설과 불국토사상의 비교」, 『정신문화연구』 31-1, 한국학중앙연구

이처럼 중국에서는 남북조시대에 황제의 아육왕탑 건립이나 황제즉여래의 천명과 같이 통치자와 관련하여 '불국토'임을 내세우다가 당대唐代에 들어 불·보살의 화신이 이 땅에 머물고 있다는 인식이 전사회적으로 확산되었다.

II. 삼국시대 불국토 인식의 수용

화랑, 미륵보살의 화신

고구려, 백제, 신라 등 한국 고대의 국가들은 시간차는 있지만 불교를 적극 받아들였다. 고구려, 백제는 4세기 후반 이후, 신라는 6세기 이후 사회의 여러 방면에서 불교의 영향이 나타나기 시작하였다. 불교의 수용과 더불어 사람들의 공간 관념도 차츰 변화하여, 지금 살고 있는 땅이 아닌 '다른 세계'에 대한 인식도 갖게 되었다. 고구려 불상의 명문에 나오는 악도惡途와 지옥地獄,[25] 각안覺岸,[26] 그리고 백제 불상의 '일찍 삼도를 떠남(早離三途)'[27]과 같은 표현들에서, 현실세계를 떠나 다른 세계로 갈 수 있다는 인식이 있었음을 알 수 있다. 도솔천, 극락과 같은 정토에 대한 관념도 점차 확산되었다.

고구려와 백제에서는 별다른 마찰 없이 불교를 받아들였던 반면, 신

원, 2008, pp.61~66
25 「太和十三年銘石佛像」(489). 이하 인용하는 금석문 원문은 한국금석문종합영상시스템 참조.
26 「永康七年銘金銅光背」(551)
27 「金銅釋迦如來立像造像記」(6세기)

라에서는 이차돈의 순교라는 극적인 장치와 영험담의 유포로 겨우 다른 부장部長들의 허락을 얻어낼 수 있었다. 탁부 출신의 법흥왕法興王(재위 514~540)은 6부의 대표 자격으로 매금왕寐錦王의 지위에 올랐지만, 그들을 제압할 만한 통치 권한을 가지고 있지는 않았다. 때문에 법흥왕은 윤회를 끊은 붓다를 내세워 무적巫的 종교에 기반을 두고 천신天神(불교에서는 윤회하는 존재)을 신앙하던 다른 부장들보다 우위에 서고자 하였고, 이러한 시도는 성공적이었던 것 같다.

법흥왕 이후 신라 왕실은 국가 통치에 다양한 불교 관념을 활용하고 창조하였다. 대표적인 것이 전륜성왕轉輪聖王 관념과 석가족釋迦族 인식이다. 진흥왕眞興王(재위 540~576)은 아들의 이름을 동륜銅輪, 사륜舍輪이라고 하여 스스로가 전륜성왕임을 표방하였다. 진흥왕 자신은 은륜銀輪, 아버지 법흥왕은 금륜金輪으로 비정했던 것이 아닌가 하는 해석도 있다. 진평왕眞平王(재위 579~632)은 여기서 나아가 자신의 가족에 석가釋迦(Śākya) 왕족의 이름을 사용하였다. 이는 경전에 나오는 석가족의 순수한 혈통임을 빌려 신라 왕실의 혈통이 본래 특별함을 내세우기 위한 것이었다.[28]

불교 경전 가운데 전륜성왕이 통치하여 사회가 안정되고 깨끗해지면, 그 땅에 도솔천에 있는 미륵보살이 내려온다는 이야기가 있다.[29] 그래서 신라인들은 신라 땅에 계신 미륵이 필요했던 것 같다. 신라인들은 간절한

---

28 김철준, 「신라 상대 사회의 Dual Organization(하)」, 『역사학보』 2, 역사학회, 1952, pp.251~255; 김영태, 「신라 진흥왕대의 信佛과 그 사상 연구」, 『불교학보』 5, 동국대 불교문화연구원, 1967, pp.19~30; 박광연, 「왕즉불王卽佛」, 『테마한국불교』 2, 서울: 동국대출판부, 2014, pp.161~164
29 김호성, 「불교경전이 말하는 미륵사상: 미륵삼부경을 중심으로」, 『동국사상』 29, 동국대학교, 1998 참조.

서원으로 미륵보살이 세상에 출현하여 화랑花郎의 모습으로 신라인과 함께 한다는 생각을 갖게 되었다. 다음은 이러한 사실을 잘 보여주는 설화이다.

  진지왕대에 흥륜사興輪寺에는 진자眞慈라는 승려가 있었다. (그는) 항상 당주堂主 미륵상彌勒像 앞에 나아가 서원을 발하여 말하기를, "원컨대 우리 대성大聖께서는 화랑으로 화하시어 세상에 출현하셔서 제가 항상 거룩하신 모습을 가까이 뵙고 받들어 시중들 수 있도록 하시옵소서."라고 하였다. 그의 정성스럽고 간절하게 기도하는 마음은 날이 갈수록 더욱 독실해졌다. 어느 날 밤 꿈에 한 승려가 그에게 말하기를, "그대가 웅천熊川의 수원사水源寺로 가면 미륵선화彌勒仙花를 볼 수 있을 것이다."라고 하였다.[30]

흥륜사 승려 진자가 수원사에서 만난 소년이 바로 미륵선화인 미시랑인데, 미시랑이 훗날 화랑도의 국선國仙으로 추대되었다는 이야기이다. 여기서 주목되는 점은 진자가 미륵을 만난 것이 '지금 이 생에서'라는 것이다. 미륵신앙은 죽은 뒤 미륵보살이 계신 도솔천에 왕생하기를 바라는 상생上生 신앙과 약 56억만 년이 지난 먼 미래에 미륵보살이 이 땅에 태어나 성불을 이루고 용화수龍華樹 아래에서 설법할 때 그 설법을 듣기를 바라는 하생下生 신앙이 있다. 미륵신앙의 일반적 모습은 죽어서 혹은 미래 생에 미륵과 만나고자 하는 바람을 담고 있다. 그런데 흥륜사 승려 진자는 지금 이 생에서 미륵을 만나고자 하였고, 무엇보다 미륵이 화랑의 모습으로 나타나기를 기도하였다는 것이다. 전륜성왕이 통치하는 신라

---

[30] 『三國遺事』 권3, 「塔像」 4, 彌勒仙花未尸郎眞慈師

땅에 도솔천에 있던 미륵보살이 화랑의 모습으로 출현하였다는 믿음은 신라가 불국토라는 인식이 저변을 이루고 있다.

자장慈藏과 황룡사

『삼국유사』 불국토 관련 이야기들의 연원을 추적하다 보면 자장慈藏과 마주하게 되는 곳이 많다.

> 산 중에 전해 오는 고전古傳을 살펴보면 이러하다. 이 산이 진짜 성인이 머무시는 곳이라고 기록된 것은 자장법사 때부터 시작되었다. 과거에 법사가 중국 오대산 문수보살의 진신을 뵙고자 하여 (하략) [31]

신라시대에 오대산五臺山에 문수보살文殊菩薩의 진신이 머물고 있다는 인식이 있었는데, 그 시작이 자장법사 때부터라고 『삼국유사』는 전한다. 이 기록의 사실 여부는 분명하지 않다. 자장과 오대산에 관한 이야기 가운데는 오류가 많기 때문이다. 당의 오대산에서 만난 문수보살이 자장에게 '황룡사가 석가와 가섭불이 강연하던 곳이라 좌선하던 바위가 남아 있다', '아소카왕이 보낸 철로 불상을 만들어라', '신라 왕은 천축국天竺國 찰리刹利 종족이다', '여인을 왕으로 모셔 덕은 있으나 위엄이 없기 때문에 이웃 나라가 쳐들어오는 것이다', '황룡사에 9층탑을 만들고 팔관회八關會를 열면 외적이 해를 입히지 못할 것이다'라고 말했다고 하는데, 어디까지 사실로 인정할 수 있을까. 자장의 오대산 순례에 대해, 당대 자료인

---

31 『三國遺事』 권3, 「塔像」 4, 臺山五萬眞身

『속고승전續高僧傳』, 『법원주림法苑珠林』이나 872년에 작성된 「황룡사구층목탑찰주본기皇龍寺九層木塔刹柱本記」에는 전혀 언급이 없는 것으로 보아 자장은 오대산에 가지 않고 곧장 장안으로 갔다고 보기도 한다.[32] 어쩌면 신라 하대에 전해진 오대산신앙이 자장의 옷을 껴입고, 자장의 사리탑 신앙이 오대산신앙으로 윤색된 것일 수도 있겠다.

하지만 가섭불이나 오대산 문수보살 이야기 등에 자장이 계속 등장하는 데는 이유가 있을 것이다. 7세기 신라 불교계를 이끌던 자장은 선덕여왕의 실추된 권위를 회복하기 위해, 그리고 고구려와 백제와의 사이에서 꺾인 신라의 자존감을 되찾기 위해 노력하였다. 먼저 자장은 귀국(643) 후 황룡사 주지 겸 국통으로서 불교 교단의 질서를 정비하고 전국의 승려들을 조직화하였다. 출가자들에게는 『사분율』 등 율장 준수를 강조하였고, 일반민들에게는 『범망경』에 의거한 보살계 정신을 강조하였다. 자장은 전륜성왕 관념, 석가족 인식 등을 내세우며 신성성을 강조하던 중고기 왕실을 지지하고, 계속되는 전란에 힘겹게 살아가던 신라인들을 위로하였다. 자장의 이와 같은 노력들은 훗날까지 여러 사람들에게 회자되었을 것이다. 그리하여 오대산신앙을 비롯한 각종 불국토 관련 이야기에 자장이 등장하게 된 것이 아닌가 한다.

황룡사 9층탑의 건립은 자장의 대표적인 업적이다. 자장은 앞서 안홍安弘이 설계하고 제안하였던 황룡사 9층탑의 건립을 적극적으로 건의하여 645년 완공시켰다. 중고기 신라 불교계의 중심 사찰이었던 황룡사의 운영은 기본적으로 수隋의 대흥선사大興善寺를 벤치마킹하고 있었고, 9층탑도 대흥선사 사리탑을 모델로 한 것이라는 해석이 있다. 수隋 문제(재위

---

32 남동신, 「자장의 불교사상과 불교치국책」, 『한국사연구』 76, 한국사연구회, 1992, p.22

581~604)가 아소카왕의 팔만사천탑을 본떠서 전국 각지에 사리탑을 세우고 '전륜성왕불탑轉輪聖王佛塔'이라 한 것처럼 자장도 황룡사탑을 통해 왕권을 옹호하고자 한 의도가 있었다는 것이다. 또 황룡사탑의 건립은 자장 자신이 목격한 당 태종의 통치처럼 군주의 권위가 보장되는 국가를 이룩하고, 또 신라를 위협하던 고구려와 백제를 굴복시켜 민심을 안정시키고 자신감을 불어넣기 위한 목적에서 비롯되었다고도 한다.[33] 신라 도읍 서라벌의 랜드마크로 자리매김했을 황룡사 9층탑을 통해 자장은 신라가 불국토임을 표방하고 신라 왕실을 후원하였다.

불연국토설의 성립

『삼국유사』 불국토 관련 설화는 대부분 신라시대의 일이다. 「아도기라阿道基羅」에 나오는 칠처가람설七處伽藍說과 같이, 신라에서는 전통 신앙에서 중요한 장소들이 오랜 옛날부터 불교와 인연이 깊은 땅이었다는 인식이 있었다고 한다. 도읍에 세워진 흥륜사興輪寺, 영흥사永興寺, 황룡사皇龍寺, 분황사芬皇寺, 영묘사靈妙寺, 천왕사天王寺, 담엄사曇嚴寺가 일찍이 불교가 공인되기 전에 아도我道의 어머니인 고도령高道寧이 예언한 곳에 세워졌다는 것이다. 흥륜사는 천경림天境林에, 영흥사는 삼천기三川岐에, 황룡사는 용궁龍宮 남쪽에, 분황사는 용궁 북쪽에, 영묘사는 사천미沙川尾에, 천왕사는 신유림神遊林에, 담엄사는 서청전婿請田에 세워졌는데,

---

33 신종원, 「자장의 불교사상에 대한 재검토: 신라불교 초기 계율의 의의」, 『한국사연구』 39, 한국사연구회, 1982; 신종원, 「안홍과 신라불국토설」, 『중국철학』 3, 중국철학회, 1992; 김영미, 「자장의 불국토사상」, 『한국사시민강좌』 10, 서울: 일조각, 1992; 남동신, 앞의 논문, 1992 참조.

이들 지역은 모두 전통 신앙에서 신성한 지역이며, 전불前佛 시대에 가람 터였다고 한다. 이는 불교가 전통 신앙과 어떻게 융합되어 나갔는지를 잘 보여준다.³⁴ 신라인의 오랜 산악숭배사상도 불교가 토착화할 수 있는 여건을 마련해 주었다.³⁵

「낭지승운보현수朗智乘雲普賢樹」에서는 낭지가 자신이 머무는 암자(혁목암赫木庵)가 가섭불 때의 절터라고 하였고, 「가섭불연좌석迦葉佛宴坐席」에서는 월성月城 남쪽 용궁 동쪽에 가섭불이 좌선하던 바위가 있다고 하였다. 가섭불은 석가모니 이전의 부처, 과거의 일곱 부처 가운데 여섯 번째 부처이자 석가모니 전생의 스승으로, 석가모니가 장래에 반드시 성불하리라는 것을 예언하였다는 부처이다. 석가불 이전의 과거불이 먼 옛날에 신라 땅에서 좌선하며 있었다는 것이다. 이처럼 신라가 불교와 인연 있는 나라라는 주장을 '불연국토설佛緣國土說' 또는 '유연국토설有緣國土說'이라고 한다. 과거불 때의 일이나 아도의 일이 실제로 있었던 일은 아닐 것이다. 후대에 누군가의 의도하에 만들어진 이야기임에 틀림없다. 칠처가람설의 경우, 일곱 사원 가운데 천왕사가 문무왕 19년(679)에 건립되었고, 일곱 사원 모두 신라 사회에서 비중이 높았던 시기를 감안하면 이 설은 중대 말 하대 초 8~9세기경에 성립된 것이라고 한다.³⁶ 불교의 사회적 저변이 확대되면서 만들어진 이러한 불연국토설은 일반민들이 불교를 받아들이는 데 촉매제 역할을 하였을 것이다.³⁷

---

34 신동하, 「신라 불국토사상의 전개양상과 역사적 의의」, 서울대 박사학위논문, 2000, p.2
35 이기영, 「7,8세기 신라 및 일본의 불국토사상-산악숭배와 사방불」, 『한국종교사연구』 2, 한국종교사학회, 1973, pp.7~9
36 신동하, 「신라 불국토사상과 황룡사」, 『신라문화제학술발표논문집』 22, 동국대 신라문화연구소, 2001, pp.64~65
37 김영태, 「신라 불국토사상」, 『신라불교연구』, 서울: 민족문화사, 1987, pp.149~150

III. 통일신라시대 불국토 인식의 확산

정불국토의 구현과 불국사

원효元曉(617~686)를 비롯하여 법위法位, 현일玄一, 경흥憬興 등의 논서에서 그들의 불국토에 대한 인식을 엿볼 수 있다.[38] 원효는 아미타불의 정토는 타수용토他受用土이며, 아미타불은 정정취正定聚 이상의 사람들이 보는 보신報身이라고 정의하였고, 이러한 경지는 수행을 통해 도달할 수 있다고 보았다. 즉 수행을 통해 자신의 본각本覺을 깨닫는다면 보불이 될 수 있고, 그 경지가 바로 정토라고 하였다.[39]

신유식학을 익힌 신라 승려들의 불국토 논의는 식전변識轉變에 근거를 두고 있다. 법위, 현일, 경흥도 유식학적 정토관을 펼쳤는데, 불토佛土에 대한 논의만 살펴보면 다음과 같다. 우선 법위는 여래는 무분별지無分別智 · 후득지後得智의 무루종자無漏種子를 정토의 인因으로 삼고, 보살은 문혜聞惠 · 사혜思惠 · 수혜修惠를 일으켜야 정토에 들어갈 수 있다고 하였다. 현일은 법장이 5겁 동안 수행하여 초지初地에 올라 마음이 깨끗해지면 불토佛土도 저절로 깨끗해진다고 하였다. 마음이 깨끗해지고 평등해진다는 것은 바로 분별심이 없는 상태를 가리킨다고 한다. 경흥은 선정(定)을 근본으로 삼고 지혜(慧)가 선정을 이끄는 심관心觀이 정토의 업이라고 하여, 이를 통한 청정국토의 성취를 강조하였다. 수행을 통해 국토를 청정하게

---

[38] 원효의 『無量壽經宗要』, 法位의 『無量壽經疏』, 憬興의 『無量壽經連義述文贊』, 玄一의 『無量壽經記』, 『阿彌陀經疏』, 義寂의 『無量壽經述義記』, 道倫의 『小阿彌陀經疏』 등의 정토 관련 논서들이 현재 전하고 있다.

[39] 김영미, 「원효의 아미타신앙과 정토관」, 『신라불교사상사연구』, 서울: 민족사, 1994, p.108

할 수 있다는 것이다. 삼국통일을 이룩하고 새로운 사회를 만들어 나가던 시기에 법위, 현일, 경흥 등의 신라 승려들은 모두 수행을 통해 마음을 청정하게 하는 것이 불국토, 정토를 이루는 길임을 말하였다.⁴⁰

신라의 불국토 인식은 중고기로 끝난 것이 아니고 통일 이후 불교 교학에 대한 이해가 진전하면서 더 강화되어 나갔다고 볼 수 있다. 과거 부처와 인연이 있는 나라라는 의미에서의 불국토와 더불어 수행에 의해 청정해진 불국토(정불국토淨佛國土)도 꿈꾸었던 것이다. 현재의 신라 땅에 아미타불 및 여러 불·보살이 상주한다는 이야기나 현신성불現身成佛의 사례들, 불국토의 구현이라 평가받는 경주 남산의 모습은 중대 초 정불국토를 강조하던 승려들의 가르침에 힘입은 바가 크다고 생각한다.

특히 경덕왕景德王(재위 742~765) 때 공사가 시작된 불국사佛國寺와 석불사石佛寺(석굴암),⁴¹ 남백월사南白月寺⁴²는 당시의 불국토 인식을 잘 보여준다. 신라 불교문화의 절정이라 평가받는 불국사는 현존하는 배치를 보면 중문中門 앞의 석교石橋와 중문 이후의 대웅전 구역, 서원 극락전 구역, 법화·관음·비로전 구역 등으로 구성되어 있다. 신라 때의 구조는 정확히 알 수 없지만, 불국사가 화엄, 법화, 관음신앙, 아미타신앙 등 다양한 사상을 배경으로 복합적 구상 아래 건설되었을 것이라 짐작하고 있다.⁴³ 구역별로 다른 사상적 배경이 있다고 보기도 하는데,⁴⁴ 대웅전을 중

---

40 박광연, 「신라 중대의 정불국토淨佛國土 인식과 의미」, 『불교학보』 68, 동국대 불교문화연구원, 2014 참조.
41 『三國遺事』 권5, 「孝善」 9, 大城孝二世父母
42 『三國遺事』 권3, 「塔像」 4, 南白月二聖 努肹夫得 怛怛朴朴
43 정병삼, 「8세기 신라의 불교사상과 문화」, 『신라문화』 25, 동국대 신라문화연구소, 2005, pp.203~204
44 김남윤, 「불국사의 창건과 그 위상」, 『신라문화제학술발표논문집』 18, 동국대 신라

심으로 석가정토, 극락전을 중심으로 극락정토, 비로전을 중심으로 연화장세계를 구현하였다고 한다.[45]

이 가운데 화엄사상의 영향이 특히 강조되었다. 8세기 중엽에 표훈表訓 등 의상계 화엄학파가 도읍으로 진출하여 불교계의 중심 세력으로 부상하였는데, 불국사 공사 담당자였던 김대성도 황복사에 있던 표훈을 찾아가 화엄을 배웠다. 그래서 불국사와 석불사의 건축에 표훈의 사상이 많이 반영되었다고 한다.[46] 김대성이 전세의 부모를 위해 석불사를, 현세의 부모를 위해 불국사를 건립하였다는 점에서 공덕신앙과 결합된 효孝 관념도 창건 배경이다.[47] 무엇보다도 불국佛國이라는 이름 자체에서 신라 땅에 불국토를 건립하고자 하였음을 엿볼 수 있다. 경덕왕은 709년(성덕왕 8)에 성불한 노힐부득과 달달박박을 기리기 위해 남백월사를 창건하였는데, 신라 땅에서 미륵불, 아미타불로의 성불이 가능하다, 즉 불국토의 현실화가 가능하다는 것을 보여주고자 한 의도도 엿볼 수 있다.[48]

문화연구소, 1997, pp.45~47
45 강우방,「불국사와 석불사」,『한국사시민강좌』23, 서울: 일조각, 1998, pp.67~71
46 김상현,「石佛寺 및 佛國寺에 표출된 화엄세계관」,『신라화엄사상사연구』, 서울: 민족사, 1991, pp.203~218; 배진달,「석불사 도상고: 화엄불신관의 신라적 해석」,『미술사연구』22, 미술사연구회, 2008, pp.61~71; 최연식,「표훈(表訓)의 일승세계론(一乘世界論)과 불국사·석굴암 – 8세기 중엽 신라 화엄학 이해 서설」,『불교학보』70, 동국대 불교문화연구원, 2015
47 남동신,「천궁으로서의 석굴암」,『미술사와 시각문화』13, 미술사와 시각문화학회, 2014
48 김영미, 앞의 책, 1994, p.156

오대산신앙과 천관보살신앙

오대산신앙은 지금 현재 오대산에 문수보살 등의 보살이 머물고 있다는 믿음을 말한다. 이를 보살주처신앙菩薩住處信仰이라 한다. 진신상주신앙眞身常住信仰이라는 표현도 사용하는데, 진신眞身은 불, 보살 등 불교적 존격을 말하고, 그 화신이 이 땅에 항상 머물러 있다는 것이다. 머물고 있는 장소를 강조하여 성지聖地신앙이라고도 한다. 용어가 다소 생소하긴 하지만, 우리는 일상에서 다양한 보살주처를 경험하고 있다. 예를 들면, 북한산의 봉우리를 비로봉, 문수봉, 보현봉 등으로 부르는 것도 보살주처신앙에서 비롯되었다.

보살주처는 『화엄경華嚴經』에 처음 등장한다. 『화엄경』의 초기 번역본인 '60화엄'은 지법령支法領이 호탄(于闐)에서 입수한 호본胡本을 동진東晉의 불타발타라佛馱跋陀羅(Buddhabhadra)가 420년에 번역을 끝낸 본이다. 이 60화엄의 제27품이 바로 「보살주처품」이다.[49] 「보살주처품」은 전체가 700여 자에 불과한 짧은 품으로, 동방의 선인기산仙人起山에 현재 금강승金剛勝보살이 있다는 식으로 지명과 보살명이 나열되어 있다. 「보살주처품」의 등장인물 가운데 한국에서는 문수보살, 천관보살, 담무갈보살이 주요 신앙 대상이 되었다. 중국에서 60화엄에 의거하여 동북방에 있는 오대산이 바로 「보살주처품」에 나오는 청량산淸凉山이고, 이곳에 문수보살이 머물고 있다는 믿음이 먼저 생겨났다. 발생 시기에 대해서는 논란이 있는데, 연구 초기에는 『고청량전古淸凉傳』에 의거하여 60화엄의 번역 직후인 5세기에 이미 오대산 문수신앙이 생겨났다고 보았지만[50] 최근에는 그 시

---

49 『大方廣佛華嚴經』卷29 「菩薩住處品」(『大正藏』9, 589c20~590b6)
50 박노준, 「唐代 오대산문수신앙과 그 동아시아적 전개에 관한 연구」, 성신여대 박사

기를 늦추어 보고 있다. 즉 오대산이 남북조시대부터 불교인의 수행지가 되었지만, 당唐 고종高宗(재위 649~683)에 이르러서야 오대산이 황실의 주목을 받으면서 전국적으로 알려지기 시작했고, 문수보살의 주처로서 널리 알려진 것은 청량국사淸涼國師 징관澄觀(738~839)과 불공不空(705~774)에 의해서라고 한다. 특히 불공이 활약한 대종代宗(762~778) 이후 오대산의 역참 시설이 정비되면서 국내외의 많은 사람들이 문수보살을 친견하기 위해 오대산을 찾았다고 한다.[51]

7세기 이후 신라의 많은 이들이 당 유학길에 올랐다. 승려들의 구법 열기는 시간이 흘러도 식지 않았는데, 신라 하대에 유학을 다녀온 선사들의 비문에서 오대산 순례를 쉽게 확인할 수 있다. 도의道義(827년 귀국)는 784년(선덕왕 5) 당에 들어간 뒤 바로 오대산으로 가서 문수보살을 참례하고 나서 조계산으로 이동하였다.[52] 8세기 후반에는 신라에도 당의 오대산 문수보살에 대한 소문이 퍼졌음을 알 수 있다.

『삼국유사』「대산오만진신臺山五萬眞身」,「대산월정사오류성중臺山月精寺五類聖衆」에 신라 오대산신앙에 대한 자세한 이야기가 전한다. 그런데 이 기록만으로는 오대산이 문수보살의 주처로 인식된 것이 언제인지 정확히 알 수 없어 성덕왕대 성립설,[53] 신라 하대 성립설,[54] 고려 태조대 성

학위논문, 1997 참조.

51 藤善眞澄,「安史の亂と佛敎界」,『隋唐時代の佛敎と社會』, 東京: 百帝社, 2004, pp.187~193; 林韻柔,「五臺山與文殊道場－中古佛敎聖山信仰的形成與發展」, 臺灣大學 文學院歷史學系 博士論文, 2009, pp.29~166

52 「斷俗寺神行禪師碑」(813년 입비)

53 신종원,「신라 오대산사적과 성덕왕의 즉위배경」,『최영희선생화갑기념 한국사학논총』, 서울: 탐구당, 1987, p.130

54 김복순,「신라 오대산 사적의 형성」,『강원불교사연구』, 서울: 소화, 1996;『한국고대불교사연구』, 서울: 민족사, 2002, pp.193~194 재수록

립설⁵⁵ 등 다양한 견해가 제기되었다. 중국 오대산신앙에 대한 최근 연구를 따른다면, 신라 오대산신앙은 빨라도 8세기 중반 이후에 시작되었을 가능성이 크다. 『삼국유사』에 묘사된 오대의 의례 체계는 신라 하대의 다른 의례들과 성격이 유사하고,⁵⁶ 수다사 장로 유연有緣이 오대산에 와서 사원을 정비함으로써 비로소 세력을 갖추게 되었는데,⁵⁷ 오대산 문수신앙이 전국에 알려진 것도 이 이후일 것이다.

당의 오대산신앙은 신라뿐만 아니라 서하西夏, 돈황, 일본 등에도 전파되었다. 각국의 오대산신앙은 문수보살의 주처라는 기본 성격을 공유하면서도 각지의 성격에 맞는 모습으로 정착되어 갔다. 징관, 불공 때의 오대산신앙과 비교하였을 때 신라 오대산신앙의 특징적인 모습은 각 법당의 명칭을 설정하는 내용을 두어 각 대의 신앙 특징과 연결시키고, 각 대에서의 독경讀經, 예참禮懺, 결사結社 등의 사실을 전하고 있는 점이다. 당에서처럼 문수보살신앙으로 시작했겠지만 고려시대에 정착된 형태를 보면, 관음보살, 지장보살, 팔대보살八大菩薩, 무량수여래, 대세지보살, 석가여래, 오백나한도 문수보살과 함께 신앙되고 있다. 밀교만다라적인 체계에서 벗어나지 않으면서도 구체적인 신앙, 예참을 강조하고 있고, 또 각 방향에 색色을 구분하여 불·보살상을 조성하였는데, 그 색이 밀교의 방위배정 관념이 아닌 오행사상의 방위색 관념을 반영하고 있는 것도 특징이다.⁵⁸

오대산 문수신앙은 당에서 수입하여 시작되었지만, 신라인들은 오대

---

55 金杜珍, 「신라 하대의 오대산신앙과 화엄결사」, 『가산이지관스님화갑기념논총 한국불교문화사상(상)』, 서울: 가산불교문화진흥원, 1992; 「오대산신앙과 화엄결사」, 『신라화엄사상사연구』, 서울: 서울대학교출판부, 2002, pp.252~253 재수록.
56 박광연, 『신라법화사상사연구』, 서울: 혜안, 2014, p.192
57 『三國遺事』卷3, 「塔像」4, 臺山五萬眞身
58 신동하, 앞의 박사학위논문, 2000, p.133

산에서 끝나지 않고 다른 산들도 보살주처로 지정하였다. 일찍부터 불국토 인식이 강했던 만큼, 보살주처신앙은 다양한 모습으로 확산되었다. 오대산만큼이나 시기가 올라가는 것이 지제산支提山 천관보살天冠菩薩신앙이다. 지제산과 천관보살도「보살주처품」에 등장하는 이름이다. 그런데 60화엄이 아니고 80화엄이다. 60화엄에서는 천관보살의 주처가 지견고枝堅固라고 되어 있다.[59]

지제산 천관보살신앙은 신라 승려 원표元表에게서 시작되었다. 중국 복주福州 지제산(곽동산霍童山) 천관보살신앙에 대한 기록보다 원표의 활동 연대가 빠르다.[60] 『속고승전宋高僧傳』에 원표가 천보天寶 연간(742~755)에 유학을 떠나 서역을 순례한 뒤 80화엄을 짊어지고 복주에 있는 지제산에 올라 천관보살께 예배하고 그곳에서 수행하였다는 이야기가 전한다.[61] 신라에 귀국한 뒤에 원표는 경덕왕의 후원하에 무주武州의 가지산迦智山에 보림사를 개창하였다. 천관신앙의 도량인 천관사를 창건한 사람은 애장왕哀莊王(재위 800~809) 때에 활동한 통영通靈이었고, 신무왕神武王(재위 839) 즉위 과정에 홍진洪震 등 천관사 세력이 가담하여 왕실의 비호를 받게 되었다.[62] 원표가 신라에서 천관보살신앙을 강조하였는지 여부를 명확히 알 수 없지만, 가지산에서 멀지 않은 곳에 지제산(천관산이라고도 함)을 비정한 것은 우연이 아닐 것이다. 천관사의 창건을 도운 이가

---

59 『大方廣佛華嚴經』卷45,「諸菩薩住處品」(『大正藏』10, 241b6~c25)
60 여성구,「원표의 생애와 천관보살신앙연구」,『국사관논총』48, 국사편찬위원회, 1993, pp.207~210
61 『宋高僧傳』卷30,「雜科聲德篇」(『大正藏』50, 895b6~c2)
62 여성구, 앞의 논문, 1993, pp.193~197, 210~214; 天因(1205~1248),「天冠山記」,『東文選』68

그 지역의 토호세력인지,[63] 중앙 정치세력인지[64] 견해차가 있지만, 신라 하대에 신라에 뿌리내린 천관보살신앙은 화엄신중신앙이 더해지는 등 성격이 다변화하면서 중요한 보살주처신앙으로 자리매김하였다.

IV. 고려·조선시대 불국토 인식의 내재화

금강산 담무갈보살신앙과 보개산 지장보살신앙

오늘날 보살주처라고 하면 제일 먼저 오대산과 함께 금강산金剛山을 떠올리게 된다. 금강산 담무갈曇無竭보살(법기法起보살)도 제법 유명하다. 금강산도 80화엄에 등장한다. 60화엄에서는 사대해四大海의 지달枳怛에 담무갈보살이 있다고 했는데, 80화엄에서는 해海의 금강산에 법기보살이 있다고 하였다. 흥미로운 것은 오대산, 지제산과 달리 중국에는 『화엄경』에 나오는 금강산으로 비정된 곳이 없다는 점이다. 반면 한국의 금강산은 다른 나라에도 그 이름이 알려질 만큼 보살주처신앙 가운데서도 비중이 컸다.[65]

금강산은 고려 무인정권 무렵까지도 주로 개골산皆骨山, 풍악산楓嶽山으로 불렸는데, 원간섭기 이후 문인들이 금강산이라는 이름을 널리 사용

---

63 변동명, 「장흥 천관산 지역의 토착세력과 불교신앙」, 『한국중세의 지역사회연구』, 서울: 학연문화사, 2002, p.16
64 조범환, 「장보고의 해상세력과 화엄신중신앙」, 『신라문화』 32, 동국대 신라문화연구소, 2008, pp.260~261
65 Stiller, Maya Kerstin Hyun, *Kumgangsan: Regional practice and religious pluralism in pre~modern korea*, Ph.D.diss., University of California, Los Angeles.

하면서 대표 명칭이 되었다.[66] 특히 금강산을 좋아하여 많은 글을 남긴 이는 이곡李穀(1298~1351)이었다.[67] 금강산에 담무갈보살이 머물고 있다는 인식이 언제부터 있었는지는 명확하지 않은데, 『신증동국여지승람』에 태조 왕건이 금강산에 올라 담무갈보살을 친견하고 정양사正陽寺를 세웠다는 이야기가 있어[68] 고려 초부터 금강산신앙이 있었다고 보기도 한다.[69] 금강산 표훈사表訓寺가 의상의 제자 표훈이 창건한 것이라고 보아 신라시대부터 금강산이 중요한 불교 성지였다는 견해도 있지만, 이는 사실이 아닐 것이다.

최해崔瀣(1287~1340)는 「송승선지유금강산서送僧禪智遊金剛山序」에서 『화엄경』에서 금강산을 해동보살海東菩薩의 주처라고 한 말을 믿기 어렵다고 하면서도, 당시 사람들이 금강산을 사랑하는 본질은 보살이 살고 있다는 믿음, 보살이 사람들에게 복을 내리기 때문이라는 믿음이라고 인정하고 있다. 최해의 비판을 통해 당시 금강산이 관청의 대대적인 지원을 받아 번성하였고, 공경대부公卿大夫로부터 사서인士庶人에 이르기까지 금강산을 찾아갔다는 사실을 확인할 수 있다.[70]

금강산에는 관음보살이 머무는 금란굴金蘭窟, 삼일포에 위치한 미륵당 등 담무갈보살뿐만 아니라 다양한 보살신앙이 공존하였다. 금강산의 인기로, 유점사楡岾寺를 둘러싼 불연국토설도 창작되었다. 민지閔漬(1248~1326)가 썼다는 「금강산유점사사적기金剛山楡岾寺事蹟記」에는 문수가 석

---

66 김창현, 「고려시대 금강산과 그 불교신앙」, 『지역과 역사』 31, 부경역사연구소, 2012, pp.201~211
67 李穀, 『稼亭集』 권5, 「記」, 東遊記; 『稼亭集』 권6, 「碑」, 金剛山長安寺重建碑 등.
68 『新增東國輿地勝覽』 권47, 江原道, 淮陽都護府
69 김창현, 앞의 논문, 2012, pp.206~207
70 崔瀣, 『拙藁千百』 권1, 「送僧禪智遊金剛山序」; 『東文選』 권84, 序

가모니 입멸 후 불상 가운데 뛰어난 작품 53개를 골라 종 안에 넣어 배에 띄워 보내면서 인연 있는 국토에 가서 머물면 나도 그곳에 가서 설법하여 말법 중생을 구원하겠다고 하였는데, 이 53불이 신라 남해왕 때 월지국을 거쳐 금강산에 도착하였다는 것이다.[71] 유점사는 원元으로부터 '대보덕수성사大報德壽聖寺'라는 사액을 받은 절이었다.[72]

금강산이 유명해진 데에는 원의 영향도 있었을 것으로 보고 있다. 원이 화주和州에 쌍성총관부雙城摠管府를 설치하면서 지리적으로 금강산이 가까웠기 때문에 중요성이 커졌다. 그리고 금강산의 보살이 복을 준다는 믿음에서 원 황실의 구성원들은 개인적으로 금강산을 찾았다. 예를 들어 기황후는 황제와 태자를 축원하기 위해 금강산에서 가장 수승하다는 장안사長安寺에 1343년부터 거액을 시주하여 법회를 열게 하였다. 금강산의 사원에서 스스로 원 황제의 축수도량을 개설하기도 하였다.[73]

이처럼 신라 하대에 시작된 보살주처신앙은 고려시대에 대중적인 인기를 얻으면서 『화엄경』과 무관한 보살주처도 등장하게 되었다. 대표적인 곳이 지장보살이 머물면서 설법하고 있다는 보개산寶盖山이다. 민지가 1307년에 썼다는 「보개산석대기寶盖山石臺記」를 보면, 보개산을 금강산, 오대산과 같은 경지로 견주고 있다. 즉 세 산에 사는 사람은 영원히 삼악도에 떨어지지 않는다고 하였다.[74] 이는 보살주처로 유명한 금강산과 오대산의 명성을 이용하여 보개산을 지장보살의 주처로 만들고자 하는 의도가 내포된 것이다. 이처럼 고려 후기에 보살주처는 공간적으로 더욱

---

71 이능화, 『朝鮮佛敎通史』下篇, 二百品第一, 月氏金人乘來鐵鍾; 『역주조선불교통사』 4, 서울: 동국대출판부, 2010, pp.137~144
72 『圓齋先生文稿』卷之上, 「詩」, 楡岾寺(皇元賜額大報德壽聖寺)
73 김창현, 앞의 논문, 2012, pp.199, 213~215
74 「寶盖山石臺記」(1307)

확대하였다. 고려 땅 곳곳에 머물고 계신 보살을 친견하기 위한 여행도 날이 갈수록 증가하였고, 이는 조선시대에도 지속되었다.

세조의 「관음현상기」와 그 후

천관산, 금강산의 보살주처신앙은 『석보상절釋譜詳節』 권24에서도 확인된다.

그 귀신들히 월식홇 저긔 팔만 사천 탑올 훈 쁴 셰니 그 탑이 진단국에 잇ᄂ니도 열 아호비니 우리나라해도 전라도 천관산과 강원도 금강산애 이 탑이 이셔 靈ᄒ 이리 겨시니라.

(그 귀신들이 월식 때에 8만 4천 탑을 일시에 세우니 그 탑이 진단국에 있는 것도 열아홉인데, 우리나라만 해도 전라도 천관산과 강원도 금강산에 이 탑이 있어서 신령한 일이다.)[75]

아육왕에 대한 이야기가 펼쳐지는 가운데, 아육왕이 세운 8만 4천 탑이 천관산과 금강산에도 있다고 말하고 있다. 『석보상절』은 수양대군이 자신의 어머니 소헌왕후의 명복을 빌기 위해 승우僧祐의 『석가보釋迦譜』에 『법화경』, 『대방편불보은경』 등을 편입하여 1447년(세종 29)에 편찬, 간행한 책이다.[76] 조선 전기 왕실에서 간행한 책에 천관산, 금강산이 등장할 만큼 이곳의 인지도가 높았음을 알 수 있다.

---

75 『釋譜詳節』 권24
76 김기종, 「석보상절 권11과 월인석보 권21의 구성방식 비교 연구」, 『한국문학연구』 26, 동국대 한국문학연구소, 2003, pp.219~220

성리학을 통치 이념으로 내건 조선이 건국되면서 불교에 대한 국가적 지원이 축소되었지만, 조선 초기에는 승과僧科 등의 불교 정책이나 공식적인 불교 의례는 계속 유지되었다.[77] 특히 불교에 우호적이었던 세조世祖(재위 1455~1468)는 불교적 상서祥瑞를 정치에 적극 활용하였다. 세조의 통치 기간 동안 사리의 분신, 방광放光, 불·보살의 출현, 꽃비나 감로가 내림, 땅이 흔들림 등의 상서가 총 40회 정도 기록되었는데, 특히 세조는 불·보살의 현신을 중요하게 여겼다.[78]

1462년(세조 8) 10월 29일(『조선왕조실록』에는 11월 5일) 세조는 세자와 함께 사냥을 나갔다가 효령대군의 원찰인 미지산彌智山(현재 용문산) 상원사上院寺에 행차하였는데, 담화전曇華殿 상공에서 흰 기운이 백의관음으로 화현化現하는 광경을 목격하였다. 세조는 너무나 기뻐 상원사에 쌀 2백 석을 내리고 내관을 보내 향을 바치도록 하였다. 백의관음이 출현한 상서를 축하하기 위해 큰 죄를 지은 죄인들을 용서하고, 이 사실을 백성에게 두루 알렸다. 이 과정을 중추원 예문관 대제학 최항崔恒에게 기록하게 하였는데, 그 책이 『관음현상기觀音現相記』이고 지금도 전하고 있다.[79]

1464년(세조 10)에는 회암사에 행차했다가 석가불이 화현함을 보았다. 당시 상황을 기록한 것이 김수온金守溫의 「여래현상기如來現相記」이다.[80] 1466년(세조 12), 금강산 순행 시에는 직접 담무갈보살을 친견하였

---

77 손성필, 「16·17세기 불교정책과 불교계의 동향」, 동국대 박사학위논문, 2013에 의하면, 국가체제에서 불교적 요소를 배제한 것은 16세기 초반으로, 연산군 때(1504) 선교 양종이 혁파되었고, 1516년 왕실의 忌晨齋가 폐지되었다고 한다.
78 박세연, 「조선초기 세조대 불교적 상서의 정치적 의미」, 『사총』 74, 고려대 사학회, 2011, pp.36~45
79 모두 1책 7권으로, 규장각 도서관에 목판본이 소장되어 있다(奎 6611, 奎 6612).
80 『拭疣集』 권2, 「如來現相記」

고, 또 낙산사에 갔을 때는 관음보살상에서 사리가 분신하였다고 하고, 조선이 신라 이래 문수보살이 직접 보낸 불상이 닿은 인연 있는 곳임을 과시하였다. 이처럼 세조는 신라, 고려시대를 이어 내려오던 불국토 인식을 깊이 인지하고 있었고, 관련 전승을 폭넓게 활용하여 자신을 불국토에서 불·보살과 직접 통하는 절대적 존재이자 부처와 같은 자비의 화신으로 이미지화하였다.[81]

세조 이후 국왕이 적극적으로 불·보살이 해동海東에 있다는 불국토 인식을 정치적으로 활용한 구체적인 사례는 보이지 않지만, 불국토 인식은 전 계층에 보편적으로 보급되어 있었다. 그런데 조선시대의 유자儒者들은 이러한 현상이, 특히 명산의 지명에 불교적 색채가 압도적인 것이 맘에 들지 않았다. 17세기 이후 산수 유람이 크게 유행하자 그들은 산중 교화의 방법으로 자신들에게 익숙한 의미체계 속에서 산의 이름을 고쳐 나갔다. 원효봉, 의상봉, 보살봉 등 불교식 이름 대신 장인봉丈人峰, 축융봉祝融峰, 탁필봉卓筆峰과 같은 중국 명산의 봉우리 이름을 붙이거나 성리학적 유교관을 반영한 이름들을 붙여 나갔다.[82] 조선 후기 불교 교단이 사족士族 중심의 질서 체제를 수용하고 유교화해 가던 양상 속에서 불국토 인식도 점차 빛이 바랬다. 하지만 완전히 사라지지는 않고 오늘날까지도 한국인의 의식 속에 면면히 이어 오고 있다.

---

81 박세연, 앞의 논문, 2011, pp.40~48
82 이경순, 「17~18세기 士族의 유람과 山水空間 인식」, 서강대 박사학위논문, 2014, pp.162~168

불·보살이 머무는 나라

불(국)토(buddha-kṣetra)는 붓다가 계신 땅이라는 개념으로 사용되기 시작하였다. 부파불교 논서에서는 불토라는 표현을 찾아보기 힘든 반면, 대승불교 문헌에는 다양한 이름의 불토가 등장한다. 이는 대승불교에서 불신佛身 개념이 확장되면서 불토도 다양해졌기 때문이다. 법신으로서의 부처뿐만 아니라 보신, 응신, 화신의 부처가 머무는 공간을 모두 불토라고 하였다.

대승불교의 다양한 불토 가운데 보신報身이 머무는 정(불국)토淨(佛國)土가 중요하다. 대품계 경전에서는 재가·출가, 남녀, 귀천貴賤을 불문하고 붓다의 깨달음을 구하여 수행하는 자, 즉 보살菩薩의 주요한 서원誓願 가운데 하나로서 국토를 청정하게 함을 강조하였다. 정토계 경전에서는 보살이 서원을 성취하여 건립한 청정 세계를 정토라고 하며, 정토에 머무는 불신佛身은 수명이 길고 상주常住한다고 하였다. 아미타불이 계신 극락정토를 비롯하여, 아촉불의 묘희세계, 약사불의 유리광정토, 미륵보살의 도솔천 등이 있다. 한편 유식학에서는 여러 부처의 법을 다문훈습하여 식을 더러운 것에서 깨끗한 것으로 전변함으로써 이 땅에 있는 채로 정토에 있다고 말하였다.

불토 개념이 확장되면서 범부가 머무는 현실세계(예토穢土)도 불토라는 인식이 생겼다. 부처가 교화하는 땅이기 때문에, 또 수행을 통해 불토를 구현할 수 있기 때문에 현실세계가 불토라고 하였다.『화엄경』「보살주처품」의 등장으로, 현실세계의 사방에 불·보살이 머물며 중생을 구제하고 있다는 인식도 생겼다.『유마경』의 유행으로 "마음의 청정함을 따르면 불토가 깨끗해진다"는 유심정토설唯心淨土說이 등장하였고, 이는 동아시아 불교의 불토설에 중요한 역할을 하였다.

중국에서는 일찍부터 내세 정토에 대한 희구가 생천生天사상과 결합되어 유행하였고, 정토교학도 발달하여 불토에 대한 논의도 활발하였다. 유심정토설을 제외하고는 지금 살아가는 이 땅이 불국토라는 인식은 희박한 편이었는데, 아육왕탑 건립이나 황제즉여래 관념 속에서 그 흔적을 엿볼 수 있다. 북주北周의 무제武帝의 경우, 스스로 제왕이 곧 여래이며 제왕의 치세가 불국토이므로 출세간의 불교가 독립적으로 존재할 필요가 없다는 논리를 내세우며 폐불廢佛을 단행하였다. 당대唐代부터 유행한 『화엄경』「보살주처품」에 의거한 보살주처신앙이나 당말唐末 송초宋初 이후 확산된 특정 사람을 불·보살의 화현이라고 믿는 인식도 현세 정토의 맥락에서 이해할 수 있다.

한반도의 고대국가 가운데 신라가 불국토 인식이 가장 강했던 것 같다. 주지하듯이 신라 진흥왕은 스스로 전륜성왕이라고 자부하였고, 진평왕 때는 신라 왕족이 석가족釋迦族이라고 과시하였다. 이러한 왕실의 분위기 속에서 진평왕 이후에 화랑花郞이 바로 하생한 미륵보살이라는 이야기가 만들어졌다. 중국에서는 황제만이 미륵불 등 부처에 비견되었던 데 비하여 신라에서는 젊은 무사 집단의 우두머리를 미륵보살이라고 한 점이 색다르다.

중국 북조의 왕조들과 달리, 신라 중고기의 왕실은 교단과 별다른 마찰이 없었다. 교단은 왕실의 권위 강화에 도움이 되는 여러 논리와 상징을 제공하였고, 왕실은 승려의 출가를 공인하고 교단 운영의 전권을 승려에게 맡겼다. 선덕여왕과 자장慈藏의 관계가 대표적으로, 자장은 영토 상실 등으로 흔들리는 왕실을 위해 황룡사 탑 및 장육상 건립을 주도하면서 신라 땅에 불국토라는 이상사회를 구현하고자 노력하였다.

『삼국유사』를 통해 불국토 신라의 면모를 여실하게 살펴볼 수 있다. 석가불, 문수보살, 관음보살 등 불·보살의 출현은 비일비재하고, 전통 신앙에서 중요한 장소들이 가섭불 등의 전불前佛 시대에 이미 절터였다고 하여 오랜 옛날부터 불교와 인연이 깊은 땅이었다고 말하고 있다. 일찍부터 산악숭배사상을 지녔던 신라인들은 산악을 중심으로 불국토를 구현하기도 하였다. 그런데 중고기 때부터 신라가 불교와 인연 있는 국토라는 이야기(불연국토설佛緣國土說)가 있었던 것 같지는 않다. 칠처가람설七處伽藍說의 경우 중대 말 하대 초에 중고기 불교를 현창하면서 만들어졌다고 한다. 중고기에 싹튼 불국토 인식이 시간이 흐르면서 점차 강화되어 『삼국유사』에 수록된 것 같은 많은 설화들이 창작되었다.

신라인들의 불국토 인식 심화에는 승려들의 교학 연구도 한몫하였다. 승려들은 수행에 의해 청정해진 불국토, 즉 정불국토淨佛國土를 이야기하였다. 원효元曉, 의상義相, 신유식학의 영향을 받은 법위法位, 현일玄一, 경흥憬興 등은 현세에서의 정토 구현을 강조하였는데, 이는 당唐의 논사들이 타방 왕생에 대해 주로 논의했던 것과는 자못 성격이 다르다. 8세기 중엽 김대성이 주도적으로 만든 불국사佛國寺와 석불사石佛寺는 신라인의 불국토 인식의 결정체라고 할 수 있다.

신라 하대가 되면, 당唐에서 유행한 오대산신앙의 영향으로, 신라 땅에도 오대산五臺山이 비정되고 그곳에 문수보살이 상주하고 있다는 신앙이 유행하기 시작한다. 그런데 신라에 정착된 오대산신앙은 당의 오대산신앙과 신앙 구조, 예참 성격 등에 차이점이 있다. 한편 신라 승려 원표元表에 의해 지제산 천관보살신앙도 시작되었다. 이러한 보살주처신앙은 고려 후기에 더욱 확산되어 금강산의 담무갈보살신앙, 보개산의 지장보살신앙도 유행하였다. 고려 땅 곳곳에 머물고 계신 보살을 친견하기 위한 여행이 날이 갈수록 증가하였고, 이는 조선시대에도 지속되었다. 세종 때 편찬한 『석보상절』에는 금강산과 천관산에 아육왕탑이 있다는 이야기가 실려 있다.

불교에 우호적이었던 세조는 불교적 상서祥瑞를 정치에 적극 활용하였다. 상원사에서 관음보살이 나타나자 『관음현상기觀音現相記』를 찬하도록 하였고, 회암사에서 석가불이 나타나자 「여래현상기」를 짓도록 하였다. 낙산사에 갔을 때는 관음보살상에서 사리가 분신하였고, 금강산 순행 시에 담무갈보살을 친견하였고, 조선이 신라 이래 문수보살이 직접 보낸 불상이 닿은 인연 있는 곳이라고 과시하였다. 이처럼 세조는 통치에 불국토 전통을 적극 활용하였다. 세조 이후 국왕이 적극적으로 불·보살이 해동海東에 있다는 불국토 인식을 활용한 사례는 보이지 않는다. 오히려 17세기 이후에는 명산의 불교식 지명이 유교식으로 바뀌는 등의 변화를 겪는다. 하지만 전 계층에 보급되어 있던 불국토 인식은 완전히 소멸하지 않고 오늘날까지도 이어져 오고 있다.

한반도에서 불교를 수용한 이래 불국토 인식이 부침浮沈 없이 이어져 올 수 있었던 것은, 이 관념이 처음부터 국가권력의 옹호와 지지 속에 정착된 것이 중요한 원인인 것 같다. 중국 북조에서도 황제가 직접 불국토임을 천명하였지만, 오히려 이는 폐불廢佛이라는 결과로 이어져 한국과는 다른 양상을 보였다. 중국인들은 국가권력에 의한 반복된 폐불 경험 때문에 말법末法 의식이 강했고, 선도善導의 정토교淨土敎로 대표되듯이 내세 정토에 대한 관심이 컸다고 한다. 반면 신라 왕실은 여러 가지 논리를 창안하여 신라가 불국토임을 강조하고, 승려들은 수행을 통한 현세에서의 정불국토 구현을 위해 노력하였다. 그리하여 불연국토설이 성립되고, 명산名山을 중심으로 한 보살주처신앙도 전국적으로 확산되었다. 그 결과 일반민들 사이에서도 불국토 인식이 자연스럽게 내면화되었고, 중국이나 일본에 비해 상대적으로 말법 의식이 약했다.

| 참고문헌 |

김복순, 『신라화엄종연구』, 서울: 민족사, 1990.
김상현, 『신라화엄사상사연구』, 서울: 민족사, 1991.
김영미, 『신라불교사상사연구』, 서울: 민족사, 1994.
김영태, 『신라불교연구』, 서울: 민족문화사, 1987.
김창현, 「고려시대 금강산과 그 불교신앙」, 『지역과 역사』 31, 2012.
남동신, 「자장의 불교사상과 불교치국책」, 『한국사연구』 76, 1992.
박광연, 「신라 중대의 정불국토 인식과 의미」, 『불교학보』 68, 2014.
박광연, 「한국 오대산신앙 자료의 재검토」, 『사학연구』 118, 2015.
박노준, 「唐代 오대산문수신앙과 그 동아시아적 전개에 관한 연구」, 성신여대 박사학위논문, 1997.
신동하, 「신라 불국토사상의 전개양상과 역사적 의의」, 서울대 박사학위논문, 2000.
신종원, 「신라 오대산사적과 성덕왕의 즉위배경」, 『최영희선생화갑기념 한국사학논총』, 서울: 탐구당, 1987.
여성구, 「원표의 생애와 천관보살신앙연구」, 『국사관논총』 48, 1993.
이기영, 「7,8세기 신라 및 일본의 불국토사상-산악숭배와 사방불」, 『한국종교사연구』 2, 1973.

계율戒律

이자랑

I. 계율의 성립과 동아시아적 전개

　　바라제목차의 성립/ 오계와 팔재계/ 십선계와 삼취정계/ 범망보살계의 등장

II. 삼국시대 계율 수용과 교단 정비

　　고구려와 백제의 계율 수용/ 원광의 세속오계/ 자장과 수계의식의 정비

III. 통일신라시대 보살계의 발전

　　원효의 범망계 설시/ 의상의 지계의식/ 유식학승과 계율 연구/ 진표와 점찰계

IV. 고려 및 조선시대 계율의 현실적 변용

　　관단수계의 제도화와 국왕의 보살계 수계/ 청규의 실행/ 승군과 계율/ 율맥의 회생

■ 호국과 계율의 갈림길

I. 계율의 성립과 동아시아적 전개

바라제목차의 성립

불교승가의 정식 구성원인 비구 혹은 비구니가 되기 위해서는 입단할 때 수계식에서 구족계具足戒 수지를 맹세해야 한다. 구족계란 비구 250, 비구니 348개의 조문으로 구성된다.[1] 각각의 조문을 학처學處라고 하며, 학처를 모아 놓은 조문집은 바라제목차波羅提木叉라 일컫는다. 대중부의 「바라제목차」에 의하면, 붓다 성도 후 5년이 지났을 무렵 한 비구의 악행을 계기로 학처가 제정되기 시작하였다.[2] 학처는 수범수제隨犯隨制, 즉 악행을 저지르는 자가 나타날 때마다 그 악행을 금지하는 형태로 제정되어 갔다. 사리불이 예방 차원에서 미리 조문을 제정할 것을 권유하지만, 붓다는 아무리 좋은 의사나 스승이 앞을 내다보고 앞서 적절한 조치를 취한다 해도, 범부는 자신의 눈으로 직접 병이나 과실을 확인했을 때만 치유의 결과를 인정한다며 조문 제정을 거부했다. 실제로 악행을 저지르는 자가 나타나야 그로 인한 과실이나 고통 역시 명확하게 드러나는 법이며, 이를 확인함으로써 악행을 짓지 말아야겠다는 굳은 의지가 생겨난다고 생각했던 것이다.

---

[1] 廣律의 종류에 따라 학처의 수는 다르다. 250과 348이라는 숫자는 法藏部 소속의 『사분율』에 근거한 것이다.

[2] Ed., W.Pachow and Ramakanta Mishra, *The Prātimokṣa-sūtra of the Mahāsaṃghikās*, Allahabad, 1956, p.5. 한편, 빨리상좌부 계통에서는 붓다 성도 후 12년 무렵부터 학처가 제정되기 시작했다고 본다.

승가에서 발생한 최초의 악행은 음욕법이었다. 수딘나라는 비구는 대를 이을 후손만이라도 남겨 달라는 어머니의 청을 차마 거절하지 못하고 출가 전의 처와 음욕법을 저질렀다. 이 사건을 계기로 붓다는 음욕법을 저질러서는 안 된다는 내용의 학처를 제정한다. 이후, 승가에 악행이 나타날 때마다 이를 금지하는 형태로 조문이 제정되었고, 이 조문들은 바라제목차라는 이름으로 정리되었다. 바라제목차에 담긴 조문은 해서는 안 될 행동들을 모아 놓았기 때문에 지지계止持戒라 부른다. 행위의 내용에 따라 중죄와 경죄로 구분되며, 중죄 가운데서도 가장 무거운 바라이波羅夷를 저지르면 비구·비구니로서의 자격을 박탈당하기도 한다. 바라이에 속하는 악행은 음욕, 살인, 투도, 대망어의 네 가지이다. 이 외, 승잔僧殘 13조, 부정不定 2조, 니살기바일제尼薩耆波逸提 30조, 바일제波逸提 90조, 바라제제사니波羅提提舍尼 4조, 중학衆學 100조, 멸쟁滅諍 7조가 있다.

바라제목차는 보름마다 실행되는 포살布薩(uposatha)이라는 승가 행사에서 정기적으로 낭송되었다. 포살은 당시 인도의 일반인이나 종교인들 사이에 널리 퍼져 있던 종교적 관습이었는데,[3] 마가다국 빔비사라왕의 권유를 계기로 승가에 도입된 후, 율의 정비와 더불어 바라제목차를 낭송하는 포살갈마布薩羯磨로 정착하게 된다. 포살에는 동일한 경계 안에 속하는 모든 비구들이 참석해야 하며, 만약 특별한 사정으로 참석이 어려울 경우에는 자신이 보름 동안 범계犯戒한 사실이 없음을 다른 비구를 통해 승가에 전달해야 한다. 이를 '여청정與淸淨'이라고 한다. 이와 같이

---

[3] 포살은 불교 발생 당시 인도의 일반인이 실천하고 있던 '우빠와사타(upavasatha)', 즉 祖靈祭 전날 철야하며 심신을 정화하던 종교적 관습에서 유래한다. 인도의 종교인들은 이때 재가 신자들을 대상으로 자신들의 법을 설하는 법회를 여는 것이 일반적이었다. Dutt, S., *Buddhist Monks and Monasteries of India*, London: Allen & Unwin, 1962, p.73

바라제목차는 포살을 통해 정기적으로 낭송되며 비구들의 실제적 행동 규범으로 기능하였다. 이 바라제목차의 학처 외에, 작지계作持戒라고 하여 승가의 일원으로서 적극적으로 실천해야 할 행동들도 조문화되어 있다. 지지계와 작지계, 이 양자에 속하는 조문들을 율律(vinaya)이라 부른다. 그리고 이를 모아 놓은 문헌은 율장律藏이라고 한다. 현존하는 율장은 바라제목차에 주석을 단 경분별經分別과 작지계를 모아 놓은 건도부犍度部로 구성된다. 부파 분열 후 각 부파는 독자적인 율장을 소유하며 이에 근거하여 자신들의 정체성을 확보해 갔던 것으로 보인다.

오계와 팔재계

재가불자가 지켜야 할 대표적인 계는 오계와 팔재계八齋戒이다. 오계는 상계常戒이므로 항상 지켜야 하며, 팔재계는 포살일 하루 밤낮 동안만 지키는 포살계이다. 오계란 불살생不殺生, 불여취不與取, 불사음不邪婬, 불망어不妄語, 불음주不飮酒의 다섯 가지 계를 일컫는다. 불살생이란 살생으로부터 떠나는 것, 불여취는 주어지지 않은 것을 취하는 것으로부터 떠나는 것, 불사음은 삿된 음행, 즉 자신의 배우자 이외의 사람과 성관계를 맺는 것으로부터 떠나는 것, 불망어는 거짓말 혹은 진실하지 못한 말로부터 떠나는 것, 불음주는 방일放逸의 원인인 술을 마시지 않는 것이다. 이 가운데 살생, 도둑질, 사음, 거짓말은 그 자체가 악행이자 죄이기 때문에 실죄實罪 혹은 성죄性罪라 불린다. 한편, 음주는 그 자체가 죄가 되는 것은 아니지만, 모든 죄의 원인이 될 수 있기 때문에 다른 죄를 저지르는 것을 미연에 방지할 수 있다는 의미에서 차죄遮罪라고 한다. 음주가 오계 속에 포함되는 이유는 술을 마심으로써 다른 죄를 짓게 될 가능성이 매우 높아진다는 점 때문이다.

계의 원어에 해당하는 실라śila는 √śil(명상하다, 봉사하다, 실행하다)에서 파생된 명사로 습관, 경향, 성격 등의 의미를 지니며, 이로부터 발전하여 선한 습관, 선한 행위, 도덕적 행위 등을 의미한다. 계는 승가의 질서를 유지하기 위한 규칙인 율과는 달리, 도덕적·윤리적 성격의 규범이므로 어겼다고 해서 벌을 받는 일은 없다. 오로지 자발적인 의지에 의해 악행을 멈추고 선한 습관을 쌓아가는 것이다.

한편, 팔재계는 재가자의 포살일에 해당하는 8·14·15·23·29·30일의 6일만 지키면 되는 계이다. 팔재계를 실천하는 6일을 육재일六齋日이라 부른다. 포살일 아침, 재가자들은 목욕하고 깨끗한 옷으로 갈아입은 후, 근처에 있는 승원을 찾아가 비구 앞에 무릎 꿇고 합장한 채 팔재계의 수지를 맹세하게 된다. 팔재계란 불살생, 불투도, 불비범행不非梵行, 불망어, 불음주, 불비시식不非時食, 불가무관청도식만향不歌舞觀聽塗飾鬘香, 불좌고상대상不坐高床大床의 여덟 가지 계를 말하며, 팔계八戒, 팔관재계八關齋戒, 혹은 포살계布薩戒라고도 부른다. 팔재계 가운데 첫 번째 불살생계로부터 다섯 번째 불음주계까지는 오계의 내용과 거의 동일하지만, 불비범행계가 부부관계조차 떠난 완전한 금욕 생활을 의미한다는 점에서 오계의 불사음계와 차이가 난다는 점에 주의해야 한다. 이 외의 네 계는 오계의 그것과 같다. 한편, 불비시식계는 비시非時, 즉 그날 정오부터 다음 날 해 뜰 때까지 식사하지 않는 것을 가리킨다. 식사는 오전 중에 한 번만 해야 하며, 이 외의 시간에는 물이나 주스 등 건더기가 없는 음료수 외에는 먹어서는 안 된다. 불가무관청도식만향계는 무용이나 음악, 노래 등을 보거나 듣거나, 또 꽃이나 향으로 분장하고 장신구로 치장하지 않는 것을 말하며, 불좌고상대상계는 너무 크고 호화스러운 침대나 침대

매트 등은 사용하지 않는 것을 말한다. 오계가 있음에도 불구하고 따로 포살일에 팔재계를 지켜야 하는 이유는 평소 생업 등으로 수행에 전념할 수 없는 재가불자가 포살일만이라도 수행자의 청정한 삶을 본받아 실천하며 정진하도록 하기 위해서이다.

십선계와 삼취정계

비구·비구니는 구족계, 재가불자는 오계 내지 팔재계를 받아 지키는 것이 초기·부파불교 시대 불교도의 일반적인 계율 수지 형태이다.[4] 그런데 기원 전후로 인도에서 대승불교가 성립하면, 십선계十善戒와 삼취정계三聚淨戒가 새롭게 강조된다. 이들은 대승의 이상적인 인간상인 보살로서 살아가기 위한 실천 덕목과 마음가짐을 보여주는 것으로 '대승계' 혹은 '보살계'라고 불린다. 대승계와 보살계 간에는 의미상 차이가 있다. 대승계가 연대적으로 대승의 성립과 더불어 대승불교경전에서 일반적으로 널리 설해지게 된 계를 가리킨다면, 보살계는 이보다 약간 후대에 특정 텍스트에서 확립된 개념이다.[5] 십선계가 전자에 해당한다면, 삼취정계는 후자에 해당한다.

십선계는 『반야경』 등의 초기 대승경전에서 지계바라밀持戒波羅蜜의 구체적인 내용으로 나타나며 중시된다. 원래 초기·부파불교 시대에도 있었지만, 이때는 계라는 이름으로 불리지 않고 십선업도十善業道라고 하

---

4 이 외, 아직 구족계를 받지 않은 예비승려에 해당하는 沙彌와 沙彌尼는 10계를, 式叉摩那는 6법을 받는다.
5 船山 徹, 「大乘戒-インドから中國へ-」, 『シリーズ大乗佛教 大乗仏教の実践』, 東京: 春秋社, 2011, p.214

였다. 십선업도란 선한 열 가지 행동 기준, 말하자면 선과 악의 판단 기준이다. 십선에 합치하는 행동은 선이지만, 이에 반하는 행동인 십악업도十惡業道는 악인 것이다. 이를 업도라 표현한 것은 이 열 가지 행동은 업이 되어 반드시 그 결과를 남긴다고 여겼기 때문이다. 이 행동들과 무관한 행위는 결코 업이 되지 않으며 따라서 그 결과 또한 남기지 않는다. 즉 선악의 판단이 가능한 행위만이 그 결과를 남겨 행위자에게 적절한 과보를 안겨 주는데, 그 기준이 바로 십선 혹은 십악인 것이다.

십선업도는 불살생·불투도·불사음의 몸에 관한 3종의 계, 불망어·불양설不兩舌·불악구不惡口·불기어不綺語의 입에 관한 4종의 계, 무탐욕無貪慾·무진에無瞋恚·정견正見의 마음에 관한 3종의 계로 구성된다. 십선계의 특징은 입에 관한 계를 세분했다는 점과 마음, 즉 의지를 계의 직접적인 대상으로 삼고 있다는 점이다. 초기의 대승불교도들이 십선도에 주목한 명확한 이유는 알 수 없지만, 신구의身口意 삼업을 기반으로 하는 십선도의 업사상이 출가와 재가를 아우르는 대승불교의 성격에 부합했을 것으로 생각된다.[6]

한편, 대승 중기에 이르면 유가행자들의 수행 지침서인 『유가사지론』의 「보살지」에서 삼취정계라는 보살계가 설해지기 시작한다. 삼취정계란, 섭률의계攝律儀戒, 섭선법계攝善法戒, 섭중생계攝衆生戒이다. 섭률의계는 붓다가 정한 계율을 지켜 악을 막는 것이다. 항상 자신의 몸과 마음을 돌아보고 허물이 없는 상태로 유지하는 것을 의미하는데, 구체적인 내용은 7중衆의 별해탈률의別解脫律儀이다. 즉, 비구의 250계, 비구니의 348계, 정학녀의 6법, 사미와 사미니의 10계, 우바새와 우바이의 5계 및 8재

---

6 勝又俊教,「大乘佛教の倫理-大乘戒を中心として-」,『講座 大乘佛教』제3권, 東京: 理想社, pp.65~99

계를 가리킨다. 출가와 재가를 막론한 모든 불교도가 지켜야 할 계와 율이 다 포함되는 것이다. 섭선법계는 자진하여 선을 행하는 것으로, 율의 계를 받은 후에는 최상의 깨달음을 위해 일상생활에서 몸과 입과 마음으로 선한 법을 실천해야 함을 의미한다. 섭중생계는 요익유정계饒益有情戒라고도 하는데, 대승계의 정점을 보여주는 가르침이다. 중생을 교화하고 그 이익을 위해 힘을 다하는 것으로, 예를 들어 은혜를 알고 보은하거나, 병든 이를 보살피고 도와주거나, 두려움에 떨고 있는 중생을 지키고, 가난한 중생들에게는 재보를 베풀어 주는 등, 적극적인 사회봉사 활동이 모두 포함된다. 이와 같이, 삼취정계는 부파의 전통적인 계율을 기반으로 하면서도 그 위에 섭선법계와 섭중생계라는 대승적 이타행을 부가하고 있다. 즉, 구족계나 오계 등을 받은 자가 보살로서의 보다 이상적인 삶을 실현하기 위해 추가적으로 받는 계가 삼취정계라는 보살계임을 알 수 있다.

삼취정계의 구조로부터 알 수 있듯이, 소승의 계율과 보살계는 양자택일할 수 있는 관계가 아닌 유기적인 관계이다. 소승·대승을 떠나 출가자는 구족계를, 재가자는 오계를 받아야 하며, 이를 기반으로 출가·재가를 떠나 보살로서의 원대한 삶을 원하는 자는 보살도의 완성을 위해 다시 보살계를 받아 실천하는 것이다.

범망보살계의 등장

불교가 중국에 전래된 후, 계율은 동아시아에서 독자적인 발전 양상을 보인다. 소승률이 구족계로서 정착하지만, 인도와는 다른 문화와 환경, 승단과 권력의 유착 관계 등으로 인해 율의 철저한 실천이 쉽지 않았던 중국불교에서는 대승불교의 이념을 살린 보살계가 크게 발전한다.

4세기 후반 20년은 중국인들이 처음으로 율의 진정한 의미를 인식하기 시작한 시기였다.[7] 교단 정비 등을 위해 율장 완비의 필요성을 절감하고 있던 중국 승려들 가운데 율장을 구하기 위해 직접 인도로 가는 사태가 발생했다. 그중 대표적인 인물이 법현法顯이다. 법현은 60세라는 고령에도 불구하고 율장의 원본을 구하기 위해 399년에 서역으로 떠나 드디어 『마하승기율』 40권을 입수하여 귀국했다. 이때 이미 장안長安에서는 인도 승려에 의해 설일체유부의 『십송률』과 법장부의 『사분율』이 번역되어 있었다. 그 결과 5세기 초반 무렵, 중국에는 『십송률』, 『사분율』, 『오분율』, 『마하승기율』이라는 4종의 한역 율장이 갖추어지게 된다.

5세기는 중국인들이 전통 부파의 율(이하, 소승률이라 칭함)과 보살계를 동시에 숙지해 간 시기였다.[8] 소승률이 장안長安과 건강健康을 중심으로 퍼져 간 한편, 410~430년에 걸쳐 중국의 서쪽 지역에서는 보살계가 등장하게 된다. 인도 승려인 담무참曇無讖(385~433)이 현시玄始 원년(418)에 고장姑藏에 와서 대승경전과 논서를 새롭게 번역했는데, 그 가운데 하나가 『보살지지경』이었다. 이는 중국에 처음으로 소개된 보살계로, 유가계 계통의 삼취정계이다. 삼취정계는 비구·비구니의 경우 구족계, 우바새·우바이의 경우 오계라고 하여 출가자와 재가자가 각각 자신에게 적합한 계를 받은 후, 대승사상에 따라 이상적인 보살의 삶을 살기를 원할 때 보살계를 추가로 받는 구조이다. 담무참은 이 『보살지지경』에 근거하여 고장에서 자신의 제자인 도진道進에게 처음으로 보살계를 주었다. 이후 고

---

7 Funayama, Tōru., The Acceptance of Buddhist Precepts by the Chinese in the Fifth Century, *Journal of Asian History*, Vol. 38, No. 2, 2004, p.100
8 Funayama, Tōru, 앞의 논문, 2004, p.97

장과 고창高昌 등지에서 엄청난 수의 사람들이 보살계를 받았으며, 점차 중국 전역에 그 영향을 미치게 된다. 나아가 원가元嘉(424~453)시대에는 건강建康 지역을 중심으로 『보살선계경』, 『우바새오계상경』 등 다양한 보살계 관련 경전들이 한역되어 알려지게 된다.

그런데 5세기 중후반경, 보살계와 관련하여 『범망경』이라는 중국 찬술 문헌이 등장하게 된다. 이 시기에 중국에 다양한 보살계 관련 경전이 한역되어 있었음에도 불구하고, 『범망경』이 작성된 이유는 무엇일까? 『범망경』은 출가자와 재가자에게 공통하는 10중 48경계를 '보살의 바라제목차'로 제시하고, 보름마다 열리는 포살을 통해 보살계의 지계·범계 여부를 확인해야 한다고 설한다. 이 경에서 설하는 열 가지 중죄가 당시 한역되어 있던 보살계 계통의 경전에 나타나는 다양한 교설을 종합하는 성격을 지닌다는 점을 고려할 때, 범망계는 이들 중죄 규정을 종합적으로 체계화하여 출가와 재가를 불문한 많은 사람들이 공통적으로 사용할 수 있는 보살계를 편집하고자 했던 것으로 보인다.[9]

이후 『범망경』은 중국뿐만 아니라, 한국과 일본의 계율 전통에도 지대한 영향을 미치게 된다. 한국에서는 원효元曉(617~686)를 계기로 신라 중대 불교교단에서 범망계에 대한 관심이 높아졌다. 중생 제도를 위해서라면 계율에 얽매이지 않겠다는 입장을 취했던 원효는 재가보살의 입장에서 출가자까지 포섭하는 계율을 표방하였고, 『범망경』에서 이에 부합하는 계율관을 발견하게 된다. 한편, 일본의 경우에는 대승불교도로서 소승률을 버리고 대승의 범망계를 구족계로 삼아야 한다는 극단적인 주장까지 등장한다. 간진鑑眞(688~763)의 도래에 의해 8세기 중반부터 일본불

---

9 船山 徹, 앞의 논문, 2011, pp.228~229

교는 3사 7증에 의한 수계식이 이루어졌으며, 국립 3계단도 마련된다. 하지만 천태종의 개조인 전교대사 사이쵸最澄(767~822)는 818년에 자신이 도다이지東大寺에서 받은 구족계를 소승계라 부정하고 대승계단(엔랴쿠지延曆寺 계단)의 수립을 위해 노력했다. 즉, 범망경에서 설하는 대승보살이 지켜야 할 10중 대계와 48경계를 정식 출가자가 받아야 할 계로 삼고자 했던 것이다. 그의 사후, 천황의 인가로 엔랴쿠지 계단이 수립되었으며, 이곳에서의 수계 제도는 형식화되어 가면서도 에도江戸 시대까지 계속되었다고 한다.[10]

II. 삼국시대 계율 수용과 교단 정비

고구려와 백제의 계율 수용

고구려에 공식적으로 불교가 전래된 것은 372년(소수림왕 2)이다. 이때 전진前秦의 왕 부견苻堅이 사신과 승 순도順道를 보내 불상과 경문을 전하였으며, 이어 374년에 승 아도阿道가 들어옴으로써 이듬해에 초문사肖門寺와 이불란사伊佛蘭寺의 두 절을 창건하게 된다. 이후 출가하여 불도 수행을 하는 고구려인이 있었을 것으로 생각되지만, 이러한 기록은 발견

---

10 중국에서는 간진이 전한 수계 방식만 공인되었고 엔랴쿠지 계단에서의 수계 방식은 인정되지 않아 이들은 사미 취급을 받았다. 하지만 일본에서 엔랴쿠지가 큰 세력을 형성하고 있었기 때문에, 이들이 중국에 갈 때는 도다이지에서의 수계증명서, 즉 가짜 계첩을 마련하여 가져가는 것을 국가에서 용인해 주었다. 松尾剛次 지음, 김호성 옮김,『인물로 보는 일본 불교사』, 서울: 동국대학교출판부, 2005, pp.56~63

되지 않는다.[11] 하지만 20여 년 후인 392년(광개토왕 2)에 그 당시 지방 도시였던 평양平壤에 9개의 사찰을 건립[12]하기 시작한 것으로 보아 아마도 이전부터 상당수의 승려가 존재하고 있었을 것으로 추정된다.

고구려불교에서 계율에 관한 최초의 문헌 기록은 동진의 승 담시曇始와 관련하여 나타난다. 담시는 태원太元(376~396) 말기에 경률經律 수십 부를 가지고 요동으로 가서 교화를 폈으며 삼승三乘을 가르치고 삼귀의와 오계 등을 주었다고 한다.[13] 당시 담시가 전한 계율의 내용은 알 수 없으나, 이 무렵 중국의 상황을 고려한다면 전통 부파의 단편적인 율 문헌들이 포함되어 있었을 것으로 생각된다. 즉, 3세기 중반경에 중국에 온 인도 승려 담가가라는 대중부 바라제목차인 『승기계심僧祇戒心』을 번역하고, 곧이어 그곳에 온 담제曇諦라는 승려는 법장부의 『사분갈마四分羯磨』를 번역함으로써 이후 중국에서는 갈마법에 의한 수계의식이 널리 실행되었다. 담시가 가져왔다는 경률 수십 부 속에 이들이 포함되어 있었을 가능성은 높다.[14]

한편, 6세기 중반경에는 유가계의 보살계 경전인 『보살지지경』도 연구되고 있었던 것으로 보인다. 576년 고구려의 대덕인 의연義淵은 승상丞相 왕고덕王高德의 청으로 북제에 가서 법상法上(495~580)을 만나 당시 고구려 불교계에서 가지고 있던 불교사에 관한 여러 가지 의문점들에 관해 자세히 묻고 돌아왔다.[15] 이때 왕고덕이 정리한 의문점 가운데 "십지十地·지도智度·지지地持·금강반야 등은 누가 지었는가"라는 항목이 있

---

11 채인환, 『韓國佛教戒律思想研究』(Ⅰ), 서울: 토방, 1997, p.98
12 『三國史記』권18, 「高句麗本紀」6, 광개토왕 2년 8월(음)
13 『三國遺事』권3, 「興法」3, 阿道基羅 ; 『해동고승전』권1, 釋曇始
14 채인환, 앞의 책, 1997, p.112
15 『海東高僧傳』권1, 釋義淵

는 것으로 보아, 당시 고구려 불교계에 중요한 대승 논서들이 이미 소개되어 연구되고 있었음을 알 수 있다. 이 중 '지지'는 『유가사지론』의 「보살지」 계품에 해당하는 『보살지지경』이다.

한편, 백제는 384년(침류왕 1) 동진에서 호승胡僧 마라난타가 오자 왕이 그를 맞이하여 대궐에 모시고 예를 갖추어 경배했으며, 이듬해 2월에는 한산주에 절을 짓고 10명이 득도하여 승려가 되었다.[16] 백제불교에서 계율과 관련하여 주목되는 인물은 겸익謙益이다. '미륵불광사사적彌勒佛光寺事蹟'에 의하면, 백제의 겸익은 526년(성왕 4)에 인도로 건너가 상가나대율사常伽那大律寺에서 율부를 전공하고 인도 승려 배달다倍達多 삼장과 함께 범본의 아비담장과 오부율문五部律文을 가지고 돌아와 율부 72권을 번역하였으며, 이에 의거하여 담욱曇旭과 혜인惠仁은 『소疏』 36권을 지어 왕에게 헌상하였다고 한다.[17] 성왕 19년(541)에는 중국의 문물을 받아들이기 위하여 양나라에 사자를 보내 유교와 불교에 관한 보다 고차원적인 교의를 청하였고, 이에 양 무제는 『열반경소』 등을 보내왔다고 한다.[18] 『열반경』은 대승계경으로서도 매우 중요한 위치를 차지하는 경전으로 일체중생이 불성을 지니고 있다는 불성론을 주장하며 이를 자각하는 바탕으로서 계학을 강조한다.

588년 무렵에는 영조令照율사 등을 일본에 파견하였을 뿐만 아니라, 일본에서는 선신니善信尼 등이 백제로 유학을 와서 수계작법을 배워 가기도 하였다. 『원흥사가람연기병류기자재장元興寺伽藍緣起幷流記資財帳』에

---

16 『三國史記』 권24, 「百濟本紀」 2, 침류왕 2년조
17 이능화, 『朝鮮佛敎通史』 上中편, 1968, 서울: 慶熙출판사, p.33. 단, 이 전승은 현재 존재하지 않는 「彌勒佛光寺事蹟」을 근거로 『조선불교통사』에서 기록하고 있다는 점에서 역사적 사실 여부를 둘러싸고 논란이 있다.
18 『三國史記』 권26 「百濟本紀」 4, 聖王 19년

의하면, 587년에 일본을 찾은 백제 사자使者는 백제에서 비구니가 수계할 경우, 우선 비구니절에서 10명의 니사尼師를 청하여 계를 받고, 이어 법사法師의 절에 가서 10명의 법사를 청하여 계를 받는다고 하였다고 한다. 이것은 『사분율』 등에 규정되어 있는 비구니의 이부승 수계를 묘사한 것으로, 당시 율장의 규정에 따라 구족계 수계가 이루어지고 있었음을 알 수 있다. 또한 그는 백제에서는 법사의 절과 비구니의 절이 서로 종소리가 들릴 정도로 근접한 장소에 세워져 있는데, 이는 백白갈마의 실행을 위해 보름마다 왕래해야 하기 때문이라고 설명한다.[19] 이 역시 비구니들이 포살 때마다 비구승가에 가서 팔경법 등의 가르침을 들어야 한다는 율장의 가르침을 반영한 것으로 보인다. 이들 기록을 통해 백제에서 율에 따른 수계의식의 정비 및 교단 운영 등이 이루어졌음을 확인할 수 있다.

원광의 세속오계

신라의 불교 공인은 백제나 고구려보다 훨씬 늦은 527년(법흥왕 14)에 이차돈의 순교를 계기로 이루어졌다. 불교 공인 후, 544년(진흥왕 5) 흥륜사가 준공되면서 진흥왕은 일반인의 출가를 허용한다. 이를 계기로 승니僧尼가 될 수 있는 공식적인 길이 열렸으며, 중국에 가서 직접 불교를 배우려는 승려들이 늘어났다. 각덕覺德이나 명관明觀, 안홍安弘 등의 승려가 유학에서 돌아오며 많은 경론을 가져왔다. 이를 기반으로 당시 불교 연

---

[19] 이들 기사에 관해서는 김영태, 「百濟의 尼衆受戒와 尼僧職 關係-日本史料와 新羅 및 南朝의 사례 중심-」, 『韓國文化와 圓佛敎思想』, 익산: 원광대학교 출판부, 1985, pp.530~536 참조.

구가 이루어졌던 것으로 보이지만, 계율 관련 문헌이나 수계 등의 상황에 관해서는 명확하지 않다.[20]

원광圓光(550~630 혹은 640)이 활동하던 시기에 보살계가 알려져 있었던 것은 확실한 것 같다. 오랜 중국 유학을 마치고 600년에 귀국하여 가슬갑嘉瑟岬에 머물고 있는 원광을 귀산貴山과 추항箒項이라는 두 젊은이가 찾아와 평생 교훈으로 삼을 수 있는 가르침을 청하자 원광은 '세속오계世俗五戒'를 설한다. 다음과 같다.

> 불교에는 보살계가 있어 그 조항이 열이 있으나, 너희들은 남의 신하와 자식 된 몸이니 아마 감당하지 못할 것이다. 지금 세속오계가 있으니, 첫째는 충성으로써 임금을 섬기는 일이요, 둘째는 효도로써 부모를 섬기는 일이요, 셋째는 신의로써 벗을 사귀는 일이요, 넷째는 전투에 임하여 물러서지 않는 일이요, 다섯째는 생물을 죽이되 가려서 죽이는 일이니 너희들은 이를 실행함에 소홀함이 없게 하라.[21]

여기서 원광은 불교에 보살계가 있지만, 두 젊은이가 국왕의 신하 된 자로서 이를 지키는 것이 어려울 것이라는 전제하에 세속오계를 설하고 있다. 원광이 언급한 열 가지 조항으로 이루어진 보살계라는 것이 구체적으로 무엇을 가리키는지 명확하지 않지만, 원광의 유학 당시 이미 중국에서 『범망경』 등이 제작되어 크게 발전하고 있었던 점으로 볼 때 범망보살계를 가리킬 가능성이 크다.[22]

---

20 채인환, 앞의 책, 1997, p.244
21 『三國遺事』 卷4, 「義解」 5, 圓光西學
22 신종원, 「신라 최초의 고승, 원광」, 『신라 최초의 고승들』, 서울: 민족사, 1998, p.96

세속오계는 당시 삼국통일을 목표로 주변 국가들과 끊임없는 전쟁을 치러야 했던 신라의 정치적 상황 속에서 국가의 안녕과 왕권의 보존이라는 세속적 요청에 부응하기 위한 현실적 가르침으로 보인다. 이는 608년(진평왕 30)에 고구려의 잦은 침범을 불쾌히 여겨 고구려를 치기 위해 수나라 군사를 청하는 걸사표乞師表를 원광에게 쓰게 했을 때 "자기가 살려고 남을 멸하는 것은 승려가 할 짓이 아니나, 빈도貧道가 대왕의 나라에 살고 대왕의 수초手草를 먹으면서 어찌 감히 명령을 쫓지 아니 하겠습니까."[23]라며 응한 그의 태도와도 부합한다. 자신이 승려이며 승려로서 설하고 또한 지켜야 할 계율이 무엇인지 명확히 인식하고 있으나, 당시 신라가 놓여 있던 정치적 상황 등을 고려하여 현실적인 입장을 취하고 있는 것이다.

원광은 진에서 유학한 뒤 귀국하여 운문산에 머물며 점찰占察법회를 통해 대중교화에 주력하였다. 점찰법회란 점찰법을 행하는 법회로, 간자簡子를 이용하여 개인의 전생의 숙업을 알아봄으로써 현재의 길흉화복을 점치고, 그 결과에 따라 수행을 행하는 의식이다.[24] 원광은 점찰법회를 통해 귀계멸참歸戒滅懺의 법을 실현하려 하였다. 여기서 귀계란 불법승 삼보에 귀의하는 계법을, 멸참이란 죄를 멸하기 위한 참회를 말한다. 즉, 귀계멸참의 법이란 계율을 지키고 참회를 행하는 것을 일컫는다.[25]

---

23 『三國遺事』권4, 「義解」5, 圓光西學; 『三國史記』권4, 「신라본기」4, 진평왕 30년조
24 박광연, 「원광의 점찰법회 시행과 그 의미」, 『역사와 현실』43, 한국사연구회, 2002, p.112
25 박광연, 앞의 논문, 2002, p.128

자장과 수계의식의 정비

진평왕대의 신라 불교계는 중국 유학을 마치고 귀국한 승려들에 의해 계율적인 면에서도 정비되어 갔다. 진나라 유학(585~602)에서 돌아와 대덕大德까지 지냈던 지명智明이라는 승려는 『사분율갈마기四分律羯磨記』라는 저술을 남기고 있다. 이로 보아 그의 귀국 후 『사분율』에 의한 수계작법이 신라에서 시행되었을 것으로 추정되지만,[26] 이때 신라에서 출가 및 수계의식이 제도화되었을 가능성은 크지 않다.

신라 불교계에서 율에 근거하여 수계 제도 및 교단 운영의 기틀을 마련한 것은 자장慈藏이다. "불교가 동방에 들어와서 비록 오랜 세월이 지났으나, 그 주지住持 수봉修奉하는 규범이 없으니 통괄하여 다스리지 않으면 바로잡을 수 없다." 자장이 입당 유학에서 643년에 돌아왔을 때, 조정에서는 이와 같이 의논하며 자장을 대국통大國統으로 삼아 승니僧尼의 모든 규범을 위임하여 주관하게 하였다고 한다.[27] 불교 전래 후 100여 년이 넘도록 수계 작법의 제도화나 사원 운영의 규정 등 불교교단을 통제할 만한 율이 당시에 제대로 기능하고 있지 못했음을 보여준다.

유학 이전, 출가를 결심한 자장에게 선덕여왕이 사자를 보내 출사령을 내리면서 이를 거부할 시에는 즉시 참수할 것을 명령했을 때, "내 하루라도 계를 지키다 죽을지언정, 백 년 동안 파계하면서 살고 싶지는 않다."[28]라고 했던 자장의 답변으로부터 알 수 있듯이, 자장은 계율을 매우 중시하는 입장이었던 것으로 보인다. 따라서 국가적 요청에 따라 대국통

---

26 국사편찬위원회 편, 『신앙과 사상으로 본 불교 전통의 흐름』, 서울: 두산동아, 2007, p.40
27 『속고승전』 권24 (『大正藏』 50, 639c)
28 『속고승전』 권24 (『大正藏』 50, 639a)

이 되었을 때 자장은 사미·사미니·정학녀·비구·비구니의 승니僧尼 5부로 교단을 개편하고, 교단을 감찰하는 기구로 강관綱管을 설치하였다. 또한 수계의식을 정비하는 등 계율에 근거하여 불교교단을 정비해 갔다.[29] 자세한 것은 알 수 없으나, 『속고승전』에 의하면 자장은 출가자들로 하여금 보름마다 계를 설하고 율에 의해 참회하게 하였으며, 봄·겨울로 시험을 쳐서 지계와 범계를 알게 했다.[30] 그리고 통도사를 세우고 계단戒壇을 쌓아 사방에서 오는 사람에게 계를 주었다고 한다. 이때 근거가 된 계율은 『사분율』이었을 것으로 추정된다.[31] 자장이 활약하던 7세기 당시, 신라 승려들은 4대 광률 가운데 특히 『사분율』에 대한 주석서를 집중적으로 작성하고 있다. 이미 언급한 바와 같이 지명은 『사분율갈마기』를 저술하였으며, 자장 자신도 『사분율갈마사기』를 저술하고 있다. 또한 자장과 함께 귀국하여 이후 신라에서 율부律部 강의를 더불어 했던 원승圓勝 역시 『사분율갈마기』, 『사분율목차기』를 지었다고 한다. 이는 수·당대의 『사분율』 중심의 계율 연구 동향과 궤를 같이한다. 자장 입당 유학 당시, 중국에서는 남산 율종의 종조로 평가받는 도선道宣(596~667)이 『사분율행사초』, 『사분율습비니의초』, 『사분율갈마』 등을 저술하여 『사분율』을 중심으로 율학의 체계를 세우고 명성을 날리고 있었다.

한편, 자장은 보살계본도 적극적으로 강의했다. 『속고승전』에 의하면 자장이 황룡사에서 7일 밤낮 동안 보살계본을 강의하자 마치는 날에 계를 받는 자가 구름처럼 몰렸으며 이로 인하여 개종하는 집이 9할이나 되

---

29 남동신, 「慈藏의 佛敎思想과 佛敎治國策」, 『한국사연구』 76, 한국사연구회, 1992, p.34
30 『속고승전』 권24 (『大正藏』 50, 639c)
31 채인환, 『新羅佛敎戒律思想硏究』, 東京: 國書刊行會, 1977, p.259; 남동신, 「慈藏 定律과 四分律」, 『佛敎文化硏究』 4, 靈鷲佛敎文化硏究院, 1995, p.89

었다고 한다.³² 자장이 강의하였다는 보살계본에 대해서는 범망계로 보려는 견해가 일반적이지만, 자장에게 보살계를 준 법상法常과 그 스승인 담천曇遷과 담연曇延의 보살계가 모두 지지계地持戒로 추정된다는 점에서 자장의 보살계본의 내용은 확정하기 어려운 면이 있다. 그리고 자장이 입당 유학 당시 큰 영향을 받았던 도선이 보살계로서 지지와 범망 두 계를 통합하는 경향이 있었다는 점을 고려한다면, 자장 역시 도선과 유사한 경향을 지녔을 가능성도 배제할 수 없다.³³

III. 통일신라시대 보살계의 발전

원효의 범망계 설시

통일신라시대 불교 계율의 중요한 흐름은 범망계를 중심으로 한 대승보살계의 확립이다. 주로 『사분율』을 중심으로 계율 연구가 이루어졌던 삼국시대와는 달리, 통일신라시대에는 승려들의 관심이 『범망경』에 집중된다. 이는 삼국통일을 전후해 활약했던 원효元曉(617~686)의 연구에 힘입은 바가 크다. 원효는 『범망경』에 관하여 종요宗要, 소疏, 약소略疏, 사기私記를 지었다. 이는 곧 원효에 의해 범망경에 대한 체계적이고 본격적인 검토가 이루어졌음을 보여준다.³⁴ 원효는 『화엄경소』라는 저술에서 4교판론을 설하며, 『범망경』과 『보살영락본업경』을 일승분교一乘分敎로, 『화엄

---

32 『속고승전』 권24 (『大正藏』 50, 639c)
33 남동신, 앞의 논문, 1995, p.88
34 최원식, 『新羅菩薩戒思想史硏究』, 서울: 민족사, 1999, pp.40~41

경』을 일승만교一乘滿教로 보았는데 이는 원효의 독창적인 교판론으로서 『범망경』과 『보살영락본업경』을 매우 중시하고 있음을 보여준다고 할 것이다. 계율과 관련하여 그의 주석서 가운데 현존하는 것은 『범망경보살계본사기梵網經菩薩戒本私記』와 『보살계본지범요기菩薩戒本持犯要記』, 『보살영락본업경소菩薩瓔珞本業經疏』의 3종이다. 이 중 앞의 둘은 『범망경』, 나머지 하나는 『보살영락본업경』에 대한 것이다.

『범망경』과 『보살영락본업경』은 범망계를 설하는 중국 찬술 경전이다. 이미 언급한 바와 같이, 대승보살계에는 유가계와 범망계가 있다. 이 중 유가계는 인도 중기 대승불교의 유가 계통의 문헌에서 설해진 것으로, 소승계까지 융합·포섭하여 적극적인 선의 실천과 중생 제도를 내세운다. 이에 비해 범망계는 유가계를 한층 더 발전시켜 소승계를 배척하며 순대승적 경지를 설한 것으로 중국에서 널리 유통되었다.[35] 범망계를 설하고 있는 『범망경』이나 『보살영락본업경』은 중국 찬술 경전으로서 교리 조직이나 설상이 화엄경에 통하는 바가 많으므로 화엄경의 결경結經이라고 말해진다.

원효는 『범망경보살계본사기』에서 소승계를 범망계에 포섭하고 있다. 원효는 이 주석서를 지음에 있어 『사분율』, 『십송률』, 『마하승기율』 등의 소승률을 자주 인용하며, 소승률과 대승계의 차이점을 지적하고 있다. 이는 당시 이미 유통되고 있던 소승률과 대승계의 관계를 정립함으로써 범망계를 보다 쉽게 이해시키려고 하였음을 보여준다. 원효는 이 저술에서 계율 조목을 하나하나 주석하며 소승과 대승, 출가자와 재가자에게 있어서의 공통 여부와 죄가 성립되는 조건 등을 반드시 언급하고 있다. 한편, 『보살계본지범요기』는 범망계를 토대로 하여 범망계와 유가계를

---

35 冲本克己, 「大乘戒」, 『講座大乘佛教 1-大乘佛教とは何か-』, 東京: 春秋社, 1981, pp.213~215

종합하고 융화시킨 저술이다.36 원효는 이 저술에서 경구죄輕垢罪를 논하면서 44조목으로 된 달마계본達磨戒本과 48조목으로 된 다라계본多羅戒本, 246조목으로 된 비구계본을 들고 있다. 48조목으로 된 다라계본이란 『범망경』을, 44조목으로 된 달마계본이란 현장이 번역한 『유가론』에 설해져 있는 유가계본을, 246조목으로 된 비구계본이란 비구계를 가리킨다. 원효는 이 3종의 계본 중 공불공共不共, 즉 공통되는 것과 그렇지 않은 것의 기준을 두고 있다. 한편, 중죄를 분류할 때는 범망경의 10중계만을 거론하며 10중계를 세 부류로 나누어 언급한다. 아마도 원효는 범망계를 중심으로 모든 계본을 총괄적으로 판별하려 한 것으로 생각된다.

의상의 지계의식

태종무열왕(654~661)이 즉위하면서 신라에서는 유교의 영향력이 확대되어 가고 유학자들이 대거 등장하였다. 이에 상응하여 불교의 정치적 역할은 중고기에 비해 축소되고, 정치적 조언자로서 승려의 역할보다는 출가자 본연의 자세가 강조되기 시작하였다.37 이 무렵 활동한 승려 가운데 엄정한 지계 실천으로 존경받았던 대표적인 승려는 의상義相(625~702)이다. 의상은 선배 원효와 함께 수학하다가 같이 입당하여 현장의 신유식을 배워 오려고 650년(진덕왕 4)에 육로로 중국을 향해 떠났다. 정치적 상황이 여의치 못해 입당의 뜻은 이루지 못하였으나, 이 유학 시도 길에서 의상은 원효와 함께 고구려 승려 보덕普德에게서 열반과 방등을 배울 기회를 얻게 된다. 이 중 『열반경』은 엄격한 지계주의를 강조하는 대승경

---

36 최원식, 앞의 책, 1999, p.82
37 강호선, 「한국불교의 계율전통」, 『불교평론』 53, 만해사상실천선양회, 2013, p.90

전이다.

또한 의상은 당나라 유학 중 종남산에서 도선道宣과 교류하며 그로부터 적지 않은 영향을 받았던 것으로 보인다. 의상이 종남산에 머물며 지엄智儼 문하에서 화엄학을 수학하던 때에 도선은 정업사淨業寺에서 계단戒壇을 조성하고 『사분율』을 중심으로 계율을 정립하고 있었다. 도선은 삼의일발三衣一鉢을 준수하며 행차할 때 탈것을 이용하지 않고 걸어 다니며, 앉을 때도 의자나 상에 앉지 않는 등 철저하게 계율을 지켰는데,[38] 이는 의상에게도 적지 않은 영향을 주었던 것 같다. 의상 역시 비구에게 허용된 최소한의 지물持物인 삼의일발 외에는 어떠한 소유물도 갖지 않는 등 엄정한 지계를 실천하며 청정한 수도자로서의 모습을 잃지 않았다. 또한 의상이 귀국하여 문무왕 16년(676)경에 부석사를 세울 때, 국왕이 그를 공경하여 전장과 노복을 보시하고자 했으나, 의상은 "우리 법은 평등하여 높고 낮음이 모두 균등하니 귀천을 다 같이 생각합니다. 『열반경』에 이르기를 8가지 부정한 재물이 있으니, 어찌 장전이 있으며 어찌 노복이 되겠습니까? 빈도貧道는 법계法界를 집으로 삼고 발우로 밭갈이를 하여 익기를 기다립니다. 법신法身의 혜명慧命은 이것을 빌려 생겨납니다."라며 이를 거절한다.[39]

이와 같이 의상은 보덕에게서 익힌 『열반경』과 도선으로부터 받은 철저한 지계주의의 영향으로 평생 지계의 삶을 살았으며, 이는 당시 교단에 본보기가 되었다.[40] 당시 교단 내외에서 승려에게 청정한 삶을 요망하였던 것은 경흥憬興의 일화에서도 찾아볼 수 있다. 경흥은 항상 화려하게

---

38 『宋高僧傳』 권14, 唐京兆西明寺道宣傳 (『大正藏』 50, 790b~791b)
39 『宋高僧傳』 권4, 唐新羅國義湘傳 (『大正藏』 50, 729b)
40 정병삼, 『의상 화엄사상 연구』, 서울: 서울대학교 출판부, 1998, pp.105~106

치장한 말을 타고 왕궁에 출입하곤 하였는데, 어느 날 왕궁 앞에서 광주리 안에 썩은 냄새를 풍기는 마른고기를 넣고 다니는 중을 발견하였다. 이를 보고 하인이 중이 어찌 불도佛道에서 금하는 물건을 가지고 다니느냐며 꾸짖자, 그 중은 "두 다리 사이에 산고기를 끼고 다니는 주제에 시장의 마른고기를 가지고 다닌다고 나무라는 것은 무엇이냐."라고 대꾸하고는 가 버렸다. 이를 들은 경흥이 사람을 시켜 뒤쫓게 하였더니 그는 남산의 문수사文殊寺 문 밖에 이르러 광주리를 내버리고 숨어 버렸다.[41] 다가가서 보니 지팡이는 문수보살상 앞에 놓여 있고 마른 고기는 곧 소나무 껍질이었다. 사자가 와서 이 사실을 알리니 경흥은 "대성 문수보살이 와서 내가 말 타는 것을 경계하셨구나"라고 탄식하며 이후 종신토록 말을 타지 않았다고 한다. 이처럼 통일기 신라불교계에는 엄격한 지계주의가 요구되었으며, 승려들 역시 이를 인식하고 실천하고자 노력하였음을 알 수 있다.

유식학승과 계율 연구

신라 승려들은 범망계와 더불어 대승보살계의 2대 조류 가운데 하나인 유가계에도 지대한 관심을 가지고 있었던 것으로 보인다. 유가계를 설하는 문헌으로는 『보살선계경』, 『보살지지경』, 『유가사지론』이 있는데, 신라 승려들의 저술 목록에는 앞의 두 경에 대한 주석서는 없지만, 『유가사지론』에 관한 주석은 상당히 많다. 『유가사지론』 「보살지」 계품은 4중 43경계의 유가계를 설하고 있어, 신라 승려들이 유가계를 알고 있었

---

[41] 『三國遺事』 권5, 「感通」 7, 憬興遇聖

을 가능성은 높으며, 신라에서 유가사지론에 관한 저술이 많이 이루어졌다는 점으로 보아 유가계 역시 널리 연구되고 있었다고 추정해 볼 수 있다.[42] 그리고 『유가사지론』에 주석을 베푼 승려들 가운데 원측圓測, 승장勝莊, 둔륜遁倫, 경흥憬興, 태현太賢, 혜경慧景, 의적義寂 등은 모두 유식학승으로 알려져 있어, 유식학승에 의해 주로 유가계가 널리 연구되고 있었음을 알 수 있다.[43] 『유가사지론』에 관한 신라 승려들의 주석서 가운데 현존하는 것은 둔륜의 『유가론기』뿐이었는데,[44] 둔륜의 저술로 『보살계갈마기』와 『보살계본기』가 새로 발견되어 학계에 소개되었다. 이 두 저술은 그의 『유가론기』 권10 계품을 따로 떼어 내어 『유가사지론』 제15 보살지 계품의 본문과 회편會編한 일종의 후대 문헌이라고 한다.[45]

그런데 이들 유식학승은 유가계만을 연구했던 것은 아니며, 소승률이나 범망계에 관한 연구 역시 병행하고 있었다. 소승률에 관한 연구는 『사분율』이 주를 이루었다. 둔륜은 『사분율결문四分律決問』, 경흥은 『사분율갈마기』와 『사분율습비니요四分律拾毘尼要』, 혜경은 『사분율비구작석계본소四分律比丘作釋戒本疏』를 저술하고 있다. 한편, 『범망경』에 대해서는 승장의 『범망경술기』, 의적의 『범망경보살계본소』와 『범망경문기』, 태현의 『범망경고적기』, 『범망경보살계본종요』 등의 저술이 이루어졌다. 이로부터 통일 이후의 계율 연구는 주로 유식학승들에 의해 이루어졌음을 알 수 있다.

---

42 최원식, 앞의 책, 1999, p.46
43 최원식, 앞의 책, 1999, p.46
44 신라 승려들의 유가계 관련 저술은 태현의 『유가계본종요』가 유일한데, 이는 현존하지 않는다.
45 고익진, 「새로 確認된 新羅僧 遁倫의 著述과 그 性格-菩薩戒羯磨記와 菩薩戒本記-」, 『한국불교학』 11, 1986, p.49

한편, 이들 유식학승들의 범망계 주석에서는 주목할 만한 특징이 보인다. 그것은 중생 구제나 호국이라는 보다 고차원적인 목표 실현을 위해 계율을 현실적인 상황에 맞추어 재해석하고 있다는 점이다. 예를 들어, 태현이나 의적은 살생 도구를 소지하지 말라는 범망경보살계 제10경계에 대해 외난外難을 막거나 호법護法을 위해서라면 무기를 소지해도 좋다는 내용의 주석을 달고 있다. 나라의 사신이 되어 군대를 일으켜 싸우게 하거나 군에 왕래하는 것을 금지하는 제11경계에 대해서도, 의적은 재가자의 경우 전쟁을 위한 것이 아니라 화친和親을 위해서나 무관武官이 된 경우라면 군에 왕래하는 것을 인정하고 있다. 이러한 인식은 중국에서 활동한 승장이나 중국 승려들에게서는 찾아볼 수 없는 견해이다.[46] 이는 삼국통일을 전후로 활동하며 승려들이 전쟁에 직·간접적으로 참여하였던 당시의 시대 상황과 무관하지 않을 것이다.

진표와 점찰계

신라 경덕왕(742~764) 시대를 중심으로 활약한 인물로 추정되는 진표眞表율사는 당시 신라에서 유행하고 있던 점찰법占察法을 응용하여 독특한 점찰참회계법을 확립하였다. 스승 숭제崇濟법사에게서 정성이 지극하면 1년 만에라도 계를 받을 수 있다는 말을 들은 진표는 명산을 두루 다니다가 선계산仙溪山 불사의암不思議庵에 머물러 신구의身口意 삼업을 수련했으며, 망신참법으로 계를 얻었다고 한다. 망신참법이란 몸을 희생하는 참회법이다. 진표는 열나흘에 걸쳐 온몸을 돌에 부딪쳐 무릎과 팔뚝

---

[46] 최원식, 앞의 책, 1999, pp.172~173

이 부서지는 등의 망신참법을 한 후 지장보살을 뵙고 정계淨戒를 받았다. 하지만 원래 그는 미륵보살에 뜻을 두고 있었기 때문에 다시 영산사靈山寺(혹은 변산邊山)로 가서 맹렬하게 수행하였다. 그러자 미륵보살이 나타나 『점찰경』과 189개의 간자簡子를 주며 이르기를 "이 가운데 제8간자는 신득묘계新得妙戒에 비유되며, 제9간자는 증득구계增得具戒에 비유된다. …… 너는 이것으로써 세상에 법을 전하여 남을 구제하는 뗏목으로 삼아라."라고 하였다. 이후 진표는 금산사에 가서 살았는데 그가 불법을 강의하자 물고기와 자라가 찾아와 계를 받았으며, 이를 전해들은 경덕왕은 궁으로 그를 맞이하여 보살계를 받고 조租 7만 7천 석을 주었다. 또한 왕후와 외척들도 모두 계품을 받고 명주 5백 단과 황금 50냥을 시주하였다고 한다.[47]

진표는 점찰법과 망신참회亡身懺悔에 의한 자서수계自誓受戒를 강조하였는데, 이는 중국 찬술 경전인 『점찰선악업보경占察善惡業報經』에 근거한다. 정법이 멸하고 상법像法시대가 끝나려 하는 말세에 고뇌가 많은 중생들을 교화해 갈 방편을 설해 달라는 견정신堅淨信보살의 요청에 지장보살은 "말세에 중생이 죄악을 짓거나 도업道業을 닦는 일을 폐하는 등 여러 장애에 부딪혀 결정적인 믿음을 얻지 못하고 수행에 전념하지 못할 경우에는 목륜상법木輪相法을 사용하여 숙세의 선악의 업보와 현세의 고락과 길흉 등의 일을 점찰하라."라고 한다. 모든 일은 인연에 따라 생겼다 없어졌다 하는 것이며, 업이 집합하는 것도 마음에 따라 그 업상業相이 나타나며, 또한 그 결과가 이루어지는 것이니, 이 도리를 잘 알고 선악의 업보를 점친다면 의심나거나 결정하지 못하는 일을 분명히 결단할

---

47 『三國遺事』 권4, 「義解」 5, 眞表傳簡

수 있게 된다는 것이다. 또한 지심으로 학습하여 신구의 삼업을 청정하게 함으로써 갖가지 장애를 소멸하려면 참회법과 3종의 계취戒聚를 모두 수지해야 한다고 설한다.

『점찰선악업보경』에서 설하는 3종의 계취란 섭률의계, 섭선법계, 섭화중생계이다. 이 경에서는 이 계를 받고자 하여도 마땅한 계사가 없을 때는 시방의 제불보살을 증사證師로 청하여 십선도와 3종 계취의 계상을 자서自誓하여 스스로 수계하라고 설한다. 이렇게 총수總受함으로써 바라제목차의 계를 받은 것과 같이 비구·비구니가 될 수 있다. 하지만 만일 참회를 행하였다 하더라도 지심이 되지를 못하여 선상善相을 볼 수 없으면, 설사 계를 받았다 생각하더라도 계를 얻었다고 할 수 없다고 한다. 그리고 대승의 신심을 발하여 대승불교를 받들어 생활하는 사람으로서 보살도를 행하기 위해 보살계를 받고자 해도 이미 많은 중죄를 지어 받을 수 없는 사람은 여법한 참회를 행하여야 하며, 정해진 참회법을 열심히 매일 실행한다면 의지가 굳은 사람은 7일 동안에 청정해져 모든 업장이 소멸하게 된다고 한다.

IV. 고려 및 조선시대 계율의 현실적 변용

관단수계의 제도화와 국왕의 보살계 수계

계학이 불도 수행의 첫걸음이라는 점에서 올바른 수계의식의 정립이 무엇보다 중요하다. 특히 올바른 구족계 의식의 실행은 승가의 기강을 바로잡고 출가자로서의 위의를 갖추게 하는 데 중요한 역할을 한다. 한국의 경우 언제부터 율장에 근거한 구족계 의식이 이루어졌는지 명확하지 않지만, 신라는 자장의 통도사 계단 설치 및 『사분율』 중심의 수계의식과 계단 정비가 큰 분기점이 된 것으로 보인다. 통도사 이외의 계단 존재는 진표眞表가 효성왕 4년(740)에 금산사에서 매년 계단을 열었다는 기록에 나타나 있다.[48] 이 외에도 신라의 경우, 관단官壇은 9주州에 걸쳐 폭넓게 곳곳의 사원에 만들어졌다.[49] 관단의 설치는 고려시대까지도 이어졌다. 고려 태조가 개경을 수도로 하고 이를 불교의 중심지로 삼기 위해 25처의 사원을 창건하였는데, 그중 관단이 설치된 사원으로는 태조 7년(924)에 창건된 흥국사興國寺가 있다. 또한 태조 18년(935)에 창건된 개국사開國寺에서는 3,200여 명의 도승이 이루어지는 등, 고려 초부터 개경의 사원에 계단이 설치된 것으로 보아 태조 대부터 관단수계 제도를 도입하여 실시했던 것으로 보인다.[50]

특히 고려시대에는 전국적으로 관단을 두고 경과 율에 대한 시험을 봐야 한다는 출가 규정을 법제화하였다.[51] 또한 국가가 불교를 후원하는 한편, 승정을 통해 수계 즉 출가 단계부터 국가가 승가를 관리하였다. 사원의 경제 활동이나 승려의 복식에 대해 국가가 통제를 가했을 뿐만 아니라, 승려의 범죄에 대해서도 국가가 직접 속법으로 치죄하였다. 4바라이죄를 저지른 승려를 속법에 의해 강제 환속시키기도 하였고, 음주나 사치스러운 복식, 사원에서 양조釀造와 파를 재배해서 판매하는 등의 행동을 금지하고 이를 어겼을 시에는 죄의 종류에 따라 귀향 보내 환속시

---

48 『三國遺事』 권4, 「義解」 5, 眞表傳簡
49 한기문, 『高麗寺院의 構造와 機能』, 서울: 민족사, 1998, pp.363~367
50 한기문, 앞의 책, 1998, p.368
51 『高麗史』 권6, 「세가」, 정종 2년 5월

컸다.[52] 구족계 의식은 고려시대에도 여전히 『사분율』에 근거하여 관단에서 이루어졌을 것으로 추정된다. 고려에서의 계단은 도선의 남산종의 영향을 받았을 것으로 추정되는데, 고려에서 유통되던 비구니계 관련 계율 연구서가 『오분율』에 근거한 『승니요사僧尼要事』를 제외하고 모두 『사분율』 계통이었다는 점에서 볼 때 비구니의 수계 역시 『사분율』에 의거하여 이루어졌을 것으로 추정된다.[53]

한편, 고려시대에는 국왕의 보살계 수계 전통이 매우 성행하였다. 이는 아마도 신라시대부터의 전통으로 보이는데, 태조가 스스로를 보살계 제자라고 한 이래로 국왕의 보살계 수계는 공민왕대까지 항례화되었던 것으로 보인다.[54] 국왕의 보살계 수계를 설하는 대표적인 경전은 『범망경』으로 아마도 이 경의 유행과 더불어 신라 중대 이후로 국왕이나 관료들이 보살계를 받게 된 것으로 보인다.[55] 고려 왕실에서는 해마다 6월 15일에 궁궐 안에서 보살계 도량을 열어 국왕에게 보살계를 주었는데, 이 도량은 국사와 왕사를 비롯한 고승대덕들이 주재하는 가운데 열렸다. 국왕의 보살계가 특히 즉위 원년에 수계하는 경우가 많은 것으로 보아 국왕의 즉위 의례와 관련이 있는 것으로 보이며, 재위 기간 여러 차례 수계하는 경우도 있었다. 보살계를 받은 국왕의 통치는 보살의 교화 활동으로서의 권위를 갖게 되고, 이와 함께 국왕은 보살로서 계율을 준수하고 보살의 자비행을 이행하는 자비로운 존재로서 부각되었던 것으로

---

52 『高麗史』 권84, 「刑法志」 현종 3년(1002), 현종 18년(1017), 충렬왕 33년(1307) 등.
53 김영미, 「고려시대 여성의 출가」, 『이화사학연구』 25·26합권, 이화사학연구소, 1999, pp.53~54
54 김형우, 「高麗時代 國家的 佛敎行事에 대한 硏究」, 동국대 박사학위논문, 1992, pp.148~149
55 한기문, 앞의 책, 1998, pp.356~359

보인다.

청규의 설행

신라 하대 선종의 수용과 더불어 중국 선종사원의 내부 규칙으로 설행되던 청규淸規도 도입되었을 것으로 추정된다. 청규[56]라는 별도의 율제律制가 중국에서 처음 만들어진 것은 8세기 말~9세기 초였다. 백장 회해百丈懷海(720~814)는 『선문규식禪門規式』(『고청규古淸規』 혹은 『백장청규百丈淸規』라고도 함)을 편찬하여 선자禪者들의 생활 규범으로 삼았다. 백장은 "선종교단은 조계에 이르기까지 율사律寺에 있었지만, 설법과 주지하는 법이 법규에 맞지 않으므로 항상 마음에 걸려 살았다. 내가 종宗으로 삼는 바는 대소승에 국한하지 않고 대소승과 다르지 않으며, 필요한 것만 발췌 요약하여 규범을 제정하니 힘껏 정진할 것이며 이에 별도로 선거禪居를 세운다."라고 청규 편찬의 배경 및 의도를 밝히고 있다.[57] 하지만 『선문규식』이 점차 본래 모습을 잃고 제 기능을 하지 못하게 되자, 1103년(북송 휘종 숭녕 2)에 장로 종색長蘆宗賾은 백장의 의도를 살리고자 『선원청규禪苑淸規』(『숭녕청규』라고도 함)를 제정하였다. 『선원청규』는 현존하는 최고最古의 청규인데, 내용이나 체계에 있어 『선문규식』을 그대로 계승하고 있다. 이후 동아시아에서 출현하게 되는 많은 청규는 서명書名은 서로 다르다 하여도, 『선문규식』이나 『선원청규』를 근본으로 삼는 점에서 공통된다.

---

56 백장 당시에는 청규라는 말을 사용하지 않고, 制範이나 設規 등으로 표현하고 있다(『大正藏』 50, 770c). 백장교단 제11세 百丈道常(?~991)의 비명에 백장청규라는 말이 나오는 것으로 보아, 이 무렵을 전후로 사용된 것이 아닌가 생각된다. 石井修道, 「百丈淸規の硏究」, 『禪硏究所年報』 6, 駒澤大學, 1995, p.36
57 『景德傳燈錄』(『大正藏』 51, 251a)

이들 청규가 구체적으로 언제 한국에 도입되었는지 명확한 전거는 찾기 어렵다. 한국불교에 선종이 유입된 후, 고려 전기까지도 선원청규가 실행되었다거나 고려 선종의 독자적인 청규서 간행이나 실행과 관련된 내용은 발견되지 않는다. 다만 보조국사 지눌(1158~1210)이 1205년에 저술한 『계초심학인문誡初心學人文』에 『선원청규』가 한국에도 도입되었다는 분명한 전거가 나오고, 또한 고려대장경에 장로 종색의 선원청규가 전해지는 점 등으로 보아, 고려 후기에 고려 선종에서 청규가 시행되고 있었다는 것은 분명하다. 그런데 지눌이 『계초심학인문』을 지어 시행하기 이전에 이미 단편적으로 청규가 실행되고 있었을 가능성을 보여주는 자료가 있다. 「용문사중수비龍門寺重修碑」의 기록이다. 이 비문은 대정大定 25년(1185)에 성립된 것으로, 대선사 조응祖膺의 행적을 기록한 것인데, 이에 의하면 "1161년에 혜조慧照국사가 입송하여 전해 온 좌선의궤坐禪儀軌와 배발排鉢 등의 일을 가지고 총림회叢林會를 행하였다."고 한다.[58] 이 중 '좌선의궤'는 좌선에 관한 행례와 법식을, '배발 등의 일'은 발위鉢位를 정하고 죽반粥飯에 임하는 등 총림에서 시행되는 제반 행례·의식을 규정한 것으로 보인다.[59] 이는 지눌이 『계초심학인문』을 저술하고 시행한 시기보다 40여 년이나 앞서 부분적으로 청규가 실행되고 있었음을 보여주는 자료로서 주목된다.

한편, 수선사修禪寺 청규라고도 불리는 『계초심학인문』은 중국 청규의

---

58 허흥식, 「龍門寺重修碑」, 『韓國金石全文』 中世 下, 서울: 亞細亞文化史, 1984, p.874

59 고려 예종의 명을 받고 宋에 유학한 曇眞이 전한 것을 그의 법손인 조응이 실행하고 있었던 것으로 보인다. 이때 도입된 청규는 아마도 『선원청규』였을 것으로 추정된다. 적멸, 「韓國에서의 最初 淸規導入에 관한 考察」, 『대각사상』 8, 대각사상연구원, 2005, pp.286~293

영향을 받아 찬술된 한국 최초의 청규 저술이라고 할 수 있다. 지눌은 명종 20년(1190) 공산公山 거조사居祖寺에서 정혜결사定慧結社를 발표한다. 이는 당시 교단의 폐해를 지적하며 정혜쌍수定慧雙修의 수행을 통해 승가 본연의 자세로 복귀할 것을 주장하는 것이었다. 이후 지눌은 정혜결사를 실현하는 구체적인 생활 규범으로『계초심학인문』을 지었다. 이는 주로 초발심자의 사중寺中 생활을 경책하며 정혜쌍수의 수행을 강조하는 내용으로 구성되어 있어, 선원의 일상 의례를 규정한 중국선종의 청규와는 구별된다. 지눌은 이 청규서를 짓기 5년 전인 1200년에 송광산 길상사로 옮겨서 11년간 대중을 지도할 때 담도談道·수선修禪·안거安居·두타頭陀 등을 실행함에 있어 한결같이 불률佛律에 의거하였다고 한다.[60] 따라서 지눌은『선원청규』등 중국 청규서의 영향을 받으면서도 붓다의 율을 근간으로 대중 지도의 지침을 마련했을 것으로 생각된다.

　청규는 공민왕 시대에 국가적으로 주목받게 된다. 왕사였던 태고 보우와 나옹 혜근을 비롯하여, 백운 경한白雲景閑 등 당시 원 강남 임제종 승려의 문하에서 수학한 경험이 있는 승려들을 중심으로 청규 실행에 의한 교단 개혁이 시도되었다. 특히 보우와 혜근은 교단 및 선찰禪刹 운영에 실제로『칙수백장청규』를 도입하여 불교교단을 개혁하고자 하였다. 보우와 혜근 모두 왕사가 된 이후 청규를 시행했던 것은 교단 개혁에 대한 국가의 의지가 반영된 것으로, 공민왕의 개혁정치 및 왕권 강화와 밀접한 관련이 있는 것으로 보인다.[61] 하지만 공민왕의 죽음으로 이러한 시도는

60　이지관,『校勘譯註 歷代高僧碑文』高麗編 4, 서울: 가산불교문화연구원, 1997, p.59

61　강호선,「고려말 禪僧의 入元遊歷과 元 淸規의 수용」,『한국사상사학』40, 2012, p.44

결실을 맺지 못하고 끝났다.

승군과 계율

여말선초 제기된 배불론 및 16세기 전반의 법제적 폐불 단계에 직면하면서 불교는 존립 위기를 맞이하였다. 이와 같은 상황에서 불교는 존속을 위한 다양한 노력을 하였는데, 그중 하나는 유불일치를 통해 불교의 가치를 옹호하는 오계와 오상과 같은 논리의 등장이다. 1526년 조선 전기의 대표적 호불 논서인 『현정론顯正論』에서 함허 기화涵虛己和 (1376~1433)는 기존 배불론의 주장에 대한 반박 가운데 하나로, 유교와 불교의 주장이 내용상 서로 다르지 않다는 점을 적극적으로 부각시키고 있다. 하지만 무엇보다 조선시대 불교의 존립에 지대한 영향을 준 것은 승군의 활동이다.

1592년(선조 25) 4월에 발발하여 이후 7년간 지속된 임진왜란 동안 승려들은 의승군義僧軍으로서 나라를 위해 적극적으로 전쟁에 참여하였다. 의승군을 이끈 주도 세력은 청허 휴정淸虛休靜(1520~1604)과 그의 문도들이었다. 임진왜란이 일어나자 선조는 7월에 승통僧統을 설치하고 묘향산에 있던 휴정에게 팔도십육종선교도총섭八道十六宗禪敎都摠攝의 직책을 수여하여 승군 동원과 통솔을 담당하게 하였다.[62] 선조의 명에 대해 휴정은 "…… 신 등은 비록 인정人丁의 부류는 아니나 이 나라에서 태어나 성상의 은혜와 훈육을 받았는데 어찌 한 번 죽음을 아끼겠습니까? 목숨을 바쳐 충심을 다하겠습니다."[63]라고 대답한 후, 순안順安 법흥사法興寺에서

---

62 高橋亨, 『李朝佛敎』, 東京: 寶文館, 1929, p.374
63 『大東野乘』 권36, 「再造藩邦志」 20

전국 사찰에 격문을 띄워 5천여 명의 승군을 소집하였다고 한다.[64]

의승군은 평양, 행주산성 등의 주요 전투에 참전하였고 수군水軍으로서도 크게 활약하는 등 곳곳에서 큰 전공을 세웠다. 또한 산성 축조와 군량 조달 등을 주도하기도 하였다. 특히 휴정의 수제자인 사명 유정四溟惟政(1544~1610)은 휴정을 대신해 의승군을 이끌며 크게 활약하였다. 승병을 모아 직접 전투에 참여하였을 뿐만 아니라, 일본군과의 강화교섭 과정에서는 조정을 대표하여 적장을 만나기도 하였으며 정세를 분석하고 대비책을 주달하기도 하였다. 또 전후에는 일본에 사신으로 파견되어 국교 재개 문제나 포로 쇄환 등 외교적 처리를 전담하기도 하였다.[65] 이 외, 다수의 휴정 문도들이 승장으로 활동하며 전장에서 혁혁한 공을 세웠다.

임진왜란 당시의 의승군 활동과 충의의 공적은 불교에 대한 사회적 인식과 위상의 제고 및 승도의 효용성을 새롭게 환기시키는 전환기적 계기가 되어,[66] 조선 후기 불교 존립의 바탕이 되었다. 그리하여 승군 조직과 노동력 활용이 이후 관례화되면서 승려의 자격과 활동이 공식적으로 인정된 것이다. 하지만, 이러한 과정에서 수행자로서의 본분을 다하지 못하는 자괴감도 적지 않게 느꼈던 것으로 보인다. 유정은 "기해추봉별변주서己亥秋奉別邊注書"에서 7년간의 전쟁이 끝난 후에도 성곽을 축조하는 등의 일로 산으로 돌아가지 못하고 계속 종군해야 하는 처지를 서글퍼하며 언젠가 재를 헤쳐 향로에 가느다란 향불을 피울 날을 염원하고 있으며, 휴정의 제자인 정관 일선靜觀一禪 역시 "출가의 뜻을 잊고 계율

---

64 『鞭羊堂集』 권2, 「西山行蹟草」(『韓佛全』 8, pp.254~255)
65 김용태, 「임진왜란 의승군 활동과 그 불교사적 의미」, 『보조사상』 37, 보조사상연구원, 2012, pp.242~243
66 김용태, 앞의 논문, 2012, p.245

실천을 폐하며 허명을 바라고 돌아오지 않으니……."라고 하여 승군 활동의 현실적 폐해를 개탄하였다. 또한 막대한 인적, 경제적 손실과 수행 기풍의 퇴조 등과 같은 큰 피해를 입게 된 교단 일각에서는 "승군들이 종군하여 출가의 뜻을 잊고 계율을 실천하지 않아 장차 선의 기풍이 멈추게 될 것"이라는 우려가 제기되기도 하였다.[67] 이러한 우려는 기우에 그치지 않았고 실제로 공을 세워 직책을 받은 승려들 중 전쟁이 끝나고 환속하는 경우가 적지 않았다고 한다.

율맥의 회생

조선시대의 승려들은 피폐한 상황에서도 불교의 중흥을 위해 노력했다. 대표적인 인물로 허응 보우虛應普雨(1515~1565)와 환성 지안喚惺志安(1664~1729)을 들 수 있다. 보우는 문정왕후의 비호하에 승과를 부활시키고 도첩제를 다시 실시하게 하는 등 불교 부흥을 위해 노력했지만, 유림의 기세에 눌려 결국 순교의 길을 걷게 된다. 환성 역시 화엄대법회를 개설하여 많은 대중들을 교화하였으나 유생들의 모략으로 순교하였다. 「도봉산망월사금강계단호계첩문」에 의하면, 환성 지안 이후 율맥은 거의 단절 위기에 놓였는데, 19세기 초에 대은 낭오大隱朗旿(1780~1841)가 회생시켰다고 한다.[68] 대은은 1826년에 계학이 실전失傳 상태에 놓여 있는 실정을 개탄하며, 스승 금담 보명金潭普明(1765~1848) 장로와 더불어 해제 후 하동 칠불암 아자방亞字房에서 서상수계瑞祥受戒를 서원하고 7일간 기

---

67 『靜觀集』, 「上都大將年兄」
68 가산 지관, 『한국불교계율전통-韓國佛教戒法의 自主的 傳承-』, 서울: 가산불교문화연구원, 2005, p.183

도를 봉행하던 중, 7일 만에 한줄기 빛이 자신의 정수리를 비추는 호상을 보았다. 그러자 스승인 금담은 "나는 오직 법을 위함이요, 사자師資의 서열에는 구애받지 않는다."라고 하며 상좌인 대은을 전계사로 하여 보살계와 비구계를 받았다. 이후 대은의 계맥은 금담을 거쳐 해남 대흥사의 초의 의순草衣意恂(1786~1866)에게 전해졌고, 다시 범해 각안梵海覺岸(1820~1896)을 거쳐 대흥사의 취운翠雲, 선암사의 금봉錦峰, 해인사의 제산霽山 등으로 전계되어 갔다.[69]

서상수계란 수계해 주는 계사 없이 혼자 지계의 서원을 하고 계를 지니는 것인데, 반드시 호상好相, 즉 견불체험을 통해 증명된다. 『유가론』, 『선계경』, 『지지경』, 『범망경』 등 대승경전에서 주로 인정하는 수계법으로 전통 부파의 율장에 의하면 용인될 수 없다. 『범망경』 제23경계에서는 "불자야, 불멸 후에 좋은 마음으로 보살계를 받고자 하면 불보살의 형상 앞에서 자서수계를 하라. 마땅히 7일 동안 불전에서 참회를 하되, 호상好相을 보았으면 계를 얻은 것이 되느니라. (중략) 만약 천리 안에 수계해 줄 스승이 없으면 불보살의 형상 앞에서 수계를 하되 반드시 호상을 보아야 하느니라."라고 규정하고 있다.[70] 즉, 이 가르침에 따라 대은은 서상수계를 선택한 것으로 보인다.

서상수계를 통해 계맥을 회복한 대은은 스승 금담에게 대계와 구족계를 주고 있는데, 여기서 대계란 범망보살계를, 구족계는 남산율종의 『사분율』이었을 것으로 추정된다. 범해 각안이 1894년에 대흥사에서 저술한 고승전인 『동사열전東師列傳』 「대은낭오전」에서 "아동방대선지식남산도선중흥어세我東方大善知識南山道宣重興於世"라고 기술하고 있는 것으

---

69 이능화, 앞의 책, 1968, p.79
70 『범망경』(『大正藏』 24, 1006c)

로 보아[71] 대은은 도선율사의 남산율을 부흥시킨 것으로 보인다. 하지만 일각에서는 서상수계에 의한 율맥 회생에 의구심을 품었고, 이에 중국으로 직접 계를 받으러 가는 경우도 적지 않았다. 가장 대표적인 예는 만하 승림萬下勝林이다. 그는 1892년에 청으로 건너가 법원사法源寺 계단의 창도 한파昌濤漢波 율사로부터 대소승계를 받고 계맥을 전수해 오게 된다.[72] 이후 만하는 1897년 7월 15일에 양산 통도사에 계단을 설치하고 처음으로 수계법회를 가졌다. 이때 해담 치익海曇致益(1862~1942)이 수계하였고, 이어 1935년에는 회당 성환晦堂性煥, 1944년에는 월하 희중月下喜重, 1979년에는 청하 성원淸霞性源으로 전계되었다.[73] 이후 한국불교의 계맥은 크게 대은파大隱派와 만하파萬下派의 둘로 구분되어 전수되어 오고 있다.

---

71 『東師列傳』권4, p.181
72 만하 승림이 받아 온 창도 한파의 율맥은 古心如響(1541~1615)으로부터 전승된 것으로, 고심 여향 역시 서상수계를 통해 율맥을 회생시키고 있다. 小川貫弌, 「근세 중국불교에 있어서의 戒의 변용」, 『계율강요』, 법흥 편역, 순천: 송광사, 1994, pp.144~145. 따라서 만하가 받아 온 율맥 역시 실은 서상수계에 의한 것임을 알 수 있다.
73 가산 지관, 앞의 책, 2005, p.142

호국과 계율의 갈림길

계율은 불교도의 생활 규범이다. 붓다는 비구와 비구니를 위해 각각 250, 348개의 조문을 제정하였다. 이는 구족계具足戒, 즉 비구·비구니로서의 정체성을 획득하기 위해 반드시 구족해야 할 조문이다. 이 외, 예비 승려인 사미·사미니와 식차마나니를 위해 각각 10계와 6법이, 재가신도인 우바새·우바이를 위해서는 5계와 8재계가 제정되었다. 기원 전후 인도 불교교단에서 발생한 대승불교의 영향으로 새롭게 대승보살계라 불리는 일련의 계들이 만들어지지만, 붓다가 출가·재가를 위해 제정하였던 위의 소승계율은 고수되었다. 대승보살계는 기존의 계율에 적극적인 선의 실천과 중생 제도를 더함으로써 보살로서의 대승적인 실천행을 완성하고자 하는 것이었다.

하지만 동아시아로 불교가 전래된 후, 계율은 다양한 변화를 겪게 된다. 불교 전래 후 교단 정비의 필요성을 절감한 중국 승려들은 4세기 후반 무렵 율장을 찾아 인도로 향하였다. 그리하여 5세기 초반 무렵에는 4대 광률廣律이 갖추어지게 된다. 장안長安과 건강健康을 중심으로 소승률에 대한 지식이 퍼져 간 한편, 중국의 서쪽 지역에서는 『보살지지경』을 중심으로 한 보살계가 유행하였다. 그리고 5세기에는 순대승적 경지를 설한 『범망경』이라는 중국 찬술 경전까지 등장하게 된다. 이 경은 출가자와 재가자에게 공통하는 10중 48경계를 제시한다. 이후 『범망경』은 중국뿐만 아니라, 한국과 일본에서도 크게 발전하였다.

불교 전래 후 한국에는 소승계율은 물론이거니와 대승보살계도 전해졌다. 고구려의 경우 명확한 것은 알 수 없으나, 백제는 『사분율』 등의 소승 율장에 따라 구족계 의식이나 교단 운영이 이루어지고 있었던 것으로 보인다. 신라 역시 자장이 율에 근거하여 수계제도 및 교단 운영의 기틀을 마련하는 노력을 기울였다. 이후 고려시대까지도 소승률에 따른 수계식이 이루어졌을 것으로 추정되며, 보살계 수지도 성행하였다. 약간의 기록을 통해 조선시대에도 수계식이나 포살 등이 이루어지고 있었음을 엿볼 수 있다. 하지만 전래 당시 국가권력과 밀접한 관련을 갖고 시작한 불교는 인도처럼 초세간적 입장을 견지할 수 없었다. 더구나 전쟁으로 인해 끊임없이 국가의 존속이 위협받는 상황에서 계율 수지를 고집하며 국가적 요청에 불응한다는 것은 용이하지 않았다. 승려들은 계율 수지와 현실적 요청 간의 갈림길에서 고뇌하며, 결국 국가적 요청에 부응해 갔다. 예를 들어, 신라의 원광은 진평왕이 걸사표乞師表를 쓰게 했을 때 "자기가 살려고 남을 멸하는 것은 승려가 할 짓이 아니나 빈도貧道가 대왕의 나라에 살고 대왕의 수초手草를 먹으면서 어찌 감히 명령을 쫓지 아니 하겠습니까."라며 응하고 있다. 또한 자신을 찾아온 귀산과 추항이라는 젊은이에게는 "불교에는 보살계가 있어 그 조항이 열이 있으나, 너희들은 남의 신하와 자식 된 몸이니 아마 감당하지 못할 것이다."라며 세속오계를 설하고 있다. 이는 원광이 승려로서 지켜야 할 혹은 설해야 할 계율을 인식하면서도 국가의 안녕을 위해 세속적인 요청에 응하고 있음을 보여준다.

특수한 정치·사회적 상황으로 인해 계율은 문자 그대로의 이해나 해석이 아닌, '중생 구제'나 '호국'이라는 보다 현실적인 차원의 목표 실현을 위해 재해석되며 상황에 맞추어 적극적으로 변용되어 간 것이다. 특히 원효를 기점으로 크게 발전한 대승보살계의 경우, 범계의 판단 기준이 명확한 소승률과 달리, 행위의 의지나 마음 등을 우선시하는 보살계는 시간과 장소, 상황 등에 따라 보다 융통성 있는 적용이 가능하기 때문에 이러한 해석의 근거로 작용하기 쉬웠을 것이다. 통일신라시대에 활약한 의적이나 태현은 살생 도구를 소지하지 말라는 범망경보살계 제10경계에 대해 외난外難을 막거나 호법護法을 위해서라면 무기를 소지해도 좋다는 내용의 주석을 달고 있다. 나라의 사신이 되어 군대를 일으켜 싸우게 하거나 군에 왕래하는 것을 금지하는 제11경계에 대해서도, 의적은 재가자의 경우 전쟁을 위한 것이 아니라 화친和親을 위해서나 무관武官이 된 경우라면 군에 왕래하는 것을 인정하고 있다. 이러한 인식은 당에서 활동한 승장이나 중국 승려들에게서는 찾아볼 수 없는 견해이다.

북방 유목민족의 침략이 잦았던 고려시대에도 승려나 승군이 국가 수호를 위해 전쟁에 직접 참전한 사례가 많고, 특히 조선시대의 승군 활동은 승려들이 계율이 아닌 호국을 선택한 가장 대표적 사례로 거론될 수 있을 것이다. 1592년 선조로부터 도총섭의 직책을 수여받고 승군을 동원하라는 명을 받은 청허 휴정은 "이 나라에 태어나 성상의 은혜와 훈육을 받았는데 어찌 한 번 죽음을 아끼겠습니까?"라고 답하였으며, 그의 제자인 사명 유정 역시 선조의 파천을 듣고 "우리들이 이 국토에 나서 여러 해를 편안히 잘살 수 있었던 것은 모두가 국왕의 힘이었다. 지금 이처럼 어렵고 위태로운 때를 만나 어찌 차마 가만히 앉아서 바라보고만 있겠는가."라고 통곡하였다고 한다. 그러나 유정이 남긴 "기해추봉별변주서己亥秋奉別邊注書"에서는, 7년간의 전쟁이 끝난 후에도 성곽을 축조하는 등의 일로 산으로 돌아가지 못하고 계속 종군해야 하는 처지를 서글퍼하며 언젠가 재를 헤쳐 향로에 가느다란 향불을 피울 날을 그리는 수행자로서의 바람을 엿볼 수 있다. 휴정의 제자인 정관 일선靜觀一禪 역시 "출가의 뜻을 잊고 계율 실천을 폐하며 허명을 바라고 돌아오지 않으니……"라고 하여 승군 활동의 현실적 폐해를 개탄하였다.

삼국, 통일신라, 고려, 조선을 거치는 동안 한국의 승려들은 출가자로서의 자신들의 정체성과 관련하여 계율 수지의 중요성을 인식하면서도, 왕의 은혜를 입고 사는 자로서 국왕과 인민을 보호해야 한다는 호국을 우선시하여 '불살생계'나 '무기소지 금지'라는 계율을 어긴 채 국왕을 위한 살생을 용인하는 태도를 보이고, 점차 무기를 들고 전쟁터로 나아가 싸우는 일도 마다하지 않았다. 이는 도입 초기부터 정치권력과 밀접한 관련을 지니고 발전하였던 한국불교의 존재 양상에서 원인을 찾을 수 있겠지만, 거의 유사한 상황에 놓여 있던 중국불교나 일본불교의 경우 순수한 '호국'을 위한 승려의 직접적인 전쟁 참여 현상이 비교적 드물게 나타난다는 점과 비교했을 때 상당히 독자적인 양상이라고 할 수 있을 것이다.

| 참고문헌 |

김기영 역주, 『현정론·간폐석교소 - 조선시대의 호불론 - 』, 서울: 한국불교연구원, 2003.

김용태, 『조선후기 불교사 연구 - 임제법통과 교학전통 - 』, 서울: 신구문화사, 2010.

정병삼, 『의상 화엄사상 연구』, 서울: 서울대학교출판부, 1998.

최원식, 『新羅菩薩戒思想史硏究』, 서울: 민족사, 1999.

채인환, 『韓國佛敎戒律思想硏究』(Ⅰ), 서울: 토방, 1997.

한기문, 『고려사원의 구조와 기능』, 서울: 민족사, 1998.

船山 徹, 「大乘戒 - インドから中国へ - 」, 『シリーズ大乗佛教 大乗仏教の実践』, 東京: 春秋社, 2011.

Funayama, Tōru., The Acceptance of Buddhist Precepts by the Chinese in the Fifth Century, *Journal of Asian History*, Vol. 38, No. 2, 2004.

사장寺匠

강호선

I. 고대 관영官營수공업으로서의 사원수공업과 승장

　장인匠人과 '사장寺匠'/ 고대 사원수공업의 시작과 전개/ 사원성전寺院成典과 승장僧匠

II. 고려시대 사원수공업의 다양화

　고려시대 수공업 전개와 사원수공업/ 승장과 공역승供役僧, 그리고 수원승도隨院僧徒/ 사경승寫經僧과 화사畫師의 활동

III. 조선시대 불교정책과 사원수공업

　국가적 건설 사업과 공역승/ 공납과 진상의 폐해/ 전문적 승장 집단 및 유파의 등장

■ 사장, 한국불교문화유산의 생산자

I. 고대 관영官營수공업으로서의 사원수공업과 승장

장인匠人과 '사장寺匠'

'장匠' 즉 '장인匠人'은 수공업 기술자를 의미하는데, 전통 시대에는 건축까지 수공업의 범주에 들었다. 삼국시대 각국이 고대국가로 발전하는 과정에서 금속기, 특히 철기 생산은 가장 중요한 수공업 분야였고, 이외에도 무기 제조나 관청 및 사원 건축도 대표적인 수공업 분야였으며, 이미 이른 시기부터 전문적인 수공업자들이 존재하였다.[1] 전근대 시기 수공업은 국가권력과 밀접하게 연결되어 있어 각 시대의 사회상이나 경제제도 혹은 지배구조를 설명하는 데 수공업 역시 하나의 유용한 틀이 되었다.[2]

전근대 시기 수공업은 관영수공업과 민간수공업으로 나눌 수 있다. 관영수공업은 중앙행정부서에서 수공업과 장인을 관할하는 기구를 두고 국가가 장인을 확보하여 필요한 물품의 생산을 운영·관리하는 형태의 수공업이다.[3] 대개 일반민의 소비와는 무관하다. 관영수공업자 즉 '관장官匠'들은 해당 시대 수공업 기술을 선도하였으나 관장 중 상층에 속하는 이들의 신분이나 사회적 지위는 고대(삼국~통일신라)에서 중세(고려)를 거

---

1 박남수, 『新羅手工業史』, 서울: 신서원, 1996, p.26
2 수공업과 관련된 중요한 연구로 다음이 있다. 백남운, 『朝鮮社會經濟史』, 개조사, 1933; 홍희유, 『조선수공업사연구』, 평양: 과학백과사전 출판부, 1979; 유원동, 『韓國商工業史』, 서울: 고려대 민족문화연구소, 1965
3 박남수, 앞의 책, 1996, p.26

쳐 근세(조선)로 가면서 점차 하락하였다.

한편 민간수공업은 개별 농민이나 일반 전문 공장工匠 등과 같은 사적私的 주체가 생산 도구와 원료 등을 마련하여 자신의 계획에 의해 생산 노동을 하는 수공업으로 규정할 수 있다.[4] 이러한 민간수공업은 국가의 공물貢物을 충당하거나 자체 수요를 위한 가내 분업적 형태로 이루어졌다. 대개 관직에 나가지 않은 백성들이 독립적인 수공업자로서 운영하는 형태이며, 때로는 귀족에게 예속된 장인을 중심으로 물품을 생산하는 수공업도 포함된다.[5] 일상생활의 필요와 생존을 위해 발달하였지만, 이와 함께 판매를 통한 이윤 추구를 목적으로 하기도 하였다. 민간수공업 종사자인 사장私匠은 고려 말이나 조선 중기 이후 관영수공업 체제가 흔들릴 때 수공업을 유지하는 근간이 되었다.

한편, 관영수공업 및 민간수공업과는 별도로 사원수공업이 존재하였다.[6] 사원수공업은 사원에서 사람의 힘으로 무엇인가를 만드는 행위로 정의할 수 있다. 그러므로 승려뿐만 아니라 사원에 속한 노비나 예속된 민民의 수공업 활동도 모두 사원수공업에 포함되므로 그 범위는 매우 넓다. 관영수공업과 함께 전문적인 장인 그룹의 활동으로 이루어진 것이 사원수공업이다. 이러한 사원 소속의 승려 장인을 일반적으로는 '승장僧匠', '공장승工匠僧' 등으로 부르는데, '사장寺匠'이라는 말로도 칭할 수 있다.[7] 승장은 사원에 소속된 승려인 동시에 특정 기술을 바탕으로 생산 활

---

4 서성호, 「高麗前期 手工業 硏究」, 서울대 박사학위논문, 1997, p.42
5 박남수, 앞의 책, 1996, p.27
6 사원수공업을 민간수공업의 일부로 이해하는 경우도 있으나 민간수공업은 이윤 추구가 목적인 반면, 사원수공업은 원칙적으로 이익 추구가 목적이 아니라는 점에서 일반 민간수공업과는 다르다.
7 추만호는 9세기 탑비 조성에 관계한 장인을 분석하면서 '사찰장인'이라는 말을 사용

동에 종사하는 이중적 성격을 가지고 있었고,[8] 이러한 이중적 성격은 승장의 성격과 지위 변화에 영향을 주었다.

  승려 장인인 '사장'의 등장은 불교 수용 이후 이루어졌다. 그런데, 농업 생산에는 참여하지 않던 승려들이 수공업에는 어떻게 참여하게 되었을까? 생산 활동에 종사하는 대신 수행에 전념해야 하는 승려들이 이른 시기부터 수공업 활동을 할 수 있었던 것은 무엇보다도 농업과는 달리 수공업이 불살생계不殺生戒에 위배되지 않았고, 조상造像과 조탑造塔의 공덕功德이 강조되었던 것과 관련이 있었을 것이다. 또한 조상이나 조탑 또는 사찰의 조영은 정해진 규범이 있었으므로 관련된 전문 기술을 계승하는 집단이 생길 수밖에 없는데, 조상·조탑 등은 사찰 운영과 직결되어 있었으므로, 출가자 집단 내에서 관련된 일을 관리할 수 있는 기술자가 등장하는 것은 자연스러운 수순이었다. 이에 더하여 불교의 복전福田사상도 승려들의 기술 습득에 영향을 주었다.

  공덕을 쌓는 대상인 복전은 비전悲田과 경전敬田으로 구분된다. 이 가운데 빈곤하고 생활이 어려운 이들을 비전이라 하는데, 어려운 이들에 대한 물질적 보시는 불교의 복전사상의 핵심이다. 비전에 대한 재시財施는 공덕을 쌓는 중요한 행위로 보살의 보시행과도 연결되었다. 원래는 법보시가 강조되었으나 점차 중생의 현실적 어려움을 바로 구해 주는 것이 중시되면서 빈궁자, 병자, 소외 계층 등에 대한 물질적 보시인 재시도 법보시 못지않는 중생 구제의 보살행으로 강조되었다. 이러한 재시에는

  하였고, 특히 '특별한 세공품을 다루는 승려쟁이'라는 의미에서 이들을 '寺匠'이라 불렀다.(추만호, 「나말려초 새김돌(塔碑) 건립에 보이는 사찰장인」, 『신라문화제학술논문집』 13, 경주사학회, 1992)

8 홍대한, 「고려시대 공장(工匠)의 운영과 성격 고찰 - 조탑 공장 운영사례를 중심으로」, 『인문사회과학연구』 13-1, 부경대 인문사회과학연구소, 2012, p.232

구병救病과 먹을 것, 입을 것의 제공뿐만 아니라 우물을 파거나 다리를 놓는 공공사업 부분까지 포함되었다.[9] 또한 『보살지지경菩薩地持經』이나 『유가사지론瑜伽師地論』 등에서는 승려들이 보살이 되기 위해 '5명五明'을 체득하는 것이 필요하다고 하였다. 5명 가운데 공교명 즉 공업명론工業明論은 『유가사지론』에 "온갖 세간의 공교한 일"이라고 되어 있고, 또 권39에서는 "보살이 베풀어야 할 만한 때가 아닐 때에는 이전부터 익힌 곳곳의 공교업처工巧業處에서 제작의 의도를 행하고, 적은 노력으로 많은 재보財寶를 모아 여러 중생에게 베풀라."라고 하였다.[10] 그러므로 승려들의 수공업 활동은 복전·공덕사상·보살행의 차원에서 이루어졌던 것이다.

고대 사원수공업의 시작과 전개

삼국에 불교가 전래되어 공인되는 시기와 구체적인 양상에서는 차이가 있지만, 대개의 경우 불교 전래와 함께 불상과 불경이 전래되었으며, 무엇보다도 공인된 후에는 국가에서 공식적으로 사찰을 창건했다는 공통점이 있다. 왕명으로 사원이 창건된 것은 불교의 공인을 분명하게 보여주는 것인데, 이후 통일신라시대까지 도성을 중심으로 많은 불교 사원이 창건되었다. 그리고 이러한 사원의 창건은 곧 사원수공업의 시작과 직결되는 것으로, 사원수공업이 전개될 수 있는 본격적인 토대가 마련된 것이며, '사장'의 활동 공간도 마련되었다.

불교의 수용과 그에 수반된 사원 건립은 불교 교류에 수반되는 사람과 물건, 정보의 총체적인 전래를 뜻하는 것이다. 『삼국사기三國史記』에

---

9 道端良秀, 『唐代佛敎史の硏究』, 京都: 法藏館, 1981, pp.384~386
10 박남수, 앞의 책, 1996, pp.246~253

는 백제의 불교 수용을 전하면서 동진東晉에서의 승려 파견만 기록했지만, 동진의 조사공造寺工이나 조불공造佛工도 함께 파견되었을 가능성이 있다.[11] 541년 양梁에서 백제에 파견한 공장과 화사 가운데는 관영수공업 소속의 기술자들이 포함되어 있었을 가능성이 높다. 이들은 백제의 현지 공인들을 동원해 사비도성을 건축하였고, 이 과정을 통해 여러 부문에서 기술 전수가 이루어져 점차 백제 내부에서 와박사瓦博士, 사공寺工, 화사畵師 같은 관영 공방의 기술계 관료가 성장했던 것으로 볼 수 있다.[12] 신라가 황룡사를 창건할 때 백제 기술자들이 참여한 사실이나, 일본 최초 사원인 아스카데라飛鳥寺가 백제계 기술 공인들에 의해 완성된 점,[13] 고구려 승려인 혜자와 담징이 일본에 종이와 먹 등을 제조하는 기술을 전하고, 아스카데라 금당金堂에 불화를 그린 사실 등은 불교를 통한 선진 기술 전래의 대표적인 사례로 익히 잘 알려져 있는 일이다.

이처럼 동아시아 고대사회에서 불교의 전래는 선진 문물 수용의 계기가 되기도 하였다. 여기에는 가람, 불·보살상, 사리장엄구, 탑 등을 포함하는 각종 신앙 대상물, 그리고 경전과 같은 서적 편찬까지 포함되었다. 불교 신앙과 사상의 내용뿐만 아니라 건축과 공예 그리고 서예와 같은 수공업 부분에서도 선진적인 제작 기법과 당대 가장 선호되는 양식 및 형식이 불교라는 그릇에 담겨 전래되면서 한국 및 일본 고대사회의 발전을 이끌었던 것이다.

고대사회에서 '사장' 즉 승장의 위상은 일반 장인匠人의 사회적 위상과 관계가 있었다. 석탈해昔脫解 설화에서 나타나듯 고대국가 성립 과정에

---

11 이병호, 『백제 불교 사원의 성립과 전개』, 서울: 사회평론, 2014, p.17
12 이병호, 앞의 책, 2014, pp.89~95
13 이병호, 앞의 책, 2014, pp.316~318

서 금속을 다루는 공장은 부部의 정치적 주도권과 밀접하게 연결되어 있었다.[14] 또한 신라 고분에서 출토되는 각종 단야구鍛冶具는 당시 제철 기술을 가진 장인 집단이 비교적 지배 계층에 속했음을 보여준다.[15] 그리고 6세기 후반 법흥사 건립을 지원하기 위해 왜에 파견된 백제 장인들 중 노반박사鑪盤博士·와박사瓦博士[16]를 비롯하여 8세기 중엽 성덕대왕신종을 제작했던 박사급 공장 등 '박사'급 장인이 존재했던[17] 사실이나 신라 통일기 상층 공장의 신분 문제를 살펴보면 고대사회에서 장인의 지위가 매우 높았음을 알 수 있다. 신라에서 상층 공장은 5두품과 4두품에 해당되었으며, 지방 공장의 경우 촌주층에 속하는 신분으로[18] 경위京位 혹은 외위外位에 해당하는 관등을 지니고 있었다. 이러한 상층 장인의 관등은 골품제가 붕괴되고 새로운 질서가 수립되는 고려시대 고대적 신분제와 함께 소멸되었다.

장인과 승장의 사회적 지위와 교단에서의 위상이 높았던 고대사회에서 승장의 활동은 매우 활발했을 것으로 보이지만, 비교적 자세한 기록

---

14 서성호, 「高麗前期 지배체제와 工匠」, 『한국사론』 27, 서울대 국사학과, 1992, p.72
15 주경미, 「한국 대장장이의 역사와 현대적 의미」, 『역사와 경계』 78, 부산경남사학회, 2011, p.367
16 양기석, 「경제구조」, 『한국사 6-삼국의 정치와 사회 2 백제』, 과천: 국사편찬위원회, 2003, p.200
17 박사에 대한 용법은 제도상의 관인을 지칭하는 경우와 우수한 기술을 가진 '匠' 특히 불상, 석탑, 종 등을 만드는 전문 기술자를 칭하는 경우의 두 가지 용례가 있다. 수공업 혹은 '사장'에서 주목되는 것은 후자이다. 백제의 경우 후자의 용례를 통해 장인으로서의 박사 역시 국가의 행정조직에 편입되어 있었음을 알 수 있고, 신라의 경우에도 관등이 있는 기술자를 칭하는데, 박사와 장은 점차 취급하는 재료에 의해 양자를 구별하면서 별도의 조직에 편성되었고, 상하관계도 각기 세분화된 것으로 이해하기도 한다.(김선민, 「古代의 「博士」」, 『일본역사연구』 12, 일본사학회, 2000)
18 서성호, 앞의 논문, 1992, pp.69~70

과 작례作例가 현재까지 함께 전하는 유일한 사람이 신라 통일기를 중심으로 활동한 조각승 양지良志이다. 통일신라시대 불교 신앙의 확대와 난만한 불교 미술의 전개로 뛰어난 불교 미술품들이 많이 만들어져 현재까지 전하고 있지만, 제작자의 이름과 관련된 구체적인 기록이 함께 전하는 사례가 흔치 않다는 점에서도 양지에 대한 『삼국유사三國遺事』의 기록은 중요하다.[19] 양지는 선덕여왕대부터 사천왕사四天王寺가 창건되는 679년 무렵에 활발하게 활동했다고 하며 석장사錫杖寺에 머물며 경주에서 활동하였다. 『삼국유사』에는 그의 작품으로 영묘사靈廟寺 장육삼존상과 천왕상, 전탑의 기와, 천왕사탑天王寺塔 및 팔부신장, 법림사法林寺 주불삼존과 좌우 금강신 등 일곱 가지를 꼽고 있는데, 석장사지와 사천왕사지에서 출토된 유약을 입혀 구운 전돌인 채유전彩釉塼은 현재 확인 가능한 양지의 작품이다. 이 채유전들은 양식과 도상에서 외래적인 요소가 두드러지는데 근육 등 신체의 표현이 매우 사실적이면서도 정교하여 7세기 승장의 수준을 익히 짐작하게 한다. 또한 양지는 조각승인 동시에 뛰어난 와공瓦工이었다. 양지의 작품들 중에는 사천왕사지에서 출토된 사천왕상전을 비롯하여 와전이 많다. 이는 그가 틀을 만들어 찍어 내서 상像을 만드는 기술이 매우 뛰어났다는 것과 함께, 7세기 이후 틀을 만들어 찍어 내는 과정을 통해 와전瓦塼의 대량생산도 가능하였던 사실을 반영하는 것이다.[20]

양지의 활동에서부터 시작되는 7~9세기의 통일신라시대는 석굴암과

---

19 양지의 활동 시기에 대해 일반적으로는 『삼국유사』의 기록을 받아들여 선덕여왕대 ~문무왕대에 활동했다고 보고 있지만, 이보다 조금 늦은 문무왕대~신문왕대의 인물로 보는 연구도 있다.(강우방, 「新良志論」, 『法空과 莊嚴』, 서울: 열화당, 1999)
20 강우방, 앞의 논문, 1999, pp.158~159

불국사를 비롯한 뛰어난 불교문화유산이 대거 조성된 시기였다. 명문이나 조성 관련 기록이 남아 있는 경우 대개는 발원자에 대한 기록만이 전하는 경우가 많지만 실물로 현전하는, 그리고 비록 실물은 현전하지 않는다 하더라도 남아 있는 기록을 통해 통일신라시대 승장의 활동이 활발했음은 충분히 알 수 있다.

사원성전寺院成典과 승장僧匠

승장과 관련된 신라의 사원수공업에서 주목되는 것은 국가 혹은 왕실의 원찰에 조성된 성전成典이라는 기구이다. 이 성전을 사원성전寺院成典이라 부르고, 성전이 있는 사원을 성전사원成典寺院이라 칭한다. 사원에 마련된 성전에 대한 기록은 『삼국사기』 직관지職官志를 비롯하여 통일신라 시기 금석문에서 다양하게 확인된다. 성전의 기능에 대해서는 여러 가지 견해가 제시되었지만,[21] 일반적으로는 사원의 영선營繕을 담당하는 기관으로 이해하고 있으며,[22] 이에 수반되는 각종 재정財政과 의례儀禮도 담당했던 것으로 알려져 있다. 신라 신문왕神文王 무렵 설치되

---

[21] 성전사원의 유래 및 체제와 기능에 대해서는 다음의 논문을 참조. 변선웅, 「皇龍寺 9層塔誌의 硏究-成典과 政法典 問題를 중심으로」, 『국회도서관보』 제10권 10호, 대한민국 국회도서관, 1973; 채상식, 「新羅統一期의 成典寺院의 구조와 기능」, 『부산사학』 8, 부산사학회, 1984; 이영호, 「新羅 成典寺院의 成立」, 『신라문화제학술발표회논문집』 14, 신라문화선양회, 1993; 윤선태, 「신라 중대의 성전사원과 국가의례」, 『신라문화제학술발표회논문집』 23, 신라문화선양회, 2002; 박남수, 「眞殿寺院의 기원과 新羅 成典寺院의 성격」, 『한국사상사학』 41, 한국사상사학회, 2012

[22] 이홍식, 「新羅僧官制와 佛敎政策의 諸問題」, 『白性郁博士頌壽記念 佛敎學論文集』, 백성욱박사송수기념 불교학논문집 사업위원회, 1959; 박남수, 「統一新羅 寺院成典과 佛事의 造營體系」, 『동국사학』 28, 동국사학회, 1996, p.36

어[23] 신라 하대까지 지속되었고, 9세기 들어서면서 점차 소멸되었다.

성전사원은 하대에 이르면 사격寺格의 변화에 따라 해당 성전의 규모 및 위상의 변화가 계속되는 가운데 사원성전이 전반적으로 격하되거나 폐지되어 갔고,[24] 영선 외에 다른 역할들도 하고 있었음이 확인되기 때문에 통일신라 시기 성전사원의 성격을 단일하게 정리할 수는 없다. 다만, 분명한 것은 성전의 가장 기본적이고 중요한 기능은 앞서 언급했듯이 사원의 영선과 관련된 것이므로, 사찰을 중수하거나 불상이나 종을 조성할 때 혹은 비석을 만들 때 성전이 만들어졌고, 원칙적으로는 성전이 만들어지는 사찰은 왕실 혹은 국가와 관련된 사찰이라는 것, 성전 역시 관리가 파견되는 관부官府였다는 점이다. 그러나 중대 사원성전이 상설 관부로 설치되었던 것에 비해 하대에는 필요에 따라 임시 관부로 설치되어 영조사업을 담당하였다. 무장사鍪藏寺 아미타상과 미타전 건립을 주도했던 '유사有司'나 창림사昌林寺 무구정탑을 세우기 위해 설치된 성전 관원들은 임시 관부의 성격을 지닌 하대의 성전이었다.[25]

또한 하대에는 성전이 가지고 있던 '관부'로서의 성격이 탈각하면서 사적인 사찰 조직에서도 성전이나 성전 계열의 용어가 사용되기도 하였다.[26] 이와 함께 신라 중대 성전이 운영되던 초기에는 관련 업무를 일반 관리들이 담당했지만, 도감전都監典이 설치되면서 점차 승장들이 참여하여 속관俗官과 승장들이 함께 사원 영선과 관련된 업무를 처리하였다. 그리고, 중대 말~하대 초가 되면 성전만으로 영선을 운영하던 모습은 사

---

23 박남수, 앞의 논문, 1996, pp.41~42
24 윤선태, 「新羅의 寺院成典과 衿荷臣」, 『한국사연구』 108, 한국사연구회, 2000, p.22
25 윤선태, 앞의 논문, 2000, p.22
26 윤선태, 앞의 논문, 2000, p.22

라지고, 도감전만의 체계하에서 불사를 경영하는 양상이 나타난다. 그리고 대개 개인 발원에 의해 이루어지는 불사에 승장들이 참여하게 되는데, 비록 국왕의 시납이 있다 하더라도 온전히 사찰의 힘만으로 도감전 체계하에서 불사를 경영하는 사례들이 점차 증가하였다. 이는 신라 하대 경주 중심의 불교가 지방으로 확산되는 과정과도 궤를 같이한다.[27] 그리하여 9세기경부터 사찰 불사는 자체적으로 승장을 확보하여 이루어졌고, 대개 자기 사찰 소속의 승려들로 불사를 진행할 수 있게 되었다.[28]

이러한 변화 속에서 대규모 사찰의 경우 독자적인 승직체계를 운영하기 시작하였다. 특히 선종사원에서는 삼강전三綱典[29]이 마련되어 사찰 운영을 담당하기 시작하였다.[30] 이와 함께 9세기 선종의 확산과 함께 각지에 조성되기 시작한 선종사원의 경우, 백장청규百丈淸規가 사원에서의 생활에 영향을 주기 시작했다. 무엇보다도 "일일부작一日不作 일일불식一日不食"을 강조하는 청규의 정신은 총림에 거하는 승려들에게 수행의 일환으로 노동을 강조하여 예전과는 달리 보청普請이 중시되었다.[31] 성주산

27　박남수, 앞의 책, 1996, p.197
28　박남수, 앞의 책, 1996, pp.254~255
29　원래 지방의 승려들을 감독하기 위해 설치되었던 삼강전은 당대 이후 사찰 운영을 담당하는 기구로 개별 사찰들에 설치되었다. 이 가운데 직세直歲는 건물의 수리와 기물의 정비를 담당하는 직임으로 사원수공업이나 승장과 관련하여 주목되는 직임이다.
30　나말여초 삼강전에 대해서는 다음의 연구가 있다. 김재응, 「新羅末 高麗初 禪宗寺院의 三綱典」, 『진단학보』 77, 진단학회, 1994; 정병삼, 「통일신라 금석문을 통해 본 僧官制度」, 『국사관논총』 62, 국사편찬위원회, 1995. 한편, 석가탑에서 발견된 묵서지편을 통해 고려 전기 교종 사찰의 삼강전이 존재했음이 알려져 주목된다.(최연식, 「釋迦塔 발견 墨書紙片의 내용을 통해 본 高麗時代 佛國寺의 현황과 운영」, 『불교학보』 61, 동국대 불교문화연구소, 2012)
31　대한불교조계종 교육원 불학연구소, 『계율과 불교윤리』, 서울: 조계종출판사, 2011,

문성산문文聖山門을 개창한 낭혜화상朗慧和尙은 성주사에 머물면서 건물을 짓고 수리할 때에는 남들보다 앞장서서 일했다고 한다.³² 이처럼 신라 하대 선종사원에서 보청을 강조하게 되면서 조영造營 관련 기술들이 자연스럽게 사찰 안에서 전수될 수 있었다. 승려들은 출가하여 사원에서 생활하는 동안 아주 전문적인 기술까지는 아니라 하더라도 기본적인 수공업 기술들을 익히게 되었고, 장인들이 사회·경제적으로 그다지 낮지 않은 위상을 유지할 수 있었던 사회적 분위기는 승려들의 수공업 기술 체득에도 영향을 주었다.³³ 9세기 말 오대산사五臺山寺에서 길상탑吉祥塔을 조성할 때 "널리 치공緇工, 즉 승려인 기술자를 불러 모았다."³⁴는 기록에서, 승장의 수가 상당히 증가한 상황임을 짐작할 수 있다.

한편, 신라 하대 금석문에서 주목되는 바는 제작을 담당한 승장을 '박사'와 '장匠'으로 다양하게 부르기 시작했다는 점이다. 박사의 경우 대박사－차박사－조박사 등 세분화된 장인 체계가 성립되어 있었으며, 장의 경우에도 대장大匠－장匠－부장副匠처럼 직능이 분화되어 있었다. 또한 승장들이 철장鐵匠 계열과 석장石匠 계열로 분화되어 있었음도 확인된다. 석장은 석조물을 조성하는 장인과 각자승刻字僧으로, 철장은 철조장鐵造匠과 세공장細工匠(주자승鑄字僧)으로 각각 구분되었다.³⁵ 이처럼 금석문을 통해 신라 하대 승장들의 직능이 분화되고 기술에 따른 구분이 생겼으

pp.195~196
32 「有唐新羅國故兩朝國師教諡大朗慧和尙白月葆光之塔碑銘幷序」, 『朝鮮金石總覽』上, p.81
33 박남수, 앞의 책, 1996, p.255
34 「五臺山寺吉祥寺塔詞哭緇軍」, 『韓國金石遺文』, p.170
35 정병삼, 「통일신라 금석문을 통해 본 僧官制度」, 『국사관논총』 62, 국사편찬위원회, 1995, pp.241~215

며 조직화를 통해 지속적인 기술의 전수와 습득이 가능한 구조가 마련되었음을 알 수 있는데, 이러한 변화는 고려시대 사원수공업이 전문적이고 다양한 방향으로 전개되는 토대가 되었다.

II. 고려시대 사원수공업의 다양화

고려시대 수공업 전개와 사원수공업

고려시대의 수공업은 크게 관영수공업, 소수공업所手工業, 사원수공업, 민간수공업으로 구분할 수 있다. 고려 전기에는 관영·소수공업이 중심이었으나, 후기에는 사원·민간수공업이 발달하였다.[36] 관영수공업은 왕실·관청의 수요품, 군수품, 조공품 등 국가와 지배층의 수요를 충족시키기 위한 것으로 가장 수준이 높고 기술도 뛰어난 제품이 생산되었다. 고려 전기 수공업은 수도 개경의 중앙관청에 속한 수공업장을 중심으로 운영되었고, 각 관청마다 각종 공장이 전속되어 있었다. 공장은 공장안工匠案에 등록되어 있었으며, 지방 관청에는 자체의 수요를 위한 수공업장이 있었다. 그리고, 취업 기간과 기술 수준에 따라 상층 수공업자에게는 동정직同正職이 하사되기도 하였다.[37] 이러한 관영수공업과 함께 특수 구역인 소所에서 담당하는 수공업이 고려 사회 수공업 생산의 중심을 이루

---

[36] 안병우,「고려시대 수공업과 상업」,『한국사 6-한국 중세사회의 성립 2』, 서울: 한길사, 1994, p.111; 김동철,「수공업과 염업」,『한국사』 19, 과천: 국사편찬위원회, 1996, p.347

[37] 김동철,「수공업과 염업」,『한국사』 19, 과천: 국사편찬위원회, 1996, pp.348~351

고 있다는 점은 고려시대 수공업의 특징적인 모습이다.[38] 소수공업은 신라 말 개별 호족들이 가지고 있던 수공업장들이 고려에 흡수되면서 편성된 것인데, 고려만의 독특한 제도이다.[39] 소에서의 수공업 역시 중앙관청의 통제를 받았으나 고려 후기 관청수공업자의 이탈과 소의 붕괴가 가속화되면서 소수공업자들은 점차 독립 수공업자로 전환되어 갔다.[40]

고려시대 수공업에서 소수공업과 함께 주목되는 것 중 하나는 앞서 언급한 공장안의 작성이다. 건국 이후부터 고려는 전국의 호구와 토지를 파악하고 지역마다 적籍으로 작성하게 하여 중앙집권적인 지배체제 수립을 위해 지속적으로 노력하였다. 전국의 전문 공장工匠들을 파악하고 이들만의 명부를 만든 공장안 역시 국가가 일률적으로 장인들을 지배하기 위한 것이었다. 그런데, 이러한 공장안의 작성은 공장역役의 세습과 공장의 입사入仕를 금지하고 있어 사실상 공장의 지위를 일반 농민보다 낮게 만들었다.[41] 통일신라시대 장인은 관등을 가지고 있어 일반 평민보다 높은 신분에 있는 경우가 적지 않았으므로, 장인들 사이에서도 신분의 차이가 존재했다. 그러나 골품제가 해체된 속에서 정치적·사회적 직분으로서의 역役을 표준화하고 그에 따라 일률적으로 신분제를 정비하였던 고려적 체제하에서 공장은 수공업적 전문성만이 기준이 되어 하나의 동

---

38 소 생산체제는 고려시대 수공업에서만 보이는 특징적인 모습인데, 민간에서 필요한 종이는 각 지역에 위치한 종이를 전문적으로 만드는 지소紙所에서 공급하였고, 지소에는 지장紙匠이 배치되어 있었다.(박종기, 「고려시대 종이 생산과 所 生産體制」, 『한국학논총』 31, 국민대학교 한국학연구소, 2011)
39 서명희, 「수공업」, 『한국사』 14, 과천: 국사편찬위원회, 1993, p.429
40 김동철, 앞의 논문, 1996, pp.351~353
41 원칙적으로는 공장의 입사는 금지되어 있었으나 고려 후기 고려적 지배체제가 동요하는 속에 노비나 부곡 출신들의 출사가 나타나게 되는데, 이 시기 공장 역시 관직에 진출하였다.

일한 신분층을 형성하게 되었고, 이 과정에서 신라 이래 일반 양인 농민에 비해 신분적 우위에 있던 상층 공장들도 일반 양인 공장과 아무런 차별 없이 '공장'이라는 하나의 범주로 묶여 일률적인 법제의 적용을 받게 되었다. 그러므로 상층 공장들의 경우 신분의 하락이면서 공장층 전체가 일반 농민보다 낮은 위상을 지니게 되었던 것이다.[42] 이들 장인 중 중앙관청에 전속된 공장의 경우에는 직역의 대가로 별사別賜를 지급받기도 하였다.[43]

한편, 사원수공업은 고려시대 수공업의 또 다른 축을 형성하였다. 이미 고대사회에서부터 자체 수요를 위해 사원수공업은 발달하고 있었는데, 고려시대에는 생산이 늘어나면서 민간에서 필요로 하는 수요품까지 사원에서 조달, 즉 판매하게 되었다. 고려시대 사원경제의 핵심은 농지경영에 있었지만, 수공업과 함께 상업 활동도 사원이 부를 축적하는 중요한 방법이었던 것이다. 우수한 기술을 보유한 승려들은 전업으로 직포업織布業, 제와업製瓦業, 양조업釀造業, 제염업製鹽業 등에 종사하였고,[44] 자체 수요를 위한 제지업製紙業도 사원의 중요한 수공업 품목 중 하나였다. 그러므로 고려시대 불교 사원은 많은 물품들을 사들이는 구매자인 한편, 사원이 소유하거나 혹은 만들어 낸 여러 가지 물건들을 판매하여 이윤을 추구하는 판매자이기도 했다.[45] 특히, 불상佛像이나 불구佛具 그리고 사원 건축에 필요한 목공 기술, 금속 가공 기술, 그리고 석재 가공 기술을 갖춘 장인들을 사원에서는 다수 거느리고 있었다. 금속 제품이 사

---

42 서성호, 앞의 논문, 1992, p.72 ; 서성호, 앞의 논문, 1997, pp.7~11
43 김난옥, 「高麗時代 工匠의 身分」, 『사학연구』 58·59, 한국사학회, 1999, p.624
44 안병우, 앞의 논문, 1994, pp.116~117
45 이병희, 『高麗後期 寺院經濟 硏究』, 서울: 경인문화사, 2008, pp.78~79

원의 승장에 의해 제작된 사례로는 14세기 만들어진 약사사藥師寺 금고金鼓가 있는데, 이미 9세기 초 만들어진 선림원종禪林院鐘의 명문에서도 동제품의 주조 기술을 가진 승려가 보이므로, 사원 안에는 사원 내에서의 수요를 중심으로 유동장鍮銅匠이 존재하고 있었음을 알 수 있다.

또한 원간섭기 비구니가 소유하고 있던 여종이 매미 날개처럼 가늘면서 꽃무늬까지 수놓아진 백저포白苧布를 짰던 것은 사원에 소속된 노奴나 비婢가 수공업 기술을 가지고 있었음을 보여주는 사례이다.[46] 그리고 미타사彌陀寺의 여승들은 모두 세면포細綿布를 직접 직조하는 것을 업으로 삼고 있었다는 기록 등을 통해 비구니가 거처하는 사원에서는 직조업이 행해지고 있었음도 알 수 있다.[47] 1277년(충렬왕 3) 충렬왕이 강화에 보내 중국 남쪽 지방의 상인들이 가지고 오는 것보다 더 뛰어난 유리와를 굽게 한 육연六然의 사례[48]에서 보듯 기와를 만드는 기술도 매우 발달하여 민간에서보다 뛰어난 것이 생산되었다. 이러한 제지 기술이나 제와업은 조선시대로 이어져 기와의 경우 조선 초 제와장製瓦場인 별와요別瓦窯는 승려에 의해 운영되었고,[49] 제지술은 조선 후기 사찰에 부과되는 역役이 되어 사찰 피폐화의 원인이 되기도 하였다.

이처럼 고려시대 사원수공업은 다양한 분야로 발전하였고, 때로는 상품화되어 사원의 재원으로 활용되기도 하였다. 그러나 사원수공업은 본질적으로는 불교 신앙과 승려 생활의 중심 공간이자 불교 행사와 의례를 설행하는 사원 내부의 필요에서 출발해야 할 것이며,[50] 수공업품의 상품

---

46 『高麗史』 권89, 「列傳」 2, 후비2 제국대장공주
47 서명희, 앞의 논문, 1993, p.441
48 『高麗史』 권28, 「世家」 28, 충렬왕 1, 충렬왕 3년 5월 임진
49 강만길, 「別瓦窯考-朝鮮時代 製瓦業發展」, 『사학지』 1, 단국사학회, 1967
50 최영호, 「고려시대 사원수공업의 발전기반과 그 운영」, 『국사관논총』 95, 국사편찬

화는 고려시대 사원경제 발달의 배경이 되기도 했으나 한편으로는 사원의 비대화를 야기하는 문제를 낳기도 하였다.

고려시대 승려 수가 증가하면서 승려들의 일상생활에 필요한 생활용품의 제작, 거주 공간의 중창이 지속적으로 요구되었고, 불교가 국가 종교화되어 중앙과 지방의 사찰에서 의례설행이 활성화되면서 사원수공업이 발달할 수 있는 내적 기반이 마련되었다. 그리고 각 분야의 장인은 각기 다른 조성 불사에도 중복해 관여하면서 원재료나 기본 도구 제작의 발전까지도 이끌었다. 즉, 사원 건축물의 조성과 대장경판의 판각 및 불화 제작에는 지장紙匠, 묵장墨匠, 연장鍊匠과 함께 벌목, 채석採石, 문방구 제조 등의 분야가 연결되었다.[51] 또한 사원에는 고급 기술을 가진 승려인 승장과 노역 및 잡역에 동원할 수 있는 수원승도를 바탕으로 한 공역승이 상존하고 있어 필요한 노동력이 늘 확보되어 있었고, 전문 기술의 계승이 가능하였다. 그리고 사원에서 이루어지는 불사는 승속의 현실적 교류를 활성화시키는 계기가 되기도 했는데, 승장뿐만 아니라 군현민 및 경외京外 공장이 투입되는 경우도 많았기 때문에[52] 사원수공업은 신앙과 기술 교류의 장이 되기도 하였다. 두 차례 조성된 고려대장경이나 고려의 불교문화를 대표하는 불화와 사경, 불상 그리고 중앙과 지방에서 활발하게 이루어진 조탑造塔 불사는 고려시대 다양하게 전개되었던 사원수공업의 토대 위에서 가능하였다.

위원회, 2001, p.154
51 최영호, 앞의 논문, 2001, pp.162~164
52 최영호, 앞의 논문, 2001, p.175~176

승장과 공역승供役僧, 그리고 수원승도隨院僧徒

고려시대 사원수공업의 발달상과 승장 및 공역승의 존재가 확인되고 있음에도 불구하고, 구체적인 존재 양태나 전체적인 장인의 위상 변화와 관련한 승장의 위상 문제, 교단 내에서의 승장의 위상, 수원승도의 성격에 대해서는 아직까지 많은 부분이 과제로 남아 있다. 예를 들면 승려 신분의 수공업 기술자가 공장안工匠案에 함께 파악되었는지, 혹은 승록사僧錄司에 의해 별도로 파악되었는지도 분명치 않다. 다만 1030년(현종 21) 개경 나성 축조에 동원된 관리들과 승속僧俗의 장인匠人에게 계직階職이 내려지고 있어 승장 역시 국가적 파악과 수취의 대상이 되었음을 알 수 있는데,[53] 고려시대 공역승과도 관련이 있어 중요하다.[54]

그리고 고려시대에는 수공업을 전업으로 하는 승려의 존재가 보다 구체적으로 드러나며, 그 수도 훨씬 증가했던 것을 알 수 있다. 이러한 승려들의 사례는 금석문이나 각종 기문記文에서 다수 찾을 수 있는데, 지눌이 송광사를 중창할 당시 인근 지역의 향리와 사찰의 승려들이 힘을 모았다. 이 가운데 '사장'의 존재와 관련하여 주목되는 이가 성부性富이다. 당시 상황을 전하는 「조계산수선사중창기曺溪山修禪社重創記」에 의하면 성부는 장성현長城縣 백암사白巖寺 승려로 평생을 재장梓匠으로 업業을 삼았는데, 수선사 중창은 성부의 손으로 이루어진 것이라고 하였

---

53 서성호, 앞의 논문, 1992, pp.95~96
54 고려시대 사원수공업 및 승장만을 집중적으로 다룬 대표적인 연구로는 다음이 있다. 임영정, 「高麗時代의 使役·工匠僧에 대하여」, 『伽山李智冠스님 華甲紀念論叢 韓國佛敎文化思想史』上, 서울: 가산문고, 1992; 송성안, 「高麗後期의 寺院手工業 硏究」, 영남대 박사학위논문, 1999; 전영준, 「高麗時代 供役僧 硏究」, 동국대 박사학위논문, 2005

다.[55]

영통사靈通寺 대각국사비大覺國師碑 음기陰記[56]나 「혜음사신창기惠陰寺新創記」[57]는 고려시대 사원에서의 승장과 공역승의 조영 활동을 한눈에 볼 수 있는 자료로 의미가 있다. 또한 최근 불국사 석가탑에서 발견된 고려시대 문서인 「불국사무구정광탑중수기佛國寺無垢淨光塔重修記」(1024년, 현종 15)와 「불국사서석탑중수형지기佛國寺西石塔重修形止記」(1038년, 정종 4) 역시 사찰 중수와 승장 및 공역승의 관계를 전해 주는 자료이다.[58] 「대각국사비」 음기의 경우 비석 건립에 참여했던 문도의 명단이 정리되어 있다. 이 명단을 보면 건축이나 석비 및 석탑 조성과 같은 대규모 공역에 동원했던 하급 승려들이 있는가 하면 뛰어난 고급 기술을 가진 승려도 있었다. 대각국사 입적 후 묘실과 제당 및 귀부를 조성하는 데 적지 않은 승려가 장기간에 걸쳐 동원되었고, 영통사뿐만 아니라 흥왕사나 귀법사 소속 승려까지 토목과 영선 관련 일에 동원되었음을 알 수 있다. 그리고 입비 과정에는 석공수石工首인 중대사重大師 석종碩從의 지휘 아래 대사大師인 유영有英·신묘神妙·진헌眞憲·덕보德甫 등 조수역승助手役僧 25명이 석공으로 작업하였는데, 이들 석공승들이 승계를 가지고 있었다는 점[59]은 고려시대 승장의 문제에서 주목되는 바이다. 승계를 가진 승장의 존재—

---

55 「修禪社形止案」, 『韓國古代中世古文書硏究』(上), 서울: 서울대학교출판부, 2000, p.388
56 『朝鮮金石總覽』 상
57 金富軾, 「惠陰寺新創記」(『東文選』 권64)
58 노명호·이승재, 「釋迦塔에서 나온 重修文書의 判讀 및 譯註」, 『불국사 석가탑 유물 2-중수문서』, 서울: 국립중앙박물관, 2009
59 임영정, 「高麗時代의 使役·工匠僧에 대하여」, 『伽山李智冠스님 華甲紀念論叢 韓國佛敎文化思想史』 上, 서울: 가산문고, 1992, pp.761~762

고려시대 조성된 비문의 각자刻字를 담당한 사람이 대부분 승려들이며 이들 각자승 가운데는 승계가 높은 이도 적지 않다는 점—는 고려시대 관장이라 하더라도 지극히 제한된 사람만 국가로부터 직접職牒을 받았다는 사실과 비교해 볼 때 고려시대 불교의 사회적 위상의 문제에서 의미 있는 부분이라고 할 수 있다.[60]

이처럼 고려시대 사원에는 철장, 석장, 각수, 목수 등 전문 기능인으로서의 승장이 존재하고 있었고, 국가로부터 승계僧階가 수여되거나 가계加階되기도 하였다. 원래 고려에서 승계는 승과를 통과한 자에 한하여 제수되는 것인데, 승장의 경우에는 승과와 무관하게 제수되었던 것으로 보이며, 이러한 승장들은 대개 하층신분 출신으로 추정된다. 정식의 출가를 거치지 않고 비공식적인 경로를 통해 사원에 투탁하여 승려가 된 이들 가운데 기능적인 면을 높이 인정받게 되면 승계를 받아 우대되는 경우로 이해할 수 있는데, 이는 기능직 승려의 양적 팽창을 가져왔을 것으로 추정된다.[61] 일례로 임영정은 대각국사 입적 후 묘실墓室과 제당祭堂 그리고 귀부를 조성하는 전체 공역에 투입된 연인원을 4,090인, 백정白丁 44인으로 보고 있으며, 일시에 동원된 최대 인원은 영통사와 귀법사 승려가 각 500인, 흥왕사는 1,670인으로, 고려 인종연간 개경 인근 3개 사찰에 2,670인 이상의 승려가 단순 사역에 동원할 수 있는 사역승으로 상주하고 있다고 보았다.[62]

이처럼 사원에 투탁하여 각종 공역에 종사하던 공역승 또는 사역승과

---

60 임영정, 앞의 논문, 1992, p.766
61 임영정, 앞의 논문, 1992, pp.775~779
62 임영정, 앞의 논문, 1992, pp.759~762; 전영준, 「高麗 睿宗代의 사찰 창건과 승도 동원-「惠陰寺新倉記」를 중심으로」, 『진단학보』 97, 진단학회, 2004, p.43

관련하여 주목되는 것이 수원승도이다. 수원승도의 성격에 대해서는 아직 논란의 여지가 많고, 정식의 '승려'로 볼 수 있는지에 대해서도 회의적인 견해들이 있지만, 사원에서 각종 노동에 종사하는 자들을 의미하며, 경우에 따라서는 무장 세력으로도 활용되었다는 점에서는 어느 정도 의견이 일치되어 있는 상황이다. 예종대 윤관尹瓘이 별무반別武班을 설치할 때 승도를 선발해 항마군降魔軍을 만들었는데, 『고려사高麗史』에서는 이들에 대해 사찰마다 존재하던 수원승도를 대상으로 했다고[63] 부연 설명하였다. 또한 예종~인종대의 사실을 전하는 송나라 서긍徐兢이 쓴 『고려도경高麗圖經』에서는 가사를 입지 않고 계율을 지키지 않으며 자기 집에 거하며 결혼하여 자식을 기르는 '재가화상在家和尙'에 대해 설명하고 있다.[64] 이들은 군대에 동원되었다고 하는데, 공역승과 관련하여 주목되는 것은, 관청에서 기물을 져 나르고 도로를 쓸고 도랑을 치고 성과 집을 수축하는 일들에 종사한다고 적은 부분이다.

『고려사』나 『고려도경』에 나오는 수원승도 혹은 재가화상의 모습을 보면 출가하여 계를 받고 수행에 힘쓰는 승려는 아닌 것으로 보이며, 이러한 점 때문에 대개 수원승도는 국가의 역役을 피해 사원에 들어간 사람들로 이해한다. 그러므로 세속에서의 신분은 말할 것도 없고, 사원에서도 승려로서 대우를 받지 못하고 사원의 잡역雜役에 종사했던 것으로 이해되어 왔다.[65] 이러한 공역승들이 국가 토목공사나 불사佛事를 수행했고, 사원 자체의 재정을 기반으로 하고 있었음은 예종대 혜음사를 중창하는 과정에서 잘 드러난다. 「혜음사신창기」에 의하면 예종의 측근인 이소천李

---

63 『高麗史』 권81, 兵志, 숙종 9년 12월
64 『宣和奉使高麗圖經』 권18, 釋氏, 在家和尙
65 이상선, 『高麗時代 寺院의 社會經濟研究』, 서울: 성신여자대학교출판부, 1998, p.115

少千이 예종에게 "국가의 재정을 축내지 않고 민간의 노력도 동원시키지 않는" 방법으로 "중들을 모집하여 허물어진 집을 새로 건축하자."는 방안을 제시하였고, 예종이 이를 가납함으로써 혜음사가 창건되었기 때문이다.[66] 「혜음사신창기」에 의하면, 이 과정에서 이소천은 묘향산에 가서 증여證如 등 16명을 선발해 공사를 시작하는데 당시 승려들을 대상으로 하는 모집에 100여 명이 자원했다고 한다. 그리고 예종은 응제應濟를 공사 책임자로, 그 제자인 민청敏淸을 부책임자로 삼았다. 영통사나 혜음사 그리고 현종대 현화사 창건에서 보이는 모습은 사찰의 규모나 중요도에 따라 일정 규모의 영선 조직이 상주하고 있었고, 그에 따라 기술을 갖춘 승장이 있고, 승장과 함께 움직이는 공역승이 존재하고 있었음을 추측할 수 있게 한다.

사경승寫經僧과 화사畵師의 활동

고려시대 불교의 국가·사회적 기능과 위상, 그리고 국가와 사회에 만연한 숭불崇佛 분위기와 그에 수반된 사원경제의 발달은, 현전하는 불교문화재에 그 흔적을 남겨 두었다. 고려시대 불교문화를 대표하는 것으로 금·은으로 경전을 베껴 쓴 사경과 그에 첨부된 변상도變相圖, 고려 불화, 고려대장경 등을 꼽을 수 있다. 사경과 사경변상도, 불화의 조성 주체는 왕실이나 일반 귀족 혹은 승려 등으로 다양하며, 고려 전기와 후기에 각각 조성된 고려대장경은 국가사업으로 이루어진 것이었다. 발원자나 직접 제작 과정에 참여하여 그림을 그리고, 글씨를 쓰고, 글자를 새긴 장인

---

66 전영준, 앞의 논문, 2004, pp.35~37

혹은 예술가들 모두 신실한 신앙심으로 제작에 참여하였음은 발원문에 잘 나타나 있다. 그리고 직접 제작한 장인들의 명단을 살펴보면 승속僧俗의 구분 없이 참여했음을 알 수 있지만, 이 글에서는 '사장'에 해당되는 승려들을 중심으로 간단히 살펴보았다.

필사된 경전 혹은 경전을 베낀다는 의미를 가진 사경은 원래 경전 유포를 위해 경전을 제작하는 방식과 관련된 말이었지만 목판인쇄술의 발달로 다량으로 경전 유통이 가능해지면서 사경 제작에서의 공덕을 점차 강조하게 되었다. 그리하여 공덕신앙으로서 사경이 제작되면서 경전 내용을 베끼는 것 못지않게 화려한 장식을 하는 장식경裝飾經으로 발전해 나갔다.[67] 사경지는 공이 많이 드는 감지紺紙와 같은 염색지를 사용하였고, 글씨도 비용 면에서는 말할 나위도 없고 베껴 쓰는 것 그 자체에서도 묵서보다 더 많은 노력과 주의를 요하는 금자·은자로 쓰게 되었다. 그리고 사경의 권수卷首에는 역시 금이나 은으로 화려하고 섬세한 변상도가 그려졌다.[68] 이러한 사경은 이미 통일신라시대 조성된 작례가 있고,[69] 『고려사』 등을 통해 고려시대 내내 금은자 사경이 성행했음을 알 수 있지만, 현전하는 고려 사경은 1006년(목종 9) 천추태후天秋太后가 발원하여 조성한 『대보적경大寶積經』 사경을 제외하면 모두 13세기 후반 이후에 조성된 것들이다.

늦어도 통일신라시대 이후부터 고려시대 내내 성행했던 사경 제작은 금과 은으로 그림을 그리고 글씨를 베껴 쓰는 수준뿐만 아니라 불경지佛

---

67 권희경, 『고려의 사경』, 대구: 글고운, 2006, pp.5~6
68 권희경, 앞의 책, 2006, pp.6~7
69 緣起法師의 발원으로 754~755년에 걸쳐 조성된 白紙墨書 『大方廣佛華嚴經』(삼성미술관 소장) 사경에는 현존하는 가장 오래된 사경변상도가 포함되어 있다.

經紙 제작과 종이 염색 기술도 매우 높은 경지로 끌어올렸다. 특히 원은 여러 차례 고려에 사경승을 요청했고, 불경지를 구하러 고려에 사신을 파견하거나 아예 사경 제작 자체를 고려에 맡기기도 했는데, 이러한 모습은 고려의 사경 조성과 관련된 제반 기술 수준이 원을 능가할 정도였다는 것을 보여준다.[70] 그리고 이를 통해 고려 후기 불화, 제지, 염색, 필사 등의 분야에서 다수의 전문가가 불교계에 있었음을 추측할 수 있다. 현전하는 사경 발원문 가운데 "사람을 청해 사경하였다."는 기록이 보이는 경우가 있는데, 이는 전문적인 경필사經筆師가 있었음을 보여준다.[71] 1340년(충혜왕 복위 원년) 조성된 감지금니묘법연화경의 서자書者인 백암총고柏巖聰古[72] 경우처럼 발원문에 보이는 서자 가운데는 여러해에 걸쳐 복수의 작례를 남기는 사례가 있어 전문적인 사경승의 존재를 알 수 있다. 이러한 사경은 서자와 화사가 함께 작업을 했을 것이며, 경우에 따라서는 지장紙匠과 염장染匠까지 포함된 일련의 집단작업으로 전개되었을 것인데, 1290년(충렬왕 16) 사경승 100명을 거느리고 원에 가 금으로『법화경法華經』을 사경하고 돌아온 홍진국존弘眞國尊 혜영惠永(1228~1294)[73]의 사경집단을 그러한 사례로 볼 수 있을 것이다. 그리고, 사경 변상도는 불화를 그리는 화사의 존재와 연동된다. 고려 불화 역시 현전하는 것들은 고려 후기 조성된 불화들인데, 화기에서 자회自回,[74] 회전悔前,[75] 혜허慧

---

70 강호선, 「14세기 前半期 麗·元佛教交流와 臨濟宗」, 서울대 석사학위논문, 2000, p.79
71 권희경, 앞의 책, 2006, p.140
72 권희경, 앞의 책, 2006, p.87
73 「桐華寺弘眞國尊碑」,『朝鮮金石總覽』上
74 日本 島津家舊藏 阿彌陀如來圖 (1286년)
75 日本 親王院 彌勒下生經變相圖 (1350년)

虛[76] 등의 화사를 확인할 수 있다.[77]

III. 조선시대 불교정책과 사원수공업

국가적 건설 사업과 공역승

조선시대의 사원수공업은 승려에게 부과된 역役의 차원에서 전개된 측면이 강하다는 것을 특징으로 꼽을 수 있다. 조선은 건국 초부터 국역에 승려를 동원하였는데, 국초 국역에의 승려 동원은 두 가지 점에서 양면성을 지니고 있었다. 현상적으로는 동일하게 승려들의 기술과 노동력을 통해 국가의 공역工役을 해결하는 것이었지만, 그 동기와 승려에게 주어지는 반대급부에서는 시기별로 차별성이 나타난다.

조선시대 승려를 국가 공역에 동원하는 것은 불교정책 특히 도첩제 시행과 관련하여 이해되었다.[78] 조선시대 국가와 승려 사이의 특징적인 관계로 부역의 대가로 승려로서의 신분을 보장해 주는 정책을 꼽을 수는 있고, 도첩제 시행을 강력하게 주장하는 불교정책에서의 변화가 이미 고려 공민왕대부터 등장했지만 도첩제가 바로 승려의 부역과 연결된 것은

---

76 日本 淺草寺 水月觀音圖
77 畵記는 다음을 참조하였다. 한국미술사연구소, 『高麗時代의 佛畫-해설편』, 서울: 시공사, 1997
78 김영태, 「朝鮮前期 度僧 및 赴役僧 문제」, 『불교학보』 32, 동국대 불교문화연구소, 1995; 이봉춘, 「朝鮮 建國初의 排佛推進과 그 實際」, 『한국불교학』 15, 한국불교학회, 1990; 한우근, 『儒敎政治와 佛敎』, 서울: 일조각, 1993; 강덕우, 「朝鮮 中期 佛敎界의 動向」, 『국사관논총』 56, 국사편찬위원회, 1994 등이 대표적인 연구이다.

아니었다. 건국 후 처음으로 공역에 승려를 동원한 것은 1393년(태조 2)으로[79] 한양도성을 조성하면서 일반 정부丁夫뿐만 아니라 승려들도 동원하였다. 태조 2년 이후 승려들이 동원되는 분야는 건물이나 도성, 성곽 등을 새로 짓거나 보수하는 영선營繕 분야와 특수 분야로 나눌 수 있다.[80] 이 가운데 도첩제나 조선 후기까지 계속된 승려 징발의 연장선상에 있는 것이 영선 분야이며, 번와燔瓦, 각자刻字 등 특수한 분야에 종사했던 승려들은 후술할 지역紙役의 연장선에 있다고 할 수 있다.

　승려를 동원하여 공역公役을 하는 것은 조선시대에 갑자기 시작된 것이 아니고, 고려시대에도 있던 일이었다. 앞에서 살펴본 것처럼 고려시대 사원에는 건물의 신축이나 수리 등을 위해 사원 자체에 사역승使役僧이 있었고 이외에도 다양한 방면에서 공장工匠의 기능을 가진 승려들이 있었다.[81] 이들은 산성을 쌓거나[82] 전함戰艦을 만들거나[83] 혹은 개경에 내성內城을 쌓을 때[84] 징발되기도 하였는데 조선 건국 직후 태조가 한양도성을 조영할 때 승려를 동원했던 것은 도첩제나 억불정책보다는 고려시대 이래의 승역 문제와 관련되었을 가능성이 크다.

　태조와 태종대 승려의 사역은 신도읍新都邑 건설 같은 국가적 대사大事와 흥천사興天寺 사리전舍利殿 공사와 같은 불교 관련 공사에서 행해졌다. 세종대가 되면 사역 범위가 넓어져 관부官府 건설에 승려를 사역하기도 했지만 서울에만 국한되었고, 전체 승려가 아닌 하급 승려만을 징발

---

79 『太祖實錄』권4, 태조 2년 11월 庚申
80 박미경, 「朝鮮初期 僧侶 使役과 그 意圖」, 한국교원대 석사학위논문, 2004, p.3
81 임영정, 앞의 논문, 1992
82 『高麗史節要』권10, 인종 13년 10월
83 『高麗史』권133, 「列傳」, 辛禑 3년 3월
84 『高麗史』권46, 「世家」, 공양왕 3년 8월 경진

하였다. 1395년(태조 4) 궁궐 조성에 동원된 정부 丁夫를 승도들로 대신하게 하자는 상소에서 당시 승려들을 세 등급으로 나누고 이 가운데 재 올리는 데나 초상집에 달려가 의식衣食을 엿보는 자로 분류된 하급 승려들을 국역國役에 동원하고자 했던 것이다.[85] 또한 사역에 대한 대가로 역승役僧들에게는 옷과 음식이 지급되었고, 세종대에 들어가면서부터 승계僧階나 도첩 등이 지급되기 시작하였다.[86] 1429년(세종 11) 태평관太平館 공사에 동원된 승려들에게 도첩이 지급되면서[87] 승역에 대한 대가로 도첩을 하사하는 것이 관례화되어 갔다.

한편, 태조~세종대에 이르기까지 국초의 승려 동원은 민력民力을 아끼고 질병이나 자연재해, 흉년 등으로 민정民丁의 징발이 어려울 때 승려로 대처하기 위해 이루어진 경우가 많았다. 불교에 대한 억압으로 시작한 것도 아니고, 역승役僧 징발 대상을 하급 승려로 한정했지만, 점차 이에 대한 반대급부로 도첩이 하사되고, 그를 통해 무도첩승 문제가 해결되면서 성격이 변화하기 시작했다. 조선시대 승려들에게 도첩이 중요했던 것은 도첩의 유무에 따라 승려 자격이 결정되었기 때문이다. 도첩을 가지고 있다는 것은 승려의 자격을 국가에서 인정했다는 것이므로, 신분증명서의 역할도 하였다. 국초 포목으로 도첩전을 받고 도첩을 발급하도록 했으나 부담이 크고 비현실적이어서 도첩승의 숫자는 점차 줄어들었지만 무도첩승은 여전히 많았다. 이러한 무도첩승은 국가 통제 밖에 있는 존재였기 때문에 국가에서는 도첩을 통해 승려들을 통제하려 하였고, 그 방편으로 세종대 공공역사에 참여하는 승려는 정전丁錢을 면제해 주

---

85 『太祖實錄』권7, 태조 4년 2월 계미
86 박미경, 앞의 논문, 2004, p.40
87 『世宗實錄』권43, 세종 11년 3월 22일 무진

고 도첩을 발급하였던 것이다.[88] 그런데, 대부분의 무도첩승의 경우 승역에 참여하는 것 외에는 도첩을 받을 길이 없게 되면서 결국 승역은 승려들의 자발적인 의사와는 무관하게 동원될 수밖에 없는 것이 되었고, 종문승宗門僧이 아닌 산승山僧이나 하급 승려들을 동원한다[89]는 나름의 원칙도 사라지게 되면서 불교계 전반에 요구되는 역, 즉 '승역화'되는 방향으로 전개되게 된 것이다.

특히 성종대 유교에 입각한 국가체제가 정비되면서 승려 사역은 승려를 도태시킬 방법으로 제안되기도 하였고,[90] 무엇보다도 중종대『경국대전』에서 도승조度僧條가 삭제되어 도첩제가 폐지되면서 승려의 자격을 법적으로 인정하지 않게 되었다.[91] 도첩제가 폐지된 상태로 중종 후반기에 들어가면 다시 대규모 국가 공사에 승려를 사역시키기 시작하였다.[92] 이미 도첩이 중지된 상태였기 때문에 사역의 대가로 호패號牌를 지급하게 되었는데, 호패는 국역 담당을 규정한 신분증명서였다. 도첩이 없어지고 호패를 받게 됨으로써 승려들은 국가 공역 수행 등 사회적 의무를 다하면 승려로 활동할 수 있었다.[93] 그런데 명종대 을미왜변乙未倭變 때 호패나 도첩의 유무와 관계없이 승려 징발이 이루어지면서 도道를 단위로 하는 체계적인 승군僧軍이 선발되는 등 승려 하부 조직까지 정비되었다.[94] 그리고 이는

---

88 국사편찬위원회 편,『신앙과 사상으로 본 불교 전통의 흐름』, 서울: 두산동아, 2007, p.272
89 『太宗實錄』권12, 태종 6년 8월 을묘
90 『成宗實錄』권260, 성종 22년 12월 7일 기유
91 국사편찬위원회 편, 앞의 책, 2007, p.248
92 『中宗實錄』권83, 중종 32년 2월 2일 신해
93 국사편찬위원회 편, 앞의 책, 2007, p.272
94 강덕우,「朝鮮 中期 佛教界의 動向」,『국사관논총』56, 국사편찬위원회, 1994

양란을 계기로 조선 후기 동안 산성의 축조와 보수 및 방비 등에 승려들을 지속적이며 조직적으로 동원할 수 있는 배경이 되었다.

앞서 살펴본 것처럼 국초부터 도성 축조와 같은 국가 공역에 승도를 동원하여 승려의 노동력을 활용하고 도첩을 하사하였으나 임진왜란 이후에는 이러한 시책이 관례화되어 토목공사에 승군을 동원하고, 이들에게 도첩이나 호패를 지급함으로써 승려 자격을 인정하였다. 전란기의 승군 활동이 사회적 공익 실현과 효율성을 입증하면서 전쟁 후 승려 노동력을 적극적으로 활용했던 것이다.[95] 주로 축성과 궁궐, 산릉, 제언 등을 조성하는 국역에 승려들을 동원하였는데, 16세기 군역이 실제로 모병에 가까운 양상을 띠기 시작하고 그 결과 17세기 균역법均役法이 시행되는 과정에서 신역身役으로서의 양역良役이 점차 줄어드는 추세에 있었던 현실적 상황과도 밀접한 관련이 있다. 요역에서의 부족분을 승역僧役을 통해 해결했던 셈이다. 광해군대 인경궁仁慶宮 공사에는 승려 600명을 동원했다가 이후 각도의 승려 1,500명을 추가로 동원하였고,[96] 인조대 남한산성과 평양성을 수축할 때 승군을 징발한 것이 대표적인 사례라 하겠다. 그리고 농민의 요역을 대체할 수 있는 새로운 부역 노동 자원으로 승역을 활용하면서 특히 축성역에 승역이 많이 투입되었다. 농민을 요역에 동원할 때는 농번기나 한해·수해·기근 등 시기에 따른 제약이 있었으나 승군은 이 같은 조건에 구애받지 않은 존재로 인식되었고, 이에 더하여 승역의 효율성을 높이 평가하였다. 특히 임진왜란 당시 조정에서 승장에게 도총섭都摠攝·총섭摠攝 등의 지위를 부여하여 승군을 통솔하게 하면서 나름의 명령체계와 조직편제를 갖추게 되었는데, 이러한 조직력과 승

---

95 김용태, 『조선후기 불교사 연구』, 서울: 신구문화사, 2007, pp.52~53
96 『光海君日記』 권161, 광해군 13년 2월 1일 계묘

려의 계율 준수는 역사를 수행함에 있어 높은 효율성을 발휘하는 원인으로 평가되었다.[97]

공납과 진상의 폐해

조선 후기 부세제도의 개편은 전란 후 파괴된 경제를 복구하여 민생을 안정시키고 국가 재정을 확보하기 위한 것이었다. 그리하여 각종 부세제도의 개선이 이루어졌는데, 앞서 언급한 균역법은 군역의 폐단을 바로잡기 위한 것이었고, 공납貢納은 대동법大同法을 통해 개선하려 하였다.[98] 세제 개편으로 백성들의 부세 부담은 어느 정도 경감되고 개선되었으나 그로 인해 발생하는 부족분을 보충하는 것이 문제가 되었다. 특히 요역은 신역身役을 담당할 누군가가 필요했고, 공납의 경우 매년 정기적으로 바치는 상공은 폐지되었으나 왕실에 올리는 진상 및 별공은 여전히 유지되고 있어 현물 징수분을 담당할 사람이 필요했다. 그리하여, 개정된 조세제도로 인해 발생하는 부족분의 상당 부분이 불교교단으로 전가되는 양상을 띠었다. 이는 임진왜란 이후 불교가 조선의 지배층으로부터 그 존재 가치를 인정받게 되었던 것과는 별도로 조선 후기 사찰이 각종 잡역雜役과 잡공雜貢에 시달리면서 피폐화되는 원인이 되었다.

백곡 처능白谷處能(?~1680)은 현종에게 상소를 올려 닥종이와 기타 잡물雜物을 진상하는 것이 사원에 막중한 부담을 주고 있음을 호소하였

---

97 윤용출,「조선후기 산성의 축조와 승역(僧役)」,『문화로 보는 한국사 2-물질문화와 농민의 삶』, 서울: 태학사, 2009, pp.390~396
98 한영우,『다시찾는 우리역사』, 서울: 경세원, 2005, pp.397~399

다.⁹⁹ 당시 관청에서는 사원에 종이, 짚신, 삼베, 채소, 나물, 메주 등 다양한 품목을 부과하였는데, 이러한 상황은 조선 후기 내내 좀처럼 나아지지 않았다.

1851년(철종 2) 예조에서 법주사法住寺에 내린 완문完文에는 사찰에 잡공과 신역으로 절이 황폐화되고 승도들도 점차 줄어들고 있는 상황이 잘 나타나 있다. 이 완문은 공적인 잡공을 통해 혹은 사적으로 지방의 토호들과 절을 찾아오는 사대부들이 함부로 절의 재산이나 물품을 취하고 요구하고 승려들을 가마꾼으로 부리고, 사찰 경내에서 소란을 피우는 행위들이 자행되고 있음을 자세히 열거하고, 향후 이러한 일을 금지할 것을 예조에서 명령한 문서이다. 그러나 1889년(고종 26) 대동소이한 내용을 담은 완문이 또다시 법주사에 내려지는 것을 보면 조선 말까지도 공납과 신역은 여전히 사찰에 큰 부담이 되었음을 알 수 있다.¹⁰⁰

통도사通度寺도 각종 잡공과 신역으로 고통 받고 있었음이 「덕암당훈경 지역 혁파 유공비德巖堂薰暻紙役革罷有功碑」에 전하는데, 이 비석에 의하면 종이를 떠야 하는 지역紙役 때문에 원래 500~600명에 이르던 승도들이 이제는 40~50명밖에 없을 정도로 쇠잔했고, 그 가운데 노약자를 제외하면 20여 명밖에 되지 않는데 이마저도 각종 토색과 잡부금 마련, 지역 등으로 견딜 수가 없을 지경이라고 경상도 수군절도사에게 호소하고 있다.¹⁰¹

법주사나 통도사처럼 오랜 역사를 가진 대찰에서도 지역과 기타의 잡역 그리고 지방 수령과 사대부들로부터의 수탈로 인해 거주승이 줄어들

---

99 「諫廢釋敎疏」
100 이재창, 『韓國佛敎寺院經濟硏究』, 서울: 불교시대사, 1993, pp.200~201
101 이재창, 앞의 책, 1993, pp.201~202

고 사찰이 쇠잔할 정도였으니 여타 사찰의 상황은 이보다 더했을 것임은 쉽게 예측할 수 있다. 예전에는 묘향산에 사찰이 많았으나 지금은 승려도 적고 사찰도 조락凋落했는데, 지역과 감영 본관本官의 요구 때문이라는 정조대의 기록은 조선 후기 전국의 사찰이 잡공과 신역으로 피폐해져 가고 있었음을 보여준다.[102]

통도사에서 가장 고통스러운 것으로 지역紙役을 꼽고 아울러 짚신과 미투리를 만드는 것을 언급했던 것처럼 조선 후기 사찰에서 담당했던 가장 대표적인 잡공은 지역과 짚신을 만들어 바치는 것 두 가지였다. 그 중에서도 특히 지역에 대한 부담이 심각하였다. 사원에서 이루어졌던 수공업 가운데 종이 제작은 역사가 매우 오래되었고, 수요도 가장 많았다. 삼국시대 이래 개인, 사찰, 국가에서 불경을 필사하거나 간행하는 일은 일상적인 것이었고, 이때 필요한 종이의 상당 부분은 사찰에서 만들었다. 고려시대의 경우 종이를 제작하는 소所가 있어 소수공업所手工業의 일환으로 종이가 만들어졌지만[103] 사찰에서도 농장을 바탕으로 종이를 대량으로 제작해 자체 수요에 충당하였고, 심지어는 판매하여[104] 사찰의 경제 기반을 마련하기도 하였다. 조선 전기에는 관영수공업 체제가 정비되면서 제지수공업은 관영수공업에 포함되었다. 『경국대전經國大典』에 규정된 경공장京工匠과 외공장外工匠의 숫자 가운데 지장의 비중이 매우 높았던 것을 보면 국가에서의 종이 수요가 그만큼 많았던 것을 의미한다.[105]

---

102 정병삼, 「진경시대 불교의 진흥과 불교문화의 발전」, 『진경시대』 1, 서울: 돌베개, 1998, pp.162~163
103 박종기, 앞의 논문, 2011
104 서성호, 앞의 논문, 1997, p.118
105 전영준, 「조선전기 官撰地理志로 본 楮·紙産地의 변화와 사찰 製紙」, 『지방사와 지방문화』 14-1, 역사문화학회, 2011, pp.54~56

조선 후기 사찰에 부과되었던 각종 현물 공납들 중에서도 지역이 심각했던 것은 오랜 역사를 통해 양질의 기술을 확보하고 있던 사찰의 제지술 때문이었다. 불경을 인쇄하거나 사경하기 위해 종이가 필요했고, 제지업은 대표적인 사원수공업 분야로 자리잡았다. 종교적 필요에 의해 발전한 뛰어난 제지술은, 불교의 사회적 위상이 지방사회에서조차 높지 못하고 그저 존재하는 수준이 된 조선 후기, 사원을 쇠잔하게 만드는 굴레가 되었다. 그러나 한편으로는 사원에 부과된 공물 상납을 위해 사원에서 여러 유형의 산업이 성행하면서 사원수공업이 발달하는 계기가 되기도 했다. 명과의 외교뿐만 아니라 여진족이나 일본, 대마도, 유구와의 교류에서 종이는 가장 중요한 교역품 중의 하나였고, 조선 전기 대대적으로 전개된 국가적 편찬사업으로 종이의 수요가 급증하였다.[106] 하지만, 급증하는 종이 수요를 관영수공업으로는 도저히 따라갈 수 없는 상황이었던 관계로 왕명으로 이루어지는 대장경 인경의 경우에도 사원에서 자체적으로 종이를 만들어 충당하도록 하였다.[107]

한편, 중종대 이후 관장제가 해이해지면서 사장私匠이 등장하게 되었고, 이에 더하여 임진왜란을 거치면서 관영 지장은 급속도로 감소하여 지물紙物이 만성적인 공급 부족 상태에 처하게 되었다.[108] 게다가 병자호란 이후 청과의 관계에서 여전히 종이가 주요한 공물로 요구되면서, 지물 수요가 급팽창하여 결국은 수요와 공급상의 심각한 불균형이 초래되었다. 그리고 이에 더하여 호란 이후 실시된 대동법은 국용國用에 필요

---

106 전영준, 앞의 논문, 2011, pp.50~53
107 『世祖實錄』권9, 세조 3년 9월 23일 갑신
108 하종목, 「朝鮮後期의 寺刹製紙業과 그 生産品의 流通過程」, 『역사교육논집』10, 역사교육학회, 1987, p.46

한 종이를 현물로 공급받을 곳을 필요로 하였다. 이러한 상황에서 부족한 종이를 해결하기 위한 방법으로 이미 뛰어난 제지기술을 가지고 있던 승려들에게 국용지國用紙의 대부분을 부담시킬 수밖에 없었는데, 한편으로는 현종대 사사위전寺社位田의 속공 등으로 사원경제 유지에 큰 타격을 받았던 불교교단으로서는 사원경제를 유지하기 위한 자구책으로 제지업에 종사하지 않을 수 없었다.[109]

조선 후기 사원에 부과된 공물은 절이 피폐화되고 승려의 수가 줄어드는 원인이 되기도 했지만, 한편으로는 사찰이 최소한의 보호를 받으며 존립할 수 있는 자구책을 마련하는 계기가 되었다. 사찰을 보호할 수 있는 방법으로는 왕실 원당으로 지정되거나, 중앙이나 지방 관아의 속사屬寺가 되거나 혹은 사대부나 문중에 소속되어 재사齋舍로 기능하는 것 등이 있었는데, 가장 안정적인 것은 왕실 원당이 되는 것이었다.[110] 그리고, 조선 후기까지도 지속되어 온 왕실에서의 기복祈福에 대한 욕구 역시 기도처로서의 원당을 필요로 했기 때문에 불교계와 왕실의 상호간의 필요에 의해 조선 후기에도 왕실 원당은 성행하였다.

왕실 원당이 된 사찰에는 왕의 교지나 내수사의 관문으로 원당으로 정해졌다는 사실이 통보된다. 이어, 원당 설립에 필요한 물건과 위패나 어진御眞 혹은 어필御筆이나 어물御物 등 원당임을 알 수 있는 물품이 하사되면 해당 사찰이 원당을 조성하고 운영하는 것에 대한 급부로 사원이 부담하고 있는 각종 잡역을 줄여 주는 조처를 취하였다. 그러므로 원당은 설립도 중요하지만 유지 또한 중요한 일이었는데, 원당이 설립된 후

---

109 하종목, 앞의 논문, 1987, pp.43~46
110 박병선, 「朝鮮後期 願堂의 設立 節次 및 構造」, 『경주사학』 29, 경주사학회, 2009, pp.55~56

지속적인 호사護寺가 이루어지는 경우 대찰로 성장할 수 있었다.[111] 화엄사의 경우 숙종대 장육전丈六殿(각황전)을 조성하면서 연잉군延礽君(영조)의 원당으로 삼은 것을 계기로 '선교양종대가람禪敎兩宗大伽藍'으로 승격되었다.[112]

한편, 사찰에 대한 과세는 감사, 군수, 현감 등 지방 수령이 부과하는 것이 중심이었지만, 궁중이나 궁가宮家에서 요구하는 진상물進上物도 큰 부담이 되었다. 진상은 사원의 재정을 지원하는 이들에게 인사차 종이와 같은 특산물을 올리는 것이었으나 점차 의무화되었고, 궁가와 내수사內需司에서 과세하는 지경에까지 이르게 되면서 승려들의 부담을 가중시켰다.[113] 비록 궁가나 내수사로 올리는 진상물의 부담은 있다 하더라도 원당으로 지정이 되면 잡역과 지방관이나 지역 사대부들에 의한 수탈은 피할 수 있었기 때문에 각 사원에서 지방관의 주구를 막기 위해 관료와의 연결을 통해 지역이나 잡역을 혁파한다는 공찰公札을 받아 사원에 게시하거나 원당이 되고자 하였다. 또한, 이러한 경제적 부담은 조선 후기 사원의 계 조직을 통한 활발한 보사補寺 활동으로도 이어졌다.[114]

전문적 승장 집단 및 유파의 등장

양란 이후 불교가 사회적으로 존재 의의를 인정받으면서, 조선 후기 지방에서는 왜란과 호란을 거치며 폐허가 된 사찰을 새롭게 중창하는 불

---

111 박병선, 앞의 논문, 2009, p.86
112 김용태, 「조선후기 華嚴寺의 역사와 浮休系 전통」, 『지방사와 지방문화』 12 - 1, 역사문화학회, 2009, p.387
113 정병삼, 앞의 논문, 1998, p.161
114 정병삼, 앞의 논문, 1998, pp.163~164

사가 활발하게 진행되었다. 이러한 사찰 중창은 임진왜란과 병자호란 당시 의승군으로 활동하며 산성 축조를 담당했던 승려들이 중심이 되어 진행하였다. 대표적인 인물이 산성 축조를 맡았던 벽암 각성碧巖覺性(1574~1659)으로 그는 완주(지금의 전주) 송광사松廣寺 창건을 시작으로 화엄사, 쌍계사를 지속적으로 중창하였다. 왕실에서도 적극적으로 지원을 했는데, 1686년(숙종 12) 금산사金山寺 대적광전大寂光殿, 1702년(숙종 28) 화엄사華嚴寺 각황전覺皇殿 등이 대표적인 사례이며,[115] 지방의 관리들이 대거 참여하기도 하였다. 17세기부터 시작된 사찰 중창은 무너진 사원을 복구하기 위한 것으로 중심 전각 복원사업이 우선적으로 진행되었다. 이어 18세기에 들어가면 전대의 일차적인 중창에 이어 2차 중창사업이 활기차게 진행되는데, 현존하는 유명 대찰의 웅장한 건축물들이 대체로 이때까지의 중창을 통해 이루어졌다.[116]

17~18세기에 걸쳐 전개된 사원 중창은 조선 후기 사원수공업의 또 다른 측면을 보여주는 것이다. 앞에서 살펴본 지역紙役과 잡공이 사원수공업의 수탈적인 측면이라면, 사원 중창은 수백 년간 이 땅에서 사원을 짓고, 불상과 불화를 조성하며 축적해 온 사원수공업의 백미라고 할 수 있다. 전쟁으로 인한 폐허에 사찰을 다시 짓고 법당을 짓는 일은 각종 건축 기술의 집대성이었고, 불상과 불화의 조성은 수준 높은 화승과 조각승을 지속적으로 배출할 수 있게 해 주었다. 사원 건축 역시 궁궐이나 관아 건축과 마찬가지로 기와를 얹은 목조 건물이므로 사원 건축만의 특별한 기술이 요구되는 것은 아니다. 그러나 하나의 가람 공간 안에 전, 각, 누, 문 등 용도와 격에 따른 다양한 건물을 조화롭게 배치하여 짓는 것은

---

115 김용태, 앞의 논문, 2009, pp.387~388
116 정병삼, 앞의 논문, 1998, p.166

당시 건축술의 총체라고 할 수 있다.

특히 사찰은 승도들이 집단적으로 거주하면서 지속적으로 사찰 건물을 유지, 보수 혹은 중수하였기 때문에 축적된 기술이 퇴보 없이 유지될 수 있었다. 앞에서 살펴본 것처럼 조선시대 국가의 각종 건축 관련 공역에 승도가 집단적으로 동원되었던 이유 중에는 승려들을 동원하여 민력民力을 덜고자 했던 의도도 있었으나 고급 건축 기술이 축적된 집단이라는 이유도 있었다.

17~18세기 사원 중창이 전국에서 지속적이자 동시다발적으로 그리고 대규모로 진행되었는데, 근래 고건축 정비 과정에서 다수의 상량문들이 확인되면서 조선 후기 사원 건축의 규모와 승장의 활동을 파악할 수 있게 되었다. 조선 후기 불전佛殿 조영 집단은 승장과 일반 장인으로 구성되나, 임란 이후 재건 사업의 일환으로 전개된 불전 재건은 승려 장인 그룹에 의해 주도되었다.[117] 대표적인 승장으로 17세기 중·후반경 대구 팔공산 일대를 중심으로 활동한 각원覺元과 18세기 전남 지역을 중심으로 활동한 쾌연快演, 월원月圓 등을 들 수 있다. 각원은 1649년 송림사松林寺 대웅전 중수를 시작으로, 운문사雲門寺 대웅보전, 북지장사北地藏寺 대웅전 중창에서 대목大木으로 활동하였다.[118] 운문사 대웅보전의 경우 1655년 중창 공사를 하면서 작성한 「법당기문法堂記文」에 팔공산과 쌍계동雙溪洞의 뛰어난 장인을 초빙하여 대웅보전을 재건했다고 하여 인근 지역의 우수한 장인을 초빙해 대웅보전을 중수하였음을 알 수 있다. 이러한 경우 대개 대목을 중심으로 함께 움직이는 장인들이 존재하여 하나

---

117 오세덕, 「17世紀 僧匠의 建築術 硏究-覺元을 中心으로」, 『동악미술사학』 12, 동악미술사학회, 2011, p.150
118 각원 및 각원계 승장에 대해서는 오세덕, 앞의 논문, 2011을 참조하였다.

의 그룹을 형성하였다. 각연을 대목으로 한 집단의 경우 부편수副片手 계연戒衍이 확인되는데, 운문사 대웅보전 당시 부편수로 참여한 계연은 20여 년이 지나 조성되는 경남 산청 율곡사栗谷寺 대웅전 공사에서는 대목으로 이름을 올렸다. 대구 지역을 중심으로 전개된 각원의 기술이 산청 지역까지 전래된 것이다.

한편 18세기에 활동한 쾌연은 1754년 해남 미황사美黃寺 대웅전 중수 공사를 시작으로 1757년 화엄사華嚴寺 대웅전, 1764년 영광 불갑사佛甲寺 대웅전, 1765년 경주 불국사佛國寺 대웅전, 1768년 화엄사 각황전 중수 공사를 담당하였다.[119] 미황사 대웅전 중수 당시 목수의 최고 책임자인 상편수上片手는 쾌행快行이었는데, 쾌연의 기술은 쾌행에게서 영향을 받은 것으로 보고 있다. 이와 관련하여 주목되는 것은 쾌연이 미황사 공사에 참여했을 때 응진당應眞堂 중건을 담당한 부편수 원신元信이 불국사 대웅전 중창에서도 함께한다는 점이다. 쾌행, 쾌연, 원신의 행적은 18세기 건축술을 공유하며 함께 활동하는 장인 그룹들이 존재했음을 보여주는 것이다. 이러한 장인 그룹들이 조성한 불전의 경우, 건물 의장이나 상부가구, 공포를 사용하는 방법에서 특별한 특징을 공유하고 있어 독자적인 기술을 가진 승장 집단이 18세기 사찰 중수를 실질적으로 이루어 내고 있었음을 알 수 있다.

17세기의 각원이나 18세기 쾌연의 사례처럼 조선 후기 대목들은 당시의 시대 경향을 따르면서도 각자의 독창적인 평면 구성이나 세부 기법, 의장 기법 등이 있었다. 승장들이 지닌 이러한 독창적인 기술은 제자에게 계승되고, 제자들의 활동 범위가 다른 지역으로 넓어짐에 따라 지역

---

119 쾌연 및 쾌연계 승장에 대해서는 오세덕, 「18世紀 僧匠 快演의 建築術과 佛殿」, 『고문화』 83, 한국대학박물관협회, 2014를 참조하였다.

간의 혹은 계파 간의 기술을 서로 교류하였고, 이 과정에서 건축술이 보다 발전하는 계기가 되었다.

한편, 조선 후기 대규모로 이루어진 사찰 중창은 완성된 전각 안에 봉안될 불보살상을 필요로 했고, 불전을 장엄하고 법회에 필수품인 불화 역시 활발하게 그려졌다. 고려나 조선 전기에도 불화와 불상이 만들어졌고, 화기畵記를 통해 화사畵師의 이름이 확인되기도 하지만, 현존하는 자료에서는 유파의 형성을 읽어 내기 어렵다. 하지만 17세기 이후 조선 후기 대규모 불사가 전개되면서 불화와 불상 수요가 증가했고, 이에 따라 전문적으로 불화를 그리고 불상을 만드는 제작 집단이 확인되고, 세대 간의 계승을 볼 수 있어 조선 후기 유파의 형성을 말할 수 있게 되었다.

조각승의 경우 17세기부터 많은 유파와 조각승이 전국적으로 그리고 지속적으로 활동하였다. 17세기 전반기 각 유파의 수장이 등장하여 유파를 이루어 활동하였고, 후반기에 들어서면서부터 유파에 소속되어 수장에게서 조각을 배운 2세대 혹은 3세대 제자들이 본격적인 활동을 벌였다.[120] 유파 내부의 조각승들은 각 유파의 수장이 만들어 낸 조각 양식을 공유하고 있었고, 대부분 유파 내부의 인원만으로 불사를 치렀으므로 다른 유파와의 공동 작업은 매우 특별한 경우가 아니면 이루어지지 않았기 때문에,[121] 유파별로 특징적인 조각 양식을 보이고 있다. 17세기 대표적인 조각승 유파로는 수조각승 현진과 그를 계승한 청헌을 중심으로 경상북도 남부 지역을 근거지로 삼남 일대에서 활동한 현진·청헌파가 있다. 응원·인균파는 전라남도 동부 지역을 중심으로 전남 일대에서 활발히 활동하였고, 전라북도를 근거지로 하여 충청도와 경기도 및 황해도 서부

---

120 송은석, 『조선 후기 불교조각사』, 서울: ㈜사회평론, 2012, pp.26~27
121 송은석, 앞의 책, 2012, p.345

지역에서 활동을 했던 수연파, 전라도 일대에서 많은 작품을 남긴 무염파, 색난파, 경북과 강원도에서 주로 활동을 했던 단응·탁밀파 등을 꼽을 수 있다. 17~18세기를 거치며 이들이 조성한 불상들은 현재도 각 사찰에 예불 대상으로 봉안되어 있다.[122]

불화를 제작하는 화사 집단의 경우 지역별로 유파와 중심 사찰이 확인된다. 17~18세기 각 지역별로 특징을 보이며 화사들이 계파를 형성하게 되는데, 경기 및 충청 지역은 양주 흥국사興國寺와 공주 갑사甲寺 등을 중심으로 활동했던 명옥明玉, 신겸信謙, 상겸尙謙, 관허寬虛 등의 계파가 활동했다. 전라도 지역에는 송광사와 선암사를 중심으로 도림사, 원효사, 흥국사를 지파로 하여 천신天信, 의겸義謙 등의 문파의 활동이 활발하였다. 경상도 지역에서는 김룡사, 직지사, 동화사, 통도사를 중심으로 화사들의 활동이 전개되었는데, 의균義均, 유겸有謙 등의 계파가 있었다.[123] 지역별로 특징적인 화풍을 이루어 낸 이들 화사 집단은 19세기 이후 여러 지파로 나뉘어 갔는데, 19세기 왕실과 유력자들을 중심으로 경기도 지역 사찰에서 불사가 활발하게 이루어지면서 새롭게 형성된 경기도 지역의 불화들이 지방의 화사 집단의 화풍에도 영향을 미치기 시작하여 음영법의 사용과 같은 서양화법이 나타나게 되었다.[124] 흥국사 영산회상도(1693, 천신), 송광사 영산회상도(1725, 의겸), 용주사 감로도(1790, 상겸) 등이 이 시기 화사들에 의해 조성된 대표적인 불화이다.

화사들에 의한 불화 제작은 시작에서 마무리까지 철저한 분담으로 작업이 이루어졌다. 일감을 맡아 오고 계획하는 일을 맡아서 하는 승려, 불

---

122 송은석, 앞의 책, 2012, pp.346~349
123 정병삼, 앞의 논문, 1998, p.172
124 장희정, 『조선후기 불화와 화사 연구』, 서울: 일조각, 2003, pp.343~345

화 그리는 작업을 전체적으로 지휘하는 수화사首畵師, 그 밑에서 각각의 일을 분담하여 작업하는 승려들이 있었다.[125] 이러한 전문적 분업체계는 불화뿐만 아니라 건축이나 조각에서도 동일하게 나타나는 경향으로, 조선 후기 사원수공업의 특징으로 전문적 분업체계와 유파의 형성을 통한 전문 승장의 활동이 활발했다는 것을 꼽을 수 있다.

---

125 장희정, 앞의 책, 2003, p.16

사장, 한국불교문화유산의 생산자

'사장寺匠'은 보통 '승장' 혹은 '공장승' 등으로 불리는데, 사원 소속의 승려 장인을 일컫는 말이다. 이들은 승려이면서 동시에 생산 활동에 종사하는 이중적 성격을 지닌 존재로, 사장의 활동은 불교교단과 사원의 존재라는 전제하에 가능하며 복전, 공덕사상, 보살행의 차원에서 그리고 선종 수용 이후에는 청규의 실천과 수행이라는 측면에서 전개되었다.

한국불교에서 사장의 등장은 불교의 전래로부터 시작된다. 삼국시대에 불교가 전래되면서 사원, 탑 건립과 관련된 건축 기술, 불상 및 불보살상 조성과 관련된 조각과 회화, 경전 조성을 위한 종이와 먹 제작 등을 담당하는 기술 집단 혹은 기술이 함께 전래되었다. 이 과정에서 불교는 사원 건축과 신앙 활동에 필요한 각종 물품들의 조성을 통해 선진 문물을 삼국에 전파하는 역할을 하였다. 그리고 고급 기술을 가진 전문적 장인들을 '박사博士' 또는 '장匠'으로 부르기 시작했으며, 이들 상층 기술자들은 관등을 소유하여 지배층의 위상을 지니고 있었고, 특별한 기술을 가진 승려들도 박사 또는 장으로 불렸다.

통일신라시대에는 국가적으로 중요한 사원의 영선營繕을 담당하는 관부로서 사원성전(성전사원)이 주목되는데, 승려 장인과 속인 장인이 공동으로 작업에 참가함으로써 상호간에 기술의 전수가 가능하였다. 그러나, 9세기 이후 사원성전의 성격이 변화하면서 경주나 지방 모두 자체적으로 승장을 확보한 사찰이 증가하고, 해당 사찰 소속 승려들로 사찰의 불사가 가능해지면서 대규모의 사찰은 독자적인 승직 체계를 운영하기 시작하였다. 이러한 경향은 선종 수용으로 사찰에 삼강전三綱典이 마련되어 사찰 운영을 담당하면서 가속화되었다. 한편, 신라 하대 승장의 수가 상당히 증가하면서 승장을 부르는 명칭이 다양해지고 승장들도 철장 계열과 석장 계열 등으로 기술에 따라 분화되는 모습을 보인다. 신라 하대에 일어나는 승장 내부에서의 직능의 분화와 기술에 따른 구분, 승장들의 조직화는 지속적인 기술 전수와 습득을 가능하게 하였고, 고려시대 사원수공업이 만개하는 토대가 되었다.

고려시대 사원수공업은 불교의 사회적 위상과 영향력의 증대와 함께 급속도로 성장하고 다변화하였다. 사원 자체 내의 필요에 의한 수공업 생산과 각종 공역 외에 민간에서 필요로 하는 수요품까지도 사원에서 만들어 판매하는 경우가 흔하였으며, 이는 고려시대 사원경제 비대화의 한 원인이 되기도 하였다.

고려시대 사원수공업은 상업적 이익 추구라는 측면과 함께 전문성을 담보하게 되었고, 각 분야의 장인은 각기 다른 조성 불사에도 중복해 관여하면서 다른 분야의 기술적 성장을 이끌어 냈고, 고급 기술을 가진 승려인 승장과 노역 및 잡역에 동원할 수 있는 수원승도를 바탕으로 한 공역승이 상존하고 있어 필요한 노동력이 늘 확보되어 있었다. 그리고 무엇보다도 전문 기술의 계승이 가능하였다. 또한 전문적 기술을 가진 승려의 경우 승과 합격 여부와는 무관하게 그 기술을 인정하여 승계가 수여되었던 것도 주목된다. 이러한 고려시대 불교의 국가 사회적 기능과 위상, 사원경제의 발달, 그에 수반된 사원수공업의 발달과 전문 장인의 존재는 현전하는 불교문화재에 그 흔적을 남겨 두었다. 금은 사경이나 고려 불화, 대장경 등은 고려시대 사장의 예술성과 전문성의 절정이라고 할 수 있다.

조선시대 사원수공업은 국가의 불교정책에 긴밀하게 연동되어 있다는 점을 특징으로 꼽을 수 있다. 특히, 국초 한양도성을 건설하는 과정에서 많은 공역승이 동원되었고, 양난을 거치면서 산성의 축조와 보수 및 전후 복구에 역시 많은 승려들이 동원되었다. 이는 집단적 동원이 가능한 승려들을 활용하는 승역僧役이기도 하면서, 오랜 기간 축적되어 온 사장寺匠 기술력의 활용이기도 했다. 또한 조선 후기 사원에는 공납과 잡역이 부과되기도 했는데, 특히 국용國用에 필요한 물품을 제작하여 바치는 공납은 사원수공업과 직결된 것이었다. 이러한 승역을 통해 불교계는 억불에 바탕한 불교정책을 내세운 조선사회에서 존립 가치를 인정받기는 하였으나 한편으로는 교단과 사찰이 쇠잔하는 원인이 되기도 하였다는 점에서 양면성을 지니고 있다.

한편, 양란 이후 불교가 사회적으로 존재 의의를 인정받으면서 조선 후기 지방에서는 사찰 중창이 활발하게 전개되는데, 사찰 중창은 사원수공업의 발전과 깊이 관련되었다. 건축가로서의 대목장, 불 보살상을 조성하는 조각승, 불화를 그리는 화사들의 경우 지역적 기반을 가지고 활동하였고, 조선 후기 불교를 주도하며 사찰을 중창했던 불교 계파별 활동과도 연결성이 확인되어 조선시대 불교문화를 이해하는 데 중요한 의미가 있다. 특히, 조선 후기 이들의 활동은 이전과는 달리 중국으로부터의 영향은 거의 확인되지 않으며, 조선 전기 이후의 내적 전통하에서 발전한 것이 특징으로, 조선 후기 불교문화의 내적 발전과 전개를 통한 전통문화의 형성이라는 점에서 사장의 계승은 주목되는 바이다.

| 참고문헌 |

박남수,『新羅手工業史』, 서울: 신서원, 1996.
서성호,『高麗前期 手工業 硏究』, 서울대 박사학위논문, 1997.
송성안,『高麗後期의 寺院手工業 硏究』, 영남대 박사학위논문, 1999.
송은석,『조선 후기 불교조각사』, 서울: ㈜사회평론, 2012.
이상선,『高麗時代 寺院의 社會經濟硏究』, 서울: 성신여자대학교출판부, 1998.
이재창,『韓國佛敎寺院經濟硏究』, 서울: 불교시대사, 1993.
전영준,『高麗時代 供役僧 硏究』, 동국대 박사학위논문, 2005.
윤용출,「조선후기 산성의 축조와 승역僧役」,『문화로 보는 한국사 2-물질문화와 농민의 삶』, 서울: 태학사, 2009.
임영정,「高麗時代의 使役·工匠僧에 대하여」,『伽山李智冠스님 華甲紀念論叢 韓國佛敎文化思想史』上, 서울: 가산문고, 1992.
정병삼,「진경시대 불교의 진흥과 불교문화의 발전」,『진경시대 1』, 서울: 돌베개, 1998.
최영호,「고려시대 사원수공업의 발전기반과 그 운영」,『국사관논총』95, 국사편찬위원회, 2001.
홍대한,「고려시대 공장工匠의 운영과 성격 고찰 - 조탑 공장 운영사례를 중심으로」,『인문사회과학연구』13권 1호, 부경대 인문과학연구소, 2012.

제3부

문화와 교류

태고 · 나옹

구결

결사

태고太古·나옹懶翁

정영식

I. 원간섭기의 고려 선종

　　13~14세기 원대불교/ 고려에 미친 원대불교의 영향/ 고려

　　선승의 입원구법入元求法

II. 태고 보우의 간화선법

　　생애/ 임제선법의 전래/ 간화선 중심주의/ 교단 개혁

III. 나옹 혜근의 임제선풍

　　생애/ 지공의 영향/ 임제정종의 고취/ 공부십절목功夫十節目

IV. 태고·나옹과 여말선초 불교

　　간화선의 수용과 정착/ 나옹계의 활약/ 태고·나옹과 법통

　　문제

■ 한국 간화선을 확립한 두 고승

I. 원간섭기의 고려 선종

13~14세기 원대불교

원 왕조는 몽골의 전통에 따라 지배하에 있는 제 민족 내부의 문제에 대해서는 각 민족 고유의 법(本俗法)에 기초하여 처리하고 간섭하지 않았기 때문에, 남송 이래의 한민족의 생활과 문화는 그대로 유지되었다. 종교에 대해서도 마찬가지여서, 반몽골적인 활동을 하지 않는 한 그대로 용인되었다. 그리하여 원대에 있어서도 불교라고 하면 대부분 선종에 다름 아니었다.

화북華北에서는 송대 말기에 극도로 융성했던 조동종의 세력이 그대로 유지되었다. 특히『종용록從容錄』의 저자인 만송 행수萬松行秀(1166~1246)의 제자들이 중심이 되었는데, 재가거사로서 이순보李純甫(屛山居士, 1185~1231)·야율 초재耶律楚材(湛然居士, 1190~1244) 등이 있다. 또 출가 승려로서는 설정 복유雪庭福裕(1203~1275)·임천 종륜林泉從倫·오사 종관五捨從寬·전일 지온全一至溫의 4명이 유명하였는데, 특히 쿠빌라이 황제가 1271년에 천하의 승려를 연도燕都에 모았을 때 설정의 제자들이 3분의 1을 차지했다고 말해지므로 설정 복유의 세력이 얼마나 컸는지를 짐작할 수 있다. 또 화북의 임제종은 화남에 비하면 뒤떨어지지만 연도의 대경수사大慶壽寺를 중심으로 원대일대元代一代를 통해서 세력을 유지하고 있었다. 특히 해운 인간海雲印簡(1202~1257)과 그의 제자인 북계 지연北溪智延·노운 행홍魯雲行興·추정 홍형秋亭洪亨 등이 계속해서 대경수사의 주

지를 맡으면서 활약하고 있었다.[1]

한편 화남의 경우에는 임제종이 대단히 번성하였는데 특히 호구 소륭虎丘紹隆(1077~1136)의 후손들인 호구파虎丘派의 인물이 많았다. 호구파는 크게 파암 조선破菴祖先(1136~1211) 계통의 파암파破菴派와 송원 숭악松源崇嶽(1139~1203) 계통의 송원파松源派로 나뉘는데, 파암파에서는 설암 조흠雪巖祖欽(1215~1287) 문하의 활약이 눈부셨다. 설암 조흠의 제자 중 급암 종신及庵宗信(생몰연대 미상) 계열의 평산 처림平山處林·석옥 청공石屋淸珙의 활약도 있었으나, 이보다 고봉 원묘高峰原妙·중봉 명본中峰明本 계열이 당시 강남선의 중심이었다고 해도 과언이 아니다. 특히 중봉 명본은 교선일치敎禪一致·선정쌍수禪淨雙修를 강하게 주장하였으며, 오산五山 사찰에의 주지를 거부하고 은둔적인 생활을 즐겼다. 명본은 일본선에 영향을 많이 주어 그의 문하에서 수학했던 일본승들이 귀국하여 환주파幻住派를 결성하기도 하였다.

고려에 미친 원대불교의 영향

원간섭기의 고려 선종의 특징은 지눌知訥(1158~1210)과 혜심慧諶(1178~1234)으로 대표되는 수선사 가풍에서 탈피하여 중국 임제종을 적극적으로 받아들였다는 점이다. 특히 강남의 임제종은 고려 말의 선풍에 큰 영향을 미쳤는데, 몽산 덕이蒙山德異(1231~?) 및 설암 조흠雪巖祖欽(1215~1287) 문도들과의 교류가 활발하였다.

우선 몽산 덕이는 중국 내에서는 그다지 두드러진 존재가 아니었던

---

1 野口善敬,『元代禪宗史研究』, 京都: 禪文化硏究所, 2006. (序)元代佛敎の槪觀 참조.

반면 고려에는 큰 사상적 영향을 주었다. 1295년(충렬왕 21) 요암 원명了庵 元明 장로長老·각원覺圓·각성覺性·묘부妙孚 상인上人 등 8명의 고려 승려 가 휴휴암休休菴에 은둔하고 있던 몽산 덕이를 방문하였으며, 또 1297년 (충렬왕 23)에는 충렬왕의 공주인 정영원공주靖寧院公主 묘지妙智와 명순원 공주明順院公主 묘혜妙惠·내원당 주지인 혼구混丘(1250~1322)·김방경金方 慶(1212~1300)·염승익廉承益(?~1302) 등이 직접 가르침을 받았다.[2]

승려로서 몽산과 교류했음이 확인되는 인물은 혼구混丘와 만항萬恒 (1259~1315)이다. 혼구는 휴휴암에서 몽산을 직접 만났을 뿐만 아니라 몽 산이 지은 무극설無極說을 전해 받아 스스로 무극노인無極老人이라고 호 하였다. 만항은 몽산에게 글과 게를 보냈는데, 몽산이 그것을 칭찬하고 고담古潭이라는 호를 지어 주었다고 한다. 몽산의 저술도 빈번히 간행되 어 큰 영향을 주었는데, 덕이본德異本 『육조단경六祖檀經』이 1300년(충렬왕 26)에 만항에 의해 간행되었을 뿐만 아니라 『몽산법어蒙山法語』·『육도보 설六道普說』 등이 간행되어 이후 한국불교에 큰 영향을 주었다.

설암 조흠의 문도들 가운데서는 급암 종신과 고봉 원묘 계열과의 교 류가 눈에 띈다. 우선 급암 종신의 제자에게서 인가를 받은 승려들이 많 이 나왔는데, 태고 보우·백운 경한이 석옥 청공石屋淸珙(1272~1352)에게 서 인가를 받았으며 나옹 혜근이 평산 처림平山處林(1279~1361)의 법을 잇 고 있다. 고봉 원묘高峰原妙(1238~1295)의 경우는 고려 선승과의 직접적인 교류는 확인할 수 없으나, 『고봉화상선요高峯和尚禪要』가 1399년에 간행 된 이후 조선시대에는 사집과四集科의 교과목으로서 중요시되었다.

고봉의 제자인 중봉 명본中峰明本(1263~1323)과의 교류는 주목되는데,

---

2 강호선, 「고려말 나옹혜근 연구」, 서울대 박사학위논문, 2011, p.43

충선왕은 당시 유행하던 강남 유력의 일환으로 이제현李齊賢(1287~1367) 등과 함께 1319년 3월에 강절江浙지방을 유력하면서 보타산寶陀山을 참배한 후 서천목산西天目山 환주암幻住庵에 주석하고 있던 명본을 방문하였다.[3] 또 설암 조흠의 문도인 철산 소경鐵山紹瓊은 1304년(충렬왕 30)에 수선사의 원명국사圓明國師 충감沖鑑(1275~1339)의 초청을 받아 고려에 들어와서 3년간 머물렀다. 그는 충렬왕의 환대를 받아 수령궁壽寧宮에서 법문하였으며, 충렬왕과 숙창원비淑昌院妃에게 보살계를 주기도 하였다.

고려 선승의 입원구법 入元求法

13~14세기에는 원을 중심으로 동아시아의 문화 교류가 대단히 활발하였다. 그것은 불교계에서도 마찬가지여서 많은 원승들이 고려와 일본에 도래하였으며, 고려와 일본의 승려들이 순례나 구법의 목적으로 연도燕都나 강남江南에 유력하는 경우가 많았다. 일본의 경우 현재 확인되는 인명만 300명을 넘는 선승들이 원에 들어갔으며, 고려의 경우에도 많은 선승들이 여러 가지 목적으로 입원하였다. 입원 지역을 보면 14세기 전반까지는 주로 원의 연도로 들어가서 다양한 지역으로 순례하지만, 점차 강남 지역에 집중되는 양상으로 바뀌게 된다. 이후 1350년대에 이르면 홍건적의 난이 일어나고 원의 지배질서가 이완되면서 배를 타고 강남으로 들어가게 되는 경우가 많아진다.[4]

---

3 조명제, 「고려말 원대 간화선수용과 그 사상적 영향」, 『보조사상』 23, 보조사상연구원, 2005, p.164
4 조명제, 「14세기 고려지식인의 입원과 순례」, 『역사와 경계』 69, 부산경남사학회, 2008, p.24

고려 선승들의 입원 목적은 여러 가지가 있었는데 단순한 구법 활동이 아니라 원 사대부와 폭넓게 교유하고 있었던 것이 이전 시대와는 다른 특징이다. 예를 들어 식무외式無外는 충혜왕 복위 연간(1340~1344 전후)에 원의 연도와 강남을 순례하였는데, 원승과의 교유도 있었지만 사대부·도사 등 지식인과의 교유가 현저하게 많다. 또한 그가 원의 사대부와 교유한 내용은 대개 시문詩文을 통한 것이어서, 원의 사대부와 교유하면서 구하거나 지은 시를 모아 시집을 간행하기도 하였다.

이와 같은 인적 교류뿐만 아니라 당시의 중국 강남에는 출판문화가 대단히 성행하였는데 주자학, 선종 문화가 서적을 통해서 고려와 일본에 전해지고 있었다. 때로는 고려 조정이 서적의 구입을 주도하기도 하였는데 충숙왕대에는 강남에서 1만여 권의 서적을 구입하였고, 또 송의 비각秘閣에 소장되어 있던 서적 1만 7천여 권을 도입하였다는 기록이 『고려사』에 남아 있다.[5]

불서의 교류는 동아시아 출판문화의 발달을 자극하였다. 송대 이후 발달된 인쇄기술의 영향으로 많은 대장경이 간행되었는데, 원대에도 보령장普寧藏(1290년 완성)·홍법장弘法藏(1294년 완성) 등의 소위 원판元版대장경이 간행되었다. 또 고려에서도 초조대장경(1082년 완성)의 뒤를 이어 재조대장경(1251년 완성)이 간행되었다. 대장경 이외의 불서도 활발하게 유통되었는데, 일본의 오산문학五山文學을 주도한 오산판五山版은 원판元版을 저본으로 하고 있다.

한편 당시의 선승들의 입원 목적 중 하나는 원의 선승으로부터 인가를 받는 것이었다. 이러한 현상은 고려뿐만 아니라 일본의 선승들도 마

---

5 『高麗史』 권34, 충숙왕 원년 6월 庚寅 및 7월 甲寅

찬가지였는데, 당시의 동아시아 선종계의 중심이었던 원에서 인가를 받는 것은 사회적 출세의 지름길이기도 하였다. 특히 태고 보우는 1338년(충숙왕 복위 7)에 38세로 무자공안을 타파하여 깨달음을 얻은 후 46세에 입원하였으므로 입원의 목적이 인가에 있었다고도 할 수 있다. 그는 1346년(충목왕 2)에 46세로 연도를 거쳐 안휘성安徽省 남소南巢로 축원 영성竺源永盛선사를 찾아갔으나 이미 입적한 뒤였다. 그래서 다시 1347년(충목왕 3)에 호주湖州 하무산霞霧山에 가서 석옥 청공을 방문하여 인가를 받았다.

II. 태고 보우의 간화선법

생애

태고 보우太古普愚(1301~1382)의 속성은 홍씨이며 홍주 출신이다. 13세에 조계종 가지산문迦智山門의 광지廣智선사에게 나아가 출가하였다. 처음에는 화엄을 공부하였으나 경전 공부의 한계를 깨닫고 선을 참구하였다고 한다. 그는 생애 네 번의 깨달음을 경험하였는데, 우선 1333년(충숙왕 복위 2)에 감로사甘露寺의 승당에서 정진하다가 1차의 깨달음을 얻었다. 그 후 1337년(충숙왕 복위 6) 불각사佛覺寺에서 『원각경』을 보다가 "일체가 다 멸하면 부동不動이라고 한다."는 구절에 이르러 2차의 깨달음을 경험하였다. 그 뒤 보우는 무자화두를 참구하기 시작하였는데, 마침 채홍철蔡洪哲의 장원莊園 안에 설치된 전단원栴檀園의 동안거에 참여하던 도중 홀연히 크게 깨닫고 오도송 8구를 지었다. 마지막 깨달음은 38세 때 1,700의 공안을 참구하던 중 암두밀계처巖頭密啓處에 이르러 4차의 깨달음을 얻었다.

1346년(충목왕 2) 봄에는 원에 건너갔는데, 그 주목적은 중국의 선승들을 만나 인가를 받으려는 것이었다. 그는 연도를 거쳐 다음 해 4월 남소南巢의 축원 영성을 찾아갔으나 이미 세상을 떠난 뒤였기 때문에 만나지 못하고, 호주湖州 하무산霞霧山의 석옥 청공을 만나서 인가를 받게 되었다. 이때 보우는 하무산에서 반달가량 머물렀는데, 그 사이 석옥 청공과 문답한 내용이 행장에 실려 있으며, 석옥 청공으로부터 받은 태고암가太古庵歌의 발문이 그의 어록에 전한다. 2년 동안의 입원 유학을 마치고 1348년(충목왕 4) 봄에 귀국하였다.

귀국 후 공민왕의 후의厚意를 받아 1356년(공민왕 5)에 왕사가 되었는데, 구산선문의 통합을 추진하고 『칙수백장청규勅修百丈淸規』를 간행하는 등 교단의 숙정肅整에 힘썼다. 또 보우는 권문세족인 홍주 홍씨洪州洪氏 출신으로 친원파親元派였는데, 공민왕의 정치개혁 때 신돈辛旽(?~1371)의 등용을 반대하였다. 신돈이 집권하자 속리산에 감금당하기도 하였으나 신돈의 실각 후 복귀하여 국사가 되었다. 저술로는 제자가 편집한 『태고화상어록太古和尙語錄』 2권이 있다.

임제선법의 전래

보우는 1346년(충목왕 2) 봄에 원으로 건너가는데, 그 주목적은 중국의 선승들을 만나 인가를 받는 것이었다. 그는 마침내 석옥 청공을 만나서 태고암가太古庵歌를 바치고 인가를 받게 되었다. 이때 석옥 청공에게서 받은 태고암가의 발문이 『태고화상어록』에 실려 있는데 다음과 같이 기록되어 있다.

병술년 봄에 고국을 떠나 이곳 대도에 이르자, 먼 길의 고생도 꺼리지 않고 자취를 찾아오다가, 정해년 7월에 나의 돌산 암자에 이르러서는 고요히 서로를 잊은 듯 반달 동안 도를 이야기하였다. 그의 행동을 보면 침착하고 조용하며, 말을 들으면 분명하고 진실하였다. 이별할 때가 되어서 전에 지었던 태고가를 내어 보였는데, 내가 그것을 밝은 창 앞에서 펴놓고 완미하였더니 늙은이의 눈이 한층 밝아졌다.[6]

석옥 청공은 당시 중국 강남 불교계의 중심이었던 임제종 호구파虎丘派의 승려로서, 급암 종신及庵宗信의 제자였다. 따라서 전법傳法상에서 보면 보우는 중국 임제종의 적자嫡子라 할 수 있을 것이다. 보우를 한국 조계종의 종조로 간주하는 것은 전법계보상에서 하는 말이다.

그러나 사상적인 측면에서 볼 때 보우가 과연 석옥 청공의 영향을 받았는가는 문제가 된다. 왜냐하면 보우는 입원했을 때 이미 46세였고, 국내에서 네 번의 깨달음을 통해 자신의 견처를 확립하고 있었기 때문이다. 나아가 보우는 석옥 청공과 반달밖에 같이 지내지 않았으며, 그조차도 우연적인 만남이라고 할 정도였다.

간화선 중심주의

보우는 19세 때 만법귀일萬法歸一의 화두로 시작하여 무자화두·1,700 공안 등을 참구하여 점차 깨달음을 이루어 갔고, 따라서 그의 수행 과정에서 독자적인 간화선풍이 있었음을 짐작할 수 있다.[7]

---

6 『太古和尙語錄』(『韓佛全』 6, 683a)
7 최병헌, 「태고보우의 불교사적 위치」, 『한국문화』 7, 서울대 한국문화연구소, 1986 참조.

우선 보우의 간화선풍은 전통적인 보조 지눌의 간화선과는 다른 점이 있었다. 지눌이 간화선을 강조하면서도 하택 신회荷澤神會(670~762)와 규봉 종밀圭峰宗密(780~841)·이통현李通玄(635~730) 등의 교학을 기반으로 한 것에 비하여 보우는 철저히 간화선만을 강조하였다. 특히 그는 무자공안을 참구할 것을 주장하였는데, 『태고화상어록』 「시중示衆」에는 다음과 같이 기록되어 있다.

법좌에 올라서 들기를, 어떤 승이 조주선사에게 묻기를 "개에게도 불성이 있습니까?" 조주가 답하기를 "없다." 이 무자는 마치 한 알의 환단還丹과도 같아서 쇠를 금으로 변하게 할 수도 있다. 이 무자를 들기만 하면 삼세제불의 면목을 뒤집어낸다. 여러분들은 긍정하는가? 만약 믿지 못하면 큰 의심하에서 신심身心을 놓아버려 마치 만길 절벽에 떨어진 것처럼 해야 한다. 또 추측하고 사량하는 것이 없어서 죽은 사람처럼 해야 한다. '이럴까 저럴까' 하는 생각을 버리고 단지 무자無字를 제기하여, 하루 중 사위의四威儀 내에서 화두를 생명줄로 여겨야 한다.[8]

무자화두는 지눌이나 혜심도 강조했던 것이지만 보우에 이르러서 확고한 것으로 되었다. 보우가 때때로 만법귀일萬法歸一 화두를 권하지 않는 것은 아니지만 『태고화상어록』 전체의 경향을 볼 때 무자공안에 대한 강조는 확실하다 하겠다.

한편 보우 당시의 중국선종계에서는 삼교일치三敎一致나 선정쌍수禪淨雙修를 주장하는 사람들이 많았다. 특히 선승이라도 정토왕생을 강조하

---

8 『太古和尙語錄』(『韓佛全』 6, 676b)

여 염불을 권하는 경우가 많았는데, 천도재薦度齋나 칠칠재七七齋의 법회 때는 선승도 예외가 아니었다. 그러나 보우의 경우는 유심정토를 강조하는 모습에서 철저한 선승의 풍모를 엿볼 수 있다. 「시낙암거사염불약요示樂庵居士念佛略要」에서 보우는 다음과 같이 말하고 있다.

> 만약 상공께서 진실로 염불을 하려고 하신다면, 그저 곧바로 자성미타自性彌陀를 생각하여 하루 종일 행주좌와 무엇을 하시든지 간에 아미타불의 이름을 마음속과 눈앞에 두어야 합니다. (중략) 그러면 불현듯 생각이 끊어지고 아미타불의 참된 본체가 우뚝 나타날 것이니, 이때가 되어야만 비로소 '본래부터 변하지 않고 있던 그것을 부처라고 하는구나'라고 한 것을 믿을 것입니다.[9]

여기서 보우가 말하는 염불은 칭명염불稱名念佛이 아니라 관상염불觀想念佛에 가까우며, 또 '불현듯 생각이 끊어지고(忽爾之間 心念斷絶)'라는 문장은 화두가 타파될 때의 모습을 묘사할 때 주로 사용하는 표현이다. 따라서 보우는 유심정토를 주장하는 정통 선자이면서 동시에 간화선의 입장에서 정토사상을 수용하고 있다고 할 수 있을 것이다. 이러한 사실은 그가 염불을 공안의 일종으로서 사용하고 있는 것에서도 알 수 있다. 「시백충신거사법어示白忠信居士法語」에서 보우는 다음과 같이 말한다.

> 아미타불의 이름을 마음속에 두어 언제나 잊지 말고 생각과 생각 사이에 끊임없이 간절히 참구하십시오. 만약 생각이 다하고 뜻조차 다하거

---

9 『太古和尙語錄』(『韓佛全』6, 679c)

든 '지금 생각하는 자가 누구인가?' 하고 돌이켜 생각해 보십시오. 또 '이렇게 돌이켜 생각할 수 있는 자는 또 누구인가?'를 관찰하십시오. 이렇게 엄밀하고 자세하게 참구하여 이 마음이 홀연히 끊어지면 자성미타가 우뚝 나타날 것입니다. 아무쪼록 애쓰고 또 애쓰십시오.[10]

여기서 보우는 염불을 하다가도 때때로 '염불을 하는 자는 과연 누구인가?'를 화두로 삼아 참구할 것을 권하고 있다. 그래서 만약 이 화두가 타파되면 바로 자성미타가 드러날 것이라고 주장하는 것이다. 어쨌든 「시낙암거사염불약요」와 「시백충신거사법어」 모두 재가 신자에게 보낸 편지임에도 불구하고 서방정토왕생을 설하지 않고 유심정토를 강조한 것은 정통 선자로서의 면목을 보인 것이라 할 수 있을 것이다.

교단 개혁

보우는 원에서 귀국한 뒤 공민왕(재위, 1351~1374)의 후의를 받았다. 공민왕은 즉위 초부터 반원反元정책을 실시하는 등 국정개혁을 단행하였는데, 그 대상에는 불교교단도 포함되어 있었다. 1356년(공민왕 5)에 공민왕은 보우를 왕사에 임명하였는데, 임명 직후 개경의 광명사光明寺에 원융부圓融府를 설치하여 보우에게 승정에 대한 전권을 위임하였다. 보우의 행장에 의하면, 보우는 당시의 구산선문이 서로 대립하고 있음을 비판하면서 일문一門으로 통합시킬 것을 건의하였다. 또 이를 위해서『칙수백장청규勅修百丈淸規』의 간행을 주청하였다고 한다.

---

10 『太古和尙語錄』(『韓佛全』6, 680a)

『칙수백장청규』는 원나라 순제(재위, 1333~1368)의 명령에 의해 동양 덕휘東陽德輝(생몰연대 미상)가 편집한 것으로 그 이전의 여러 청규를 종합한 것이다. 과거의 청규들 중에서 가장 정비가 잘 되었다고 일컬어지며, 전체는 「축리祝釐」·「보본報本」·「보은報恩」·「존조尊祖」·「주지住持」·「양서兩序」·「대중大衆」·「절랍節臘」·「법기法器」의 9장으로 이루어져 있다. 『칙수백장청규』의 특징은 국가주의적 성격을 현저히 드러낸 것인데, 첫머리에 국가의 안녕을 비는 「축리祝釐」를 두고 있고, 「보은」에서도 국은國恩을 강조하고 있다. 이와 같이 보우는 『칙수백장청규』의 간행을 통해 불교교단을 일신하고 공민왕의 개혁정책에 힘을 보탰던 것이다.

한편 보우는 『치문경훈緇門警訓』을 간행하고 이에 대해 서문을 쓰기도 하였는데, 『치문경훈』은 「시중示衆」·「경책警策」·「훈계訓戒」·「잠언箴言」 등의 구성에서 알 수 있듯이, '수행자들이 지켜야 할 기본 덕목'을 서술한 책이다. 결국 보우는 『치문경훈』과 『칙수백장청규』의 간행을 통해서 수행자들의 자질을 향상시키고 교단의 규율을 정비하고자 했던 것이다.

보우의 이와 같은 교단 개혁은 성공하지 못하였다. 왜냐하면 왕사가 된 바로 다음 해인 1357년에 왕사를 그만두었기 때문이다. 그 후 1371년에 다시 국사에 임명되었으나 공민왕이 1374년에 사망함으로써 그의 교단 개혁은 미완으로 끝나고 말았다.

III. 나옹 혜근의 임제선풍

생애

나옹 혜근懶翁惠勤(1320~1376)은 속성이 아⿸씨이고 이름은 원혜元惠이다. 20세에 요연 법명了然法明선사에게 나아가 출가하였으며, 이후 명산 대찰을 편력하다가 양주揚州 회암사檜巖寺에서 4년간 수도한 끝에 깨달음을 얻었다.

28세인 1347년에 원에 유학하여, 먼저 연도燕都의 법원사法源寺에 있던 범승 지공指空에게 2년 동안 참학하였는데, 혜근 사상의 기반은 이때 형성되었다. 그 후 1350년 3월부터 1353년 3월까지 3년간 강남을 유력하면서 평산 처림平山處林·천암 원장千巖元長·설창 오광雪窓悟光 등 당대의 유력한 선승들과 교유하였다. 특히 평산 처림과는 6개월을 함께 지내면서 그의 법을 잇게 된다. 1353년 3월에 다시 법원사로 돌아와 지공과 재회하였으며, 원 황제의 명을 받아 광제선사廣濟禪寺에서 개당법회를 열었다.

1358년(공민왕 7)에 귀국하여 오대산 상두암象頭庵에 은신했다. 이후 신광사神光寺에서 후학들을 지도하면서 홍건적의 침입을 법력으로 막아 신광사를 수호하기도 하였다. 또 용문산·원적산·금강산 등지에서 정진한 후 회암사의 주지가 되어 사찰 중창에 진력하였으며 1371년에는 왕사로 책봉되었다.

회암사를 중창한 직후 낙성식 때 많은 사람들이 모였다는 것을 빌미로 탄핵을 받아 밀양密陽의 영원사瑩源寺로 가던 중 입적하였다. 저서로는 『나옹화상가송懶翁和尙歌頌』 및 『나옹화상어록懶翁和尙語錄』 1권이 있다.

지공의 영향

전통적인 법통설에 의하면 나옹의 스승은 원나라의 임제종승인 평산 처림으로 되어 있지만, 실질적으로는 지공의 가르침을 훨씬 오래 받았고 나옹 스스로도 만년에 지공의 선양사업에 몰두했을 정도로 지공을 존경하였다. 따라서 지공의 선사상이 나옹에게 어떠한 영향을 미쳤는가 하는 것은 나옹의 선사상을 규명하는 데 있어서 중요한 관건이다.

지공은 인도 출신의 승려로서 스리랑카를 거쳐 원에 들어와 활동하다가 1326년(충숙왕 13)에 고려에 들어온다. 그 후 1328년 겨울에 원으로 돌아가기까지 수도인 개경·금강산·통도사 등지에서 계단戒壇을 설치하여 수계授戒하는 등 사람들의 존경을 받았는데, 고려인들은 그를 '석가의 환생'이라고 생각했다고 한다. 그는 원에 돌아간 뒤에도 고려와 깊은 관계를 유지했는데, 고려인의 후원으로 건립된 연도燕都의 법원사法源寺에 거주했을 뿐만 아니라 나옹 혜근·백운 경한·무학 자초 등 많은 고려승들이 가르침을 받기 위해 그를 방문하였다. 이 중에서도 나옹이 가장 오랜 기간 동안 지공의 곁에 머물면서 가르침을 받았다는 사실에서 나옹에게 미친 지공의 영향을 짐작할 수 있다.

지공은 계·정·혜의 삼학三學을 모두 중시하였는데, 그의 선사상은 당시의 임제종과는 달랐음을 알 수 있다. 그의 선사상을 알 수 있는 자료인 『불조전심서천종파지요佛祖傳心西天宗派旨要』(指空和尙禪要錄이라고도 한다)의 서문에서도 지공의 문파가 달마와는 다른 계통임을 다음과 같이 서술하고 있다.

연후에 험난함을 무릅쓰고 남천축南天竺 길상산吉祥山의 보명존자普

明尊者의 주처에 이르러 비밀리에 심인을 전수받고 서천의 108대 조사가 되었다. 그 연원을 보면, 가섭迦葉에서 22대 조사인 마노라摩拏羅존자에 이르러 그 마음을 전한 것이 두 갈래가 있었는데, 하나는 학륵나鶴勒那 존자에서 보리달마菩提達磨에 이르는 것이고, 두 번째는 좌타구나左陀瞿 那존자에서 107대 조사인 삼만다비제三曼多毘提존자에 이르는 계통인데, 이가 곧 길상산吉祥山의 보명普明존자이다.[11]

여기에서 지공의 유파가 임제종의 원조인 달마와는 다른 계통임을 알 수 있다. 실제로 『선요록』에 나타난 그의 선사상은 원의 임제종과는 다른 것이다. 그의 선사상의 특징은 첫째 반야주의般若主義이며, 둘째 혜능이나 우두선牛頭禪 계통과 유사함을 알 수 있다.

우선 그는 '행주좌와가 참된 선정이 아님'을 밝히면서 선정에 대해서 다음과 같이 말하고 있다.

> 정定이란 즉卽하지도 떠난 것(離)도 아니며, 닦을 수도 증득할 수도 없으며, 침묵할 수도 말할 수도 없고, 동動도 아니며 정靜도 아니고, 연좌宴坐도 아니며 번뇌를 떠난 것도 아니다. 또한 삼법三法(敎·行·證)도 아니며, 삼제三際(과거·현재·미래)에 주住할 수도 없고, 증득할 수 있는 마음도 없으며 일념도 사려하지 않는다. 정념正念으로 구할 수도 없고 난심亂心으로 좌선할 수도 없다. 여기서 놓을 수 있으면 이것이 바로 선정禪定이다.[12]

---

11 허흥식, 『고려로 옮긴 인도의 등불』〈부록Ⅰ 기본자료〉, 서울: 일조각, 1997, p.315
12 허흥식, 앞의 책, 1997, p.325

여기서 보면 지공이 말하는 좌선이란 행주좌와와 같은 행동에 있는 것이 아니라 '절대적 부정否定의 경지'를 가리킨다고 생각된다. 이것은 공空사상을 특징으로 하는 반야주의와 상통하는 것이다. 실제로 그는 중국 운남雲南의 용천사龍泉寺에서 범자로 『반야경』을 썼고, 나옹에게 준 범자 『반야경』이 근래까지 화장사華藏寺에 존재했으며, 영산현靈山縣의 보림사 寶林寺에서 『반야경』을 강론했다고 한다.

둘째로 이러한 지공의 사상은 간화선을 위주로 한 당시의 임제종과는 확실히 다른 것이며, 육조 혜능의 원초적 남종선에 가까운 것이다. 위에서 지공이 말하는 선정은 『육조단경』에서 혜능이 "밖으로 모든 경계에서 마음집중(念)을 떠나지 않는 것이 좌이고, 본성을 알아서 어지럽지 않는 것이 선이다.(外於一切境界上念不去爲座 見本性不亂爲禪)"[13]라고 한 것과 다르지 않다. 뿐만 아니라 『육조단경』의 기원은 본래 무상계無相戒에 토대를 두고 있으며, 이것은 지공의 무생계無生戒와 유사성이 있다. 혜능과 그의 제자인 신회에 이르기까지 계·정·혜의 불가분성不可分性을 강조했고, 『금강경』에 바탕을 둔 반야사상을 고취했다는 점에서도 지공과의 유사성을 발견할 수 있다. 또 지공의 선을 '무심선無心禪'으로 특징짓는 경향이 있는데, 이것은 초기 선종의 우두선牛頭禪에서 강조했던 것과 상통한다.

임제정종의 고취

혜근의 문인인 각전覺田은 혜근불교의 가풍을 '축도지규방할지풍祝禱 之規棒喝之風'[14]이라고 표현하였다. '축도지규'란 국왕과 국가를 위해서 기

---

13 敦煌本 『六朝壇經』(『大正藏』 48, 339a)
14 李穡, 『牧隱文藁』 권2, 「天寶山檜巖寺修造記」, "吾師之闡法於此 其祝禱之規 捧

도하고 축성하는 것이며, '방할지풍'은 덕산방德山棒·임제할臨濟喝이라고 해서 임제종의 특징을 단적으로 드러낸 말이다. 이와 같이 방할이란 임제종 본연의 모습을 가리키는 용어인데, 혜근의 가풍을 방할지풍이라 한 것은 혜근이 간화선 일변도의 가풍을 지양하고 임제종 본연의 모습으로 돌아가고자 했기 때문이라고 생각된다.

혜근은 종종 '임제정종臨濟正宗'이라는 표현을 쓰는데, 『나옹어록』「보설」에서는 다음과 같이 말한다.

> 마음도 아니고 부처도 아니고 물物도 아니면 결국 무엇인가? 여기서 만약 깨치지 못하면 어찌하여 이 산의 일만이천담무갈보살一萬二千曇無渴菩薩의 진신眞身을 보겠는가? (중략) 우리 임제정종과는 아무런 관계가 없으니 어찌 임제정종을 부흥시키겠는가? (중략) 이미 임제정종을 부흥시키지 못한다면, 결정코 조용照用·사료간四料揀·사빈주四賓主·사할四喝·삼현삼요처三玄三要處에 있지 않다. 이미 일체처에 있지 아니하면 필경 어느 곳에 있는가? 단지 자신의 분상에 있다. 여러분은 마땅히 자기 분상의 일착자一着子를 깨달아야 한다.[15]

이 보설은 '일만이천담무갈보살一萬二千曇無渴菩薩'이라는 표현에서 금강산에서의 보설이라고 생각되는데, 여기서 혜근은 소위 임제종의 핵심어로 간주되는 사료간·사빈주·사할·삼현삼요 등을 임제정종이 아니라고 주장한다. 대신에 '자기분상의 일착자'를 깨치는 것이야말로 진정한

喝之風 猶夫前日也 而威儀號令之索爾 院宇之闃寂 香火之蕭條 江月之境平 沈於野霧矣"
15 『懶翁語錄』(『韓佛全』 6, 715a~b)

임제정종이라고 한다.

이와 같이 『나옹어록』 전편에 걸쳐서 자성自性을 깨치기를 강조하는데, 예를 들어 '只此光明 十方刹海逗塞虛空 頭頭物物晝夜六時熾然常現'[16]이나 '這一點虛明 也不屬地水 也不屬火風……'[17]의 표현 등이 그것이다. 이러한 표현은 『임제록臨濟錄』의 무위진인無位眞人이나 주인공主人公을 연상시킨다. 이와 같이 임제종 본연의 모습으로 돌아가고자 하는 데서 지공의 영향을 느낄 수 있다.

공부십절목功夫十節目

혜근은 1370년 광명사廣明寺에서 공민왕이 몸소 참석한 가운데 공부선功夫選을 주관하여 승려들을 시험하였다. 공부선을 행하기 전에 공민왕이 "무슨 언구로써 공부를 시험할 것인가?" 하고 묻자, 혜근은 "먼저 입문入門 등의 삼구三句를 묻고, 다음에 공부십절功夫十節을 물으며, 후에 삼관三關을 묻는다면 공부의 깊고 얕음을 시험할 수 있을 것입니다."[18]라고 대답했다고 한다.

삼구는 원래 임제종의 핵심어 중 하나로서, 입문삼구란 도에 들어오기 전을 입문入門, 도에 들어올 때를 당문當門, 도에 들어온 뒤를 이문裏門에 비유해서 표현한 것이다. 혜근의 입문삼구는 다음과 같다.

문에 들어오는 구를 분명히 말하라(入門句分明道). 문에 도달한 구는 어

---

16 『懶翁語錄』「趙尙書請對靈小祭」(『韓佛全』 6, 720b)
17 『懶翁語錄』「對上昇大王殯殿小祭」(『韓佛全』 6, 721c)
18 『懶翁語錄』(『韓佛全』 6, 707a)

떠한가(當門句作麼生)? 문안의 구는 어떠한가(門裏句作麼生)?[19]

또 삼관(三轉語라고도 한다)은 '미혹함을 뒤집어 깨달음을 얻게 하는 세 어구'를 말하는데, 입문삼구와 마찬가지로 승려들을 시험하거나 깨달음에 이르게 하는 방편이다. 혜근의 삼전어는 다음과 같다.

산은 어찌해서 산봉우리 근처에서 멈추는가?(山何岳邊止) 물은 어떻게 개울을 이루는가?(水何到成渠) 밥은 어찌하여 흰쌀로 짓는가?(飯何白米造)[20]

입문삼구와 삼전어는 모두 유래가 있는 것이지만, 그것을 승려들을 시험하기 위한 방편으로 삼은 것은 혜근의 독창이라 할 수 있다.[21]

그러나 혜근의 수행법이 가장 잘 드러난 것은 역시 공부십절목功夫十節目이라고 할 수 있다. 절목이라는 형식은 몽산 덕이蒙山德異(1231~?)의 「무자십절목無字十節目」과 상통하며, 고봉 원묘의 『선요禪要』의 영향을 받고 있다고 말해지기도 한다. 공부십절목에서는 화두를 참구하는 방법과 화두를 깨친 뒤에 얻게 되는 경지에 대해서 상세하게 서술하고 있다.

---

19 『懶翁語錄』(『韓佛全』 6, 722a).
20 『懶翁語錄』(『韓佛全』 6, 655a~b). 혜근의 삼전어는 『나옹어록』에는 실려 있지 않고 『백운경한어록』, 「懶翁和尙三句與三轉語釋」 속에 경한의 해석과 함께 실려 있다. 또 환암 혼수의 입문삼구에 대한 답도 「靑龍寺普覺國師幻庵定慧圓融塔碑文」과 『慵齊叢話』에 전한다.
21 정영식, 「나옹혜근의 강남유학에서의 행적과 그 영향」, 『한국선학』 37, 한국선학회, 2014. pp.50~54 참조.

① 모든 사람들은 형체를 보면 형체를 벗어나지 못하고, 소리를 들으면 소리를 초월하지 못한다. 어떻게 해야 형체와 소리를 벗어날 수 있는가?(盡大地人 見色不超色 聞聲不越聲 作麼生超聲越色去)

② 대상경계(형체와 소리)에서 벗어났으면 반드시 힘써 수행해야 한다. 어떻게 하는 것이 바른 수행인가?(既超聲色 要須下功 作麼生下个正功)

③ 이미 바른 수행을 시작했으면 그것이 푹 익어야 한다. 수행이 푹 익었을 때는 어떠한가?(既得下功 須要熟功 正熟功時如何)

④ 이미 수행이 익었으면 (속인으로서의) 비린내를 없애야 한다. 비린내가 없어졌을 때는 어떠한가?(既能熟功 更加打失鼻孔 打失鼻孔時如何)

⑤ 비린내가 없어지면 냉랭하고 담담하여 전혀 맛도 없고 기력도 없다. 의식이 미치지 않고 마음이 작동하지 않을 때는 또한 허깨비 같은 몸이 인간 세상에 있는 줄도 모른다. 여기에 이르면 도대체 무슨 시절인가?(鼻孔打失 冷冷淡淡 全無滋味 全無氣力 意識不及 心路不行時 亦不知有幻身在人間 到這裏 是甚時節)

⑥ 수행이 철저해지고 나면 동정動靜에 틈이 없고 자나 깨나 한결같아서 없어지지 않는다. 마치 개가 뜨거운 기름 냄비를 본 것과 같아서, 핥으려고 해도 핥을 수 없고 버리려고 해도 버릴 수도 없다. 이와 같을 때 어떻게 처리할 수 있겠는가?(工夫既到 動靜無間 寤寐恒一 觸不散蕩不失 如狗子見熱油鐺相似 要舐又舐不得 要捨又捨不得 時作麼生合殺)

⑦ 갑자기 백이십 근이나 되는 짐을 내려놓는 것 같아서 '탁!' 하고 끊어질 것이다. 이때 무엇이 너의 자성自性인가?(驀然到得 如放百二十斤擔子相似 㘞地便折 曝地便斷 時那个是你自性)

⑧ 이미 자성을 깨달았으면 자성自性의 본용本用과 연緣에 따른 응용應用을 알아야만 한다. 무엇이 본용과 응용인가?(既悟自性 須知自性本用隨緣

應用 作麼生是本用應用)

⑨ 이미 자성의 용을 알았다면 생사生死를 벗어나야 한다. 임종의 때에 이르러 어떻게 생사에서 벗어나는가?(旣知性用 要脫生死 眼光落地時 作麼生脫)

⑩ 이미 생사를 벗어났으면 반드시 가는 곳을 알아야만 한다. 사대四大가 흩어질 때 어디로 가는가?(旣脫生死 須知去處 四大各分 向甚處去)

공부십절목은 수행의 과정을 단계별로 서술한 것이다. ②에서 '바른 수행'이란 간화선을 말하는 것이며, ⑤⑥은 화두를 참구하여 '의식이 갈 곳이 없어서 막막하게 되어 이러지도 저러지도 못하는 상황'을 묘사한 것으로 깨치기 직전의 단계이다. ⑦~⑩은 깨친 후에는 자성을 알게 되고, 또 생사를 벗어날 수 있게 됨을 말한 것으로 화두를 깨친 후의 결과를 말한 것이다.

IV. 태고·나옹과 여말선초 불교

간화선의 수용과 정착

태고와 나옹의 선은 그 이전의 보조 지눌·진각 혜심을 중심으로 한 전통 조계선과는 다른 것이었다. 지눌은 이통현·규봉 종밀의 영향을 강하게 받았는데, 특히 규봉 종밀은 선교쌍수를 주장하는 대표적 승려였다. 따라서 비록 지눌이 만년에 간화선을 받아들였다 할지라도 그의 사상적 기반은 교학에 있다고 해도 좋다. 또 지눌의 제자인 혜심은『선문염

송집禪門拈頌集』과 『구자무불성화간병론狗子無佛性話揀病論』을 저술한 정통 선자이기는 해도 결국 교학의 그림자를 벗어날 수는 없었다. 혜심은 영명 연수永明延壽(904~975)의 영향을 크게 받았는데, 특히 『종경록宗鏡錄』의 영향이 크다. 『종경록』은 '심心의 입장에서 선과 교의 제종을 융합한' 문헌으로서 선교쌍수를 주장하고 있다. 이러한 『종경록』은 혜심에게 큰 영향을 주었으며, 혜심은 1213년에 수선사에서 『종경촬요宗鏡撮要』를 간행하기도 하였다.[22] 지눌과 혜심에 의해 간화선이 수입·확산되기는 하였으나, 고려 불교계에서는 이와 같이 아직까지 교학이 큰 비중을 차지하고 있었다.

그러나 이에 비해서 태고와 나옹의 선은 교보다 선을 중시하는 사교입선捨敎入禪에 충실한 것이었다. 태고와 나옹의 선이 한국선종사에서 갖는 의미는 크게 '법계法系상의 의미'와 '선사상에서의 의미'로 양분할 수 있다.

우선 법계상에서 보면, 태고와 나옹은 모두 중국의 임제종 승려에게서 법을 전해 받았다는 특징이 있다. 태고는 임제종 호구파의 승려인 석옥 청공으로부터 사법嗣法하였으며, 나옹은 같은 임제종 호구파의 평산 처림과 지공의 양자에게서 법을 받고 있다. 이들이 머나먼 원에까지 가서 중국승의 법을 이은 것은 선진문화를 받아들인다는 의미가 있음과 동시에, 당시 고려와 일본에서는 원의 선승으로부터 인가를 받는 풍조가 유행했기 때문이다.

선사상에서의 의의를 살펴보면, 태고와 나옹에 의해 고려의 간화선이 비로소 정착되었다는 사실이다. 지눌의 시대에 간화선이 도입되기는 했

---

22 정영식, 「종경록이 진각혜심에 미친 영향」, 『한국사상과 문화』 69, 한국사상문화학회, 2013 참조.

지만 여전히 교학과 병행되고 있었던 데 반해, 태고와 나옹에 의해 비로소 '간화선 중심주의'가 확립된 것이다. 특히 무자공안無字公案은 이때에 이르러 모든 참선자들이 참구해야 하는 대표적 공안이 된다.

태고와 나옹은 같은 시대에 태어나 비슷한 시기에 원에 유학하는 등 유사한 점이 많지만 선사상에는 차이가 존재하였다. 태고는 간화선 일변도라고도 할 수 있을 만큼 간화선만을 강조하였지만, 나옹은 간화선을 참구하면서도 간화선 이전의 당대唐代의 임제종의 본래 모습으로 돌아가고자 하였다. 이는 그의 '임제정종'에 대한 강조에서 알 수 있다. 여기서 우리는 지공의 영향을 느낄 수 있다. 왜냐하면 나옹은 평산 처림보다 지공의 영향을 더 강하게 받았기 때문이다.

나옹계의 활약

나옹은 1376년 회암사의 중창 낙성식 날 많은 사람들이 모였다는 것을 빌미로 유학자들이 탄핵하자 밀양 영원사瑩遠寺로 옮기던 중 여주 신륵사神勒寺에서 별안간 입적하고 말았다. 그의 사인死因에 대해서는 불명확한 점이 많아서, 유학자들에 의해 살해되었다는 설이 있는 등 당시에도 논란이 되었다고 한다.

그런데 혜근의 사후 죽음의 과정이 신비하고 다비 후 많은 사리가 나오는 등의 이유로 고려 말과 조선 초에 이르러서 나옹 현창운동이 크게 전개되었다. 나옹의 사리탑이 각지에 건립되었고, 그를 생불生佛로 숭앙하여 나옹을 석가모니의 후신으로 하는 『치성광명경熾盛光明經』이 성립되기도 하였다.[23]

---

23 남동신, 「여말선초기 나옹현창운동」, 『한국사연구』 139, 한국사연구회, 2007 참조.

이와 같이 여말선초에 나옹 현창운동이 대대적으로 전개된 것은 그의 문도들이 당시의 불교계를 주도하고 있었기 때문이기도 하다. 태조에서 세조에 이르는 기간 나옹의 법맥은 나옹 혜근 → 무학 자초無學自超 → 함허 기화涵虛己和 → 야부野夫·각미覺眉·신미信眉로 이어진다. 우선 태조대(재위, 1392~1398)에는 나옹의 제자인 무학 자초(1327~1405)의 문도들이 불교계를 주도하였다. 자초는 이성계의 조선 창업에 도움을 준 공으로 1392년(태조 원년)에 왕사에 책봉되었으며 한양 천도에도 관여하였다. 그는 왕사에 책봉된 다음 해에 지공과 나옹의 탑명과 나옹의 초상화를 마련하기 위해 회암사檜巖寺에 탑명을 새기고 광명사廣明寺에서 괘진불사掛眞佛事를 여는 등 나옹의 현창에 힘썼다. 이밖에 태조대에 두드러지게 활약한 고승으로는 조생祖生·조선祖禪·조림祖琳 등이 있었는데 모두 자초의 문도였다.

태종(재위, 1400~1418)대에는 자초의 문도인 신총信聰·신당信幢·신원信元 등이 활약하였는데, 신원은 나옹의 진영을 금강산 윤필암潤筆庵에 봉안하고 조석으로 향화하였다. 한편 자초의 문도들이 조선 초의 불교계를 주도하면서 조정의 억불정책에 저항하기도 하였는데, 해선海禪과 계월戒月은 유배 중인 명나라 상당군 이저李佇와 내통하여 중국 황제에게 도움을 청하고자 하다가 붙잡히기도 하였다. 또 혜근의 문도인 묘혜妙惠는 역모를 꾸미다가 실패로 그쳤는데, 조정은 이들을 죽이지 못하고 가벼운 벌에 처하였다. 그것은 아직까지 불교계의 세력을 무시할 수 없었기 때문이다.

세종대(재위, 1418~1450)에도 자초 문도들의 영향력이 적지 않아서 두각을 나타낸 인물로는 진산珍山과 함허 기화涵虛己和(1376~1433) 등이 있다. 특히 기화는 왕실의 원당인 대자암大慈庵에 머물 정도로 숭상을 받았는데, 그가 지은 『현정론顯正論』은 불교가 탄압받기 시작할 당시 불교의 진리를 역설한 저서이다. 기화의 문인으로는 야부野夫·문수文秀·각미覺 眉 등이 활약하였다. 이 가운데 각미가 돋보이며 각미의 법형제로서 세조 대의 묘각왕사 수미守眉와 신미信眉가 있었다. 그리고 세조대의 삼화상으로 불리는 신미와 그의 문도인 학열學悅·학조學祖가 두각을 나타내는 등 조선 전기의 불교계는 대체로 나옹과 자초의 문도들이 주도하였다.

태고·나옹과 법통 문제

현재 조계종의 종조 내지 중흥조가 누구인가에 대해서는 보조 지눌설과 태고 보우설·나옹 혜근설의 세 가지가 유력하다. 우선 보조 지눌설을 주장하는 사람들은 "구산선문을 통합하여 조계종을 중흥시킨 인물이 지눌이므로 그를 조계종의 중흥조로 삼아야 한다."고 주장한다. 반면에 태고 보우설을 주장하는 사람들은 "지눌은 중국의 선승에게서 법을 전수받지 못했을 뿐 아니라, 17세기 이후의 많은 기록에서 태고 보우에서 청허 휴정에 이르는 법맥을 내세우고 있다."는 점 등을 들고 있다. 또 나옹 혜근설을 지지하는 사람들은 "고려 말과 조선 초에 혜근의 문도들이 불교계를 석권하였을 뿐만 아니라, 환암 혼수는 태고 보우가 아니라 나옹 혜근의 상수제자였으므로 혜근이야말로 조계종의 중흥조이다."라고 주장한다. 조계종의 법통 문제는 역사적 사실의 문제일 뿐만 아니라 문중의 정통성과 관련되어 자못 복잡하다.

태고 법통설이 제기된 것은 17세기 이후의 일로서, 1625년에 편양 언기鞭羊彦機(1581~1644)가 「종봉영당기鐘峰影堂記」에서 주장한 것이 최초이다. 즉 태고 보우太古普愚 → 환암 혼수幻庵混修 → 구곡 각운龜谷覺雲 →

벽계 정심碧溪淨心 → 벽송 지엄碧松智嚴 → 부용 영관芙蓉靈觀 → 청허 휴정淸虛休靜으로 이어지는 법맥은 이때 형성된 것이다. 이것이 휴정계의 문도들에 의해 계승되다가 18세기에 간행된『불조종파지도佛祖宗派之圖』와『해동불조원류海東佛祖源流』에서 정착되어 오늘에 이르고 있다.

한편 나옹 혜근 법통설은 크게 두 가지가 있는데, 하나는 태고 법통설보다 조금 이른 시기인 1612년에 허균許筠(1569~1618)이「청허당집서淸虛堂集序」에서 영명 연수永明延壽 → 도봉 영소道峯靈炤 → (…) → 나옹 혜근懶翁惠勤 → 남봉 수능南峯修能 → 벽계 정심 → 벽송 지엄 → 부용 영관 → 서산 휴정의 법계를 주장하고 있는 것이다. 이것은 서산 휴정의 법통을 나옹 혜근에 연결시킨 것으로서 새로운 것이지만, 남봉 수능이 혜근의 제자라는 기록이 나옹의 비문과 행장에 없는 것이 문제점이다.[24]

또 하나는 환암 혼수의 스승이 태고 보우가 아니라 나옹 혜근이라는 기록을 근거로 나옹 혜근 → 환암 혼수 → 구곡 각운 → 벽계 정심 → 벽송 지엄 → 부용 영관 → 청허 휴정의 법맥을 주장하고 있는 것이다. 혼수가 태고의 상수제자라는 기록은 당대當代의 기록으로는 태고비문太古碑文이 유일하고, 후대의「종봉영당기」와『불조종파지도』,『해동불조원류』로 계승된다. 반면에 혼수를 나옹의 제자로 기록한 당대의 기록은 풍부한 편인데,「신륵사나옹석종비神勒寺懶翁石鐘碑」·「안심사사리석종비安心寺舍利石鐘碑」및 성현成俔(1439~1504)의『용재총화慵齋叢話』가 있다. 뿐만 아니라 정작 혼수의 비문에는 나옹의 인가를 받았다는 기록은 있지만, 태고에 대해서는 전혀 언급하고 있지 않다.

한편『해동불조원류』등 태고 법통설을 주장하는 후대의 기록에서는

---

24 허흥식,「14·5세기 조계종의 계승과 법통」,『동방학지』73, 서울: 연세대 국학연구원, 1991, pp.18~27

나옹의 상수제자로서 무학 자초無學自超(1327~1405)를 들고 있다. 반면 나옹 법통설의 근거가 되는 「안심사사리석종비」와 「신륵사나옹석종비」에서는 환암 혼수를 상수제자로 하고, 무학 자초는 세 번째 내지 일곱 번째에 싣고 있다. 종합하자면 실제로는 혼수가 나옹의 상수제자였으나 후대에 태고의 제자로 고쳐지고, 대신에 자초가 나옹의 제자로 된 것이라 할 수 있다.

　이와 같은 변화에 대해서는 여러 원인을 추측할 수 있는데, 우선 나옹이 유학자들의 탄핵을 받아 불우한 죽음을 당하자 위기를 느낀 불교계에서 혼수를 태고의 제자로 고쳤다고 주장하기도 한다.[25] 또 자초가 나옹의 상수제자가 된 것은 나옹이 신광사神光寺의 주지로 있을 때 혼수 측이 자초를 소외시켰기 때문에 후에 자초가 이에 대한 보복으로서 혼수를 배제시켰다고 추측되기도 한다. 어쨌든 이러한 변화를 거친 후 임진왜란 이후 청허계의 문도, 특히 편양 언기鞭羊彦機(1581~1644)와 송운 유정松雲惟正(1544~1610)의 문도들에 의해 태고 법통설이 정착되어 오늘에 이르고 있는 것이다.

25　허흥식, 앞의 논문, 1991, p.49

한국 간화선을 확립한 두 고승

　태고와 나옹이 살았던 시대에는 원 제국이 동아시아를 석권하고 있었다. 특히 고려는 정치·경제·문화 등 각 방면에서 원의 영향을 강하게 받고 있었다. 또한 종교적으로도 당시의 동아시아는 원을 중심으로 활발한 교류가 이루어지고 있었는데, 원승들이 고려와 일본에 도래하였으며 또 수많은 고려와 일본승들이 원에 유학하였다.
　태고와 나옹도 이러한 분위기 속에서 원에 유학하였는데, 유학이 갖는 의미가 동일하지는 않았다. 태고는 고려에서 네 번의 깨달음을 얻은 뒤 46세에 비로소 유학하였으므로 이미 자신의 견처가 확립되어 있었다. 그러므로 2년의 체재에 그치고 있다. 반면에 나옹은 비교적 젊은 나이인 28세에 입원入元하였으며, 유학 기간도 10년에 걸치고 있다. 따라서 나옹은 유학 기간 중에 자신의 사상을 확립했다고 해도 좋을 것이다.
　이러한 양자의 차이점은 사상에서도 드러났는데, 우선 태고는 간화선 중심주의에 철저하였다. 특히 그는 무자공안을 강조하여, 우리나라에서 무자공안이 확립된 것은 태고에 의해서였다. 반면에 나옹은 당시의 시대적 분위기였던 간화선을 강조하면서도 태고와 달리 당대唐代의 임제종의 본모습(臨濟正宗)으로 돌아가고자 하는 경향이 강하였다. 여기에서 지공의 영향을 엿볼 수 있다.
　한국 조계종에 미친 태고, 나옹 양사의 영향은 대단히 크다. 먼저 조계종의 법통에 있어서 양사는 지눌과 더불어 한 축을 형성하고 있다. 비록 조계종의 법통설이 조선 후기에 형성된 것이긴 하지만, 조계종의 종조 내지 중흥조로서 양사가 회자된다는 것 자체가 한국불교사에 있어서의 영향력을 짐작하게 한다. 그것은 양사가 모두 중국의 임제종 선승에게서 인가를 받았기 때문이다. 또 사상 면에서 보면, 양사에 의해서 비로소 한국 간화선이 정착되었다는 사실이다. 간화선은 지눌에 의해서 도입되기는 했지만 한국선의 중심 수행법이 된 것은 양사에 의해서이다.

한편 태고, 나옹 양사는 비록 원에 유학하여 원대 선종의 영향을 받고 있기는 하지만, 중국의 선승과는 다른 독자적인 면을 가지고 있었다. 송대 이후 중국의 불교는 선과 정토를 함께 수행하는 선정쌍수禪淨雙修의 경향이 강하였다. 따라서 천도재 등에서 설법할 때에는 선승들도 서방정토왕생을 주장하는 경우가 많았다. 그러나 태고와 나옹 양사는 서방정토왕생을 설하지 않고 유심정토를 주장하는 정통 선승으로서의 모습을 보이고 있다. 보우의 경우는 염불을 권하지만 칭명염불稱名念佛보다도 관상염불觀想念佛에 가까우며 서방정토왕생을 강조하지는 않는다. 또 나옹의 경우에는 공민왕이나 노국대장공주 등을 위한 대령설법對靈說法이 많은 것이 특징이다. 그러나 그 경우에도 서방정토를 강조하지 않고 유심정토를 주장하고 있으며, 자신의 본분사本分事를 찾기를 강조하고 있는 점에서 보면 선禪 본연의 모습에 충실하다고 할 수 있다.

| 참고문헌 |

대한불교조계종교육원 편,『조계종사』고중세편, 서울: 조계종출판사, 2006.
심재룡 외 편역,『고려시대의 불교사상』, 서울: 서울대학교출판부, 2006.
장동익,『고려후기 외교사 연구』, 서울: 일조각, 1994.
허흥식,『고려로 옮긴 인도의 등불』, 서울: 일조각, 1997.
沖本克己 等,『中國文化としての佛敎』新アジア佛敎史 8, 東京: 佼成出版社, 2010.
강호선,「고려말 나옹혜근 연구」, 서울대 박사학위논문, 2011.
남동신,「여말선초기 나옹현창운동」,『한국사연구』139, 한국사연구회, 2007.
조명제,「고려말 원대 간화선수용과 그 사상적 영향」,『보조사상』23, 보조사상연구원, 2005.
조명제,「14세기 고려지식인의 입원과 순례」,『역사와 경계』69, 부산경남사학회, 2008.
최병헌,「태고보우의 불교사적 위치」,『한국문화』7, 서울대 한국문화연구소, 1986.
허흥식,「14·5세기 조계종의 계승과 법통」,『동방학지』73, 연세대 국학연구원, 1991.

구결口訣

김기종

I. 구결이란 무엇인가?

　　이두, 향찰, 구결/ 구결의 유형

II. 신라시대 구결의 기원과 전개

　　의상과 설총의 구결/ 일본 훈점訓點과의 관계/ 신라 구결의 잔영

III. 고려시대 석독구결과 불전佛典의 번역

　　자토字吐 구결과 점토點吐 구결/ 12세기의 구결문/ 13세기의 구결문

IV. 조선시대 음독구결과 한문독법

　　구결문과 언해문/ 유가儒家와 불가佛家의 구결/ 조선 후기의 구결 인식

■ 한문의 학습과 지식의 체득體得

I. 구결이란 무엇인가?

이두, 향찰, 구결

한글 창제 이전에 한국어를 표기한 방법으로는 이두吏讀, 구결口訣, 향찰鄕札의 세 가지가 있었다. 이두와 향찰은 창작문에 사용된 것으로, 전자는 산문 내지 실용문, 후자는 노래의 표기법이고, 구결은 번역문을 표기한 것이다.[1] 이두는 한국어 문장 가운데 실질적인 의미를 표시하는 어휘부는 원래 의미를 유지한 한자 및 한문으로, 문법적인 관계를 표시하는 형태부는 차자借字로 표기한 것이다. 향찰은 한국어를 부분적으로 표기한 이두와 달리, 한국어를 전면적으로 표기한 차자표기법이다.

구결은 이들 표기법과 차자의 원리나 방법은 같으면서도 표기의 목적이 다르다. 이두·향찰이 한국어를 '표현'하기 위한 것이라면, 구결은 한문으로 된 텍스트를 한국어로 '이해'하기 위한 것이다. 구결은 한문 텍스트의 중간에 전후의 문맥이나 문법적 관계가 드러나도록 한국어의 문법 요소를 차자로 표기해 넣는 것이다. 구결을 직접 기입할 때의 편의를 위해 구결자는 대체로 한자의 해서楷書나 초서草書의 일부 획을 생략한 약체자略體字로 쓰고 있다.

'구결'이란 용어는 1462년(세조 8) 간경도감에서 간행된 『능엄경언해』에서 처음 보인다. 김수온의 발문에 "(주상께서) 친히 구결을 덧붙여 그 구

---

[1] 이승재, 「이두 해독의 방법과 실제」, 『한국문화』 44, 서울대 규장각 한국학연구원, 2008, p.243

두를 바로잡고, 공조참판 한계희와 수온에게 국어로 번역할 것을 명하였다.(親加口訣, 正其句讀, 命工曹參判臣韓繼禧及臣守溫, 悉以國語依文而譯)"라는 언급이 있는 것이다. 이 발문의 '구결'은 원문의 구두점이 찍힐 자리에 한글로 표기한 국어의 기능어를 가리키고 있는 것으로, 현재 우리가 사용하는 구결의 개념에서 벗어나지 않는다.

그런데『능엄경언해』를 포함한 간경도감본 언해불서의 언해문에는 구결이 항상 '입겿'으로 나타나 있어 주목된다. 곧 "上이 입겨츨 ᄃᆞ르샤 慧覺尊者의 마ᄀᆞ와시ᄂᆞᆯ"(『능엄경언해』 발문), "이 禪經에 親히 입겨츨 一定ᄒ시고"(『영가집언해』 발문), "親히 입겿 一定ᄒ시고"(『금강경언해』 발문) 등이 그것이다. '입겿'은 '입'과 '겿'의 합성어로, 원전을 읽을 때 문의文意의 바탕이 되는 원문 구절에 들어가서 문의를 더욱 밝히는 것을 의미한다. 여기에서, 차자표기법으로서의 '구결'은 바로 우리의 고유어인 '입겿'을 차자 표기한 것으로, '구수전결口授傳訣'을 뜻하는 한자어 '구결'과는 다른 것임을 알 수 있다.[2]

구결의 유형

한동안 구결이라고 하면, 한문 원문을 읽어 가다가 원문 사이에 기입된 구결이 있을 때 이를 읽고 다음 한문 원문을 순차적으로 읽어가는 차자표기법으로 알려져 왔다. 이를 순차적으로 읽어 가는 구결이라 하여

---

[2] 안병희,「구결과 한문훈독에 대하여」,『진단학보』41, 진단학회, 1976, p.150. 한편, 남풍현,『구결 연구』, 서울: 태학사, 1999, p.15에서는, "'口授秘訣'이란 뜻인 구결이란 말이, 한문의 학습 방법에 轉用된 것이 지금 우리가 문제 삼고 있는 구결이란 용어라고 생각한다."라고 주장하고 있다.

'순독구결順讀口訣', 또는 한문 원문을 한자의 음으로만 읽어 가는 구결이라 하여 '음독구결音讀口訣'이라고 부른다. 그러나 1973년에 발견된『구역인왕경舊譯仁王經』상권이 학계에 소개되면서 음독구결과는 전혀 다른 유형의 구결이 존재했음이 밝혀졌다. 한문 원문의 우측에 구결이 기입되어 있는 음독구결에 비해,『구역인왕경』에는 한문 원문의 좌측에도 구결이 기입되어 있고, '역독점逆讀點'이 찍혀 있는 것이다. 좌우측의 구결과 역독점은 한문 원문의 한자를 음이 아닌 뜻으로, 또한 원문의 순서 역시 한국어의 어순으로 읽어야 함을 표시한 것이다. 이러한 구결의 유형을 '훈독구결訓讀口訣' 또는 '석독구결釋讀口訣'이라고 한다.

  석독구결 역시 한문을 국어로 이해하기 위한 차자표기법이라는 점에서 음독구결과 그 표기 목적이 같다. 그러나 음독구결이 한문의 어순을 완전히 국어로 풀어낸 것이 아니라 그 한문을 국어로 옮겼을 때의 문장 성분·문법적 관계·문장 유형만을 알 수 있게 해 준다면, 석독구결은 한문 원문을 완전한 국어 문장에 가깝게 풀 뿐만 아니라 원문의 한자를 어떻게 옮겨야 하는지도 표시한다. 따라서 한문 텍스트를 한국어로 이해하는 정도가 음독구결은 부분적인 데 비해, 석독구결은 전면적이라고 할 수 있다. 이 두 구결이 표기된 자료들을 보면 석독구결 자료가 음독구결 자료보다 시기적으로 앞선다. 이를 통해 구결의 발전에 있어서의 이 두 구결의 관계를 알 수 있다. 즉 한문에 익숙하지 않았던 시기에는 한문을 완전히 국어로 이해할 수 있도록 하는 석독구결이 사용되다가, 한문에 익숙해지면서 음독구결을 사용한 것으로 볼 수 있다.[3]

  석독구결의 자료는 1973년에 발견된『구역인왕경』상권 이후, 1993년

---

3 장윤희,「석독구결 및 그 자료의 개관」,『구결연구』12, 구결학회, 2004, p.53

과 1994년 사이에 『화엄경』 권14·『유가사지론』 권20·『(합부) 금광명경』 권3·『화엄경소』 권35가 차례대로 학계에 소개되었다. 이들은 모두 고려시대의 자료로, 『구역인왕경』과 마찬가지로 한문 원문의 좌우측에 구결이 기입되어 있고 역독점이 표시되어 있다. 그런데 2000년 7월, 각필角筆로 기록된 새로운 유형의 구결 자료가 발견되었다. 성암고서박물관 소장의 『유가사지론』 권8과 권5가 그것이다. 이후 이 두 자료를 포함하여 14종의 각필 구결이 현재 전하고 있다. 이들 자료는 점과 선 모양의 구결점으로 토吐를 달고 있으므로 점토구결點吐口訣[4] 또는 부호구결[5]이라 한다. 앞에서 언급했던 석독구결 자료들에는 한자의 자형을 취한 구결자가 사용되었으므로 자토구결字吐口訣이라고 부른다. 곧 석독구결은 자토 석독구결과 점토 석독구결의 두 유형으로 구분된다. 현재 알려진 점토구결 자료에 점토를 기입한 연대는 대체로 10~12세기 무렵, 자토구결 자료의 자토 기입 연대는 대략 12~13세기로 추정되고 있다.

한편, 구결의 표기법은 인쇄토印刷吐와 기입토記入吐에 따라 차이가 있다. 인쇄토는 여러 독자를 대상으로 하는 것이므로 공적인 성격을 지닌다. 따라서 인쇄토는 원칙적으로 정자正字로 쓰고 일정한 모습으로 표기되어 변이가 없다. 대표적인 예로, 간경도감 간행의 언해불서에 나타난 한글토를 들 수 있는데, 일정한 토는 항상 일정하게 표기되어 있고, 우리말의 표음을 거의 완벽하게 표기하고 있다. 이에 반해, 기입토는 어느 개인이 경전이나 한문을 이해하기 위해 기입하는 것으로, 개인의 메모적인

---

[4] 남풍현, 「고려시대의 점토구결에 대하여」, 『서지학보』 24, 한국서지학회, 2000; 장경준, 「석독구결의 '故'자의 현토 경향에 대한 고찰」, 『구결연구』 7, 구결학회, 2001
[5] 이승재, 「새로 발견된 각필 부호구결과 그 의의」, 『새국어생활』 10-3, 국립국어연구원, 2000; 정재영, 「한국의 구결」, 『구결연구』 17, 구결학회, 2006

성격을 띠고 있다. 그러므로 자신이 쉽게 알 수 있는 곳에서는 구결을 생략할 수 있고, 자기만이 알 수 있는 부호로 긴 토를 축약할 수도 있다. 때로는 한번 읽고 마는 일회적인 현토懸吐에 그치는 수도 있으며, 실수에 의한 오기誤記 또한 있을 수 있다. 따라서 기입토는 같은 토라 하더라도 그 변이형이 여러 가지로 나타난다. 그렇지만 구결은 사제간에 수수授受되거나 선인들의 것을 옮겨 적으면서 학습하는 것이므로 오랜 전통을 지니게 마련이다. 이에 따라 표기상의 변이가 크다 하더라도 그 안에는 자연발생적인 규칙성이 있게 된다.[6]

II. 신라시대 구결의 기원과 전개

의상과 설총의 구결

현재 전하는 가장 이른 시기의 구결 자료는 10세기에 기입된 것으로 추정되는 『(진본晉本)대방광불화엄경』권20의 점토구결이다. 현재까지 신라시대의 구결 자료는 발견되지 않았지만, 구결의 기원과 관련된 기록은 일찍부터 알려져 왔다. 곧 설총과 관련된 『삼국사기』와 『삼국유사』의 기사가 그것이다.

> 방언으로 구경九經을 읽고 후생을 가르쳐 이끌었다. 이제까지 학자들이 우러른다.[7]

---

6 남풍현, 「고려말·조선초기의 구결 연구」, 『진단학보』 69, 진단학회, 1990, pp.78~79
7 『삼국사기』 권46, 「열전」 6, "以方言讀九經 訓導後生 至今學者宗之"

방음으로 중국과 우리의 방속方俗과 물명物名을 통하였고, 육경六經과 문학을 풀어 가르쳤다. 이제까지 우리나라에서 명경明經을 업으로 삼는 자가 이어받아 끊이지 않는다.[8]

이들 인용문에서 방언으로 구경을 읽고 육경과 문학을 '훈해訓解'하였다는 표현은 한문 문장의 어순을 우리말 어순으로 바꾸었음을 뜻한다. 그리고 방음으로 방속과 물명을 '통회通會'하였다는 표현은 한자 또는 한자어를 우리말로 새겨서 읽었음을 가리킨다. 곧 인용문은 설총이 경서經書의 구결을 처음 지었고, 그의 시대에 이미 한문 내지 경서의 학습도구로 구결이 사용되었음을 보여준다.

송宋 승사僧史의 의상전을 보면 (의상이) 직접 붓을 잡아 쓰기도 하였고 제자들이 결집으로 초록하기도 하였다. 이와 같이 하여 의상의 문하에서는 결집한 제자의 이름에 따라 도신장道身章이라고도 하고 (강의한) 장소를 이름으로 하여 추혈문답錐穴問答이라고도 하였다. 다만 당시의 집록자集錄者가 문체가 좋지 못하여 장구章句가 비야鄙野하고 방언이 섞이게 되는 데에 이르렀다. 아마도 이것은 큰 가르침이 처음으로 시작됨에 있어 중생의 근기에 따르고자 힘쓴 때문일 것이니 장래의 군자가 마땅히 윤색을 가해야 할 것이다.[9]

---

8 『삼국유사』 권4, 「의해」 5, 元曉不羈, "以方音通會華夷方俗物名 訓解六經文學 至今海東業明經者 傳受不絶"
9 義天, 『新編諸宗教藏總錄』 권1 (『韓佛全』 4, 682a), "按大宋僧史義湘傳云 或執筆書紳 懷鉛札葉 抄如結集 錄俄載言 如是義門 隨弟子爲目如云 道身章是也 咸以處爲(名) 如云錐穴問答等云云 但以當時集者 未善文體 遂致章句鄙野 雜以方言 或是大教濫觴 務在隨機耳 將來君子 宜加潤色"

인용문은 『신편제종교장총록』 권1의 협주 내용으로, 의상의 강의록인 『요의문답要義問答』과 『일승문답一乘問答』에 대한 의천義天(1055~1101)의 설명이다. 『요의문답』은 의상義相(625~702)이 소백산 추동錐洞에서 90일 동안 『화엄경』을 강의한 것을 그의 제자 지통智通이 기록한 것이다. 의천은 이것을 '요의문답'·'추혈문답'이라고 하였으나, 이밖에도 추혈기·화엄추동기·지통기·지통문답 등의 여러 이칭異稱이 있다.[10] 송 승전에서 도신장이라고도 한 『일승문답』 또한 의상의 강의를 제자 도신이 기록한 것이다.

이들에 대해 의천이 "당시의 집록자가 문체가 좋지 못하여 장구가 비야하고 방언이 섞여 있어 장래의 군자가 마땅히 윤색을 가해야 한다."고 평한 것을 보면, 비록 의천의 눈에는 장구가 비야한 것으로 비쳤지만 역시 한문 문체였음을 알 수 있다. 여기에 방언이 섞였다면 그것은 한문의 석독釋讀을 표시한 토가 주종이 되었을 것이다. 곧 의상의 강의록들은 석독구결이 주종을 이루는 문체인 것이다.[11]

의상은 설총의 아버지인 원효와 함께 활동하였으므로 설총보다 한 세대 앞서는 인물이다. 그의 강의록인 『요의문답』과 『일승문답』에 방언이 섞여 있다는 것은 이미 설총보다 한 세대 앞서 석독구결이 사용되었음을 보여주는 것이라 하겠다. 또한 이들 강의록은 구전되다가 문자화된 것이 아니라 의상의 제자인 지통과 도신이 스승의 강의를 직접 기록한 것이다. 이상의 내용을 통해, 7세기 후반에 이미 석독구결이 존재했고, 이것이 문자로 표기되어 후세에까지 전해지고 있음을 알 수 있다고 하겠다.

---

10 김상현, 『신라의 사상과 문화』, 서울: 일지사, 1999, p.343
11 남풍현, 「석독구결의 기원에 대하여」, 『국어국문학』 100, 국어국문학회, 1988, pp.238~239

일본 훈점訓點과의 관계

현존 최고最古의 훈점 자료로는 구절점句切點·역독점逆讀點 등이 기입되어 있는 『화엄간정기華嚴刊定記』(783년)가 있다. 일본의 훈점은 남도고종南都古宗의 하나인 화엄종의 학승 사이에서 창안되었다고 알려져 있다.[12] 9세기에 이르러 오코토점(ヲコト点)이 급격하게 발달하기 시작하는데, 10세기 이후가 되면 백점白點·주점朱點·흑점墨點의 방대한 훈점 자료가 나타난다. 12세기까지의 훈점 자료는 현재까지 5천 점 이상이 전해지고 있다.

일본의 오코토점은 9세기부터 12세기까지 활발하게 사용되었지만, 가타카나(片假名)가 일반적인 문자로 정착된 12세기에는 오코토점을 사용하지 않는 훈점 자료가 증가하고, 13세기부터는 급속도로 쇠퇴하게 되었다.[13] 일본의 한문 훈독은 한국의 석독구결과 달리, 동사나 명사 등은 문자인 가타카나로, 조사나 조동사 등은 부호인 오코토점을 기입하여 문자와 부호의 표기 역할을 분담하고 있다.

그런데 현재 일본에 남아 있는 8세기와 9세기 초의 훈점 자료들 중에는 신라 화엄종 계통의 구결과 관련이 있는 것으로 추정되는 자료가 있어 주목된다. 곧 대곡대학大谷大學 도서관 소장의 『판비량론判比量論』과 좌등본佐藤本 『화엄문의요결華嚴文義要決』이 그것이다. 이 두 자료에는 역독점과 점토點吐를 비롯하여 석독 순서 표시와 구절선句節線 및 교정 부호 등을 확인할 수 있다.

---

12 윤행순, 「한국과 일본의 한문독법의 발달 과정에 대한 연구」, 『일본학연구』 41, 단국대 일본연구소, 2013, p.230.
13 윤행순, 앞의 논문, 2013, p.231.

8세기의 자료로 추정되는 『판비량론』은 본문 105행과 권말의 회향게廻向偈 2행 및 필사기筆寫記 3행으로 된 잔간殘簡이다. 본문과 회향게에 걸쳐서 각필에 의해 한자와 카나(假名) 및 부호가 기입되어 있다. 각필의 한자는 본문의 한자의 음을 나타내는 데에 사용한 주음注音의 한자와 본문 한자구의 석의釋義를 나타내는 한자의 자구字句이다. 각필로 기입된 훈독의 용어 중 일본어가 아닌 것이 보이고 있는데, 처소를 나타내는 신라어 '良'의 초서체와 '根'의 신라어인 '火' 등이 그것이다.

그리고 이 책에 표시된 합부合符 또한 신라의 영향을 받은 것으로 여겨진다. '합부'는 한자의 둘 또는 세 자 이상이 하나의 개념이나 의미로 통합되는 것을 나타내는 부호로, 『판비량론』의 합부는 해당 한자의 전부에 세로로 긴 선을 기입하고 있다. 일본의 훈점에서 한자와 한자 사이에 짧은 종선縱線을 기입하는 방식과는 차이가 있는 것이다. 이렇듯 『판비량론』에 기입된 부호가 한국에서 사용된 부호와 일치하고, 이 책의 카나가 신라어를 나타낸 것으로 볼 수 있다는 점에서, 『판비량론』의 각필은 신라의 점토 방식을 나타낸 것이라 할 수 있다.[14]

좌등본 『화엄문의요결』의 경우는, 권말에 필사기가 없으므로 서사書寫 시기를 확정할 수 없다. 그렇지만 서사의 양태가 799년의 연력사본延曆寺本 『화엄문의요결』과 유사하기 때문에 9세기 초기를 내려가지 않는 시기에 필사된 것으로 알려져 있다. 전권全卷에 걸쳐서 오코토점과 부호가 황갈색으로 기입되어 있는데, 한국에서 발견된 11세기 간행의 『화엄경』 각필 점토와 대부분의 점법點法 및 부호가 일치하고 있다. 곧 좌등본 『화엄문의요결』의 가점加點 방식은 『판비량론』과 마찬가지로 신라와 친밀한 관

---

14 小林芳規, 「일본 訓點의 一源流」, 구결학회 편, 『한문독법과 동아시아의 문자』, 서울: 태학사, 2006, pp.34~36

계에 있고 부호 또한 신라의 방식을 받아들였다고 추정할 수 있다.[15]

신라 구결의 잔영

현재 전하는 자료에 한정할 때, 10세기에 기입된 것으로 추정되는 『(진본)화엄경』 권20의 점토구결에 비해, 자토구결은 12세기 초의 『화엄경소』 권35에서 처음 나타나고 있다. 그렇지만 그 이전에 자토 석독구결이 없었다고 단정할 수 없으며, 그 흔적을 아래의 인용문에서 찾을 수 있다.

<u>或 有如佛性隱 闡提人隱有豆亦 善根人無如好尸丁</u> 或 <u>有如佛性隱 善根人隱有豆亦 闡提人無如好尸丁</u> 等云也.[16]

인용문은 균여(923~973)의 『석화엄교분기원통초釋華嚴敎分記圓通鈔』 권3에 남아 있는 석독구결문으로, 밑줄 친 부분은 한국어의 문법적 기능을 나타내는 토吐에 해당한다. 현재 전하는 균여의 저술들은 모두 방언이 섞여 있었던 것으로, 후대에 이를 삭제하고 간행한 것이다. 다만 이 부분은 한문의 내용을 잘못 해석하는 예로 든 것이므로 토를 삭제하지 않은 것이다. 이 토들은 한문을 우리말로 풀이하여 읽을 때 필요한 것으로, 이 문장을 현대어로 옮기면 다음과 같다. "혹 있다. 불성이라는 것은. 천제인은 있지만 선근인은 없다고 하겠는가? 혹 있다. 불성이라는 것은. 선근인은 있지만 천제인은 없다고 하겠는가?"

이 인용문의 토는 원문에 세주細註 형식으로 첨가된 것이다. 따라서

---

15 小林芳規, 앞의 논문, 2006, pp.39~41
16 均如 說, 『釋華嚴敎分記圓通鈔』 권3 (『韓佛全』 4, 321c)

한문을 우리말로 풀어 읽을 때 사용되는 것을 보일 뿐이지 토 자체가 한문의 어순을 우리말로 재배열하는 방법을 보여주지는 않는다. 그리고 토를 표기한 차자는 모두 정자로 쓰여서 구결에서 흔히 사용되는 약체자가 아니다. 또한 토 가운데 '豆'·'好' 등은 다른 석독구결 자료에서는 전혀 찾아볼 수 없는 것이다.[17] 이러한 점에서 이 자료는 『화엄경소』권 35·『구역인왕경』 상권 등의 12~13세기 석독구결과는 차이가 있음을 알 수 있다.

그렇다고 이 시대에 어순표기법이 없었다거나 약체자가 발달하지 않았다고 볼 수는 없을 것이다. 본래 구결은 개인의 메모 형식으로 쓰이는 것이므로 엄격한 규범의 제약을 받지 않는 것이다. 그러나 이것을 책으로 간행할 때는 정격을 지켜야 한다는 제약을 받게 된다. 정격은 한문의 기록 양식이므로 이에 맞추어 약체자를 정자로 고쳐 원문의 행간에 세주 형식으로 넣은 것이라고 할 수 있다.[18] 결국, 단 두 줄에 불과하지만 정격의 한문 문장에 토를 달아 이것을 우리말로 새겨 읽음을 보이는 실물이 남아 전하는 것은, 10세기에 쓰인 자토 석독구결의 실례를 보여주고 있다는 점에서 그 의의가 크다고 할 것이다. 그리고 12~13세기의 석독구결과 일정 정도 차이를 보이고 있는 점은 이 구결문을 신라 석독구결의 잔영으로 볼 수 있게 한다고 하겠다.

---

17 남풍현, 앞의 논문, 1988, p.235
18 남풍현, 앞의 논문, 1988, p.237

III. 고려시대 석독구결과 불전佛典의 번역

자료字吐 구결과 점토點吐 구결

현재 전하는 고려시대의 구결 자료는 14세기의 몇몇 불전佛典에 기입된 음독구결을 제외하면 모두 석독구결에 해당한다. 지금까지 알려진 고려시대의 석독구결 자료를 자토구결과 점토구결로 나누어, 그 구체적인 이름과 서지 사항을 제시하면 다음과 같다.[19]

〈표 1〉 고려시대 자토 석독구결 자료

	자료명	권차	구결기입시기	소장처	발견(공개)시기	비고
1	大方廣佛華嚴經疏	권35	12세기 초	청주고인쇄박물관	1994년	제2·3·11·14·15의 5장만 전함.
2	大方廣佛華嚴經	권14	12세기 중엽	개인	1993년	
3	(合部)金光明經	권3	13세기 말	청주고인쇄박물관	1994년	같은 자료에 점토구결 병기.
4	舊譯仁王經	권상	13세기 말	수덕사	1973년	
5	瑜伽師地論	권20	13세기 말	남풍현	1993년	

〈표 2〉 고려시대 점토 석독구결 자료

	자료명	권차	구결기입시기	소장처	발견(공개)시기	비고
1	(晉本)大方廣佛華嚴經	권20	10세기	성암고서박물관	2001년	

---

19 이들 도표는 남권희, 「차자 표기 자료의 서지」, 『새국어생활』 7-4, 국립국어원, 1997, p.152; 고정의, 「구결 연구의 현황과 과제」, 『구결연구』 12, 구결학회, 2004, p.21; 장경준, 「고려시대 석독구결 자료의 소개와 활용 방안」, 『한국어학』 59, 한국어학회, 2013, pp.6~7 등을 참고하여 작성하였다.

	자료명	권차	구결기입시기	소장처	발견(공개)시기	비고
2	瑜伽師地論	권3	11세기 초	호림박물관	2000년	
3		권5	11세기 초	성암고서박물관	2000년	
4		권8	11세기 초	성암고서박물관	2000년	남선사본과 동일 판본. 현토자는 다름.
5		권8	11세기 초	일본 남선사	2005년	성암본과 동일 판본. 현토자는 다름.
6		권53	11세기 초	가천박물관	2011년	
7	(周本)大方廣佛嚴經	권6	11세기 말~12세기 초	성암고서박물관	2000년	
8		권22	11세기 말~12세기 초	성암고서박물관	2000년	
9		권31	11세기 말~12세기 초	호림박물관	2000년	
10		권34	11세기 말~12세기 초	호림박물관	2000년	
11		권36	11세기 말~12세기 초	성암고서박물관	2000년	
12		권57	11세기 말~12세기 초	성암고서박물관	2000년	
13	妙法蓮華經	권1	12세기	연세대 도서관	2000년	15세기에 절첩본을 선장본으로 개장함.
14	(合部)金光明經	권3	13세기	청주고인쇄박물관	2004년	같은 자료에 자토구결 병기.

자토 석독구결과 점토 석독구결은 다음과 같은 몇 가지 차이점을 보인다. 먼저, 토를 구성하는 기본 단위가 다르다는 점을 지적할 수 있다. 자토구결에서는 한자의 자형을 이용한 구결자가 토를 구성하는 기본 단위이고, 점토구결은 점·선 등의 형태와 그것이 놓이는 위치 정보가 결합된 구결점이 토를 구성하는 기본 단위이다. 그리하여 구결자로 구성되는 토는 '자토'라 하고 구결점으로 구성되는 토는 '점토'라 하는 것이다. 둘째, 토를 다는 위치가 다르다. 점토구결에서는 어순의 표시를 위해 한자

의 왼쪽과 오른쪽을 나누어 토를 달지만 점토구결에서는 이러한 구분이 없다. 자토구결이라면 한자의 왼쪽에 달 토를 점토구결에서는 결과적으로 오른쪽에 토를 달 한자에다 몰아서 달게 된다.

셋째, 토를 기입하면서 사용하는 부호의 종류가 다르다. 자토구결에서는 어순 표시를 위한 역독점과 교정 부호 이외에 별다른 부호가 쓰이지 않지만, 점토구결에서는 여러 종류의 부호가 다양하게 사용된다. 끝으로, 점토구결이 자토구결보다 시기적으로 조금 앞선다. 현재 알려진 점토구결 자료에 점토를 기입한 연대는 대체로 10~12세기 무렵으로 추정되고, 자토구결 자료의 자토 기입 연대는 대략 12~13세기로 추정하고 있다.[20]

한편, 점토구결에 대한 지금까지의 연구는 몇몇 연구자에게 한정되어 있고, 14종의 자료 가운데 구체적인 검토 내지 논의는 물론, 소개조차 되지 않은 자료들이 많이 남아 있다. 그러므로 이 장에서는 고려시대의 석독구결 자료들 중 5종의 자토 석독구결문만을 대상으로 그 특징적인 국면에 대해 살펴보고자 한다.

석독구결 자료들에 나타난 특징적인 국면을 살펴보기에 앞서 석독구결 표기법의 일반적인 특징을 정리하면 다음과 같다. 먼저, 『구역인왕경』 상권의 제2장 1행의 "信行ㄷ 具足ﾂ ﾆ ﾓ"를 예로 들어 설명하면, 이 문장에서 '信行ㄷ(을)'과 '具足ﾂ ﾆ ﾓ(하시며)'의 '信行'과 '具足'은 그 당시 우리 한자음으로 음독한 것이다. 이렇게 음독한 단어들은 대부분 그 당시의 한자어라고 할 수 있다.

일반적으로 석독구결문에 기입된 토를 보면 대체로 음독해야 할 것인지 석독해야 할 것인지를 판단할 수 있다. '具足ﾂ ﾆ ﾓ'와 같은 'X ﾂ ﾆ'

---

20 장경준, 앞의 논문, 2013, pp.5~6

구성의 경우 'X'가 2음절 이상일 때에는 음독해야 한다. 'X ⸲ -' 구성에서 'X'가 일음절 한자인 경우에도 음독하는 것이 일반적이지만 문맥과 그 한자에 해당하는 우리 어휘에 따라 석독할 수도 있다. '復 ⸲ ㄱ'과 '量 ノ ㅎ'이 바로 'X ⸲ -' 구성의 어휘 중 'X'에 해당하는 것이 1음절 한자로 나타난 것이다. 전자는 '또한', 후자는 '헤아림'으로 읽힌다. 석독구결에서는 토가 기입되어 있거나 기입되어 있지 않거나 2음절 이상의 한자어는 모두 음독한다. 다만, 단음절 한자인 경우에는 석독구결문의 문맥과 그 한자에 해당하는 그 당시 우리말 어휘에 따라 음독하거나 훈독할 수 있다.[21]

석독구결은 이 외에도 다양한 표기 방식으로 음독할 어휘와 훈독할 어휘를 구분하여 표기하고 있다. 훈독할 어휘에 대한 표기는 다양하게 나타나는데, 말음첨기나 두음첨기 등으로 표기된 것은 훈독한다. 그리고 '不 ㅊ ㅣ ㅌ ㄴ(아니니)'이나 '有 ㅌ ナ ㆆ(있으며)'에서의 'ㅊ'나 'ㄴ'과 같이 해당 어휘의 말음이나 말음절을 표기하는 경우 등으로 표기된 것도 훈독해야 한다. 이 밖에 뜻으로 새겨 읽어야 할 한자를 지정하여 표기하는 경우도 있는 것 같다. 훈독한 어휘는 대체로 우리 고유어에 해당한다.[22]

석독구결에서는 같은 구문이나 같은 토ㅠ들이 반복될 경우 구결토 전체를 생략하거나 부분적으로 토의 일부를 생략하여 표기하는 경우가 있다. 특히 ' ⸲ -(ᄒ-)'나 계사 '- ㅣ -(-이-)'가 생략되어 표기된 경우가 많다. 구결문에서의 생략 표기는 대체로 그 문맥 안에서 토의 전체 또는 일부가 생략된 것이라는 것을 예측할 수 있는 범위 내에서 이루어진다. 석독구결에서의 생략 표기는 그 나름대로 일정한 원칙을 가지고 있다고 할

---

21 남성우·정재영, 「舊譯仁王經 석독구결의 표기법과 한글 轉寫」, 『구결연구』 3, 구결학회, 1998, pp.195~196
22 남성우·정재영, 앞의 논문, 1998, pp.198~199

수 있다.

12세기의 구결문

12세기의 석독구결 자료에는 『화엄경소』 권35와 『화엄경』 권14가 있다. 먼저, 전자는 현재까지 발견된 5종의 자토 석독구결 자료 가운데 가장 이른 시기에 기입된 것으로 추정된다. 석독구결 자료인 『화엄경소』는 주본周本『화엄경』(80권본)에 대한 징관澄觀(738~839)의 60권으로 된 주석서를, 송나라의 정원淨源(?~1088)이 집록集錄하여 120권으로 엮은 것이다. 의천이 송나라에서 유학할 때 그 고본稿本을 증여받아 판각을 주문하여 1087년(선종4)에 배송되어 온 책판에서 인출한 책에 해당한다.[23]

『화엄경소』 권35는 『화엄경』 권21의 하반부에 해당하는 내용으로, 십무진장품十無盡藏品 제21 중 문장聞藏·시장施藏·혜장慧藏·염장念藏·지장持藏·변장辯藏이 수록되어 있다. 경문을 대자大字의 본문으로 삼고 징관의 주석을 소자小字의 세주로 덧붙였는데, 구결은 경문에만 달려 있다. 따라서『화엄경소』 권35의 구결은 주본『화엄경』 권21의 하반부에 대한 구결이라고도 할 수 있다.

이 자료에 나타난 석독구결의 특징으로는 우선, 역독점이 매우 드물게 나타난다는 점을 들 수 있다. 원문에 구결이 달리지 않은 부분에만 역독점이 찍히는 경향이 있다. 역독점과는 달리 다른 구결들은 매우 정교하게 기입되어 있어, 이를 통해 후대 구결 자료의 투식화한 생략 표기의 원래 구결을 알 수 있게 해 주기도 한다. 이밖에 동일한 구조의 문장

---

[23] 남권희, 앞의 논문, 1997, pp.153~155

이 반복될 경우에는 구결을 앞에만 달고 뒤에서는 표기하지 않은 경우도 보인다.

구결자 가운데 "我ㅎ 身ㅎ弋 充樂ㅆㅣ 彼刀 亦ㅆㄱ 充樂ㅆㅓㅎㄴㅎ 我ㅎ 身ㅎ弋 飢苦ㅆㄱㅣㅏㄱ(내 몸이 충락充樂하여야 저도 또한 충락充樂할 것이며 내 몸이 기고飢苦한다면 저도 또한 기고飢苦할 것이다.)"〈9장:14행〉에서 보이는 '-弋(익)'은 이른 시기 국어의 주격 조사를 표시하는 구결자로서 이 자료에서만 발견된다. "與ㅆㅁㅅㅎㅛ(주소서.)", "滿足 令ㅣㅁㅅㅎㅛ(채워질 수 있게 하소서.)"와 같이 높임의 명령을 표시하는 '-ㅁㅅㅎㅛ'도 이 자료에만 있는 것이다.

다음으로, 주본『화엄경』권14는 정행품淨行品 제11과 현수품賢首品 제12에 해당하는데, 전자는 지수보살智首菩薩의 물음에 대해 문수보살이 답하는 형식, 후자는 문수보살의 요청으로 현수보살이 게송으로 답하는 형식으로 이루어져 있다. 이 자료는 내용상 동일한 구조의 문장이 반복되는 일이 많은데, 이런 경우에는 앞의 문장에만 구결을 기입하고 반복해서 나타나는 구결은 생략하고 있다. 또한 역독점이 많이 사용되고 있기는 하지만, 13세기의 석독구결 자료들보다는 철저하지 못하다.

이『화엄경』권14에는 독특한 구결자들이 보이지 않아, 이 책의 구결자들을 토대로 다른 구결 자료를 해독할 수 있는 기반을 마련할 수 있었다.[24] 구결자 가운데에는 명령의 어미구조체인 '-ㅌㅎㅛ'(-ㄴ쎠)가 이 자료에서만 발견된다는 점을 특징으로 지적할 수 있다. 여기에 포함된 '-ㅎㅛ'는『화엄경소』의 높임 명령형 '-ㅁㅅㅎㅛ'에서 보였던 것이다. 또한 '-ㄱㅊㅢ'(-ㄴ디여) 역시 이 자료에서 주로 발견되는 구결토로서 15세기 언

---

24 장윤희, 앞의 논문, 2004, p.68

해문에 나오는 '-ㄴ뎌'의 기원적 구성을 알 수 있게 해 준다.[25]

13세기의 구결문

13세기의 석독구결 자료로는 『합부 금광명경』 권3과 『구역인왕경』 상권의 낙장 5장, 그리고 『유가사지론』 권20이 있다.

『합부 금광명경』은 중생들의 참회 멸죄滅罪와 사천왕에 의한 호국안민護國安民을 강조한 경전으로, 597년에 수隋의 보귀寶貴가 이전에 존재하던 여러 한역본들을 합하여 전 8권으로 엮은 책이다. 석독구결 자료인 『합부 금광명경』 권3은 권말제가 '금광명경'으로 되어 있으나 그 내용은 『합부 금광명경』이다.

이 책의 구결 가운데 제1·2장과 제14·15장에 기입된 구결은 나머지 부분에 기입된 구결과는 다른 필체로 되어 있다. 나머지 부분의 구결은 『유가사지론』의 것과 매우 흡사하여 이 두 책의 구결이 동일 인물에 의해 기입되었을 가능성이 제기되기도 하였다.[26] 특히 이 자료와 『유가사지론』에서만 구결자 'ㆍ', 'ㅡ' 등이 사용되고 있어 이러한 가능성은 더욱 높다.

이 자료의 특징으로는 구결 가운데 잘못된 부분이 많다는 점과, 이를 바로잡기 위한 난상의 교정과 구결의 위치를 바로잡기 위한 지시선이 있다는 점을 들 수 있다. 다음으로, 사동사 '히-'의 표기에 구결자 'ㅅ'를 사용했다는 사실을 지적할 수 있다. 구결자 'ㅅ'는 '리'를 표기하는 것이 일반적인데 이 자료에서만 '히'를 표기하고 있다. 그리고 이 자료에서는 구

---

25 장윤희, 앞의 논문, 2004, p.69
26 남권희, 「고려말에서 조선중기까지의 구결자료에 관한 서지학적 연구」, 『도서관학논집』 27, 한국도서관정보학회, 1997, p.511

결자들이 표기에 생략되어 있는 경우가 많다. 예를 들면 "供養ㆍㅏㄷㅡ(공양하는 분이시여)"〈6:18〉, "莊嚴ㅌ之 具ㅐㆍㅎㅌ ノ ㅣㅅㄹ(장엄의 도구가 있는 것을)"〈6:2〉은 각각 'ㆍㅏ(ノ ㅣㅐ)ㄷ(ㅣ)ㅡ', 'ㅐㆍ ㅎㅌ(ㅣ)' 등의 생략 표기인 것이다.[27]

석독구결 자료로서의 『구역인왕경』은 1973년 충남 서산 문수사의 금동미타여래상의 불복장물에서 발견된 상권의 낙장 5장을 가리킨다. 5장의 낙장은 서품 제1(2장 1행~3장 15행), 관공품觀空品 제2(3장 16행~25행), 보살교화품菩薩敎化品 제3(11장 1행~25행, 14장 1행~16행), 이제품二諦品 제4(14장 17행~15장 25행)의 일부 내용에 해당한다. 이 자료에는 생략 표기가 많지 않고 역독점을 포함한 모든 구결이 정확하게 기입되어 있다. 그러나 역독점을 찍어야 할 모든 위치에 역독점을 찍은 것은 아니다.

이 책의 구결 중 눈에 띄는 것으로 먼저 '我 ㅓ'가 있다. 이는 '우리'를 표기한 것으로 보이는데, 그렇다면 이때의 구결자 'ㅓ'는 두음 표기로 여겨진다. 같은 국어 단어가 『화엄경소』 권35에서도 두음 표기를 지닌 것으로 보이는 '我 ㅈ'로 나타나고 있다. 다음으로, '三 ᅟᅠᄉᆢㅌ 手ㅐ(셋째 손이)' 〈15:7〉의 'ᄉᆢ'와, '斯ㅎㆍ ㅂㅅ(해독 미상)〈2:23〉의 'ㅎ', 'ㅂ' 등은 이 자료에서만 나타나는 구결자이다. 이밖에 'ㆍㅈㅈ(-하거나)', 'ㆍㄷㅈ(-하시나)' 등에서 주로 연결어미를 표시하던 '-ㅈ'가 'ㆍㅣㅈ'에서와 같이 동명사 어미에 직접 통합하기도 하였다. 이와 유사하게 일반적으로 연결어미를 표시하던 '-ㅅ(-며)'가 대격조사를 표시하는 '-ㄴ(-을)' 뒤에 직접 통합하는 경우도 보인다. 이때의 '-ㄴ'은 대격조사가 아니라 동명사 어미 'ㄹ(-ㄹ)'과 같은 것이다.

---

27 장윤희, 앞의 논문, 2004, pp.71~72

끝으로, 『유가사지론』 권20은 권말에 '병오세丙午歲(1246) 고려국高麗國 대장도감大藏都監 봉칙조조奉勅雕造'라고 되어 있어 1246년에 간행된 것임을 알 수 있다. 다만 보물로 지정된 재조본 초쇄본에 비해 인면印面이 작은 것으로 보아 1246년판의 후쇄본일 것으로 보인다.[28] 이러한 사실로 미루어 이 책의 구결은 13세기 후반에 기입되었을 가능성이 높다. 이 자료의 구결은 생략 표기가 많고 역독점이 찍히지 않은 부분이 많기는 하지만, 비교적 정확하게 기입되어 있는 편이다. 특히 이 책의 구결자체가 『금광명경』 중간 부분의 구결자체와 흡사하다는 사실은 앞에서 언급한 바 있다.

『유가사지론』의 구결자들은 다른 자료에서도 발견되는 것들이 대부분이어서 독특한 구결자는 드물다. 다만 "廣ㅣㅣ 說ノオ成ㅣㅣㆍㆍ尸朩ㅣ(널리 말하는 것에 이르기까지 이루어지도록 하는 것이다.)"〈23:10〉의 '成'은 이 자료에서만 발견되는 구결자인데, 이는 훈차자訓借字로서 '일'로 읽힌다. 이 밖에 이 자료에서만은 아니지만, 매우 드물게 나타나는 구결자로 '旵'을 들 수 있다. "若 說法師ㅣㅣ 此 義乙 爲ㆍㆍ旵ㅅㆍㆍ尸ㅅㆍㆍ(만약 설법사가 이러한 이치를 위하고자 하는 까닭으로 정법을 펼쳐 말한다면)"〈5:21〉가 그 예인데, 아직 정확한 독법과 기능이 밝혀져 있지 않다.[29]

지금까지 살펴보았듯이 석독구결은 한문 원문을 완전한 국어 문장에 가깝게 풀어 이해하기 위한 차자표기법으로, 차자의 방법이나 용법에 있어서 향찰과 매우 밀접한 관련이 있다. 석독구결이 이러한 성격을 지닌 차자표기법인 만큼 이를 풀어 읽은 석독구결문은 완전한 국어 문장에 가깝다. 따라서 석독구결문과 15세기 언해문은 문장 구조 면에서 큰 차이

---

28 남권희, 앞의 논문, 1997, p.513
29 장윤희, 앞의 논문, 2004, p.73

를 발견하기 어려우며, 이러한 공통성을 바탕으로 석독구결문은 15세기 언해문에서 매우 드물게 발견되는 몇몇 문장의 기원을 알 수 있게 해 주기도 한다. 그러나 존재 구문의 서술어와 주어, 그 밖의 구문에서 수식어나 목적어 등이 지나치게 길 경우, 피수식어와 수식어, 서술어와 목적어 등이 별개의 문장으로 분리되기도 한다.[30] 이러한 현상은 석독구결이 한문과 국어 문장의 구조적 차이를 완벽하게 극복하지는 못한 차자표기법임을 알 수 있게 한다.

IV. 조선시대 음독구결과 한문독법

구결문과 언해문

음독구결은 한문의 순서대로 음독하되 한문의 구두句讀에 해당하는 곳에 토吐를 넣어 읽는 구결이다. 음독구결은 대체로 13세기 말 무렵부터 사용된 것으로 보인다. 음독구결의 특징을 정리해 보면 다음과 같다. 첫째, 한문의 어순을 바꾸지 않고 대개는 한문의 구두처에서 끊어 읽으면서 그 자리에 토를 달아서 읽는다. 둘째, 한문 원문의 한자들은 반드시 한국 한자음으로 음독한다. 셋째, 음독구결문에 기입되어 있는 토들은 완벽하지는 않지만 한문의 문장 구조를 우리말 구조로 바꿀 수 있도록 하는 것이다.[31]

음독구결은 한문을 잘 이해하여 번역할 수 있어야만 정확하게 토를

---

30 장윤희, 앞의 논문, 2004, p.75
31 정재영, 앞의 논문, 2006, pp.159~160

달 수 있는 구결이다. 음독구결만 가지고 그 문장을 이해하고 해석할 수 있으려면 한문에 대한 지식도 상당한 수준에 도달해야 한다. 음독구결은 고려 후기부터 쓰이기 시작하여 한국의 한문독법사에서 가장 일반적인 것으로 자리를 잡게 되고, 훈민정음 창제 이후 언해문이 일반화되면서 석독구결과 부호구결의 전통은 사라지게 되었다. 그러나 음독구결만은 언해문과는 별도로 한문 원문과 같은 차원에서 지속적으로 남아 오늘날까지 전해지고 있다.

음독구결문은 한문 원문의 분석 단계에서 어휘 요소는 그대로 두고 문법 요소의 분석만 이루어져서 한문 원문에 국어의 문법 요소가 첨가되므로 구결문은 문법적 번역이 이루어진 것이다. 이 문법적인 번역이 이루어진 구결문을 바탕으로 어휘 요소의 번역이 이루어진 것이 언해문이다. 따라서 언해문은 문법적 번역이 내포된 어휘적 번역이라 할 수 있다.

구결문의 문장 구성에서 한문의 국어화 과정은 크게 체언적 곡용과 용언적 활용으로 나뉜다. 이러한 과정은 한문 원문의 부분 부분에 국어의 문법 요소가 첨가되는 형식인데 국어의 문법 요소가 첨가되는 한문 부분은 하나의 독립된 낱말 단위가 아니라 구나 절에 해당한다. 따라서 구결문의 문장 구성은 일반적인 문장에서처럼 어휘적 구성을 바탕으로 한 낱말 단위의 개념보다는 구나 절의 단위를 바탕으로 한 문장 구성이라 할 수 있다. 구결문의 체언적 곡용은 명사적 성질을 지니는 한문 원문에 국어의 조사류가 바로 첨가되어 주어나 목적어 등 여러 가지 성분 기능을 지니게 되지만 용언적 활용은 한문 원문에 바로 어미가 첨가되지 못한다.[32]

---

32 여찬영, 「조선조 구결문과 언해문의 성격 연구」, 『국문학연구』 11, 효성여대 국어국문학과, 1988, pp.35~36

언해문에서의 'ᄒ(다)'는 형태론적 어휘 구성과 통사론적 용언화 기능을 지니고 있지만, 구결문에서의 'ᄒ(다)'는 형태론적 어휘 구성을 하지 못하고 용언화소로서의 기능만 갖고 있다. 구결문의 기본 문형인 '(-이) -ᄒ(다)' 문형과 '(-이) -이(다)' 문형은 언해문처럼 서술어의 의미에 따른 구분이라기보다는 표면적으로 나타난 외형상의 구분이다. 그 내용으로 보면 '-ᄒ(다)'의 문형은 행위나 성질 상태를 나타내는 서술문이고 '-이(다)' 문형은 판단 서술문이라 할 수 있다. 그러므로 구결문에 나타나는 '-ᄒ(다)' 문형은 언해문에서 보면 서술어의 의미에 따라 동사문으로 언해되기도 하고 형용사문으로 언해되기도 한다. 따라서 구결문 -'ᄒ(다)' 문형은 의미적으로는 언해문의 동사문과 형용사문을 다 포함하는 문형이다. 그러나 '-이(다)' 문형은 그 언해문에서 그대로 판단 서술문으로 언해된다.[33]

유가儒家와 불가佛家의 구결

『소학언해』는 1587년(선조 21) 교정청校訂廳에서 『소학집주小學集註』를 저본으로 하여 6권 4책으로 간행되었다. 교정청은 사서삼경四書三經의 언해를 위해 1584년에 설치된 기관이었다. 사서삼경의 언해도 선조 21년에 완료되긴 하지만 간행된 것은 1590년이므로 교정청의 사업에 있어 『소학언해』는 최초의 결과물이 된다. 교정청의 사서언해는 관본官本으로서 경서 학습의 전범으로 널리 이용되었으며, 그 구결 역시 후대로 답습되어 오늘에까지 이른다. 이후 이이李珥의 사서 언해 등에서 현결懸訣이 약간

---

33 여찬영, 앞의 논문, 1988, pp.37~40

달라지기도 하였지만, 이는 내용 해석과 관계된 변개일 뿐, 음독구결의 체계가 달라진 것은 아니었다.

언해가 이루어진 시기나 당시 상황을 고려할 때 교정청의 사서삼경 언해와 『소학언해』는 동일선상에서 간행 작업이 이루어진 것으로 보인다. 다만 유교에서 소학이 차지하는 비중이 사서에 비해 상대적으로 작기 때문에 『소학언해』가 앞서 간행된 것이라 할 수 있다. 교정청의 사서 간행 이후 구결체계 전반에 걸친 큰 변화가 없었던 것으로 보이므로 석독구결부터 15세기 언해불서의 음독구결을 거쳐 변화되어 온 구결체계는 『소학언해』에 이르러 그 체계가 고정되고 정착되었다고 할 수 있다.[34]

15세기의 언해불서에 비해, 『소학언해』의 구결은 형태 면에서 단순화의 경향을 보인다. 우선 전반적으로 사용되는 문법 형태가 언해불서에 비해 다양하지 않다. 언해문에 비해 구결문의 문법 형태가 다양하지 못한 것은 15세기 언해불서에서도 보이던 현상이나 『소학언해』에서는 그 괴리가 더욱 두드러진다. 조사의 경우 '-는'을 제외한 보조사가 거의 사용되지 않는다. '-셔'는 보이지 않고 일부 보이는 '도'와 '-사'는 재구조화된 상태로만 나타날 뿐이다.

어미의 경우 의문법 종결어미의 형식이 더욱 제한되고, 선어말어미 '-습-'과 '-옷-'이 쓰이지 않는다. 동명사어미 '-ㅁ, -ㄹ, -ㄴ'은 보이지 않으며, 보조적 연결어미 '-게, -듯'과 '-오려, -고자, -거나, -드록' 등의 연결어미도 쓰이지 않는다. 『소학언해』에서 이러한 유형의 문법 형태가 사라진 것은 이 책의 구결체계가 국어화를 위한 것이 아니라 한문 구조에 대한 정보를 제공하는 것으로 바뀜으로써 이들 형태들의 역할 부담

---

34 남풍현, 「『소학언해』 해제」, 『(영인본)소학언해』, 서울: 단국대출판부, 1991, pp.6~7

량이 적어졌기 때문이었다고 해석할 수 있다.[35]

구결의 역할 면에서도 『소학언해』는 15세기 언해불서의 구결문과 달리 간결화의 경향을 보인다. 조사는 술어와의 통사적 관계를 보이는 기능으로 사용되며, 그 관계도 주어(-이), 빈어(-룰), 부사어(-애), 주제어(논)로 간결해진다. 그 밖의 격조사는 소극적으로 사용될 뿐이다. 어미 또한 구절 경계 표시와 술어 사이의 의미 관계를 보이는 기능으로만 사용된다. 종결어미의 경우 설명법·의문법·명령법의 문체만을 나타내며, 각 문체별로 대표 형식이 고정되는 경향을 보인다.

연결어미가 나타내는 의미 관계도 '전제/설명, 조건, 역접/대립, 나열/접속, 상황, 이유'로 간략화되고, 각 의미 관계별로 특정 형태가 집중적으로 사용되고 있다. 이상과 같이, 『소학언해』의 문법 형태는 한문의 구조적 모습을 밝히는 기능이 강조되어 있다. 각 형태가 국어에서 지녔을 기능 중 일부만이 특화하여 형식적 사용을 보이는 것이다.[36]

결국, 『소학언해』의 구결체계는 구결이 문자 생활에서 차지하는 위상이라는 외적 요인이 작용하여 형성된 것이다. 한문에 대한 이해도가 높아지고 국어를 표기할 수단을 가진 단계에서 구결의 위상은 이전과 같을 수 없으며, 그것은 한문에서의 내적 역할이 강조되는 방향으로 변화한다. 석독구결과 15세기 언해불서의 구결문, 그리고 『소학언해』의 구결문을 연속선상에 놓고 보면 단계적으로 국어에 대한 정보가 적어지는 방향으로 변화했음을 알 수 있다.[37] 고려시대의 석독구결은 그 지시에 따라

---

35 윤용선, 「『소학언해』의 구결체계에 대한 검토」, 『진단학보』 102, 진단학회, 2006, pp.222~223
36 윤용선, 앞의 논문, 2006, p.224~225
37 윤용선, 앞의 논문, 2006, p.227

읽으면 바로 번역문이 될 정도로 세세한 국어의 정보를 포함하고 있다. 언해불전의 음독구결은 문맥의 흐름이 파악될 범위 내에서 석독구결의 정보가 채택된 것으로 언해문을 고려한 구결체계이다. 『소학언해』는 전대의 구결체계를 더욱 형식화함으로써 언해문의 구조를 고려하지 않은 체계에 해당한다.

조선 후기의 구결 인식

근래에 새로 발굴된 자료들인 이삼환李森煥(1729~1813)의 「구두지남句讀指南」, 임규직任圭直(1811~1853)의 「구두해법句讀解法」, 박문호朴文鎬(1846~1918)의 「이독해俚讀解」 등은 구두와 현토, 구결의 개념 및 용례를 체계적으로 정리한 것이다. 이들 자료는 각각 학파學派 혹은 학맥學脈의 대표성을 띠는 동시에, 조선 후기 지식인의 구결에 대한 관심과 인식을 보여준다.

이삼환의 「구두지남」은 생질甥姪을 위해 아동 학습서로 엮은 『백가의百家衣』에 전하고 있다. 이 글은 저술 시기가 명확하지 않고, 분량도 1장에 불과하지만, 현토의 방식을 개괄적으로 설명하여 문장구조와 조사의 문법적 기능에 각별한 관심을 드러내고 있어 주목된다. 이삼환은 한문독법을 교수敎授할 때 증조부인 성호星湖 이익李瀷(1681~1763)의 '구두지남'을 따랐다고 하므로, 이 「구두지남」은 성호학파의 구두지남을 대표한다고 하겠다.[38]

「구두지남」은 〈구두지남〉, 〈구두거요句讀擧要〉, 〈조사훈석助辭訓釋〉으

---

38 최식, 「한문독법의 한국적 특수성」, 『한자한문교육』 27, 한자한문교육학회, 2011, p.379

로 구분되며, 총 64항목에 걸쳐 현토와 구결을 제시한다. 〈구두지남〉은 문장 구조에서 어떠한 방식으로 현토할 것인지를 설명한 것이다. '上有○' 형식으로 23항목, '下有○' 형식으로 14항목 도합 37항목의 구결이 제시되어 있다. 〈조사훈석〉은 조사가 위에 있는 경우(助辭在上者), 조사가 중간에 있는 경우(助辭在中者), 조사가 아래에 있는 경우(助辭在下者)로 구분한 뒤, 그 용법과 훈석訓釋을 제시하고 있다.

임규직은 화서華西 이항로李恒老(1792~1868)의 문인으로, 「구두해법」을 통해 구두와 현토 및 구결을 정리하고 있다. 이 글은 『금천집錦川集』 권29 잡저雜著에 수록된 총 10장 분량으로, 〈구두해법서序〉·〈범례〉·〈본문〉으로 구성되어 있다. 「구두해법」에 예시된 토의 용법과 형태는 「구두지남」과 마찬가지로, 19세기 국어의 모습이 아닌 것이 많다. 이 글에서는 선어말어미 '-이-'와 '-오-'를 분석하여 인식하고 있다.

그런데 이들은 19세기에는 이미 그 기능을 상실한 상태이다. 19세기에는 이미 '습닉이다'가 '습닉다'로 재구되는 현상을 보이는데, 이는 '-이-'의 기능이 약화되어 형태소로 기능하지 못하는 상태였음을 말해 주는 것이다. '-오-' 역시 16세기 말부터 명사형 '옴/움'에 쓰이지 않는 등 중세국어 말엽에는 그 기능이 소멸된 것으로 보고 있다. 그럼에도 불구하고 「구두해법」의 구결체계에서는 '-이-'와 '-오-'가 형태소로서 기능하고 있다. 이 점은 구결체계가 국어와 별개의 문법 체계를 지니고 있으며, 16세기의 언어에 바탕을 둔 보수적인 체계임을 보여주는 것이라고 하겠다.[39]

박문호의 「이독해」는 손자를 가르치던 중에 구결과 현토의 유형을 정

---

39 윤용선, 「조선 후기의 구결 사용에 대한 고찰」, 『진단학보』 107, 진단학회, 2009, p.188

리할 필요성을 느껴 저술한 것이다. 1907년에 지은 이 글은 초학자용 학습서에 해당한다. 분량이 1장에 지나지 않고 현토와 구결의 유형이 33항목으로 간략한 편이나, 그 나름의 원칙과 체계를 갖추고 있다. 박문호는 조선 후기 호락湖洛 논쟁에서 호론湖論을 이끌던 남당南塘 한원진韓元震(1682~1751)을 계승한 어당悟堂 이상수李象秀(1820~1882)의 제자이다.

이러한 점을 고려하면 이 「이독해」는 조선 후기 호론 학맥의 구두와 현토 및 구결의 인식을 대변한다고 볼 수 있다. 총 33항목에 걸쳐 현토와 구결을 제시하고 있는데, 기존의 방식과는 다르다. 기존에는 '○上'과 '○下' 등의 형식이 대부분을 차지한 것과 달리, 이를 최소화하고 문의文義와 문세文勢, 어맥語脈에 입각하여 현토와 구결을 분류하고 있는 것이다. 행위의 주체, 시제, 태態 등을 간략하게 정리하고, 나아가 문장의 유형에 따라 현토와 구결을 설명하고 있다.[40]

---

40 최식, 앞의 논문, 2011, pp.384~385

한문의 학습과 지식의 체득體得

　구결은 대각국사大覺國師 의천義天의 언급에 따르면, 삼국통일 이전 시기에 이미 사용되고 있음을 알 수 있다. 그리고 설총이 구경九經을 우리말로 읽어 제자들에게 교수하였다고 하는 7세기 후반 내지 8세기 초에는 현재 우리가 볼 수 있는 석독구결과 거의 유사한 표기 체계가 널리 보급되어 있었던 것으로 추정된다. 석독구결은 한문으로 된 원문에 토를 달아 독자로 하여금 그 원문을 한국어로 풀어 읽을 수 있도록 해 주는 표기법이다. 지금까지 알려진 석독구결 자료는 자토구결 5종과 점토구결 14종이 있다. 전자는 12~13세기, 후자는 10~12세기에 구결이 기입된 것으로, 『화엄경』·『구역인왕경』·『합부금광명경』·『법화경』 등의 경전과 『화엄경소』·『유가사지론』의 주석서에 해당한다. 현재 전하고 있는 석독구결은 모두 고려시대의 불전佛典에 기입되어 있는 것이다.
　이들 불전에 기입된 석독구결은 당시 한국어의 어휘 및 문법 현상을 보여줄 뿐만 아니라, 고려시대의 한문 학습 내지 경문 교육 과정의 일면을 알려준다. 곧 석독구결을 통해 당시인들이 한자에 대응하는 우리말 단어로 한자의 의미를 가르쳤고, 한문의 문장 구조를 우리말 문장 구조로 바꾸어 문장의 의미를 풀이하였다는 사실을 알 수 있는 것이다. 이 두 가지는 한문을 잘 모르는 학인이나 초심자에게는 기초적이고도 필수적인 교육 대상이다. 한자·한문이 자국어가 아닌 상황에서는 불교 경전을 자국어로 번역하여 교육하는 것이 무엇보다 필요할 것이기 때문이다.
　석독구결은 이 과정에서 발생한 번역 방식으로 볼 수 있다. 일반적으로 번역이라 하면 외국어 문자와 문장을 자국어 문자와 문장으로 변환하는 것, 혹은 그 역방향으로 치환하는 것을 의미한다. 그런데 석독구결은 한자·한문의 원전을 변형하지 않으면서도 토와 부호를 통해 자국어로 풀이한다는 점에서 '언해'와는 다른 유형의 번역 양식에 속한다. 물론 15세기 언해불서와 고려시대의 석독구결은 한문의 어순을 한국어 어순으로 바꾸고 일부의 한자를 고유어로 새겨 읽는다는 점에서 근본적으로 같으며, 전자는 후자의 전통을 계승한 것이라 할 수 있다.

그러나 석독구결문의 종결형 어미는 주로 '-라'로 끝나는 언해문과 차이를 보이고 있어 주목된다. 석독구결문에 있어 평서문의 종결형은 모두 '-다(-ㅣ)'로 되어 있는데, 이 '-다'형은 일반 서술적인 기능을, 언해문의 '라'형은 상위 술어적인 기능을 하는 형태로 규정된다.[41] 곧 '-라'형이 앞 문장 전체를 받고 있다면, '-다'형은 앞 문장 전체를 받는 기능은 없어지고 바로 앞 구절만을 서술하는 기능을 갖는다. 석독구결문은 언해문의 대청자적인 화행 기능이 약화된 대신, 객관적 사실의 진술이라는 성격이 강화된 것이라 할 수 있다.

다시 말해, '-다'의 종결 유형은 석독구결 자료가 한문 원문을 한국어화하는 과정에서 화자의 태도나 관점이 개입되지 않았음을 보여준다. '-다'는 원문의 서술 관점을 그대로 내포하고 있는 종결 형식인 것이다. 이렇듯 객관적이고 단정적인 진술 태도를 나타내는 '-다'형이 모든 석독구결문에서 일관되게 쓰이고 있다는 점은, 석독구결이 무엇보다 경문의 내용 파악과 해석에 주안점을 두고 있음에 기인한 것이라 할 수 있다.

어휘의 측면에서는, 석독구결 자료는 한자의 사성四聲이 정밀하게 표

---

41 김미형, 「번역의 틀로 형성되는 문체적 특징 연구」, 『한국언어문화』 24, 한국언어문화학회, 2003, pp.17~18

기되어 있는 일본의 훈점본訓點本과 달리, 성조聲調 표기가 없는 특징을 보인다. 이 점은 신라와 고려에서 불교 경전을 한국식 한자음으로 암송하였음을 암시한다.[42] 그리고 구결문의 어휘는 한자어와 고유어로 양분할 수 있는데, 5종의 석독구결 자료 모두에서 일음절어가 고유어로 바뀌어 번역되는 경우가 한자어를 그대로 준용하여 번역되는 경우보다 그 비중이 크다. 예를 들면, 『구역인왕경』에서는 전체 257개의 일음절어 중 고유어로 번역된 예와 한자어를 준용한 예가 각각 153개와 104개로 나타나고 있는 것이다. 전체적인 경향성의 측면에서 보면, 특정 문헌 안에서 고유어로 바뀌는 어휘들은 한자어를 준용하지 않거나, 한자어를 준용하여 번역되는 어휘들은 고유어로 바뀌지 않는다.[43]

한편, 석독구결 자료에는 고유어뿐만 아니라 우리말이 된 수많은 한자어들도 포함하고 있다. 주지하다시피 한국어는 고대로부터 불교의 영향을 받아서 '중생衆生'을 비롯한 많은 불교 용어가 한국어 어휘 속으로 들어왔다. 그런데 불교 용어라고 생각하지 않는 많은 어휘들도 석독구결을 통한 불교 경전의 학습 과정을 통해 한국어로 유입되었을 가능성이 크다. 특히 필경畢竟·과거過去·미래未來·처자妻子·수족手足·명칭名稱·세간世間·성숙成熟·연설演說 등의 2음절 한자어[44]는 그 수용 과정에 대한 연구에서 석독구결문이 중요한 참고 자료가 될 수 있을 것이다.

결국, 신라시대의 불교금석문에 나타난 이두문이 자국어로 개인의 심성을 표현하고 있고, 불교 관련 향찰 작품이 사유의 범위와 서정의 영역

---

42 이승재, 「고려시대의 불경 교육과 구결」, 『한국사시민강좌』 37, 서울: 일조각, 2005, pp.29~30
43 정은균, 「고려시대 석독구결문의 번역 문체의 특징」, 『배달말』 45, 배달말학회, 2009, pp.160~161
44 이병기, 「구결 자료의 어휘」, 『구결연구』 33, 구결학회, p.56

을 확대·확장하고 있다면, 불전에 기입된 석독구결은 한문의 자국어 학습과 불교 지식의 체득 및 한국어의 형성에 기여하고 있다는 점을 그 문화사적 의의로 지적할 수 있다.

| 참고문헌 |

구결학회 편, 『한문독법과 동아시아의 문자』, 서울: 태학사, 2006.
남경란, 「음독구결 연구의 회고와 전망」, 『구결연구』 21, 구결학회, 2008.
남풍현, 『구결연구』, 서울: 태학사, 2002.
백두현, 『석독구결의 문자체계와 기능』, 서울: 한국문화사, 2005.
윤용선, 「『소학언해』의 구결체계에 대한 검토」, 『진단학보』 102, 진단학회, 2006.
이승재, 「고려시대의 불경 교육과 구결」, 『한국사시민강좌』 37, 서울: 일조각, 2005.
장경준, 「고려시대 석독구결 자료의 소개와 활용 방안」, 『한국어학』 59, 한국어학회, 2013.
장윤희, 「석독구결 및 그 자료의 개관」, 『구결연구』 12, 구결학회, 2004.
정재영, 「한국의 구결」, 『구결연구』 17, 구결학회, 2006.
최 식, 「한문독법의 한국적 특수성-구두, 현토, 구결」, 『한자한문교육』 27, 한자한문교육학회, 2011.

결사 結社

박서연

I. 결사란 무엇인가?

결사, 향도, 계/ 결사의 기원/ 여산 혜원의 백련사白蓮社

II. 신라시대 결사의 성립

김유신의 용화향도龍華香徒/ 경덕왕대의 만일계萬日契/ 오대산 결사와 화엄·추모 결사

III. 고려시대 결사의 성행

만일결사와 지리산 수정사水精社/ 지눌의 정혜定慧결사/ 요세의 백련결사

IV. 조선시대 결사의 계승

사찰계寺刹契와 결사/ 백파의 수선修禪결사/ 경허의 수선결사

■ 신앙과 수행을 향한 승속僧俗의 염원

I. 결사란 무엇인가?

결사, 향도, 계

불교에서 결사란 '수행과 불사佛事라는 공동의 목적하에 그 뜻을 같이 하는 사람들이 모인 신앙 혹은 수행의 공동체'라고 정의할 수 있다. 우리나라에서는 일찍이 삼국시대부터 결사가 행해졌으며, 향도香徒·계契·회會·도량道場·보寶·사회社會·법회法會·사社 등의 명칭도 사용되었다. 결사의 명칭에 있어서 화엄華嚴결사·정혜定慧결사처럼 결사의 사상이나 신앙을 표방하는 경우도 있고, 만일계萬日契·만일염불회萬日念佛會와 같이 결사가 진행된 일수를 의미할 때도 있으며, 백련白蓮결사·수정사水精社와 같이 상징적인 경우도 있으나 불사를 위해 결성될 때는 대부분 향도라고만 한 예가 많다.[1]

불교 신앙 조직으로서 최초의 형태는 향도이며, 김유신의 용화향도가 그 시초가 된다. 향도는 일반적으로는 불교도·불교인을 의미했지만 특수한 목적을 나타내는 명사가 앞에 와서 향도와 결합될 경우에는 고유한 불교 신앙결사체를 의미하였다.[2] 그 뒤 신라 통일기 초에 옛 백제 지역인 충남 연기군燕岐郡에서 백제 유민들에 의해 조형造形된 것으로 보이는 계유명삼존천불비상癸酉銘三尊千佛碑像(673년)의 명문에 250명이 향도를 결

---

1 한보광, 「신앙결사의 성립배경에 관한 연구」, 『불교학보』 29, 동국대 불교문화연구원, 1992, pp.324~325
2 한보광, 「信仰結社의 유형과 그 역할」, 『불교학보』 30, 동국대 불교문화연구원, 1993, p.13

성했다는 기록이 보인다.3 그리고 신라 당대의 자료는 아니지만, 1692년에 세워진 「미황사비명美黃寺碑銘」에는 749년(경덕왕 8)에 승려와 촌주村主, 향도 100명이 사찰을 창건하였다고 하고, 1904년에 세워진 「건봉사연회비명乾鳳寺蓮會碑銘」에는 748년(경덕왕 7)에 발징發徵 외 승려 31명과 향도 1,820명이 미타만일회彌陀萬日會를 창설하였다는 내용이 들어 있다. 또한 중대 말인 혜공왕대에 만들어진 것으로 추정되는 비편碑片의 뒷면에 '향도'라는 명칭이 보이는데, 경남 사천泗川에서 발견된 이 비편은 당시 사천 지역의 향도 조직이 불사를 기념하기 위하여 세운 비석의 일부로 추정된다.4 신라 하대에는 화엄결사 및 추모 결사가 행해졌으며, 승려 영수永秀가 주도하여 예불禮佛 향도를 모아 이차돈異次頓의 불법佛法 홍포 서원을 기리는 결사도 조직되었다.5 또한 865년(경문왕景文王 5)에 조성된 강원도 철원의 도피안사到彼岸寺 비로자나불상 뒷면에는 '향도불香徒佛'이라는 용어가 보이는데, 향도 1,500여 명이 신앙결사체를 조직하고 금석金石과 같은 굳은 신앙심으로 결연하여 비로자나불을 조성하였음을 밝히고 있다.6

고려시대에 향도는 불교 신앙단체의 대표 격으로 인식되었다. 고려 전기의 향도는 탑과 불상을 조성하기 위해 조직되었으며, 주로 향리층이 주도하였다. 그들이 행한 불사는 고려 후기에 비해 대규모적인 것이었는

---

3 채상식, 「한국 중세시기 香徒의 존재양상과 성격」, 『한국민족문화』 45, 부산대 한국민족문화연구소, 2012, p.67
4 윤선태, 「신라 중대말~하대초의 지방사회와 불교신앙결사」, 『신라문화』 26, 동국대 신라문화연구소, 2005, pp.123~128
5 정병삼, 「9세기 신라 불교 결사」, 『한국학보』 22, 서울: 일지사, 1996, p.221
6 김문경, 「삼국·신라시대의 불교 신앙결사」, 『史學志』 10, 1976, p.168; 강희정, 「9세기 비로자나불 조성의 배경과 의미」, 『한국고대사탐구』 13, 한국고대사탐구학회, 2013, pp.140~162 참조.

데, 1011년(현종顯宗 2)에 완성된 예천醴泉 개심사開心寺 석탑은 추향도椎 香徒와 미륵향도의 두 조직이 중심이 되어 만든 것으로 이때 참여한 추향 도는 98명이었다고 한다.[7] 향도는 여말선초麗末鮮初인 14~15세기경에 그 성격이 변질되어 일부 도서와 해안 지방을 중심으로 민간신앙적 요소와 미륵신앙이 결합된 매향埋香신앙을 주도하였다. 매향신앙은 향목을 땅 에 묻고 미륵세계에 태어날 것을 발원하여 비碑를 세우는 신앙결사이다.[8] 이처럼 결성 초기에는 신앙을 함께하는 이들이 모여 예불이나 염불 등을 실천하는 신앙공동체의 성격이 강했던 향도는 점차 불상이나 불탑의 조 성, 향목香木을 묻는 매향埋香, 사원의 건축 등에 기금과 노동력을 제공하 는 불교 후원 조직으로서의 성격이 부가되었다.[9]

조선 초기에 향도는 향도鄕徒로 표기되면서 계와 동일한 의미로 사용 되었다. 『선조실록宣祖實錄』에는 '동린지계洞隣之契', '향도지회香徒之會'라 고 하여, 당시의 풍속에 상호부조하는 계·향도 등이 있었음을 말해 준 다.[10] 또한 조선 초기에는 결사를 향사香社라고도 했던 것으로 보이는데, 함허 기화涵虛己和(1376~1433)에 의해 미타불호를 칭념하는 염불향사 등 이 있었다고 한다.[11] 억불이 진행된 조선 중기부터 점차 변질되기 시작한 향도는 더 이상 신앙 조직으로서의 불교적 기능을 수행할 수 없게 되었

---

7 구산우, 「고려전기 향도의 불사 조성과 구성원 규모」, 『한국중세사연구』 10, 한국중세 사학회, 2001, pp.55~74
8 한보광, 앞의 논문, 1993, p.178
9 김성순, 「동아시아 민간불교결사의 공덕신앙과 장의葬儀」, 『종교연구』 62, 한국종교 학회, 2011, p.267
10 『宣祖實錄』 6년(1573) 8월 17일(甲子). 김용덕, 「향도연구서설」, 제28회 전국역사학 대회 발표요지, 1985, p.80 참조.
11 이봉춘, 『조선시대 불교사 연구』, 서울: 민족사, 2015, p.550

고, 그 대안으로 계契가 다시 등장하였다. 특히 조선 후기에는 억불하에서 신심信心을 고취시키고 사찰의 재정을 돕기 위한 각종 사찰계가 성행하였다.

결사는 '도량'이라는 명칭으로 대신하기도 하였는데, 고려 전기에 '만일미타도량'이라 하여 하나의 도량을 개설한 것으로 나타나고 있으며, 고려 후기에 원묘 요세는 만덕산에서 백련사를 개창하면서 이를 보현普賢도량이라 하고 있다.[12] 이처럼 결사는 향도·계·도량 등의 여러 명칭으로 불리며, 삼국시대 이래로 신앙과 수행을 위한 불교공동체로서 작용해 왔다.

결사의 기원

사社는 원래 중국 고대의 토지신을 가리키는 말이었으며, 토지신에 정기적인 제사를 행하는 의례공동체 조직을 지칭하기도 하였다.[13] 오래전부터 민간의 사는 민중적인 지역 조직의 기본 단위였으며, 읍락에서 군중들이 집회하는 장소를 가리키기도 하였다. 위진·남북조시대에 이르러 불교 신앙을 중심으로 하는 법사法社·의읍義邑·읍사邑社·사읍社邑 등이 형성되었으며, 여산 혜원廬山慧遠(335~417)의 백련사白蓮社가 그 시초가 된다.[14] 당시에 승제僧濟는 여산에 들어가 혜원에게서 가르침을 받았으며

---

12 한보광, 「신라·고려대의 만일염불결사」, 『불교학보』 31, 동국대 불교문화연구원, 1994, p.147

13 溝口雄三·丸山松幸·池田知久 편저, 김석근·김용천·박규태 옮김, 『중국사상문화사전』, 서울: 민족문화문고, 2003, p.391

14 贊寧, 『大宋僧史略』 卷下 (『大正藏』 54, 250c). 송의 찬녕은 「結社法集」에서 '社'의 명칭이 혜원의 백련사에서 비롯되었다고 기록하고 있다.

서른 살이 넘자 읍邑에 나가 개강開講하였다고 하는데,[15] 이때의 읍은 곧 읍회·사 등을 말한다.

초기의 사社는 백련사의 경우처럼 사원이나 사원의 승려가 주도해서 결성하는 경우가 많았으며, 그 규약이 엄격하였다. 당대에 이르면 '사'라는 용어로 민간의 불교결사를 일컫고 있는데, 대부분의 사들은 그 지역의 사찰과 밀접한 관련을 맺으면서 활동하였다. 수당 초기에 이루어진 결사들의 주요 사업은 불상을 조성하거나 사원, 석굴을 건축하는 등의 규모가 큰 불사들이 주를 이루었으며, 중당 이후의 불교결사들은 주로 경전을 외거나 강의하고 사경과 재회 등을 실천했다.

당대에는 강남의 항주杭州를 중심으로 하여 재야의 독서층과 일반민이 중심이 된 『화엄경』 결사가 이루어졌으며, 특히 안사의 난(755~763) 이후에는 『화엄경』을 중심으로 한 결사운동이 널리 민중사회에까지 파급되었다. 당대 후기부터 오대에는 불교 신앙을 중심으로 형성된 사읍 등의 계보를 이으면서 봄가을의 두 번의 연회, 장의 때의 상호부조, 불교의 여러 행사에의 참가 등을 사업으로 하는 사社가 나타나게 되었다.[16] 그 뒤 오대 말~송대 초기에 이르는 사회적 혼란기에는 아미타신앙에 바탕을 둔 염불결사가 성행하였는데, 주로 강남 지역에서 정행사淨行社·정업회淨業會·정토계념회淨土繫念會 등의 결사가 이루어졌다.

송대에는 사가 더욱 번성하였으며, 사의 기능과 목적도 다양해졌다. 송의 찬녕贊寧은 그의 「결사법집結社法集」에서, 구제救濟의 공을 이루는 것이 사社만한 것이 없다고 하고, 지금의 결사는 복의 인因을 짓는 것이

---

15 『高僧傳』 권6 (『大正藏』 50, 362b)
16 溝口雄三·丸山松幸·池田知久 편저, 김석근·김용천·박규태 옮김, 앞의 책, 2003, pp.391~402

며 조약이 엄격하고 밝기가 공법公法보다 더하며 수행하는 사람들이 서로 격려하며 닦아 증득하기에 힘쓴다고 기술하였다.[17] 송대 이후에는 사회社會라 불리는 조직이 등장하였으며, 북송대에는 사명 지례四明知禮(960~1028)가 1013년(대중상부大中祥符 6)에 염불시계회念佛施戒會를 결성하는 등 천태교단의 승려들이 적극적으로 결사를 조직하였다.

여산 혜원의 백련사白蓮社

여산 혜원의 백련사는 불교 민간신앙 결사의 효시로 일컬어진다. 동진東晉시대에 혜원은 예상되는 전란을 피해 산림에 은거하여 불도를 닦고자 하였으며, 384년(태원太元 9) 여산 동림사東林寺로 들어가 이후 30여 년 동안 머물렀다.[18] 혜원은 그의 나이 67세 때인 402년(원흥元興 원년) 7월 동림사 반야대般若臺 정사精舍의 아미타불상 앞에서 유유민劉遺民 등 123명과 함께 서방왕생의 서원을 세우고 수행하였다.[19] 백련사의 사원社員들은 혜원에게서 삼세인과응보의 도리와 윤회전생의 가르침을 배워 믿었으며 아미타불의 정토에 왕생하기를 희구하였다. 혜원은 결사에 참여한 대중들과 함께 새벽부터 밤늦게까지 쉬지 않고 정진하였으며,[20] 서로 절차탁마하며 올바르게 수행하여 함께 왕생하고자 하였다.[21] 그들이 매일 행한 수행법은 염불삼매였는데, 혜원은 여러 가지 삼매 가운데 뛰어난 공덕을

---

17 贊寧, 『大宋僧史略』 卷下 (『大正藏』 54, 250c)
18 藤堂恭俊·塩入良道 저, 차차석 옮김, 『중국불교사』, 서울: 대원정사, 1992, pp.119~120
19 『出三藏記集傳』 卷下, 「慧遠法師傳」 (『大正藏』 55, 109c)
20 『高僧傳』 卷6 (『大正藏』 50, 358c)
21 『樂邦文類』 권2, 「念佛三昧詩序」 (『大正藏』 47, 166a)

가지고 있으면서도 실행하기 쉬운 것이 염불삼매라고 하였다.[22] 이 염불삼매는 『반주삼매경般舟三昧經』에 의거한 것으로서, 『반주삼매경』에서는 쉼 없이 염念함으로써 아미타불을 볼 수 있게 되며, 견불見佛하고 나서 아미타불의 국토에 왕생하고자 하면 쉬지 않고 아미타불을 염하고 그 염을 지켜 쉬지 않아야 아미타불의 국토에 왕생할 수 있다고 설한다.[23]

혜원이 재가자인 유유민에게 보내는 편지에 의하면, 육재일六齋日에는 일상의 업무를 멈추고 전심으로 수행에 힘쓸 것을 권하고 있다.[24] 유유민은 금계禁戒를 굳게 지키며 일념으로 불도 수행에 정진하였는데, 반년이 지나자 선정 중에 부처의 모습을 관觀하였으며, 길에서 불상을 만나면 참부처가 공중에 시현하고 광명이 천지를 비추며 그 주변이 금빛으로 빛났다고 한다.[25]

장기간에 걸쳐 123명이라는 적지 않은 승속이 모여 결사체를 조직함에 있어 그 규칙을 정한 결사문이 존재했을 것이다. 지금은 전하지 않지만 혜원이 지은 「법사절도서法社節度序」는 그 명칭에서 알 수 있듯이, 백련사를 조직함에 있어 행사의 작법作法을 정했던 '절도'에 관한 서문이었을 것으로 추정된다. 이는 백련사라는 법사法社에 대한 규칙이 제정되었음을 의미하며, 이후의 결사에서 그 구성원들이 준수해야 할 규칙을 제정하는 전범이 되었을 것으로 보인다. 이처럼 엄숙하고 청정한 백련사의 수행 가풍으로 인해 환현桓玄의 승니사태僧尼沙汰 때 혜원이 머무는 여산 지역만은 그 대상에서 제외될 수 있었다.[26]

---

22 『樂邦文類』권2, 「念佛三昧詩序」(『大正藏』47, 166a)
23 支婁迦讖 譯, 『般舟三昧經』卷上 (『大正藏』13, 905b)
24 『廣弘明集』권27, 「與隱士劉遺民等書」(『大正藏』52, 304b)
25 『樂邦文類』권2, 「念佛三昧詩序」(『大正藏』47, 166a)
26 『高僧傳』권6 (『大正藏』50, 360b)

혜원의 백련사에 참가한 승속僧俗 123명의 이름에 대해서는 관련 문헌마다 그 내용에 차이가 있으며, 승려는 혜영慧永·혜지慧持·도항道恒·도경道敬·담순曇順·도병道昞·담선曇詵·담항曇恒 등이었고, 재가자는 유유민·장야張野·주속지周續之·장전張詮·종병宗炳·뇌차종雷次宗 등이었다. 이들 가운데 유유민 등은 소수의 엘리트 계층 은사隱士들이었으며, 다수의 일반 백성들이 참여한 것 같지는 않다. 백련사는 유교나 도교의 은사들에게도 개방되었으며, 백련사의 영향을 받아 도교 사원에서는 매년 8월 1일부터 7일까지 백련회白蓮會가 거행되기도 하였다.[27] 여산 혜원의 백련사는 엄격한 지계와 뛰어난 선정 수행을 기반으로 하고 있는데, 이것은 혜원의 입적 후 백련사의 활동이 부진해지고 점차 사라지게 된 하나의 원인이 되었을 것이라는 견해도 있지만,[28] 이후 백련사는 다양하게 전개된 동아시아 불교결사의 원형으로 자리매김하게 된다.

II. 신라시대 결사의 성립

김유신의 용화향도龍華香徒

우리나라에서 결사의 형태는 삼국시대부터 보이는데, 그 최초의 기록은 김유신金庾信(595~673)의 용화향도에 관한 것이다.『삼국사기』권41에 의하면,

---

27 李太元,『念佛의 源流와 展開史』, 서울: 운주사, 1998, p.286
28 木村淸孝 著, 章輝玉 옮김,『중국불교사상사』, 서울: 민족사, 1989, p.130

공公이 15세에 화랑이 되자, 당시 사람들이 흡족하게 여기며 복종하였는데 이를 용화향도龍華香徒라 이름하였다.[29]

라고 하여, 김유신이 화랑이 되어 이끈 무리를 용화향도라고 하였다는 것이다. 김유신의 용화향도는 미륵불을 신앙하는 낭도 집단으로서 군사조직뿐 아니라 종교결사의 성격을 아울러 지녔던 것으로 알려져 있다.[30] 용화는 용화수를 뜻하며, 나아가 미래에 용화수 아래에서 성불하여 3회 설법으로 중생들을 제도할 미륵불을 상징한다. 따라서 김유신의 용화향도는 '미륵님께 향 사르는 무리(또는 단체)', 즉 미륵신도彌勒信徒였음을 알 수 있다.[31]

미륵신앙은 인도에서 성립된 후 서역西域 지방을 거쳐 중국에 전해졌고, 삼국시대에 우리나라에 전래되었다. 미륵신앙은 전륜성왕사상과도 관련이 있으며, 진흥왕은 미륵신앙을 풍월도風月道에 적용함으로써 나라를 이롭게 하고 국운을 흥륭시키고자 하였다. 신라 제25대 진지왕眞智王 때 흥륜사興輪寺 승려인 진자眞慈는 미륵상 앞에 나아가 미륵대성이 화랑으로 화작化作하여 세상에 출현해 줄 것을 기도하였는데, 어느 날 밤 꿈에 어떤 승려의 계시를 받고 웅천熊川으로 가서 수원사水源寺 문 밖에서 미륵선화彌勒仙花 미시랑未尸郎을 우연히 만났으나 알아보지 못하였고, 뒤에 경사京師에서 그를 찾아 어깨肩輿에 태우고 왕에게 가서 보이니 왕이 공경하며 국선國仙으로 받들었다고 한다.[32] 이때의 미륵선화는 곧 미

---

29 『三國史記』 권41, 「列傳」 1, 金庾信 上
30 金哲俊·崔柄憲, 『史料로 본 한국문화사』, 서울: 일지사, 1986, p.197
31 김영태, 『한국불교사』, 서울: 경서원, 1997, p.90
32 『三國遺事』 권3, 「塔像」 4, 彌勒仙花未尸郎眞慈師 (『韓佛全』 6, 327c~328c)

륵대성이 화현한 화랑을 의미하며, 소년 미시랑을 왕이 공경하며 받들었다는 것은 미륵신앙의 국가적 성격을 보여주는 것이다.[33]

삼국통일의 대업을 이룩한 화랑으로서 김유신은 이러한 진흥왕과 진지왕 代의 국가불교적 미륵신앙의 흐름 속에 있었다. 그러므로 김유신의 용화향도 역시 미륵신앙에 바탕을 둔 국가불교적 신앙공동체로서의 향도였다고 하겠으며, 이후에 나타나는 불교 민간신앙 조직의 결성에도 영향을 미쳤을 것으로 보인다.

경덕왕대의 만일계萬日契

신라 중대를 대표하는 신앙은 아미타신앙이라고 할 수 있다. 아미타신앙의 성행은 통일전쟁기라는 사회적 배경 외에도 아미타신앙이 지닌 '중생구제'라는 본질적 요소 및 원효와 경흥을 비롯한 당시 승려들의 정토경전 연구에 뒷받침된 것으로 보인다.[34] 이러한 시대 조류 속에서 염불결사가 행해졌다. 염불결사는 염불 수행에 의해 정토에 왕생하려는 목적으로 결성된 신앙공동체였다. 『삼국유사』에는 두 사람의 염불왕생 결의에서부터 시작하여 다섯 사람, 수십 명, 1천 명이 넘는 인원이 참여하는 염불결사의 형태가 나타나고 있다. 그중 '욱면비염불서승郁面婢念佛西昇'조에 '만일계'라는 말이 처음으로 보인다.

경덕왕대에 강주康州의 남자 신도 수십 명이 극락세계를 정성껏 구하

---

33 김영태, 『한국불교사정론』, 서울: 불지사, 1997, pp.202~203
34 김영미, 「통일신라시대 아미타신앙의 역사적 성격」, 『한국사연구』 50·51, 한국사연구회, 1985, p.396

여 주州의 경계에 미타사彌陀寺를 짓고 1만 일을 기약하며 계契를 만들었다. 그때 아간阿干 귀진貴珍의 집에 욱면이라는 계집종이 있었다. 욱면은 주인을 따라 절에 가 뜰 가운데 서서 스님을 따라 염불했다. 그런데 주인은 그녀가 자기 일을 제대로 하지 않는다고 하면서 날마다 곡식 두 섬씩 주고 하루 저녁 내내 찧도록 하였다. 그러나 계집종은 초저녁에 다 찧고는 절로 돌아와 밤낮으로 염불하기를 게을리 하지 않았다. 그녀는 뜰의 좌우에 긴 말뚝을 세우고는 두 손바닥을 뚫어 새끼줄로 꿴 다음 말뚝에 매달고 합장하여 좌우로 흔들면서 스스로를 격려하였다. 이때 하늘에서 외치기를, "욱면 낭자는 법당에 들어가 염불하라."고 하였고, 절의 대중들이 이 소리를 듣고는 계집종에게 권유하여 법당 안으로 들어가 법식에 따라 정진하게 하였다. 얼마 후 서쪽 하늘에서 음악소리가 들려오자 계집종이 솟아올라 지붕을 뚫고 나갔다. 서쪽 교외로 가서 육신을 버리고 진신眞身을 드러내더니 연화대에 앉아 큰 빛을 발하며 천천히 가버렸고, 공중에서는 음악소리가 그치지 않았다.[35]

이것은 「향전鄕傳」의 내용으로, '1만 일을 기약하며 결성한 계契'는 곧 만일미타결사였다.[36] 여기서 "아간 귀진 등 선사善士 수십 명에 의해 미타사가 창건되었다."고 한 것으로 보아 만일계와 미타사의 창건은 우바새들이 주축이 되었을 것이며, 아간 귀진이 자신의 노비가 따라와서 함께 염불하는 것을 못마땅하게 여긴 것으로 미루어, 원칙적으로는 노비

---

35 『三國遺事』 권5, 「感通」 7, 郁面婢念佛西昇 (『韓佛全』 6, 357c~358a)
36 '泗川新羅香徒碑'를 통해 볼 때, 사천의 향도는 시기적으로나 지리적으로 강주 지역의 미타결사와 가깝고 밀접하기 때문에 사천의 향도 역시 경덕왕대에 지방사회에서 폭발적으로 증가한 미타결사의 하나였을 것으로 추정되기도 한다. (윤선태, 앞의 논문, 2005, p.128 참조)

등 천민의 참여는 허용되지 않았던 듯하다.[37] 하지만 욱면은 누구보다도 열심히 정진하였고 이에 마침내 법당 안으로 들어가 수행할 수 있게 된 것으로 보아, 만일계는 본래는 신분에 제한을 두어 실행하였으나 예외가 인정되었음도 알 수 있다.[38] '욱면비염불서승'조에서는 "여인은 왕생할 수 없다."는 종래의 경설經說과 달리 노비인 욱면이 육신 그대로 왕생함을 보여주는데,[39] 이처럼 신라 중대의 불교 신앙은 창의적이면서도 신라적 특성이 강하여 불교 경전에 설해진 가르침을 신라화하고 있다. 욱면에 대해서는 다음과 같은 「승전僧傳」의 기록도 전한다.

> 동량팔진棟梁八珍은 관음의 응현應現으로 무리 천 명을 모아 둘로 나누어 한쪽은 일하게努力 하고 다른 한쪽은 정수精修하게 했다. 그 노력하는 무리 중에 일을 맡아 보는 자가 계를 얻지 못하고 축생도에 떨어져 부석사의 소가 되었다. 그 소가 일찍이 불경을 싣고 가다가 불경의 힘을 입어 다시 사람으로 환생해서 아간 귀진의 집 계집종으로 태어나 이름을 욱면이라 했다. 욱면이 볼 일이 있어 하가산下柯山에 갔다가 꿈에 감응을 받아 불도를 닦을 마음이 생겼다. 아간의 집이 혜숙惠宿 법사가 지은 미타사와 가까운 거리에 있었으므로 아간은 매일 그 절에 가서 염불했는데, 계집종도 따라가 뜰에서 염불했다. 욱면은 이렇게 9년 동안 염불했다.[40]

결사에 참여한 구성원과 관련하여 「승전」에는 출가자가 중심이 된 것

---

37 한보광, 앞의 논문, 1994, p.140
38 정병삼, 앞의 논문, 1996, p.205
39 김영태, 앞의 책, 1997, p.82
40 『三國遺事』 권5, 「感通」 7, 郁面婢念佛西昇 (『韓佛全』 6, 358a)

으로 기술되어 있다. 여기서 '정수精修'는 염불에만 전념하는 이들이고, '노력勞力'은 노동력 즉 염불에 전념하는 이들에게 의식衣食을 제공하는 사람들이었을 것이다. 「향전」에서 남자 신도 수십 명이 계를 결성하였다고 한 것으로 보아 그 결사의 규모가 크지 않지만, 「승전」에서는 결사자가 1천 명이었다고 하여 그 규모가 상당했음을 알 수 있다. '욱면비염불서승'조에 의하면, 정토에 왕생하기 위해 쉼 없는 염불정진과 보리심菩提心, 그리고 지계持戒가 중시되었음을 알 수 있는데, 이는 당시 염불결사의 수행 불교적 성격을 보여준다.

이처럼 우리나라에서 만일염불결사는 일찍이 신라시대부터 보이고 있다. 만 일이라는 긴 시간을 정해 놓고 염불 수행하는 형태는 중국이나 일본에서 염불의 횟수를 중시한 것과 대조된다. 이는 원효가 그의 『아미타경소』에서 일수日數가 많을수록 보다 상위의 극락세계에 왕생한다고 한 것과 관련이 있을 것으로 보인다.[41] 중국이나 일본과 달리 '만일'이라는, 염불하는 전체 일수를 강조한 한국의 만일계는 기본적으로는 내세에의 왕생을 희구하고 있지만, 만 일 동안 염불하는 과정 그 자체로서 이미 현세에서의 수행자적 삶의 실천을 뜻한다. 그러므로 『삼국유사』에 전하는 '욱면비염불서승'조의 만일계는 남녀의 구별, 귀천貴賤의 차별을 초월한 실천 중심적 불교관을 보여주는 사례라 하겠다.

오대산 결사와 화엄·추모 결사

8세기 초 왕자인 보천寶川과 효명孝明은 오대산에서 결사하였다. 그들

---

41 한보광, 「만일염불결사의 성립과 그 역할」, 『정토학연구』 창간호, 한국정토학회, 1998, pp.63~64

은 문수보살의 36종 현상現像에게 공양하였는데, 훗날 성덕왕이 된 효명은 친히 백관을 거느리고 이곳에 와서 전당殿堂을 짓고 문수보살의 소상塑像을 만들어 당 안에 모셨다. 그리고 영변靈卞 등 5명에게『화엄경』을 오랫동안 전독轉讀하게 하여 화엄사華嚴社를 조직하고 그 비용을 조달하였는데, 해마다 봄가을로 이곳에서 가까운 주현州縣으로부터 곡식倉租 100석과 맑은 기름淨油 1석 등을 공급하는 것을 상규常規로 삼았다.

오대산에 남아 수행을 계속한 보천은 입적하는 날, 오대산의 5대臺에 각각 결사하고 수행하여 나라에 이익이 될 것을 당부하였다. 즉 오대산은 백두산의 큰 줄기로서 각 대臺는 진신이 상주하는 곳이니, 동대東臺에는 관음방觀音房을 설치하여 원상圓像 관음과 1만 관음상을 그려 모시고 복전승福田僧 다섯 명이『금경金經』·『인왕반야경』과 천수주千手呪를 읽고『관음경』예참禮懺을 외우게 하여 이곳을 원통사圓通社라 부르게 하였다. 남대南臺에는 지장방地藏房을 두어 원상圓像 지장과 8대보살을 상수로 하여 1만 지장상을 그려 모시고 복전승 다섯 명을 두어『지장경』과『금강반야』를 읽고『점찰경占察經』예참을 외게 하여 금강사金剛社라 부르게 하였다. 서대西臺에는 미타방彌陀房을 두고 원상 무량수불과 무량수여래를 상수로 하여 1만 대세지보살을 모시고 복전승 다섯 명이『법화경』을 읽고 미타불 예참을 외게 하여 수정사水精社라 부르게 하였다. 북대北臺에는 나한당羅漢堂을 짓고 원상 석가불과 석가여래를 상수로 하여 5백 나한을 그려 모시고 복전승 다섯 명이『불보은경佛報恩經』과『열반경』을 읽고『열반경』예참을 외게 하여 백련사白蓮社라 부르게 하였다. 중대中臺 진여원에 문수文殊 부동상不動像을 모시고 뒤 벽에는 누런 바탕에 비로자나불을 상수로 하여 서른여섯 화신의 형상을 그리고 복전 다섯 명을 두어『화엄경』과 600부部『반야경』을 독송하고 문수예참文殊禮懺을 염念하게 하여 화엄사라 부르게 하였다. 보천암寶川庵은 화장사華藏寺로 고쳐 세우고 원상圓像 비로자나 3존尊과 대장경을 봉안하며 복전 다섯 명을 두어 대장경을 읽고 화엄신중을 염하며 매년 100일 동안 화엄회를 베풀고 법륜사法輪社라 이름하게 하였다. 그리고 화장사를 오대사五臺社의 본사本寺로 삼도록 하고, 하원下院에 문수갑사文殊岬寺를 배치하여 사社의 도회都會로 삼고 복전 일곱 명을 두어 화엄신중 예참을 행하게 하였다.[42] 이렇듯 오대산에서 행해진 신앙결사는 각기 특정 사찰과 연관되어 있었다. 이 오대산 결사는 국왕의 만수무강과 백성들의 태평성대를 기원하고 있고 또 그 비용을 국가의 세금으로 충당케 한 것으로서 호국적 성격이 짙은 것이다. 오대산 결사가 8세기 초반 성덕왕대의 진여원眞如院이 바탕이 되어 하대에 들어 복합적인 체계로 구성된 것이라 한다면, 이는 다양한 경전 강독과 예참 신앙이 신라 하대에 오대산에서 실행되었음을 말해 주는 것이 된다.[43]

　신라 하대에는 화엄종이 왕실과 관련을 가졌으며 왕실의 존중을 받았는데,[44] 그러한 정황은 화엄결사 등을 통해서도 알 수 있다. 화엄결사의 사례는 8세기 초에 보이고, 9세기 말경에는 상당히 성행하였다.[45] 9세기 말에 최치원은 화엄결사와 관련된 4종의 원문願文을 남겼는데, 그것은 「고종남산엄화상보은사회원문故終南山儼和尙報恩社會願文」, 「해동화엄초조기신원문海東華嚴初祖忌晨願文」, 「화엄사회원문華嚴社會願文」, 「화엄경사회원문華嚴經社會願文」이다. 이 가운데 처음의 둘은 화엄조사인 의상과, 그

---

42 『三國遺事』 권3, 「塔像」 4, 臺山五萬眞身(『韓佛全』 6, 334a~336a)
43 정병삼, 앞의 논문, 1996, p.228
44 김복순, 『신라화엄종연구』, 서울: 민족사, 1990, p.78
45 김상현, 「통일신라시대의 화엄신앙」, 『신라문화』 2, 동국대 신라문화연구소, 1991, p.78, 154

의 스승인 지엄을 추모하기 위한 결사의 원문이며, 세 번째 것은 화엄업에 속한 승려들이 맺은 향사香社의 원문이다. 그리고 네 번째 것은 정강왕定康王이 망형亡兄 헌강왕憲康王의 명복을 빌기 위해 886년 7월에 승려 현준의 주도로 행한 화엄결사의 원문이다. 정강왕이 주최한 이 결사에서는 60권본『화엄경』과 40권본『화엄경』을 사경寫經하였으며, 1년에 봄가을 두 차례 능침북사陵寢北寺(해인사)에 모여『화엄경』을 100번 전독轉讀하였다고 한다. 고인의 명복을 빌면서 정토신앙에 의지하지 않고『화엄경』사경과 독송을 실천한 것은 주목할 만하다.[46] 사경에는 승려뿐만 아니라 왕실과 대신들도 참여하였으며,[47] 60권본과 40권본 2부部『화엄경』을 10일 동안에 10질을 완성하였다. 이 결사의 단월이 북궁공주北宮公主, 즉 진성왕眞聖王이었던 것은 결사의 배경에 왕실이 관계되었음을 말해 준다.[48]

이처럼 9세기 말에는 화엄조사를 추모하거나 죽은 자의 명복을 빌기 위해 왕실이나 승려들이 주축이 되어 화엄결사가 실행되었던 것이다. 이러한 신라 하대의 화엄결사의 성행에 대해 당 중기 이후에 유행한 화엄결사의 영향으로 보는 시각도 있지만,[49] 선종의 대두에 따라 교학 체계를 재정비하려는 의도에서 역대 조사의 저술을 강독하고 조사 숭배와 교단의 결속을 다지려는 것으로서 신앙을 실천하는 한 방법이기도 하였다.

46　정병삼, 앞의 논문, 1996, p.228
47　사경에 참여한 이들에 대해 김복순은 "上宰, 國戚, 大臣, 國統, 僧錄 등"이었다고 하고(김복순, 앞의 책, 1990, p.87), 김상현은 "金林甫, 順憲, 金一 등이 60권본『화엄경』을 사경하였고 國統, 僧錄 등이 40권본『화엄경』을 사경하였다."고 하였다.(김상현,『신라화엄사상사연구』, 서울: 민족사, 1991, p.154)
48　김복순, 앞의 책, 1990, p.88
49　김문경,「의식을 통한 불교의 대중화운동」,『사학지』4, 단국대학교 사학회, 1970.11, p.105; 김상현, 앞의 책, 1991, p.154에서 재인용.

『화엄경』을 중심으로 단결하여 모든 선행을 실천하자는 화엄 교단의 주장은 화엄종에 대한 비판을 의식하며 내적인 결속과 실천적인 신앙 활동을 강조하고자 한 것이었다.[50] 이러한 오대산 결사 및 신라 하대에 성행한 화엄·추모 결사는 국가나 왕실과 연관된 결사로서, 신라 중대에 민간에서 주도하여 행해진 신앙결사와는 다른 양상을 보인다고 하겠다.

III. 고려시대 결사의 성행

만일결사와 지리산 수정사水精社

고려시대 최초의 만일결사 사례는 승려 성범成梵이 982년(성종 원년)에 포산包山에서 만일미타도량을 개설하여 50여 년간 수행 정진한 것에서 발견된다.

도성암道成嵒은 높이가 두어 길 되는데, 후세 사람들이 그 굴 아래에 절을 세웠다. 태평흥국太平興國 7년 임오년(982)에 승려 성범이 처음 이 절에 와 머물면서 만일미타도량을 열고 50여 년 동안 부지런히 도를 닦았는데, 여러 번 특이한 조짐이 있었다. 이때 현풍玄風에 사는 신도 20여 명이 해마다 사社를 결성하여 향나무를 주워 절에 시주하였다. 그들은 매번 산속에 들어가 향나무를 거두어 쪼갠 다음 씻어서 발箔 위에 펼쳐 두었는데, 밤이 되면 나무가 촛불처럼 빛났다. 그래서 고을 사람들이 그 향나무

---

50 정병삼, 「9세기 신라 화엄의 추이」, 『불교학보』 69, 동국대 불교문화연구원, 2014, pp.139~140

에 시주하고 빚을 얻은 해(歲)를 축하하였다.[51]

이에 의하면, 당시 현풍의 신사信士 20여 명이 해마다 결사를 맺고 향목을 절에 바쳤는데, 이들은 성범이 염불 수행에 전념할 수 있도록 경제적으로 도왔다. 향도는 향을 매개로 한 신앙공동체라고 할 수 있는데, 현풍의 신사들이 사社를 결성하고 향목을 시주한 것은 곧 그들이 향도로서 조직적으로 활동하였음을 보여준다. 즉 성범의 만일미타도량에서 염불 수행자는 출가자인 성범이고 그를 후원하는 재가자 집단은 향도로서의 성격이 짙다고 하겠다.[52]

또 묘향산에서는 탐밀探密과 굉곽宏廓이 1042년(靖宗 8)에 보현사普賢寺를 건립하고 청정한 대중 300여 명을 모아 밤낮으로 쉬지 않고 염불하고 독경讀經하였다.[53] 그리고 1092년(선종 9)에는 인예태후의 만일결사가 행해졌다. 문종의 왕비이자 대각국사 의천의 어머니인 인예태후 이씨는 견불사見佛寺에서 천태종의 예참법禮懺法을 시행하여 1만 일을 기약하였는데, 이 결사는 성범의 만일미타도량과는 구성원이나 수행 방법에서 차이가 있다. 즉 왕족인 인예태후가 중심이 되었으므로 왕실이나 상류 귀족층이 참여하였을 것이며, 천태종의 예참법은 성범의 만일미타도량처럼 단순히 칭명염불만을 의미하지는 않으므로 견불사 결사에서는 지관止觀(좌선), 송경誦經, 염불, 참회 등의 다양한 방법이 신앙의례로서 실천되었

---

51 『三國遺事』 권5, 「避隱」 8, 包山二聖 (『韓佛全』 6, 365b)
52 한보광, 「신라·고려대의 만일염불결사」, 『불교학보』 31, 동국대 불교문화연구원, 1994, p.146
53 「寧邊妙香山普賢寺記」, 『韓國金石全文』 中世 上, 서울: 아세아문화사, 1984, pp.626~629

을 것으로 보인다.⁵⁴ 견불사 만일결사는 예불과 참회를 실천하여 아미타불의 극락세계에 왕생하기를 기약하고 있으며, 이는 정토신앙과 천태 수행법을 접목한 것이다.

『고려사』의 기록에 의하면 1101년(숙종 6)에 만불회萬佛會를 행하거나 1131년(인종 9)에 만불향도萬佛香徒를 결성하기도 하였는데, 이들 결사는 실체가 분명하지 않으며 조정에서 그 폐단이 논의되기도 하였으나, 한편으로는 전국에서 다양한 계층의 사람들, 특히 잡류雜類라고까지 일컬어질 정도의 사람들도 참여하고 있음을 알 수 있다. 이러한 만불향도는 이 시기 사회 변동 속에서 피지배층들의 대응 양태의 하나로서 이해되기도 한다.⁵⁵

한편, 1123년(인종 1)부터 1129년(인종 7)까지 진억津億이 사주社主가 되어 지리산에서 수정사가 행해졌다. 수정사 결사에는 선종과 교종의 승려들이 종파를 가리지 않고 참여하였으며, 석탑과 무량수불상, 대장경을 봉안하였다. 수정사는 3천 명의 사람들이 참여한 대규모 결사였으며, 그 구성원 또한 학행學行이 높은 승려를 위시하여 왕실과 귀족층 및 우바새·우바이에 이르기까지 다양한 계층이 참여하였다. 그들은 서방왕생을 목표로 부지런히 정진하였으며, 염불뿐만 아니라 경經을 외거나 좌선, 수혜修慧 등 자신에게 맞는 수행법을 찾아 실천하였다. 그런데 특기할 점은 사社에 참여한 모든 사람은 그가 살아 있거나 죽었거나 상관없이 나무 간자簡子에 이름을 새기고 15일마다 『점찰선악업보경』에 설한 대로 나무 간

---

54 김영미, 「고려 전기의 아미타신앙과 결사」, 『정토학연구』 3, 한국정토학회, 2000, pp.145~153

55 채웅석, 「고려시대 향도의 사회적 성격과 변화」, 『국사관논총』 2, 국사편찬위원회, 1989, p.115

자를 꺼내 던져서 선악의 보응報應을 점쳤다는 것이다.[56] 그리하여 악보惡報가 나오면 참회하고 선보善報가 나오더라도 악보에 떨어질 것을 염려하여 1년마다 다시 간자를 던져 점치고 수행하였다고 한다. 수정사에서는 무량수불상을 봉안하고 참회를 행하면서 극락에 왕생하기를 기원하였는데, 이는 신라 하대의 점찰법회가 주로 미륵신앙과 관련하여 나타나는 것과 달리, 수정사 결사에서는 극락왕생을 기원하였음을 보여준다.[57] 이처럼 수정사에서는 염불이나 좌선 등의 수행 방법 외에 밀교적인 요소도 가미되어 행해졌는데, 이는 신라시대 오대산 결사에 보이는 밀교적 행법이 12세기에도 행해졌음을 말해 준다.

이 외에 신보순申甫純(1113~1187)의 사례에서 보듯이, 재가 신도가 주축이 되어 향도를 결성하고 염불작법念佛作法하기도 하였다. 만일결사는 고려 말에도 보이는데, 1378년 보법사에서 조계종 선사의 주관으로 만일미타회가 행해지기도 하였다.[58]

지눌의 정혜定慧결사

정혜결사는 1188년 보조 지눌普照知訥(1158~1210)에 의해 창도되어진 실천 운동으로, 돈오점수설頓悟漸修說에 의거한 정혜쌍수定慧雙修를 표방하였다.[59]

지눌이 살았던 12, 13세기 고려 불교는 밖으로는 계속되는 무신란의

---

56 權適,「智異山水精社記」,『東文選』권64, 記
57 김영미, 앞의 논문, 2000, p.158
58 李穡,「報法寺記」,『東文選』권75, 記
59 최병헌,「수선결사의 사상사적 의의」,『보조사상』1, 보조사상연구원, 1989, pp.15~19

정치적 소용돌이 속에서 승려의 기강이 해이해지고 안으로는 선과 교가 대립과 갈등 속에 있었다. 지눌은 1182년(명종 12) 개경의 보제사普濟寺에서 치른 선과禪科에 합격한 후 수도에 머물면서 명리와 이익을 좇는 세속적 풍토에 개탄하며 동학 10여 명과 정혜를 닦는 데 전념하는 결사를 만들자고 약속하였다. 그 뒤 개경을 떠나 수년 동안 경론의 탐구와 다양한 수행 및 종교적 체험을 하며 지냈다. 그는 1182년(명종 12)부터 3년여 동안 창평昌平 청원사淸源寺에 머물면서 『육조단경六祖壇經』을 읽다가 큰 깨달음을 얻었고, 그 뒤 1185년(명종 15) 가을 하가산下柯山 보문사普門寺에 거주하며 대장경을 열람하던 중 이통현李通玄의 『화엄경론』을 읽다가 다시 한번 대오大悟하였는데, 이것은 선수행과 화엄사상을 접목하는 계기가 되었다.

1188년 봄에 지눌은 결사를 창설하기로 결의했던 득재得才의 초청으로 공산公山 거조사居祖寺로 갔으며, 이로써 정혜사가 결성되었다. 지눌은 「권수정혜결사문勸修定慧結社文」을 지어 발표하였는데, 여기에는 결사의 취지와 목적 및 이념, 배경, 결사의 경위 등이 들어 있다. 이 결사문에서 지눌은 바른 수행인의 자세를 확립하고자 결사를 맺게 되었음을 밝히고 있으며, 선정과 지혜를 균등히 닦고, 예불과 전경, 운력 등도 아울러 실천할 것을 말하였다. 「권수정혜결사문」에서 7개의 문답 가운데 2개가 정토에 관한 것이었는데, 이는 당시 불교인들뿐만 아니라 지눌 자신도 정토에 대해 관심을 가졌음을 의미한다.

염불과 경 읽기(轉經)와 온갖 착한 행을 닦는 것(萬行) 등은 다 사문이 지녀야 할 상법常法이니, 무슨 방애妨碍됨이 있겠는가마는, 그러나 그 근본을 궁구窮究하지 않고 상相에 집착하여 밖으로 찾는다면 지혜 있는 이

들의 비웃음을 사게 될까 두렵다.[60]

 이에 의하면, 지눌은 기본적으로 염불 등을 승려가 행해야 할 것으로 인정하고 있다. 다만 그가 우려한 것은 밖의 상相에 집착하여 서방을 향해 소리 높여 부처를 부르는 것으로 도행道行을 삼는 세태였다.[61] 그는 당시에 정토관행을 하는 사람들이 아미타불의 이름을 외는 타력적 신앙에만 몰두하는 것을 비판하였으며,[62] 정토신앙이나 염불 수행 자체를 부정한 것은 아니었다. 이 결사운동은 송광사를 중심으로 200여 년 동안 계승되었으며, 고려 후기 불교에 적지 않은 영향을 미쳤다.

 지눌은 1190년(명종 20) 그의 나이 33세 때에 공산公山 거조사居祖寺에서 결사문을 공포하여 본격적인 결사운동을 시작한 이후, 동지들과 맹렬하게 정진하였다. 이 소식이 알려져 많은 사람들이 사방에서 구름처럼 몰려들자 더 넓은 장소를 물색하다가 송광산松廣山 길상사吉祥寺로 옮기기로 하였다. 1198년(신종神宗 원년) 그곳으로 가는 도중에 지리산 상무주암上無住庵에 머물면서 참선 수행을 하던 시기에 『대혜어록大慧語錄』을 읽다가 큰 깨우침을 얻고 선수행에 대한 분명한 안목을 갖추게 되었다. 이러한 일련의 체험들은 정혜결사를 이끈 지눌의 정신적 자량이 되었다. 그 뒤 1200년(신종 3)에 길상사로 옮겨 11년 동안 대중을 거느리고 도道를 설하며 선禪을 닦게 하니 사방에서 모여드는 자가 헤아릴 수 없이 많았고, 왕공사서王公士庶로서 정혜사에 입사한 이가 수백 명이었다. 지눌

---

60 知訥, 「勸修定慧結社文」(『韓佛全』4, 698b)
61 강건기, 「권수정혜결사문의 체계와 사상」, 『보조사상』 27, 보조사상연구원, 2007, pp.371~373
62 심재룡, 『지눌연구』, 서울: 서울대학교출판부, 2005, p.6

은 항상 사람들에게 『금강경』을 지송하게 하였으며, 『육조단경』에 의거하여 설하였고 이통현의 『화엄경론』과 『대혜어록』을 참고하였다.[63] 당시 인근에 정혜사라는 절이 있어 혼돈을 피하기 위해 1205년에 수선사修禪社로 이름을 바꾸었다. 지눌은 「권수정혜결사문」을 저술한 이후로, 「계초심학인문誡初心學人文」, 「수심결修心訣」, 「진심직설眞心直說」을 지어 정혜결사에 참여한 구성원들의 윤리적 행위 규범과 선수행을 위한 지침을 제시하였다.

이처럼 지눌은 불교 본연의 모습을 잃은 기울어 가던 고려 불교를 새롭게 일으키기 위해 정혜결사 운동을 제창하고 수선사를 창설하여 바른 법을 그 시대에 구현하기 위해 노력하였다.[64] 불교 본래의 모습, 붓다 정신으로 되돌아가고자 한 지눌의 정혜결사 정신은 진각 혜심眞覺慧諶(1178~1234) 등 그 계승자들에 의해 조선 초까지 이어졌다.

지눌은 일신의 해탈을 구하기보다는 일체 중생을 제도하기 위해 결사하고 맹렬하게 정진하였는데, 이러한 지눌의 결사 정신은 고려시대뿐 아니라 조선시대에도 한국불교 자정 노력의 근간으로 작용하였으며, 조선 말 경허의 수선결사에도 영향을 주었다.

요세의 백련결사

원묘 요세圓妙了世(1163~1245)는 1216년(고종高宗 3) 만덕산에서 지금의 강진 토호로 추정되는 최표崔彪, 최홍崔弘, 이인천李仁闡 등의 지원으로 백련결사를 조직하였다. 요세는 12세 때인 1174년에 천락사天樂寺에서

---

63 김영태, 앞의 책, 1997, p.194
64 김방룡, 「정혜결사의 연구현황과 과제」, 『보조사상』 20, 보조사상연구원, 2003, p.44

균정均定을 스승으로 하여 출가하였고, 23세 때인 1185년에 승선僧選에 합격하였다. 36세 때인 1198년 봄에 천태종 사찰인 개경의 고봉사高峯寺 법회에 참석하였는데, 당시 불교계의 분위기에 크게 실망하고 그해 가을에 동지 10여 명과 함께 명산을 유력하다가 영동산靈洞山 장연사長淵寺에서 개당開堂하였다. 그 당시 지눌이 서신으로 수선修禪하기를 권유하였고, 이에 요세는 지눌의 정혜결사에 참여하여 조계선을 배우기도 하였다. 1200년(신종 3) 지눌이 송광산 길상사로 옮겨갈 때 함께 가던 도중에 지눌과 헤어져 지리산에서 멀지 않은 남원 귀정사歸正寺에 머무르게 된다. 이후 요세는 영암 월출산月出山 약사난야藥師蘭若에 이르기 전까지 약 8년 동안 남원 일대에서 일반 민중들을 교화하였다. 그리고 1208년(희종熙宗 4) 월출산 약사난야에 머물면서 천태묘관天台妙觀을 터득하고, 천태묘해天台妙解를 터득하지 못하면 영명 연수永明延壽(904~975)의 120가지 병을 벗어날 수 없다고 확신하였다. 이때부터 요세는 대중들을 이끌고 맹렬하게 참법을 닦았는데, 그는 매일 53불에 12번씩 예배하였다. 이는 후일에 이루어진 백련결사의 준비 단계였다고 할 수 있다.[65] 그 뒤 요세는 만덕산으로 옮겨 갔으며, 1232년(고종 19) 4월 8일에 보현도량을 개설하였다.

> 보현도량을 결성하고 법화삼매를 수행하여 정토에 나기를 구하니, 한결같이 천태삼매의天台三昧儀에 의거하였다. 오랫동안 법화참法華懺을 닦았으며 전후에 권하여 발심케 하고 이 경을 외게 하니, 천여 명이나 되었다.[66]

---

65 최동순, 『원묘 요세의 백련결사 연구』, 서울: 정우서적, 2014, pp.31~36
66 崔滋, 「萬德山白蓮社圓妙國師碑銘幷序」(『東文選』 권117, 碑銘)

보현도량에서는 '천태삼매의'에 의거하여 법화삼매를 닦아 정토에 태어나기를 구하였으며, 『법화경』을 외게 하였다. 법화삼매는 천태종의 전통적인 수행법으로, 천태삼매의는 천태 지의의 『법화삼매참의法華三昧懺儀』를 가리킨다. 그러므로 보현도량에서는 정토신앙이 『법화삼매참의』에 의거한 천태종의 참법수행과 결부되어 실천되고 있었던 것이다.

요세의 이러한 참회행의 강조와 실천은 지눌의 정혜결사와 비교할 때 백련사의 두드러진 특징이라고 하지 않을 수 없다. 왜냐하면 지눌의 결사에서는 요세의 백련결사에서 행해진 것과 같은 맹렬한 참회행은 찾아볼 수 없기 때문이다.[67] 또한 지눌과 달리 요세는 정토신앙을 적극적으로 수용하고 있으며, 그 자신 역시 매일 아미타불을 1만 번 소리 내어 부르는 것을 일과로 하고 있다. 이러한 종교적 성향을 가진 보현도량에서는 당시 몽골의 침입으로 나라가 혼란스러운 상황에서 전쟁 피난민을 돕고 전란으로 희생된 사람들의 정토왕생을 기원하였다.[68] 백련결사는 1232년 보현도량을 개설함으로써 그 성격이 두드러지게 되었으며, 1236년에는 제자인 천책天頙으로 하여금 「백련결사문白蓮結社文」[69]을 지어 공포하게 하였다.

보현도량에는 1천여 명의 대중이 모여들어 결사에 참여하였는데, 이름이 등록된 사부대중이 300여 명이었으며, 그 밖에 멀리서 동참하는 이들도 많았다.[70] 백련결사에는 왕족이나 귀족, 관리 및 일반 신도들 등 다

---

67 고익진, 「원묘요세의 백련결사와 그 사상적 동기」, 『불교학보』 15, 동국대 불교문화연구원, 1978, pp.114~117
68 허흥식, 『眞靜國師와 湖山錄』, 서울: 민족사, 1995, p.28
69 「白蓮結社文」은 현존하지 않으며, 無寄의 『釋迦如來行蹟頌』에 그 일부가 인용되어 전한다.
70 이영자, 「천태사상」, 『한국불교사상개관』, 서울: 동국대 불교문화연구원, 1997,

양한 계층이 참여했으며, 소 치는 아이와 말 모는 더벅머리까지도 고개를 우러러 바라보며 귀의하였다고 한다. 이는 시대적인 영향도 있었겠지만, 사상적으로는 법화일승의 취지에 기인한 것이었다고도 할 수 있다. 즉 보현도량에서의 중생이란 누구나 그대로 제호의 맛을 볼 수 있는 평등한 존재로서 예불, 참회, 경전 독송, 실상관, 염불 등의 실천행이 모두 행자行者 각자에게 그대로 깨달음으로 이어지는 길이 되도록 이끌었던 것이다.[71]

요세의 백련결사는 사명 지례四明知禮(960~1028)의 염불결사를 중심으로 한 송초의 신앙결사를 모델로 하였지만 한편으로는 원효의 정토왕생사상도 중시하였다.[72] 요세는 임종하기 며칠 전에 원효의 증성가證性歌를 읊었으며, 임종시에 제자 천인天因이 "임종에 있는 정定의 마음이 곧 정토淨土인데 다시 어디로 가시렵니까?"라고 하자, 요세는 "부동不動의 생각 그 당체에 현전하니 나는 감이 없이 가고 그는 옴이 없이 온다. 감응하여 도를 나누니 실로 마음 밖이 아니다."라고 대답하였다고 한다.[73] 이로써 보면 요세의 정토 관념은 타력적인 것만은 아니었으며, 정토왕생은 쉼 없는 정진으로 성취되는 자력적인 것이었다.[74]

그러므로 요세의 정토관은 지눌의 그것과 비교하여 근본적인 차이가 있는 것은 아니라고 하겠다. 하지만 정토신앙을 기치로 한 백련결사

---

p.145
71 오지연,「백련결사 보현도량의 의미에 관한 고찰」,『불교학연구』33, 불교학연구회, 2012, pp.337~339
72 채상식,「고려후기 圓妙了世의 白蓮結社」,『정토학연구』3, 한국정토학회, 2000, pp.181~190
73 崔滋,「萬德山白蓮社圓妙國師碑銘幷序」(『東文選』권117, 碑銘)
74 이영자, 앞의 논문, 1997, pp.146~149

는 지눌의 수선사보다 더 대중적이었다고 하겠는데, 결사의 사주로서 요세는 단월의 보시로써 빈궁한 사람들을 구제하고자 했다는 점에서 타결사와 구별되는 새로운 면모를 보인다. 요세의 백련결사가 표방한 이러한 사상·신앙의 성격상 일반 민중들의 전폭적인 지지를 받았다고 할 수 있으며, 그의 불교관과 실천적인 수행의 모습으로 미루어 볼 때, 요세는 고려 불교사에서 가장 민중들과 가깝게 호흡했던 불교 지도자라고 평가할 수 있을 것이다.[75]

요세는 개인적으로 수선修禪하는 것 외에도 준제신주 1천 번을 매일 실천하였는데, 이는 일찍이 신라시대에 보천이 수구다라니隨求陀羅尼의 지송을 일과로 한 것과 오대산 결사 남대南臺의 금강사金剛社에서『점찰경占察經』예참을 한 것, 그리고 고려 전기의 지리산 수정사에서『점찰업보경』에 의거하여 선악의 보응을 점치고 수행한 것 등 요세 이전 신라, 고려 때부터 이 땅에서 행해져 온 밀교적 수행법이 보현도량에서도 행해졌음을 보여준다.

이처럼 요세는 중국 천태종의 지의나 지례뿐 아니라 한국의 원효, 지눌의 불교 사상과 예로부터 실행되어 온 행법行法을 종합적으로 실천하여 백련결사라는 보편적이고도 대중적인 결사를 이루어 냈다고 하겠다.

---

[75] 채상식,「고려후기 원묘국사 요세의 백련결사와 그 역사적 의의」,『천태학연구』6, 천태불교문화연구원, 2004, p.191, 199

IV. 조선시대 결사의 계승

사찰계寺刹契와 결사

사찰계는 불교 신앙을 바탕으로 수행과 신앙심을 증진시키거나 사찰의 재산, 전각, 혹은 의식용품 등을 마련하기 위해 결성된 모든 조직체를 총칭한다.[76] 사찰계는 조선 후기에 성행하였지만 조선 전기의 사례도 몇몇 전한다. 1492년(성종 23) 금산사金山寺 오층석탑 중수에 참여한 염불사念佛社는 향도 1만여 명과 선남선녀 1천여 명이 선심善心을 발하여 재물을 희사하였다고 되어 있다.[77] 이것은 1449년(세종 31) 주검동朱儉同 등이 염불향도를 결성한 사례와 함께 조선 전기 염불계의 대중적인 성행을 보여준다. 염불계가 처음 시작된 15세기 중엽의 두 사례는 사찰계로서의 온전한 모습을 갖추기 이전이므로 일반적인 신앙결사체에 더 가깝다고 할 수 있다. 이러한 조선 전기의 사찰계는 비록 적은 사례이지만 조선시대 계의 시작은 이미 초기부터 진행되었음을 보여준다. 또한 이 시기의 계는 불교사의 일정한 기능을 담당하기에는 미약한 존재였으나 계층을 초월한 신앙결사체로서 조선 후기 사찰계의 번성을 가져오는 기틀을 제공하였다고 할 수 있다.[78]

사찰계와 여타의 다른 신앙결사체를 명확히 구분하기는 어렵지만 신앙결사체는 경제 활동이 배제된 순수한 신앙 활동만을 수행하고, 사찰계

---

[76] 한상길, 『조선후기 불교와 寺刹契』, 서울: 경인문화사, 2006, pp.3~4
[77] 「母嶽山金山寺五層石塔重創記」(黃壽永, 『韓國金石遺文』, 서울: 일지사, 1976, pp.476~478)
[78] 한상길, 앞의 책, 2006, pp.34~38

는 신앙과 아울러 경제 활동을 전개한다는 차이가 있다. 이러한 구분은 18세기 이후의 사찰계에서 확연히 드러난다. 18세기 이전 사찰계의 경제 활동은 신앙과 수행을 위한 재원 마련에 목적을 두고 있었으나, 18세기 이후에는 신앙과 수행보다는 재정 확충에 더 큰 비중을 두었다.

　현존하는 사찰계 관련 자료는 거의 조선 후기의 것들이다. 조선 후기의 사찰계 자료는 232건에 달하는데, 크게 보아 '신앙 활동으로서의 계'와 '보사補寺 활동으로서의 계'의 두 유형으로 나뉜다. 계의 결성 목적을 결성 초기에는 신앙과 수행의 고취에 두었지만, 사찰 재정의 궁핍이라는 현실적 어려움에 직면하면서 계 조직 내에서 경제 활동의 비중이 커지기 시작하였다. 특히 17세기 말부터는 대부분의 사찰계가 당시 불교계가 겪고 있던 재정적 어려움을 극복하기 위한 보사 활동을 하였으므로 현재 남아 있는 사찰계 자료의 대부분이 전각을 중수하거나 전답을 매입하여 사찰에 시주한 공덕을 기리는 내용으로 일관하고 있다.[79]

　사찰계는 갑계甲契, 염불계念佛契, 불량계佛糧契, 등촉계燈燭契, 문도계門徒契, 지장계地藏契, 칠성계七星契, 어산계魚山契, 나한계羅漢契, 열반계涅槃契, 성도계成道契, 도종계都宗契 등의 다양한 모습으로 나타났다. 이 중 염불계(미타계), 지장계, 나한계, 칠성계 등은 신도들을 대상으로 계금契金을 모아 그것을 밑천으로 삼아 그 이자로 전각의 불사 비용을 충당하였다.[80]

　조선 후기의 사찰계 232건 중에서 결성 횟수가 가장 많은 것은 갑계이고, 다음으로 염불계, 불량계, 등촉계 등의 순서이다. 1564년(명종 19) 무

---

[79] 한상길, 앞의 책, 2006, pp.7~8
[80] 이재창, 「조선시대 승려 甲契의 연구」, 『불교학보』 13, 동국대 불교문화연구원, 1976, p.59

렵의 갑계는 동년배 출가 승려들이 서로의 수행을 독려하고 친목을 도모하기 위해 결성하였는데, 조선 후기 대부분의 갑계 등이 보사 활동을 위한 경제적인 목적으로 결성된 것과 달리 이것은 순수한 신앙적 목적에서 출발하였다. 갑계는 18세기 이후 전국에 확산되면서 사찰의 재정적 기반을 전담할 정도로 역할이 중시되었으며, 특히 범어사와 통도사의 갑계 활동이 두드러졌다.

염불계는 염불회, 만일회, 만일염불회, 미타계 등으로도 불렸으며, 승속을 망라한 대중적 신앙 조직으로서 조선 후기 염불신앙을 선도해 나갔다. 조선 후기에는 삼문수업三門修業이라 하여 당시 승려들의 수행이 선禪·교敎·염불의 세 가지가 중심이 되었다. 그래서 당시 산중의 큰 사찰들은 대부분 선방禪房(좌선당坐禪堂), 강당講堂(간경방看經房), 염불방念佛房(만일회당萬日會堂)을 갖추고 있었다. 조선 말기가 되면 많은 사찰에 염불당이 있어서 만일회를 개설하고 아미타불을 칭념하여 정토왕생을 원구願求하는 염불 모임을 가졌으며, 토지 등을 갖고 독립된 경영을 하였다. 그 중 건봉사와 망월사의 만일회가 유명하였으며, 특히 건봉사는 신라 경덕왕대에 발징이 미타만일회를 주도한 이후 근세까지도 그 전통이 계승되었다. 조선말에 건봉사에서는 3회에 걸쳐 만일회가 행해졌는데, 처음은 순조 때(1801~1834) 용허聳虛가 시작하여 마쳤고, 두 번째는 철종 때(1850~1863) 벽오碧梧가 시작하여 마쳤으며, 세 번째는 만화萬化가 1881년(고종 18)에 시작하여 1908년(융희隆熙 2)에 마쳤다고 한다.[81]

조선 후기에 칠성신앙의 유행은 그대로 계의 결성으로 반영되어 범어사를 시작으로 모두 9건의 칠성계가 확인되며, 지장신앙을 바탕으로 한

---

81 김영태, 앞의 책, 1997, p.313

지장계는 6건의 사례가 확인된다. 이들 칠성계와 지장계는 신앙과 수행 활동으로서의 사찰계가 갖는 특징을 잘 보여준다.[82] 그리고 불량계는 사찰의 운영에 필요한 전답과 기물 등을 마련하기 위해 승속이 함께 결성하였으며, 등촉계는 불전을 밝히는 등촉을 시주하기 위한 계이다. 이 불량계와 등촉계는 조선 후기 보사 활동의 계를 대표한다. 사찰계는 기본적으로 다수의 승속이 참여하여 이루어지므로 승도가 적은 사찰이라 하더라도 신도가 함께 참여하여 재원을 마련할 수 있었다. 18~19세기 전국의 거의 모든 사찰에서 각종의 계가 번성하면서 조선 후기 사찰의 경제적 기반을 확충시켜 나갔다.

백파의 수선修禪결사

백파 긍선白坡亘璇(1767~1852)은 조선 후기에 한국의 선맥을 중국의 임제정맥으로부터 찾아 그 본래 정신을 추구한 선사이다. 그는 수선결사를 열어 새로운 불교 운동을 주도하였는데, 수선결사는 수행납자로서의 출가 본분을 지키자는 것에 중점을 두고 있다.[83] 백파는 1822년 영구산靈龜山 화장대華藏臺 소림굴少林窟에 선교결사회禪教結社會를 열어 선과 교의 균형 있는 탐구를 제창하였다. 그는 선리에 대한 참구의 실제를 실천하고 널리 보급하기 위하여 수선결사를 결성하였으며, 그 구체적인 지침서로서 수선의 방법과 이념을 기록한 「수선결사문」을 지었다. 이 책은 그의 나이 56세 때인 1882년 청도 운문사에서 저술되었는데, 그 목적은 자성

---

82 한상길, 앞의 책, 2006, p.117
83 김호귀, 「『修禪結社文』의 修禪作法과 修禪結社의 이념」, 『한국선학』 29, 한국선학회, 2011, p.61

을 돈오하는 데 있었다.

「수선결사문」에는 경전, 논소, 어록, 저술 등 다양한 문헌이 인용되어 있다. 그중 「권수정혜결사문」을 비롯하여 지눌의 저술이 가장 빈번하게 인용되고 있어 「권수정혜결사문」의 정신을 일정 부분 계승하고 있음을 알 수 있다. 백파가 경론 및 어록과 저술의 인용을 통하여 강조한 것은 교학 연구를 바탕으로 선수행을 제시하는 것이었다. 「수선결사문」은 모두 19장으로 구성되어 있으며, 수선작법의 내용으로 분류하면 12가지로 정리된다. 이들 구성의 모든 주제는 궁극적으로 보살도를 지향하는 대승 정신으로 드러나 있다.[84] 백파는 결사를 운영해 나갈 청규로 돈오를 위한 조사 활구의 참구와 법계 중생의 구제와 계율의 엄수와 청정 걸식 및 조석 예경과 식당작법의 준행 등을 상세히 제시하였다.

백파의 수선결사는 교선의 균형 있는 탐구와 유불도 삼교에 대한 관심까지 종합하여 성리학 중심에서 벗어나 새로운 모색을 꾀하는 당대 사상계의 추세에 대응하고자 하였으나 아직 체계화된 사상을 전개하지 못한 한계를 보여준다. 또한 승단 내에 한정된 결사는 승가의 역량을 재정립하는 데는 의의가 있었겠지만 활발한 교학 분위기를 통해 승가의 내적 역량이 축적되면서 이를 바탕으로 선 우위의 구각을 벗고 새로운 기운을 불러 일으켜야 했던 시대의식에는 따르지 못하는 것이었다.[85] 하지만 백파는 간화선을 지향하는 입장에 있으면서도 교학적인 배경에 근거한 다양한 선리禪理를 활용하였고, 돈오 및 지계, 참회 등 여러 방편문을 수선의 방식으로 활용하였으며, 수선의 궁극적인 목표를 보살도의 실천에 두

---

84 김호귀, 앞의 논문, 2011, pp.61~78
85 정병삼, 「백파와 경허의 수선결사」, 『불일회보』 170, 법련사, 1995, pp.7~8

었다[86]는 점에서 고려 후기 지눌이 의도했던 일체 중생의 구제를 위한 선수행 정신과 그 맥을 같이한다고 하겠다.

경허의 수선결사

경허 성우鏡虛惺牛(1846~1912)는 한국 근세 선의 중흥자로 일컬어진다. 경허의 선적 특징은 화두를 통한 깨달음의 성취이며, 한국 간화선을 계승한 것이다. 그는 쇠퇴해진 불교를 일으키기 위해 1899년 9월 가야산 해인사에서 수선사를 창설하고 결사를 시작하였으며, 11월에「결동수정혜동생도솔동성불과계사문結同修定慧同生兜率同成佛果稧社文」을 지어 정혜결사 운동을 주창하였다. 이후 1903년까지 송광사, 화엄사, 천은사, 동화사 등의 사찰에 선원을 창설하였고, 결사의 이념을 홍포하기 위해 전국을 두루 다니며 선을 실천하고 납자들의 안목을 열어 주었다.

경허는 결사의 참여자에 대해서 견해가 같고 행동을 같이한다면 승속과 남녀노소, 현우귀천賢愚貴賤 등을 묻지 않고 모두 동참이 가능하다고 하였다. 이처럼 수선修禪의 실천에 출가와 재가를 불문하고 참여시켰던 것은 자신을 개혁하고자 하는 의지가 있는 사람이라면 누구나 참여할 수 있는 선의 대중화였고, 누구나 수선의 최종 목표인 불과佛果에 도달할 수 있는 가능성을 지닌 존재로 파악하고 있었음을 말해 준다.

그는 결사에서 대중들이 지켜야 할 청규淸規를 제정하였는데, 그것은 1899년 가을 해인사에서 지은「결동수정혜동생도솔동성불과계사문」과 1902년 범어사에 머물면서 지은「범어사계명암수선사청규梵魚寺鷄鳴庵修

---

86 김호귀, 앞의 논문, 2011, p.81

禪社淸規」의 두 가지이다. 이들 청규에서는 개인 및 대중들이 삼가야 할 사항을 제시하고 대중들의 화합을 강조하였다. 경허는 참여하고자 하는 사람들이 한곳에 모여 공부하기를 권하였고, 참여자의 주소와 성명은 결사하는 곳에 보내 결사에 참여한 사실을 여러 대중들에게 알리도록 하였다. 그는 대중들이 소임을 분담하게 하였으며, 소임을 맡는 자는 어리석거나 용렬한 사람은 피하도록 하였다.

경허의 수선결사는 지눌의 정혜결사를 계승하면서도 선종의 결사에 미륵정토 사상을 결합한 것이었다.[87] 그는 정토와 도솔이 수행하는 사람마다 뜻하는 것이 다를 수 있겠지만 궁극적으로는 미륵정토나 미타정토가 서로 다를 바 없다고 하였다. 그가 도솔천에 상생하기를 발원한 까닭은 정혜의 힘을 얻지 못한 사람을 위한 방편 시설이었다.[88] 경허는 정혜 수행이 결사의 주된 목표임을 역설하였고, 참선수행 못지않게 교학의 중요성도 강조하였다. 이러한 경허의 결사 정신은 그다지 활발하지 못했던 일제 시기의 불교 정맥을 그나마 굳건하게 유지할 수 있도록 한 주요한 자산이었으며, 백파 긍선에 비해 한층 구체적으로 교학의 의의를 인정한 것이었다.[89]

경허의 선사상은 간화선을 중심으로 한 것으로서, 조선 중기 이후 끊어진 전통적 선맥을 부흥한 것에서 그 의의를 찾을 수 있다. 그는 깨달음과 함께 깨달음에 이르는 과정인 수선의 길에 역점을 두었으며, 깨달음에 이르는 과정에 있어 무엇보다도 화두를 통한 수행을 강조하였지만 화

---

87 고영섭,「경허 성우의 불사와 결사」,『한국불교학』 51, 한국불교학회, 2008, p.87
88 김경집,「鏡虛의 禪思想과 현대적 의미」,『보조사상』 23, 보조사상연구원, 2005, pp.408~422
89 정병삼, 앞의 논문, 1995, p.8

두만을 내세운 것은 아니었다. 오히려 염불이나 주력 등 기타 불교 교리에 입각한 어떠한 실천적인 면도 궁극적으로 깨달음에 이를 수 있다는 회통의 입장을 보였다. 경허의 문하에서는 수월·혜월·만공·한암 등 뛰어난 선장禪匠들이 배출되었고, 그의 선사상은 제자들에 의해 계승되어 현재 한국선의 근간이 되고 있다.

신앙과 수행을 향한 승속僧俗의 염원

우리나라에서 결사와 관련된 최초의 기록은 김유신의 용화향도에 관한 것이다. 용화향도는 미륵신앙에 바탕을 둔 국가불교적 신앙공동체였다. 신라에서는 미륵신앙뿐만 아니라 미타신앙도 일찍부터 행해졌는데, 미타신앙에 의거한 염불결사는 신라 중대에 성행하였고, 그 대표적인 것이 경덕왕대의 만일계였다. 1만 일이라는 긴 시간을 정해 놓고 염불 수행하는 형태는 중국이나 일본에서 염불의 횟수를 중시한 것과 대조된다. 중국이나 일본과 달리 '만일'이라는, 염불하는 전체 일수를 강조한 한국의 만일계는 기본적으로는 내세에의 왕생을 희구하고 있지만, 만 일 동안 염불하는 과정 그 자체로서 이미 현세에서의 수행자적 삶의 실천을 뜻한다. 여기에 한국불교 만일염불결사의 참뜻이 담겨 있다.

만일염불결사는 고려시대에도 행해졌는데, 승려 성범이 982년(성종 원년) 포산包山에서 만일미타도량을 개설하여 50여 년간 수행 정진한 것에서 보인다. 당시 현풍의 신사信士 20여 명은 사社를 결성하고 향목을 시주하여 성범이 염불수행에 전념할 수 있도록 도왔다. 그 뒤 1092년(선종 9)에는 인예태후의 만일결사가 행해졌다. 인예태후 이씨는 견불사見佛寺에서 1만 일을 기약하고 예불과 참회를 실천하여 아미타불의 극락세계에 왕생하고자 하였다. 그리고 1123년(인종 1)부터 1129년(인종 7)까지 지리산에서는 수정사水精社가 행해졌다. 수정사 결사에는 다양한 계층에서 많은 사람들이 참여하여 서방왕생을 구하며 정진하였는데, 염불 외에도 송경, 좌선 등 자신에게 맞는 수행법을 찾아 실천하였다.

성범의 만일미타도량에서는 20여 명의 신자들이 염불수행에 참여하기보다는 성범을 경제적으로 후원하는 역할을 하고 있는 반면, 지리산 수정사에서는 결사에 참여한 재가자들이 적극적으로 수행에 임하였음을 알 수 있다. 그 후 1131년에 결성된 만불향도는 그 폐단이 논의되기도 하였으나 전국에서 다양한 계층의 사람들이 참여하고 있는데, 이러한 경향은 고려 후기 결사에 보이는 대중적인 성격과 연관이 있을 것으로 보인다.

고려 후기 지눌의 정혜결사와 요세의 백련결사는 불교계의 쇄신을 염두에 둔 신불교운동에 가까운 결사였다. 지눌은 당시 승려들의 세속적 경향을 비판하고, 명리를 버리고 수선修禪에 힘씀으로써 수행자 본연의 모습으로 돌아가자고 주창하였다. 지눌은 일신의 해탈을 구하기보다는 일체 중생을 제도하기 위해 결사하고 정진하였는데, 이러한 지눌의 결사 정신은 고려시대뿐 아니라 조선 말 경허의 수선결사에도 영향을 주었으며 한국불교 자정 노력의 근간으로 작용하였다.

요세는 지눌이 이끄는 결사에도 참여한 적이 있으나, 이후 수선사의 돈오점수적 수행론과는 다른 참법수행과 염불신앙을 실천하는 백련결사를 조직하였다. 정혜결사와 백련결사는 그것을 주도한 승려나 단월이 대개 지방 사회의 향리층이나 독서층 출신이었는데, 이는 기존의 중앙 문벌귀족을 대신하여 이들 지방의 지식층들이 새로운 사회 주도 세력으로 등장하는 하나의 흐름을 보여주고 있다는 점에서 중요한 역사적 의미를 갖는다.

우리나라에서 행해진 이러한 결사들은 중국의 결사들과 비교하여 몇 가지 특색을 보인다. 불교 최초의 민간신앙 결사로 알려진 여산 혜원의 백련사와 고려시대 지눌의 정혜결사 및 원묘의 백련결사는 당시 시대 상황이 혼란스럽거나 승풍이 어지러운 때 결성되었다는 공통점을 가지지만, 결사의 구성원이나 수행 방법 등에서 차이가 있다.

백련사는 혜원과 그의 제자들 및 산림에 은둔한 은사隱士 123명이 결성한 것으로, 승속이 함께 반주삼매를 수행하여 정토에 왕생하고자 하였다. 그러므로 혜원의 결사는 참여 대중이 제한적이고, 그 규모 또한 크지 않다고 할 수 있다. 혜원의 백련사와 명칭이 동일한 요세의 백련결사는 정토에 왕생하고자 한 점은 같지만, 삼매수행 외에도 참법 등의 수행법을 사용하였다는 점에서 혜원의 백련사와 차별된다. 특히 그 구성원을 보면, 혜원 백련사의 경우 소수의 엘리트 은사가 그 핵심 재가 구성원들이었으나, 고려시대 백련결사에서는 남녀노소, 상하귀천의 구분 없이 각 계각층의 사람들이 참여하였다는 점에서 두 결사는 상당한 차이를 보인다. 요세의 경우, 혜원의 백련사가 결성될 당시처럼 전쟁으로 인해 혼란스러운 시기였음에도 불구하고 산림에 은거하는 대신 적극적으로 세상 속에서 민중들과 함께하였다는 점에서 참다운 대중결사로서의 면모를 보여준다.

　그리고 지눌의 정혜결사는 속세를 염리厭離할 정도로 뜻이 높고 속진俗塵을 벗어나고자 하는 상근기, 마음 닦는 도를 오롯이 하는 자를 그 주된 대상으로 하였다는 점에서 여산의 백련사와 유사하지만, 염불삼매로써 정토왕생을 추구한 것이 아니라 선을 중심으로 한 수행 결사를 의도하였고 일체 중생의 구원이라는 원대한 목표하에 결과적으로는 선禪의 대중화를 추구하였다는 점에서 혜원 및 요세의 결사와도 차별된다. 요세의 백련결사는 북송대 천태교단의 결사에 영향을 받았지만 단월의 보시로써 빈궁한 사람들을 구제하고자 했다는 점에서 고려시대 대중결사로서의 특색을 보이며, 선수행으로써 본래 면목을 찾아 정진할 것을 강조한 지눌의 정혜결사와 달리 천태의 참회의식과 염불을 수용했다는 점에서 동시대에, 동일한 국가에서 이루어진 지눌의 결사와도 차이가 있다.

이처럼 각 시대 상황에 맞게 결성되어 온 한국의 결사들은 중국의 영향을 받기도 하였지만 종국에는 이 땅의 현실에 맞는 독자적인 형태로 전개되었던 것이다.

불교가 우리나라에 전래된 이후로 신앙과 수행을 위한 결사공동체는 꾸준히 형성되어 계승 발전해 왔다. 이는 붓다 당시 인간 본연의 고귀함과 순수성을 유지하기 위한 단체로서 승가공동체를 결성하고 이끈 붓다의 이념을 시공간을 초월하여 계승한 것이라고 할 수 있다. 특히 고려시대의 지눌과 요세, 그리고 조선시대의 경허 등은 수행과 신앙의 결사체를 조직하여 국가가 위기에 처하거나 혼란스러운 시기에 불교 본연의 수행 정신을 회복함으로써 현실을 극복하는 방편으로 삼았으며, 사람들을 정도正道로 이끌어 어려움을 이겨낼 수 있도록 도왔다. 한국불교가 오랜 기간 사람들의 의지처가 되어 지금까지 면면히 이어져 온 바탕에는 이러한 선사先師들의 고결한 정신이 중요한 역할을 하였다고 하겠으며, 신앙과 수행을 향한 승속의 염원은 그들이 이끈 결사 속에서 그 빛을 발할 수 있었다. 끝.

| 참고문헌 |

김경집,「鏡虛의 禪思想과 현대적 의미」,『보조사상』23, 보조사상연구원, 2005.

김상현,『신라화엄사상사연구』, 서울: 민족사, 1991.

김영미,「고려 전기의 아미타신앙과 결사」,『정토학 연구』3, 한국정토학회, 2000.

김영태,『한국불교사』, 서울: 경서원, 1997.

김호귀,「『修禪結社文』의 修禪作法과 修禪結社의 이념」,『한국선학』29, 한국선학회, 2011.

이영자,「천태사상」,『한국불교사상개관』, 서울: 동국대 불교문화연구원, 1997.

정병삼,「9세기 신라 불교 결사」,『한국학보』22, 서울: 일지사, 1996.

최동순,『원묘 요세의 백련결사 연구』, 서울: 정우서적, 2014.

崔柄憲,「修禪結社의 사상사적 의의」,『보조사상』1, 불일출판사, 1987.

한보광,「신앙결사의 유형과 그 역할」,『불교학보』30, 동국대학교 불교문화연구원, 1993.

한상길,『조선후기 불교와 寺刹契』, 서울: 경인문화사, 2006.

찾아보기

ㄱ

가릉성음迦陵性音 49
가지산문迦智山門 54
가항街巷 107
각원覺元 275
각자승刻字僧 250
각필角筆 323
간경도감 320, 323
간진鑑眞 207
『간화결의론』 60
간화경절문看話徑截門 60
간화선看話禪 49, 293, 295, 297, 303, 304, 308~310, 315, 385
간화일문看話一門 61
갑계 382
강주 363
개골산皆骨山 184
거사선居士禪 57, 77
건봉사 383

「건봉사연회비명乾鳳寺蓮會碑銘」 355
격외선 71, 74
견불見佛 360
견성법見性法 68
결사結社 182, 354~392
「결사법집結社法集」 358
경덕왕대 363
경필사經筆師 262
경허 성우鏡虛惺牛 376, 386
경흥憬興 177, 218, 363
계契 354
계유명삼존천불비상癸酉銘三尊千佛碑像 354
계율 94~98, 100, 115, 197~237
『계초심학인문誡初心學人文』 227
고봉사高峯寺 377
고익진 127
고칙공안古則公案 49
고행苦行 45
공덕功德 242

공부십절목功夫十節目 64, 305, 306, 308
공안公案 64
공역승供役僧 256, 263
공장승工匠僧 241
공장안工匠案 251
관단수계 223
관영官營수공업 240
관음방觀音房 367
『관음현상기觀音現相記』 188, 193
굉곽玄廓 371
굉지 정각玄智正覺 49
교종 372
구결口訣 320
구곡 각운龜谷覺雲 65
「구두지남句讀指南」 345
「구두해법句讀解法」 345, 346
『구사론俱舍論』 162
구산선문九山禪門 54
『구역인왕경』 322, 338
『구역인왕경』 상권 330, 333, 337
『구자무불성화간병론狗子無佛性話揀病論』 61, 309
국선國仙 362
국역國役 265
궁가宮家 273
권근權近 112, 113

「권수정혜결사문勸修定慧結社文」 374
귀정사歸正寺 377
균여 329
균정均定 377
극락極樂 165, 170
극락세계 366
극락왕생 373
금강거사金剛居士 57
금강사金剛社 367
금강산金剛山 184, 187, 192
기관機關 64
기세간器世間 163
『기신론』 100, 107, 118 (→『대승기신론』)
김유신 354, 361

ㄴ

나옹 혜근懶翁慧勤 63
나한당羅漢堂 367
남종南宗 47
내수사內需司 272, 273
능침북사陵寢北寺 369

ㄷ

단군신화 133
단속사斷俗寺 51
단월 380
담무갈曇無竭보살 184
담무갈보살신앙 192
담시曇始 208
대각국사비大覺國師碑 257
대감국사大鑑國師 탄연坦然 59
대기大機 75
대목大木 275
대박사 250
『대반열반경大般涅槃經』 85, 100
대승 95, 109, 115
『대승기신론大乘起信論』 75, 95
대승적 87
대오지심待悟之心 62
대용大用 75
대은 낭오大隱朗旿 231
대장大匠 250
대혜 종고大慧宗杲 49
『대혜어록大慧語錄』 375, 376
도감전都監典 248
도교 361
도량 354
도리천忉利天 163

도선道宣 218
도성암道成嵒 370
도솔천 165, 170
도승조度僧條 266
도신道信 47
도윤국사道允國師 55
도의국사道義國師 54, 181
도첩제 263
도피안사到彼岸寺 355
도헌 51
돈오점수 61
동량팔진棟梁八珍 365
동륜銅輪 171
동리산문桐裏山門 54
동림사東林寺 359
동산 양개洞山良价 48
동상열반同相涅槃 101
동산법문東山法門 47
둔륜遁倫 220
득재得才 374
등촉계燈燭契 382

ㄹ

라마교喇嘛敎 49

ㅁ

마조 도일馬祖道一 48

만덕산 357, 377

만불향도萬佛香徒 372

만불회萬佛會 372

만유재신론(panentheism) 129

만일결사 370~373

만일계萬日契 363

만일미타도량 370

만일미타회 373

만일염불결사 366

만하 승림萬下勝林 233

만화萬化 383

매향신앙 356

명랑 146

명안종사明眼宗師 69

몰종적沒蹤跡 52

『묘법연화경』 85, 93, 107, 378

묘유妙有 75

묘희세계妙喜世界 165

무격巫覡 123, 124

무교巫敎 122, 123

무도첩승 265

『무량수경』 108

『무량수경종요』 107

무분별지無分別智 165

무설토론無舌土論 54

무심선無心禪 64

무애행無礙行 107

무여열반無餘涅槃 104

무염국사無染國師 54

무위 106

무위임운無爲任運 52

무자공안無字公案 293, 296, 310, 315

무자화두 295

무주처열반無住處涅槃 107

무착無着 165

무축巫祝 124

무학 자초 301, 311, 314

묵조선默照禪 49

문두루文豆婁 145

문두루법 146

문수보살文殊菩薩 173, 181

문자선文字禪 49

미륵대성 362

미륵불彌勒佛 169, 362

미륵선화彌勒仙花 362

미륵신도彌勒信徒 362

미륵신앙 362

미륵향도 356

미시랑未尸郎 362

미타계 383

미타만일회 355

미타방彌陀房 367
미타사彌陀寺 364
「미황사비명美黃寺碑銘」 355
밀교 380
밀본密本 142, 149

ㅂ

바라제목차 198
박사 245
반야대般若臺 359
『반주삼매경般舟三昧經』 360
발심 109
발보리심 109
발징發徵 355
방棒 63
방편 108
방편괴열반方便壞涅槃 101
백곡 처능白谷處能 269
백련결사 376
백련사白蓮社 359, 361, 367
백련회白蓮會 361
백암사白巖寺 256
백운 경한白雲景閑 64
『백운화상어록白雲和尙語錄』 64
『백운화상초록불조직지심체요절白雲和尙抄錄佛祖直指心體要節』 64
백장 회해百丈懷海 52
백파 긍선白坡亘璇 72, 79, 384, 385
『범망경』 206
범망계 196
범망보살계 196
범부 103
범일국사梵日國師 54
법기法起보살 184
법랑法朗 51, 77
법사法社 357
「법사절도서法社節度序」 360
법성토法性土 168
법신法身 105, 106, 164
법안 문익法眼文益 48
법안종法眼宗 48, 56
법위法位 177
법장法藏 93
법현法顯 205
『법화경』 93, 107, 378(→『묘법연화경』)
법화삼매 377
『법화삼매참의法華三昧懺儀』 378
법화일승 379
『법화종요法華宗要』 107
법화참法華懺 377
벽계 정심碧溪淨心 65
벽송 지엄碧松智嚴 65

벽암 각성碧巖覺性
벽오 383
변화신變化身 168
변화토變化土 168
별무반別武班 259
별와요別瓦窯 254
보개산寶盖山 186, 192
「보개산석대기寶盖山石臺記」 186
보리 달마菩提達磨 46, 47
보리심菩提心 366
보사補寺 활동 273, 382
『보살계본지범요기菩薩戒本持犯要記』 96
보살菩薩 164
보살도 385
보살주처신앙菩薩住處信仰 169, 180, 183
「보살주처품菩薩住處品」 167, 180
보살황제菩薩皇帝 169
보신報身 164
보조 지눌普照知訥 58, 373
보천寶川 367
보현도량 377
복전福田 사상 242
본래성불本來成佛 47
본분本分 73
『봉래산운수암종봉영당기蓬萊山雲水庵鍾峰影堂記』 65

봉림산문鳳林山門 55
부동상열반不同相涅槃 101
부용 영관芙蓉靈觀 65
부장副匠 250
부휴 선수 70
북종北宗 47
분황사芬皇寺 175
불경지佛經紙 261
불공不空 181
불교 신앙결사체 354
불국사佛國寺 178, 192
「불국사무구정광탑중수기佛國寺無垢淨光塔重修記」 257
불국토 165, 190
불량계佛糧契 382
『불본행집경佛本行集經』 145
불신佛身 163
불연국토설佛緣國土說 176, 185, 192, 193
『불조종파지도佛祖宗派之圖』 66
『불조진심선격초佛祖眞心禪格抄』 72
『불지경론佛地經論』 168
불토佛土 163
비로자나불상 355
비정통파 89

ㅅ

사社 354
사경 260, 358
사굴산문闍崛山門 54
4덕 106
사륜舍輪 171
사명 유정四溟惟政 114, 230
사명 지례四明知禮 359
『사변만어』 76
사역승使役僧 258, 264
사원성전寺院成典 247
사원수공업 240, 241, 243
사원 중창 274
사읍社邑 357
사자산문師子山門 55
사장寺匠 240, 241
사찰계寺刹契 381
산악숭배사상 176
「살만교차기薩滿教箚記」 130
『삼가귀감三家龜鑑』 113
삼강전三綱典 249
삼구三句 64
『삼국사기』 131, 132
『삼국유사』 63, 95, 131, 132, 134
삼문三門 119
삼문수업三門修業 383

삼배인三輩人 108
삼십삼천三十三天 163
삼전어三轉語 64
삼종선 74
삼처전심三處傳心 75
삼취정계 202
삼편성불론三遍成佛論 55
생사生死 106
샤머니즘 128
샤먼(薩滿) 127, 130
서당 지장西堂智藏 52
서상수계 232
석가족釋迦族 171
석독구결釋讀口訣 322, 326, 330, 334, 337, 339, 348, 350
석두 희천石頭希遷 48
『석보상절釋譜詳節』 187
석불사石佛寺 178, 192
석옥 청공石屋淸珙 289, 290, 294, 295, 309
석장石匠 250
『석화엄교분기원통초』 권3 329
선禪 44
『선가귀감禪家龜鑑』 68, 70, 79, 114
『선가금설록禪家金屑錄』 71
선경禪經 46
『선교결禪教訣』 68, 70, 79

선교결사회 384
『선교대변禪敎對辨』 71
『선교석禪敎釋』 68, 70, 79
선교 차별 68
선리禪理 384, 385
『선문강요집禪門綱要集』 71
『선문보장록禪門寶藏錄』 62, 79
『선문사변만어禪門四辨漫語』 74, 80
『선문수경禪文手鏡』 73, 79
『선문염송』 62
『선문오종강요禪門五宗綱要』 71
『선문재정록禪門再正錄』 76
『선문증정록禪門證正錄』 76
『선법요해경』 46
선사상 387
선수행 386
선염불禪念佛 78
『선원소류禪源遡流』 76
『선원제전집도서禪源諸詮集都序』 67
『선원청규禪苑淸規』 226
선정융합禪淨融合 78
선정일치禪淨一致 50
선정토禪淨土 78
선종 372
선종오가禪宗五家 48
선주교종 70
설당거사雪堂居士 57

설두 유형雪竇有炯 76
『설문說文』 123
설악 도의雪岳道義 52
설총 324~326, 348
섬부주贍部洲 162
『섭대승론』 91
성범成梵 370
성부性富 256
성소聖所 147
성속불이聖俗不二 104
성인 103
성적등지문惺寂等持門 60
성전成典 247
성전사원成典寺院 247
성정열반性淨涅槃 101, 102
성주산문聖住山門 54
성지聖地신앙 180
세간世間 84~117, 163
세간해世間解 85, 86
세계世界 84
세공장細工匠 250
세속오계 115, 196
세속적 이익 94
세조世祖 188
세친世親 165
『소쇄선정록掃灑先庭錄』 76
소수공업所手工業 251

『소학언해』 342, 344
『속고승전宋高僧傳』 183
속사屬寺 272
속세간 85
송경誦經 371
송광사松廣寺 256, 274
수구다라니隨求陀羅尼 380
수미산 162
수미산문須彌山門 55
수선결사 376, 384~386
「수선결사문」 384, 385
수선사修禪社 58, 376, 386
수선작법 385
수원승도隨院僧徒 259
수정사水精社 354, 367
수행불교 366
수화사首畵師 279
『순정록順正錄』 72
승가僧伽 87, 97
승군僧軍 112, 267
승니사태僧尼沙汰 360
승록사僧錄司 256
승속僧俗 361, 383, 386
승역僧役 267
승장僧匠 240, 241, 268, 247
「승전僧傳」 365
승제僧濟 357

승직체계 249
시현성불示顯成佛 55
식전변識轉變 165, 177
신권천자神權天子 131
신보순申甫純 373
신앙결사 356
신행 51
신훈新熏 73
실상산문實相山門 54
『심법요초心法要抄』 115
십선계十善戒 202
십선업도十善業道 202
『십지경론十地經論』 90

ㅇ

아라한 105
『아미타경소』 366
아미타불 360
아미타신앙 363
아육왕상 168
아육왕탑阿育王塔 168
악도惡途 170
악취공惡取空 98
『안반수의경』 46
앙산 혜적仰山慧寂 48

야율 초재耶律楚材 49
약사난야藥師蘭若 377
양지良志 246
어선어록御選語錄 50
억성사億聖寺 52
언해문 341, 345, 349
언해불서 321, 323, 343, 344, 349
여래선如來禪 73, 74
여래장 86, 88
「여래현상기如來現相記」 188
여산 혜원 359
역승役僧 265
열반 100, 101, 106, 108
『열반경』 100, 218, 367(→『대반열반경』)
『열반종요涅槃宗要』 100
염거廉居 52
염불결사 358
염불계念佛契 381, 382
염불공안 63
염불방念佛房 383
염불사念佛社 381
염불삼매 359
염불선念佛禪 78
염불시계회念佛施戒會 359
염불신앙 383
염불향도 381

염불향사 356
염장染匠 262
영명 연수永明延壽 168
영변靈卞 367
영수永秀 355
영토화 150
예참 367
예토穢土 166
오계 196
『오교장五敎章』 91, 93 (→『화엄일승교의분제장』)
오대산五臺山 173, 367
오대산신앙 80, 174, 182, 192
왕실 원당 272
요가 44
요오 순지了悟順之 55
용허聳虛 383
용화수龍華樹 362
용화향도龍華香徒 354, 361
우담 홍기優曇洪基 76
우루벨라 숲 45
욱면 364
'욱면비염불서승'조 363
운강석굴雲岡石窟 169
운문 문언雲門文偃 48
운문종雲門宗 48, 57
운서 주굉雲棲袾宏 50

원광圓光 115, 138~140, 196
원돈신해문圓頓信解門 60
원묘 요세 376
원응국사圓應國師 학일學一 59
원통사圓通社 367
원표元表 183
원효元曉 94~109, 206, 215~217, 363, 366
월광동자보살月光童子菩薩 169
위산 영우潙山靈祐 48
위앙종潙仰宗 48
『유가사지론瑜伽師地論』 165, 220
『유가사지론』 권20 323, 337, 339
유가종瑜伽宗 58
유교 361
유리광정토琉璃光淨土 165
『유마경維摩經』 167
유병충劉秉忠 49
유심정토설唯心淨土說 167, 168, 191
유여열반有餘涅槃 104, 105
유연국토설有緣國土說 176
유위有爲 106
유유민劉遺民 359
유정세간有情世間 163
유파 277
육재일六齋日 360
『육조단경六祖壇經』 374

윤다允多 110
윤리 96
윤언이尹彦頤 111
음독구결音讀口訣 322, 341, 343
읍사邑社 357
읍회 358
응신應身 164
응연부작凝然不作 106
의리선義理禪 73, 74
의상 196, 326, 368
의승병 114
의읍義邑 357
의적 221
의천義天 100, 326, 348, 371
이규보李奎報 111
이능화 129
「이독해俚讀解」 345, 346
이두吏讀 320
이두문 350
이색李穡 110
이엄존자利嚴尊者 55
이자현李資賢 111
이종선 74
이차돈異次頓 355
이통현李通玄 376
인예태후 371
일미평등一味平等 101, 102

일법계一法界 86
일불승一佛乘 87
일승 93
일심 一心 100, 108
일연 63
『일정론一正論』 113, 114
『일체경음의』 144
임제삼구 79
임제 의현臨濟義玄 48
임제정맥 384
임제정종臨濟正宗 304, 310, 315
임제종臨濟宗 48, 305

자훼찬타自毁讚他 98, 99
잡공雜貢 268
잡역雜役 268
잡화포雜貨鋪 48
장匠 250
장가章嘉 49
장인匠人 240
재가 88
재가화상在家和尙 259
재사齋舍 272
재조대장경再造大藏經 59
『전등록』 65
전륜성왕轉輪聖王 171
전륜성왕사상 362
전불시대칠처가람지前佛時代七處伽藍地 152
점찰계 196, 221
점찰占察법회 138, 212
『점찰선악업보경』 138, 223
점토구결點吐口訣 323, 329, 331~333, 348
정도전鄭道傳 112, 113
정불국토淨佛國土 164, 178, 190, 192
정업회淨業會 358
정영사淨影寺 혜원慧遠 167
정토淨土 107, 108, 164, 363
정토계념회淨土繫念會 358

ㅈ

자교오종藉敎悟宗 53
자력 379
자비 118
자서수계自誓受戒 222
자성신自性身 168
자수용신自受用身 168
자수용토自受用土 168
자장慈藏 191, 196
자찬훼타自讚毁他 96, 98, 99
자토구결字吐口訣 323, 329, 331, 332, 348

『정토론淨土論』 165, 166
정토사상 166
정토선淨土禪 78
정통파 88
정행사淨行社 358
정혜定慧 374
정혜결사 373
정혜사 374
정혜쌍수定慧雙修 60, 373
제교융합 49
제와장製瓦場 254
『제왕운기』 133
제지수공업 270
제지업製紙業 253
조각승 277
조동종曹洞宗 48, 56
조박사 250
조불공造佛工 244
조사祖師 47
조사공造寺工 244
조사선祖師禪 47, 73
조산 본적曹山本寂 48
『조선무속고』 129
『조원통록祖源通錄』 67
『종문원상집』 58
『좌선삼매경』 46
주검동朱儉同 381

주술 141, 149
주자승鑄字僧 250
준범 51
중층신앙(multiple faiths) 122
『중편조동오위重編曹洞五位』 63
증리성불證理成佛 55
증성가證性歌 379
지계持戒 366
지공志空 51
지공指空 300~303, 305, 309, 310, 315
지관止觀 371
지눌 227, 374
지리산 수정사水精社 370
지엄 369
지역紙役 270
지옥地獄 170
지장紙匠 262
지장방地藏房 367
지장보살 186
지장보살신앙 192
지제산支提山 183, 192
지증국사智證國師 55
지혜 92, 118
『진각대사망정록眞覺大師忘情錄』 72
진감국사眞鑑國師 혜소慧昭 55
진공眞空 75

진귀조사眞歸祖師 54

진금포眞金鋪 48

진상물進上物 273

진신상주신앙眞身常住信仰 180

진실 108

진억津億 372

진여眞如 105, 164

진자眞慈 362

진지왕眞智王 362

진표 221

진헐 청료眞歇清了 49

진흥왕 362

징관澄觀 181

ㅊ

차박사 250

찬녕贊寧 358

참회 371

창주 신감滄州神鑑 55

천경림天鏡林 148

천관보살天冠菩薩 신앙 183, 192

천관산 187

천관신앙 183

천신天神 171

천인天因 379

천태삼매의天台三昧儀 377

천태종天台宗 58

천태 지의天台智顗 168, 378

철장鐵匠 250

철조장鐵造匠 250

청규清規 226

청허 휴정清虛休靜 65, 68, 113

체징體澄 52

초기불교 88

초발심 109

초의 의순草衣意恂 73, 232

최남선 130

추향도椎香徒 356

축생도 365

축원진하竺源震河 76

출가 88, 96

출세 91 (→출세간)

출세간出世間 85, 88, 90, 92, 99

출출세 91 (→출출세간)

출출세간出出世間 88, 90, 92, 93

칠처가람설七處伽藍說 175

칠처가람지七處伽藍之 152

칠처가람지허七處伽藍之墟 153

ㅌ

타수용신他受用身 168
타수용토他受用土 168, 177
탐밀探密 371
태고 보우太古普愚 63, 110, 113, 114
태현太賢 220, 221
『통록촬요通錄撮要』 67

ㅍ

『판비량론判比量論』 327, 328
팔만사천탑 175
평산 처림平山處林 289, 290, 300, 301, 309, 310
평상심平常心 64
포살布薩 199
표상현법表相現法 58
풍악산楓嶽山 184
풍월도風月道 362

ㅎ

하가산下柯山 365
한성 침명翰醒枕溟 75
할喝 63

함허 기화涵虛己和 64, 356
『(합부) 금광명경』 권3 323, 337
항마군降魔軍 259
『해동불조원류海東佛祖源流』 66
해동사무외대사海東四無畏大士 56
해운 인간海雲印簡 49
행만성불行滿成佛 55
향도香徒 354
향도불香徒佛 355
향사香社 356
「향전鄕傳」 364
향찰鄕札 320, 350
현신성불現身成佛 178
현실주의 93
현욱국사玄昱國師 55
현일玄一 177
『현정론顯正論』 64
혜림 144
혜숙惠宿 365
혜심慧諶 61
혜은慧隱 51, 55
「혜음사신창기惠陰寺新創記」 257
혜조국사慧照國師 담진曇眞 59, 65
혜철국사慧徹國師 54
호패號牌 266
홍척국사洪陟國師 53, 54
화기畵記 277

화두 386

화랑花郎 172, 191, 362

화사畵師 263, 277

화승 274

화악 지탁華嶽知濯 116

화엄결사 369

『화엄경華嚴經』 135, 167, 180, 369

『화엄경』 권14 323, 335, 336

『화엄경론』 376

『화엄경소』 권35 323, 329, 335, 338

『화엄문의요결華嚴文義要決』 327, 328

『화엄일승교의분제장華嚴一乘敎義分齊章』 91

화엄사 367, 368

화엄사상 179

화엄종華嚴宗 58, 91, 93

화엄회 368

화쟁和諍 100, 106

환성 지안喚惺志安 71

환암 혼수幻庵混修 64

환현桓玄 360

황룡사 9층탑 174

황제즉여래皇帝卽如來 169

회향 91, 116

효명孝明 367

후득지後得智 165

훈점訓點 327, 328

휴정 115, 229 (→청허 휴정)

흥륜사興輪寺 175

희양산문曦陽山門 55

저자 소개

김용태
동국대 HK교수, 한국불교사 전공, 서울대 국사학과 박사. 『Glocal History of Korean Buddhism』(Dongguk Univ. Press, 2014), 『조선후기 불교사 연구 – 임제법통과 교학전통』(신구문화사, 2010), 「역사학에서 본 한국불교사 연구 100년」, 「동아시아의 징관 화엄 계승과 그 역사적 전개」, 「동아시아 근대 불교 연구의 특성과 오리엔탈리즘의 투영」, "Changes in the Seventeenth-Century Korean Buddhism and the Establishment of the Buddhist Tradition in the Late Chosŏn Dynasty"

김호귀
동국대 HK연구교수, 선학 전공, 동국대 선학과 박사, 동국대 불교문화연구원 전임연구원 역임. 『묵조선연구』(민족사, 2001), 『선과 수행』(석란, 2008), 『금강선론』(한국학술정보, 2010), 「청허휴정의 오가법맥의 인식 배경에 대한 고찰」, 「불성사상의 수용과 조사선의 형성」

고승학
능인불교대학원대 불교학과 교수, 중국불교 및 화엄학 전공, Ph.D. University of California at Los Angeles, 동국대 HK연구교수 역임. "Chinul's Hwaŏm Thought in the *Hwŏmnon chŏryo*", "Li Tongxuan's Utilization of Chinese Symbolism in the Explication of the *Avataṃsaka-sūtra*", 「이통현의 『해심밀경』과 『유마경』 해석에 대하여」, 「신라 불교사에 나타난 願力의 의미 – 『삼국유

사』를 중심으로」, 「『신화엄경론』에 나타난 이통현의 『화엄경』 해석의 특징 – 중국 고유사상과의 연관성을 중심으로」

김영진
동국대 경주캠퍼스 불교학부 교수, 중국불교 전공, 동국대 불교학과 박사, 인하대 및 동국대 HK연구교수 역임. 『중국근대사상과 불교』(그린비출판사, 2007), 『공(空)이란 무엇인가』(그린비출판사, 2009), 『근대 중국의 고승』(불광출판사, 2010), 『불교와 무(無)의 근대』(그린비출판사, 2012), 『중국근대사상사 약론』(역서, 그린비출판사, 2008)

박광연
동국대 HK연구교수, 한국불교사 전공, 이화여대 사학과 박사, 서울대 규장각한국학연구원 박사후과정(post-doc.) 이수. 『신라 법화사상사 연구』(혜안, 2013), 「眞表의 점찰법회와 밀교 수용」, 「신라 義寂의 『법화경』이해 – 『法華經論述記』분석을 중심으로」, 「고려전기 불교 교단의 전개 양상 – '業'과 '宗'의 용례를 중심으로」, 「동아시아 미륵경 연구사에서 憬興의 위상」, 「한국 五臺山信仰 자료의 재검토」

이자랑
동국대 HK연구교수, 초기불교교단사 및 계율 전공, 일본 東京대 인도철학·불교학과 박사, 일본 東京대학 외국인특별연구원 역임. 『나를 일깨우는 계율 이야기』(불교시대사, 2009), 「율장에 나타난 '不同住(nānāsaṃvāsaka)'에 관하여」, 「승단 추방에 관하여 – 멸빈(nāsana)을 중심으로」, 「승가화합의 판단기준에 관하여」, 「『멸쟁건도』의 다수결 원칙(yebhuyyasikā)을 통해 본 승가분쟁 해결의 이념」

강호선
성신여대 사학과 교수, 한국불교사 전공, 서울대 국사학과 박사, 동국대 HK연구교수 역임. 『蒙山和尙普說』에 나타난 蒙山의 行蹟과 高麗後期 佛敎界와의 關係」, 「고려말 禪僧의 入元遊歷과 元 淸規의 수용」, 「조선 태조 4년 國行水陸齋 설행과 그 의미」, 「無畏國統 丁午와 원간섭기 백련결사의 전개」, 「조선전기 왕실원찰 見性庵의 조성과 기능」

정영식
동국대 강사, 한국선종 전공, 일본 東京대 인도철학·불교학과 박사, 동국대 중점연구소 연구교수 및 HK연구교수 역임. 『한국 간화선의 원류』(한국학술정보, 2007), "On the Practice and Prospects of Gongan Seon in Modern Korean Buddhism: Focused on its Relation with Vipassana Meditation", 「고려중기의 선문보장록에 나타난 구산선문의 선사상」, 「천복승고, 각범혜홍 그리고 보조지눌의 삼현문해석」, 「普照智訥과 眞覺慧諶에 미친 중국선의 영향」

김기종

동국대 HK연구교수, 고전시가 전공, 동국대 국어국문학과 박사, 고려대 BK21 한국어문학교육연구단 연구교수 역임. 『불교와 한글』(동국대출판부, 2015), 『한국 불교시가의 구도와 전개』(보고사, 2014), 『월인천강지곡의 저경과 문학적 성격』(보고사, 2010), 『동아시아 불교의 근대적 변용』(공저, 동국대출판부, 2010), 『불가의 글쓰기와 불교문학의 가능성』(공저, 동국대출판부, 2010)

박서연

동국대 HK연구교수, 한국불교 및 화엄학 전공, 동국대 불교학과 박사, 동국대 한의학연구소 연구교수 역임. 『정선 화엄 I』(공역, 대한불교조계종 한국전통사상서 간행위원회 출판부, 2010), 「수행불교로서의 염불결사에 관한 연구」, 「의상의 오척신사상 연구」, 「한국불교사와 동양의학사에서의 인간론 변용 고찰 – 의상과 이제마를 중심으로」, 「『화엄경』「여래광명각품」의 주석학적 이해」

인문한국불교총서 3
테마Thema 한국불교 3

2015년 6월 25일 초판 1쇄 인쇄
2015년 6월 30일 초판 1쇄 발행

엮은이 동국대학교 불교문화연구원 HK연구단
펴낸이 한태식
펴낸곳 동국대학교출판부

출판등록 제2-163(1973. 6. 28)
주 소 100-715 서울시 중구 필동로 1길 30
전 화 02) 2260-3483~4
팩 스 02) 2268-7851
Homepage http://www.dgpress.co.kr
E-mail book@dongguk.edu
인쇄처 (주)타라티피에스

ISBN 978-89-7801-449-6   94220

값 20,000원

이 책의 무단 전재나 복제 행위는 저작권법 제98조에 따라 처벌받게 됩니다.